각자도생의
세계와
지정학

■ ■ ■ ■ ■ ■ ■

세계는 70년 만에 경제적, 전략적으로

가장 대대적인 변화가 진행되고 있다.

정치적, 인구 구조적, 경제 구조적 변화 추세는

이미 돌이킬 수 있는 단계를 넘어섰다.

세계화는 붕괴되고 있다.

역사의 거센 바람이 낯설고 새로운 세계 속으로

우리를 몰아넣고 있다.

■ ■ ■ ■ ■ ■ ■

피터 자이한

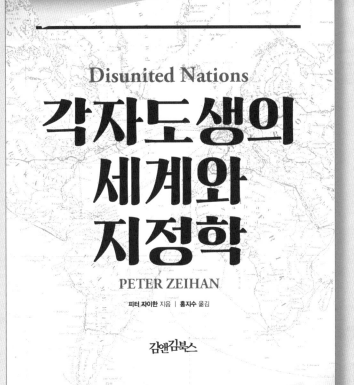

Disunited Nations

각자도생의
세계와
지정학

PETER ZEIHAN

피터 자이한 지음 | 홍지수 옮김

김앤김북스

각자도생의 세계와 지정학

미국 없는 세계에서 어떤 국가가 부상하고
어떤 국가가 몰락하는가

초판 1쇄 발행 2021년 2월 1일
　 5쇄 발행 2023년 12월 29일

지은이 피터 자이한

옮긴이 홍지수

펴낸이 김건수

디자인 이재호 디자인

펴낸곳 김앤김북스

출판등록 2001년 2월 9일(제12-302호)

주소 서울시 마포구 월드컵로42길 40, 326호

전화 (02) 773-5133

E-mail apprro@naver.com

ISBN 978-89-89566-82-3 (03340)

이 글을 쓰는 2020년 5월 현재, 세계는 70년 만에 경제적, 전략적으로 가장 대대적인 변화가 진행되고 있다. 정치적, 인구 구조적, 경제 구조적 변화 추세는 이미 돌이킬 수 있는 단계를 넘어섰다. 세계화는 제자리걸음도 아니고 붕괴되고 있다. 규모와 성향이 천차만별인 나라들은 세계 체제에 대한 장악력을 잃어가고 있고, 내부적으로 나라를 다잡을 국론을 마련하지 못해 허둥대고 있다. 이는 미국뿐만 아니라 독일, 한국도 마찬가지다. 역사의 거센 바람이 낯설고 새로운 세계 속으로 우리를 몰아넣고 있다.

물론 각 나라마다 자국이 처한 지정학적 여건의 변덕과 흐름에 운명을 맡겨야 하고, 그러한 지정학적 여건은 기회와 위협을 동시에 제시한다.

앞으로 한국은 서로 중첩되고 얽히고설킨 네 가지 난관에 직면하게 된다.

북한에서는 쓸 만한 정보가 거의 새어나오지 않기 때문에 북한에 관한 정보는 거의 무시하게 되지만, 앞으로 당분간 북한은 한국에게 지금보다 덜 중요한 문제가 된다. 김정은은 30대 치고는 대단히 건강이 좋지 않고, 앞으로 20년은 더 살아야 자기 자식에게 왕조 권력을 물려줄 수 있다.

한편 김일성을 보좌했던 1세대는 거의 세상을 떠났고 중간에 낀 김정일 세대에서 독재자가 될 만한 이들은 무능하기 짝이 없고 김정은의 지령을 받은 암살자들 앞에 속수무책으로 쓰러지고 있다. 김정은 이후에 북한은 지도력의 공백상태에 빠질 게 분명하고, 그러면 북한은 붕괴되고 해체될 가능성이 매우 높다. 그렇게 되면 한국에게 골치 아픈 여러 가지 문제가 생기겠지만, 북한과 전쟁까지 가지 않는 한 어떤 문제도 최악의 시나리오에 해당하지는 않는다. 그리고 나는 이를 한국의 완전한 승리로 본다.

휠씬 심각한 문제는 필연적으로 한국의 수출주도 경제 모델이 작동하지 않게 된다는 점이다. 제조업 상품을 넓은 세상으로 수출하려면 다국적 공급사슬에 참여해야 하고, 수입상품을 소비할 세계 인구에 접근해야 하며, 저렴하고 안전한 해상운송을 가능케 하는 국제안보 환경에 참여해야 한다. 이 "모두"가 사라지게 되는데, 그것도 2020년대에 사라진다. 거대한 중국 시장도 한국에게는 도움이 되지 않는다. 중국 경제가 세계화의 종말 이후에도 살아남을 수 있다고 해도, 중국의 정치적 전략적 구조는 협력이 아니라 중상주의를 지향하게 된다.

한국이 이러한 난관에 적응하려면 "단지" 산업구조만 뜯어고치는 데 그치지 않고 사회적 정치적 구조 전체를 바꿔야 한다. 일본은 1990년대 경제 붕괴를 겪고 나서 이러한 변화를 어느 정도 그럭저럭 겪었지만, 아직 정답을 찾지는 못했다. 한국도 이제 똑같은 난관에 직면해 있지만 일본보다 낮은 경제 수준을 기반으로 일본보다 정치적으로 훨씬 불안정한 상태에서 일본이 변하는 데 걸린 시간의 4분의 1에 해당하는 시간 안에 해결책을 찾아야 한다.

한국이 지향하는 새로운 모델이 어떤 모습일지는 불분명하지만—이에 대해 한국은 아직까지 생각조차 해보지 않았다—내수를 원동력으로 삼는 경제 체제는 분명히 아니다. 한국의 인구 구조는 세계에서 가장 빠른 속도로 고령화되고 있을 뿐만 아니라 솔직히 개선될 가망이 전혀 없다. 한국의 자유민주화는 출생률 붕괴와 동시에 일어났다. 30년이 지난 지금 한국은 앞으로 닥칠 위기에 직면하고 있다. 상당한 비율의 인구가 은퇴연령에 가까워지면 경제를 지속 가능하게 운영할 방법이 뭔가?

여기서 한국이 직면한 가장 심각한 난관이 등장한다. 인구 구조가 회복될 가능성이 없는 고령화에 대처할 모델을 제공해주는 "유일한" 나라는 한국이 구조적인 경제 문제들을 해결하는 데 도움을 줄 수 있는 "유일한" 나라이고, 해외 시장에 한국이 계속 접근하도록 도와줄 수 있는 "유일한" 나라이며, 대부분의 한국 사람들이 상종도 하기 싫어하는 "유일한" 나라다. 그 나라는 바로 일본이다. 일본의 경제는 20년 전 수출주도 성장 구조에서 탈피했고 막강한 해상력을 보유한 일본은 앞으로 다가올 수십 년 동안 공해상에서 동북아시아 지역의 만사(萬事)를 중재하게 된다.

대부분의 나라들은, 경제성장 모델의 수명이 다하든, 인구 구조가 붕괴하든, 지정학적 여건에 급격한 변화가 일어나든, 어느 한 가지 여건만 변해도 장기적으로 볼 때 나라의 결속을 유지할 그 어떤 희망도 무산된다. 그러나 한국 사람들의 근성은 다르다—그들이 처한 지리적 여건이 어쩔 수 없이 그들을 그렇게 만들었다. 북한, 중국, 일본 세 나라는 군사적으로는 한국보다 월등하다. 지리적으로 세 나라는 한국을 아주 작은 공간으로 몰아넣고 에워싸고 있다. 한국의 선택지는 제한되어 있고 실수할 여지가 거의 없다.

그러나 한국은 이 세 나라에 짓눌려 멸절하기는커녕 세계적으로 손꼽히는 산업국가로 성장했다. 한국인들은 꺼져가는 불빛에 조바심 내는 데 그치지 않고 이 난관을 극복할 근성이 있다. 한국의 눈부신 성공은 두말할 필요가 없거니와 한국의 존재 자체가 경제 이론과 지정학을 모두 거스른다. 그런 점에서 한국은 독특하다.

앞으로 닥칠 시대에 살아남으려면 한국은 그 독특함을 절대로 잃지 말아야 한다.

대전환의 순간

Moments Of Transition

지난 1,000년의 끝자락에서 나는 인생의 전환기를 맞았다. 미국의 수도에 거주하던 나는 1999년 크리스마스 직후, 만나던 사람과 직장과 내 삶을 모두 때려치우고 삐걱거리는 SUV에 이삿짐을 다 싣고 새 출발을 하기 위해 텍사스주 오스틴으로 향했다. 2000년 1월에 나는 매체와 지정학 분석이 전문인 스트랫포닷컴(Stratfor.com)이라는 조직의 신입사원이 되었다. 새로 내가 모시게 된 상사는 한마디로 물건이었다. 매트 베이커(Matt Baker)는 카페인 과다 섭취로 늘 좌불안석이고 열정이 넘치며 체격이 호리호리한 인물로서 유럽과 러시아와 중국과 터키 등등에 관한 한 세세한 (견해가 아니라) 지식을 온몸으로 발산하는 까칠한 품성의 소유자였다.

내가 워싱턴 DC에서 하던 일도 유럽과 러시아와 터키와 좀 관련이 있었기 때문에 분명히 나도 한몫을 할 수 있었다. 매트와 나는 공개적으로 충돌했고 막말도 오갔다. 그것도 자주. 그러면서 우리는 서로를 깊이 존중하게 되었고 친한 친구가 되었다.

어느 날 밤 알코올을 과다 섭취한 우리 둘은 사적인 전환기가 아니라 세계적인 전환기에 대해 대화를 했다.

매트의 주장은 국제 체제의 전체적인 구조는 온전히 미국의 동맹 체제를 토대로 하고 있고, 미국의 동맹 체제는 미국의 안보 보장과 미국의 욕망에 대한 존중이 결합된 유사 봉건주의에 의존한다는 게 핵심이었다. 너희에게 중요한 주변 지역에서 너희를 뒷받침해줄 테니 그 보답으로 우리에게 중요한 지역에서 우리를 뒷받침해 달라. 베를린 장벽이 붕괴된 후 동맹국들이 도전을 해오기 시작했고 1990년대 소련의 붕괴와 더불어 "역사의 종언"(프랜시스 후쿠야마(Francis Fukuyama)는 자유민주주의가 승리하고 역사는 진화의 종착점에 다다랐다는 의미로 역사의 종언을 주장했다─옮긴이)을 감지한 많은 동맹국들은 더더욱 의기양양해졌으며, 코소보와 이란 같은 지역에서 미국이 외교정책의 패착을 두자 이를 경멸했다. 매트는 핵전쟁으로 인한 종말의 두려움이 기억에서 지워지고 역사의 뒤안길로 사라지면서 미국은 동맹국들과의 결속력을 유지하기가 점점 어려워지고 있다고 주장했다. 그는 2020년은 2003년과 매우 유사하리라고 보았다. 미국의 힘에 저항하는 나라들을 추스르고 압박하고 적절히 동기부여해서 어떻게든 일종의 현상유지를 이어가리라고 했다.

다시 말해서, 모두가 미국에 협조하리라고 보았다. 역사상 가장 막강한 나라인 미국이 그러기를 원하므로. 고양이들을 몰고 다니는 일만큼이나 부산스럽지는 않겠지만 거의 그 정도로 혼란스러우리라고 보았다.

반면, 나는 냉전 시대에 존재했던 안보의 필요성이 사라진 동맹 체제는 새로운 역할을 담당하게 되리라고 보았다. 북유럽 대평원과 동아시아 해상에서 동맹국들을 방어하는 대신, 안보의 대상을 세계 공유재(global commons)로 확대하리라고 보았다. 이것은 구시대 동맹 논리를 대체하고 그 자체가 추구해야 할 목적이 되고 있었다. 경제성장은 물리적인 안보에 뿌리를 두고 있으며, 냉전이 종식되고 동맹이 유지된다면 경제적, 기술적 활황이 세계를 변모시키리라는 점은 거의 명약관화했다.

나는 2020년이 1950년과 유사하리라고 보았다. 핵전쟁의 공포만 빼고. 정보와 자본의 흐름에 힘입어 부가 확산되면서 잔존하는, 전근대적이고 비민주적인 저항 세력들은 잦아들게 되리라고 보았다.

다시 말해서, 세계질서는 계속 유지되게 된다. 세계질서가 와해되면 수십 년 동안 일궈온 경제적 성과가 무산되고 수십억 명으로부터 햄버거를 먹고 휴대전화를 이용할 기회를 박탈하게 되기 때문이다. 그런 상황을 바라는 사람이 있겠나?

〈스타 트렉Star Trek〉처럼 모두가 행복한 이상향(utopia)은 아니더라도 그와 아주 비슷해질지도 모를 일이다.

나는 스트랫포에서 비공식적으로 경제전문가였다. 매트는 군사전문가였다. 우리 둘은 돈의 힘과 무기의 힘을 두고 주로 다투었다. 그러나 우리 둘이 의기투합해서 협업한 분야 또한 경제력과 군사력이었다.

여러 가지 다양한 경우의 수를 두고 서로 갑론을박하고 가정을 해보고 해법을 두고 고민한 끝에 매트는 단도직입적으로 물었다. "그럼 미국이 동맹국들에 대한 생각이 바뀌면, 내가 말하는 '적절한 동기 부여'와 당신이 말하는 '세계를 변모시킬 활황'은 어떻게 될까? 동맹 체제는 공동의 위협이 없으면 지속되지 못한다." 그날 밤 일곱 번째 술잔을 기울이면서 우리 둘 다 곰곰이 생각에 잠겼다. 우리 둘 다 틀릴지도 모른다는 암울하고 끔찍한 가능성을 두고. 그러고 나서 곧 우리 둘은 틀림없이 해결책을 찾았을 텐데, 둘 다 인사불성이 되어 그 해결책이 뭐였는지는 기억이 나지 않는다. 오히려, 매트와 의견을 주고받다보면 보통 그러하듯이, 나는 얻은 해답보다 더 많은 의문을 품게 되었다.

그 이후로 스트랫포에서 그리고 스트랫포를 떠난 후에도 나는 오래전에 매트와 나눈 그 대화를 마무리하는데 충분한 지식을 축적하는 데 매진해왔다. 거의 20년 동안 매진해온 결과물이 『각자도생의 세계와 지정학Disunited Nations』이다. 나로서는 최선을 다했다.

『각자도생의 세계와 지정학』은 주요 강대국들이 서로 협력하기보다 경쟁하는 게 낫다고 판단하면 어떤 일이 벌어질지에 대한 책이다. 세계질서가 와해되는 데서 그치지 않고, 세계 지도자들이 그 질서를 적극적으로 허물어야 자국에 훨씬 이익이 된다고 생각하면 어떤 일이 벌어질지에 대한 책이다. 우리는 트럼프와 트럼프 같은 지도자들의 부상을 목도하고 있다. 중동지역을 두고 패권을 다툴 사우디아라비아와 이란에 대해 심도 있게 고민해야 한다. 굶주린 사람들에게 식량을 공급하고, 광물을 제조업에 공급하고, 석유를 유조선에 실어 나를 방법을 모색해야 한다.

이러한 이야기들을 통해서, 두 가지 중요한 개념을 염두에 두고자 한다.

첫째, 지리적 여건이 온전히 운명을 결정하지는 않을지 모르지만, 결정적인 요인임에는 틀림없다. 우리의 행동과 삶과 본질적인 정체성을 결정하는 가장 중요한 요인이다. 사막에서 살면 알량하나마 가진 것을 지키려고 고군분투해야 한다. 해안지역에 살게 되면 해외에서 수입한 식품을 많이 소비하게 된다. 인구밀도가 높은 도시지역에서 살면 통가인이나 태국인이나 튀니지인이나 여장남자(transvestite) 등 낯선 사람을 크게 경계하지 않는다. 산악지대에서 살면 타지에서 흘러들어온 사람들에 대해 의구심을 품고 경계한다. 인간은 본질적으로 지리적 여건의 산물이라는 데에는 매트와 내 의견이 완전히 일치했다.

우리는 대부분 경제 현황과 갈등의 본질을 제대로 파악하지 못한다. 지리적 여건을 고려하지 않기 때문이다. 내가 사는 마을은 이웃마을과 분명히 다르다. 도시 거주자는 시골 거주자와 다르다. 그런데 우리는 세계의 속성을 설명하면서 흔히 지리적 여건을 누락시킨다. 뉴스에 보도된 내용을 오판하고, 중국이 홍콩에 매달리는 이유는 그저 고집불통이라서 그렇다고 생각하거나 미국과 멕시코 간의 국경을 두고 일어나는 다툼은 그저 인종 문제라고 치부한다. 지리적 여건은 모든 것에 영향을 미친다. 인간 자신을 포함해서. 최근 몇십 년 동안 지리적 여건이 미치는 영향은 어느 정도 보류되었고 그 덕에 세계적으로 경제적 상호 연관성이 심화되었다는 점이 다를 뿐이다. 우리는 이러한 연관성을 대단한 장점으로 여기게 되었다. 그런데 그러한 상호 연관성이 이제 우리 눈앞에서 취약점으로 바뀌고 있다.

두 번째 중요한 개념은 『각자도생의 세계와 지정학』이 지금으로부터 몇 년 후가 아닌, 바로 지금 2020년에 출간된다는 점이다. 이제 때가 됐다. 세계질서가 와해되는 전환점에 거의 다다랐다.

1999년 이후로 지속적으로 전투에 관여해왔고, 그 이전 수십 년 동안 핵폭발 상황에 대비한 대피훈련을 했었던 미국인들에게는 그리 보이지 않을지 모르지만, 1946년 이후로 세계는 과거 어느 때와도 비교가 안 될 정도로 더할 나위 없이 평온했다. 냉전 시대에 소련에 맞설 동맹을 결성하느라고 미국은 지난 5세기 동안 상당한 영향력을 행사해온 나라들을 유인하고 어르고 달래고 으름장을 놓고, 강경책과 유화책을 동원해서 빠짐없이 하나의 깃발 아래 불러 모았다. 노르웨이, 스웨덴, 스페인, 포르투갈, 프랑스, 독일, 네덜란드,

이탈리아, 그리스, 터키, 이란, 일본, 중국이 모두 그 깃발 아래 모였다. 이 모든 나라들과 그 밖의 더 많은 나라들이 강도의 차이는 있으나 공식적, 비공식적으로 소련에 맞서기 위해 동맹을 맺었다. 그들이 소비에트인들에 맞서 싸우려면 그들 간에 서로 싸우면 도움이 되지 않는다. 미국의 동맹은 역사를 종식시켰다고 하기보다는 동결시켰다.

대부분의 미국인들은 대체로 유럽의 상황은 익히 알고 있지만—유럽 대륙은 수세기 동안 갈등을 겪은 후 마침내 무력갈등이 잦아들었다. 미국의 안보 체제 덕분이다—아시아에 미치는 영향이 훨씬 크다는 사실은 잘 모른다. 중국과 인도는 지난 2,000년 동안 내부적으로 사분오열되거나 외세의 지배를 받았기 때문에 단일 국가로 유지되어온 적이 없다. 1940년대에 미국이 강제로 인도에 대한 영국의 식민지 지배를 종식시키면서, 그리고 1970년대에 소련에 맞서기 위한 미국 주도의 동맹 체제에 중국이 합류하면서 두 나라의 긴 역사상 어느 때보다 안보가 튼튼해졌고 부유해졌다.

그로부터 수십 년이 흐르면서 소련은 동력이 떨어졌다. 미국의 동맹 체제는 개발도상지역의 비동맹 국가들과 구 소련제국까지 확장되었다. 그러나 미국은 탈냉전 시대에 걸맞게 총체적인 전략을 수정한 적이 없고, 소련 없는 세계에서 동맹의 필요성을 국내외적으로 개진하지도 않았다. 그 결과—매트와 내가 내세운 뇌피셜과는 어긋나게—1990년대와 2000년대는 전환기가 아니라 타성에 의해 저절로 굴러가는 시대였고, 기존의 안보 전략 덕분에 폭발적인 성장이 가능했다. 그러한 폭발적인 경제성장을 대부분의 사람들은 정상이라고 여긴다. 전혀 그렇지 않다. 전략적인 타성이 가능케 한 사건에 지나지 않는다.

그러나 매트가 주장한 "적절한 동기부여"는 물 건너갔다. 미국은 동맹 체제에 대해 생각이 달라졌고 독자적인 태도로 급격히 선회했다. 무리를 이끌려는 노력을 하지 않는다. 조지 W. 부시 행정부는 동맹국들을 오도했고, 오바마 행정부는 동맹국들을 무시했으며, 트럼프 행정부는 동맹국들을 모욕했다.

따라서 미국이 구축한 동맹 체제의 구성원은 거의 모든 나라에서 잠재적으로 유용한 나라들로, 이는 다시 명백히 유용한 나라들에서 명백히 의리 있는 나라들로, 그리고 결국 동맹을 맺는 수밖에 선택의 여지가 없는 나라들로 점점 줄어들었다. 미국이 없는 세계는 다음과 같은 의문에 직면한다. 어떤 나라들이 여전히 미국과 관계를 유지하면서 이득을 보게 될까? 그리고 어떤 나라들이 독자적으로 행동할 역량이 있을까?

내가 말한 "세계를 변모시키는 활황"도 물 건너갔다. 미국이 세계 안보를 보장하지 않으면 세계무역과 세계 에너지 유통은 지속되기가 도저히 불가능하다. 70년 동안 이룩해온 세계적인 산업화와 근대화만 위험에 처한 게 아니라 문명을 지탱하는 기둥 자체에 균열이 생기고 있다. 안전이 보장되지 않는 세계에서는 다음과 같은 문제에 직면한다. 기존의 세계질서에 가장 크게 의존해왔고 따라서 앞으로 붕괴될 나라는 어느 나라일까? 기존 질서 하에서 가장 제약을 받았고 따라서 앞으로 급격히 부상할 나라는 어느 나라일까?

우리가 알고 있는 세계는 붕괴되고 있다. 세계 모든 나라가 자국의 존속을 가능케 한 여건들—전 세계에 대한 접근, 에너지 수입, 해외시장, 미군—이 손가락 사이로 빠져나가는 광경에 경악하고 있다. 대부분의 나라들은 현 상태를 유지하는 데 필요한 에너지나 시장이나 안보만 불안해지는 게 아니라 성장도 둔화된다. 결핍의 세계에서는 다음과 같은 문제에 봉착한다. 뒤죽박죽이 된 세계에서 살아남으려면 무엇이 필요할까? 필요한 것을 얻기 위해서 무력을 행사할 나라는 어느 나라일까? 그러한 무력에 당할 나라는 어느 나라일까?

경쟁이라고 해서 다 같은 경쟁이 아니고, 희소성이라고 해서 다 같은 희소성이 아니다. 식량은 거의 전적으로 세계무역에 의존한다. 재료를 수입하든 완제품을 수입하든 상관없이. 수십 년 동안 세계가 겪은 기아는 식량이 부족해서가 아니라 유통에 실패했기 때문이다. 굶주리는 이들에게 식량을 전달하지 못했기 때문이라는 뜻이다. 세계질서가 붕괴되면 식량공급 체계도 거덜

난다. 지난 20년 동안 안보에 대한 우려는 대체로 테러리즘에 국한되었는데, 테러를 방지하는 데 필요한 수단들은 농산물 공급사슬을 보호하는 데 필요한 수단과 전혀 다르다. 가가호호 들이닥쳐 테러범을 수색하는 방법이 아니라 수평선 너머까지 해상 순찰하는 방법이 필요하다. 색다른 결핍에 직면하고 색다른 수단이 필요한 세계에서 우리가 직면할 문제는 다음과 같다. 기존의 무역 패턴이 유지되는 지역과 붕괴되는 지역은 어디일까? 투쟁을 불사하고라도 쟁취할 가치가 있는 지역은 어느 지역일까? 어떤 수단이 동원될까? 배를 채울 권리와 같은 아주 기본적인 권리를 행사하기 위해 해상에서 서로 얽히고설켜 다툴 위기에 처하게 될까?

매트와 나는 둘 다 틀렸다. 똑같은 이유로. 우리 둘 다 상상력이 부족했다. 미래의 세계는 우리가 알고 있는 세계를 토대로 약간 변형된 모습이리라고 둘 다 나름대로 너무 단순하게 생각했다. 우리는 그보다 훨씬 과격하게 과거 세계와 단절된다. 우리는 냉전과 더불어 시작된 시대의 끝자락에 서있다. 앞으로 세계는 뒤죽박죽이었던 2000년대 초나 가공할 잠재력을 지녔던 1950년대보다는, 1930년대의 경제상황을 배경으로 1870년대의 대격돌과 변화가 복합적으로 작용하는 참혹한 상황이 펼쳐지게 된다. 고난이 기다리고 있다. 막바지에 다다른 시대가 남긴 찌꺼기를 서로 차지하기 위한 각축전이 벌어지게 된다. 지난 수십 년 동안 유지된 안보 체제와 축적된 부와 비교해볼 때, 말 그대로 세계의 종말처럼 느껴질지 모른다. 그러나 한 시대의 종언이 곧 역사의 종언은 아니다. 새 시대가 다가오고 있다. 역사적으로 볼 때 미국이 과거에 조성한 그 어떤 체제보다도 훨씬 "정상적인" 체제가 다가오고 있다. "정상적"이라 함은 "안락함"과는 거리가 멀고 "선호할 만한" 상황은 더더욱 아니다.

『각자도생의 세계와 지정학』은 그러한 "정상적인" 미래가 어떤 모습일지 그려보려는 나의 노력이다. 이러한 의문들과 그 밖의 여러 가지 의문에 대해 내가 제시하는 답이다. 이러한 전환기 동안 그리고 전환기가 마무리된 후에,

인간이 처한 여건을 극복하고 부상하게 될 나라들을 규명하고 가능하다면 그러한 여건이 무엇인지 일별하는 게 목적이다. 나는 이 책에서 앞으로 닥칠 미래가 1900년보다는 2000년과 훨씬 유사하리라는 생각은 우리의 삶의 거의 모든 측면에 부정적인 영향을 미치게 된다고 주장하려 한다. 크게 보면, 우리는 대부분 엉뚱한 말에 판돈을 걸고 있다. 새로운 유럽을 이끌게 되는 나라는 독일이 아니라 프랑스가 된다. 예의 주시해야 할 나라는 이란이 아니라 사우디아라비아다. 중국의 경제적, 군사적 영향력에 맞설 방법이 아니라, 중국의 대규모 기아사태를 어떻게 해결할지 생각해야 한다. 기존의 세계질서에서 각 나라가 어떤 혜택을 누렸고, 각 나라가 새로운 세계에서 기여할 바는 무엇인지 살펴보면 이러한 결론들은 논란을 야기하기는커녕 명백히 보이게 된다.

제1장부터 4장까지는 질풍노도와 같았던 과거와 현재를 살펴본다. 역사적으로 다양한 시대에 세계적인 제국을 관장한 방식을 일별해보고 무엇이 국가를 자극해 행동에 돌입하게 만드는지 알아보겠다. 제5장부터 13장까지는 주요 국가들—우리가 앞으로 당연히 부상하리라고 여기는(그러나 성공하지 못할) 나라들과 자국이 위치한 지역에서 지역의 맹주로 부상하리라고는 우리가 꿈에도 생각하지 않지만 결국 부상하게 될 나라들 모두—을 살펴보는 데 할애하겠다.

각 장마다 개별적인 나라를 일별해 각국에 대한 성적표를 작성하는 셈이다. 편법이라고 해도 무방하다. 각 나라의 내부 사정과 전망에 대해 몇 줄로 축약한 정보로써 독자들은 시중에 유포되는 뉴스와 잡음과 과대망상을 걸러내고 그 나라의 잠재력과 한계를 보다 정확하게 파악하게 된다. 독서를 즐기지 않는 이들에게 책을 읽게 하고 싶은 독자들을 위해서 나는 재량껏 각 장에 담긴 생각을 한 단어로 정제했다.

마지막으로, 한두 장은 미국에 대해 서술함으로써 책을 마무리하겠다. 미국은 더 이상 세계를 관장하지 않을지 모르지만, 그렇다고 해서 블랙홀로 사라진다는 뜻은 아니다. 앞으로 미국은 과거와 현재를 통틀어 그 어떤 나라보다 훨씬 막강한 힘을 지니게 된다. 따라서 미국의 역량을 제한하는 내부적인 여건들과 미국이 여전히 관심을 가질 이슈와 동맹국들을 파악하는 게 매우 중요하다. 이 책에 수록된 표와 그림은 내 웹사이트 www.Zeihan.com에서 내려 받아 여러 사람과 공유할 수 있다.

나는 매트와 겨우 3년을 함께 했다. 2003년 그는 갑자기 세상을 떠났다. 나는 그의 열정이 그립다. 잔인하리만큼 솔직한 그의 정직함이 그립다. 그가 내 책의 초안을 봤다면 질겁했을지 모른다. 봤다면 아마 갈기갈기 찢어발겼을지 모른다. 그러면 나는 완전히 꼭지가 돌게 열 받았을지 모른다. 하지만 그러고 나서 아마 우리는 다시 책을 썼을지도 모른다. 함께. 그랬다면 정말 대단한 책이 탄생했을 텐데.

그래도 이만하면 상당히 쓸 만한 책이다.

01

지금까지 지나온 길

The Road So Far

과거와 미래에 대한 책의 서두를 풀어가는 데 있어서 〈반지의 제왕The Lord of the Rings〉을 인용하는 방법만 한 게 없다. 불멸의 여왕 요정이 한 말 말이다. 세계가 어떻게 바뀌게 되는지 설명한 대목 말이다. 하지만 그 내용은 저작권의 엄격한 보호를 받으므로 바로 본론으로 뛰어들기로 하자.

세월은 모든 것을 잠식한다. 거기에는 나라도 포함된다. 역사에서 살아남으려면 몇가지 요인들이 미묘한 균형을 유지해야 하는데 세계 대부분의 지역은 이러한 균형이 결여되어 있다. 가로지르기 어려운 경계 지역(border zone)과 인력과 상품과 아이디어가 쉽게 이동하는 내부 지역(interior zone) 간의 균형 말이다. 경계는 튼튼하고 안에서는 이동이 자유로운 여건을 동시에 갖춘 경우는 거의 없다. 대부분의 지역들은 명확히 경계가 설정되어 있고 주민들끼리 잘 어울리지 못하는 반면, 경계가 불명확해서 이웃나라의 군대가 당신 나라 앞마당에 진을 치고 잔치를 벌이는 경우도 있다. 역사적으로 보면 대부분의 나라들은 작고 취약하고 붕괴되기 쉽고, 무엇보다도 수명이 오래가지 못했다. 국가들이 부상하거나 번성하거나 살아남지 못하면 역사는 제자리걸음을 하는 경향이 있다.

그러나 모든 곳이 그렇지는 않다. 지리적 여건이 균형을 이루는 나라가 몇 있다. 이 나라들은 세월이 흘러도 변함없이 인류 역사 대부분을 지배해왔다. 그 출발점에서 시작해보자.

제1시대: 제국

우리가 직관적으로는 파악하지만 시간을 들여 곰곰이 생각해보지 않는 두 가지 개념이 있다.

첫째는 지속성(continuity)이다. 오늘날 당신의 삶을 가능케 한 긍정적인 여건들—의료, 안식처, 수돗물, 식량, 교육, 의복, 제 기능을 하는 정부 등등—이 앞으로도 계속되리라는 생각 말이다. 도적 떼가 소를 훔쳐가지도 않고, 숲속의 요정이 당신 아이를 납치해가지도 않고, 멀리서부터 유목민이 당신이 사는 지역에 들이닥쳐 월마트를 불태워 없앨 리도 없다. 이런 사태에 상응하는 오늘날의 여건들은 무엇일까? 스위치만 올리면 전깃불이 들어온다. 매번. 역사적으로 보면 지속성은 매우 희귀한 현상이다. 한 번에 수십 년 지속적으로 외부의 위협으로부터 자국을 보호해줄 정도로 튼튼한 국경을 자랑할 만한 나라는 거의 없다. 대부분의 나라들은 기껏해야 몇 년 정도 안보가 유지되기를 바랄 뿐이다.

지속성을 위협하는 존재는 군사력뿐만이 아니다. 가뭄과 홍수도 그 못지않게 쉽게 체제를 붕괴시킨다. 자생적인 폭도들의 약탈로 붕괴될 수도 있다. 아니면 쿠데타, 특히 형편없는 지도자 때문에 붕괴될 수도 있다. 강력한 역병이 발휘하는 위력도 과소평가해서는 안 된다. 지속성이 단절되면 제도가 산산조각 나고 식량 생산에 차질이 생기며 사회기간시설이 붕괴되고 교육의 일관성이 무너지고 문화가 심각하게 훼손된다. 물론 회복은 가능하지만 한 나라가 침략을 당하거나 내전이 발생하거나 쿠데타나 기아가 발생할 때마다 그 나라는 여러모로 밑바닥부터 다시 시작해야 한다.

두 번째 개념인 규모의 경제(economies of scale)는 훨씬 직관적이다. 당신이 컴퓨터를 구축할 임무를 맡았다고 치자. 모래를 녹이고 정제해서 실리콘을 만들고 이를 수정에 투입해 잘게 저며 웨이퍼로 만든 다음, 산(acid) 처리한 후 금속을 입혀 회로 판으로 조립하는 등등의 작업을 하는 데 필요한 정보와 장비는 다 마련되어 있다. 완성하기까지 얼마나 걸릴까? 각각의 절차를 따로따로 터득하는 데 얼마나 걸릴까? 평생이 걸릴까? 10년? 그러고 나면 결국 얻는 것은 허접한 컴퓨터 한 대뿐이다.[1]

규모의 경제는 결국 특화가 핵심이다. 각각의 단계별 업무를 모두 터득하고 수행하는 대신 오로지 한 가지 단계—예컨대 산 처리하는 업무—만 터득하면 된다. 사람마다 잘하는 업무가 다 다르다. 따라서 특정 업무를 잘하는 사람들을 적재적소에 배치하면 전체 체계의 생산성과 효율이 향상된다. 일을 시작하고 첫 달에 수천 장의 웨이퍼를 에칭처리하고 나면 점점 요령이 생겨 작업 속도가 빨라지고 생산품의 품질도 개선된다. 다른 사람들도 하나같이 비슷한 경험을 쌓는다. 이 팀은 집단적으로 시간당 수십 대의 컴퓨터를 생산해낸다. 생산 체계의 규모가 확대된다. 생산 단가가 낮아진다. 최종 판매가격도 하락한다. 금상첨화로, 한 가지 업무에 대한 심층적인 지식을 지니면 훨씬 빠른 속도로 혁신하게 된다.

국가가 성공하려면 지속성과 규모의 경제 둘 다 달성해야 한다. 규모의 경제를 달성할 만큼 몸집이 큰 나라들은 지속성을 가능케 하는 튼튼한 경제를 지닌 경우가 거의 없다—러시아를 생각해보라. 오랫동안 지속성을 유지할 정도로 고립된 나라들은 규모의 경제를 달성하는 경우가 거의 없다—뉴질랜드를 떠올리면 된다.

시대와 장소를 불문하고 늘 적용되는 원칙은 아니다. 둘 다 도달 가능한 지역이 있다. 한번 시도해볼 만한 지리적 여건을 갖춘 나라들이 있다. 그러한 최적의 여건을 갖춘 지역은 국가로서 성공하는 데 그치지 않는다. 그런 나라들은 바깥으로 진출해 자기 나라보다 여건이 불리한 영토를 흡수한다. 그러는 과정에서 그런 나라들은 그저 몸집만 커지는 게 아니라 자원과 지식 기반과 세금을 먹어치우고 자기 것으로 소화해 한층 더 높은 규모의 경제를 달성한다. 그런 나라들은 요충지를 확보해 안보 기반을 더욱 굳건히 한다.

그런 나라들은 제국이 된다. 인류 역사는 대부분 이러저러한 제국의 중심이 탄생하는 데 그치지 않고 그러한 제국이 확장되어 어떻게 인류 자체에 대한 우리의 이해를 지배하게 됐는지에 대한 이야기다.

여러 가지 여건들이 복합적으로 작용해 제국을 형성하게 되는 길은 다양하다. 기후변화로 식량 생산에 차질이 생기면 가장 막강한 나라도 무서운 속도로 붕괴될 수 있다. 내부의 정치적 갈등은 (말 그대로) 체제의 최상층부를 날려버릴 수 있다. 제국의 영토 외곽지역에서 봉기가 일어나면 제국의 중심지는 경제적 생명선이 끊어지거나 전략적인 보루가 무너질 수 있다. 그러나 제국은 또 다른 제국이 침략해 중심부를 강타하는 방식으로 붕괴되는 경우가 가장 흔하다.

이 모두가 복합적으로 작용해서 제국의 시대를 잔혹한 시대로 만들었다. 제국의 심장부 출신이 아닌 사람은 삶이 순탄하지 못했고, 보통 서로 격돌하는 제국들 사이에서 일어나는 끊임없는 전쟁에서 총알받이로 이용되기 십상이었다. 그런 시대는 아주 무지하게 지긋지긋할 정도로 오랫동안 지속되었다. 세계 최초의 도시—메소포타미아 지역에서 탄생한 도시, 서사시 길가메시(Gilgamesh)가 탄생한 우루크(Uruk)라는 도시—는 작은 정착지에서 출발해 기원전 4,000년 중반 어느 무렵에 보다 영속적인 거주지로 발전했다. 세계 최초의 제국—아카드(Akkad)—은 그로부터 겨우 1,000년 후에 주변 지역들을 삼켰다.[2]

4,000년이 넘는 세월 동안은 제국이 규범이었다.

서로 다른 제국들이 어떻게 서로를 상대했는지는 그들이 탄 말과 밀접한 연관이 있다. 오랜 세월 동안 말 그대로, 말이 제국들이 서로를 상대하는 방식을 결정했다. 역사를 일련의 발명으로 보면, 제국의 역사는 이동수단과 인명살상 방법의 효율성이 향상되면서 오랜 세월에 걸쳐 그린 궤적과 같다. 박차를 발명해 바람을 가르며 초원을 달린 몽고인들에서부터 최신형 선박을 건조해 해양을 가로지른 포르투갈인들에 이르기까지 기술 발전을 통해 세계의 제국들은 서로 보다 가까이 접근하게 되었고 훨씬 점점 더 파장이 큰 결과를 낳았다.

기술의 효율성이 극도로 향상된 결과, 제국들 간의 전쟁은 세계를 산산조각 낼 지경에 이르렀다. 원양항해 기술과 산업화라는 두 가지 기술 덕분에 모든 제국이 동시에 어디서든 서로 대적하게 되었다. 그 결과 궁극적이고 필연적이며 참혹한 체제 종말적인 갈등이 역사상 가장 치명적이고 파괴적인 전쟁으로 이어졌다.

우리는 이를 보통 제2차 세계대전이라 일컫는다. 이 전쟁은 근본적으로 색다른 무엇이 등장할 토대를 마련했다.

제2시대: 질서

제2차 세계대전은 제국주의 시대를 종식시켰다기보다 제국주의를 뿌리 뽑았다고 보는 게 맞다. 상황이 안정되고 나자 두 나라―미국과 소련―밖에 남지 않았고, 두 나라는 오랫동안 지루하게 이어질 갈등에 대비해 즉시 경계태세에 돌입했다. 소비에트 체제는 마지막 남은 제국이었고 그 이전에 등장했던 모든 제국들과 똑같이 작동했다. 단일한 집단―러시아인―이 모든 결정을 내리고, 에스토니아인이든 폴란드인이든 슬로바키아인이든 불가리아인이든 아르메니아인이든 우즈베크인이든 타타르인이든 잉구시인이든 막론하고, 그리고 그 밖의 많은 사람들은 소련에 전략적 깊이를 제공하고 볼모 잡힌 시장이 되어주고 여차하면 주변국들을 대상으로 총알받이가 되어 높은 방어벽을 구축해주는 역할을 할 뿐이었다. 이런 체제에 불만이 있는 사람은 누구든 강제노동 수용소에서 총살형에 처해질지 몰랐다. 아주 구태의연한 방식이었다.

소련에 대적하는 국가―미국―도 어찌 보면, 말하자면 일종의 제국이었다. 미국은 작은 해안 지역을 기반으로 세를 확장해 북미 대륙의 3분의 1에 해당하는 허리 부분―알짜배기 땅 3분의 1―을 차지하게 되었다. 그러나 여러 가지 요인들이 복합적으로 작용해 전혀 딴판인 나라가 조성되었다.

첫째, 미국인들은 제국의 연장선상에서 삶을 시작했다. 최초의 13개 식민지들은 대영제국 체제에 맞서 힘을 모아 투쟁하면서 공통된 정체성의 가장 중요한 구성요소인 공동의 명분을 얻게 되었다. 제국은, 그 정의상, 공동의 명분이 결여되어 있다. 제국의 중심부는 식민지와 보호령으로부터 생명력을 빼앗아 가는 경향이 있다.

둘째, 미국인들은 독립할 때부터 세계에서 가장 막강한 군사 체제의 지부로 출발했기 때문에 대부분의 인접국과는 달리 군사적으로 대단한 이점을 누렸다. 그러한 이점이 구세계(유럽)에 만연한 질병에 대한 저항력과 복합적으로 작용해 북미 원주민이 거의 절멸하면서 새로 정착한 미국인들이 세를 확장할 충분한 여지가 마련되었다. 역사적 수정주의자들은 아메리카 원주민의 문화를 파괴하는 데 미국이 어떤 역할을 했는지 재평가해왔고 지금도 재평가는 진행 중이지만, 구세계 사람들은 미국인들이 영토와 경제력을 확장할 때 극복해야 할 장애물이 얼마나 보잘것없었는지 제대로 헤아리지 못한다. 원주민은 거의 완벽하게 섬멸되다시피 했으므로 미국은 제국 체제가 소화하지 못한 사람들이 야기하는 내부 갈등을 거의 겪지 않았다.

셋째, 그러한 확장—인구와 지리적 확장—은 건국 초기 해안 지역들 간의 차이를 희석시켰다. 서로 다른 독특한 정체성을 지닌 13개 지역은 내부적으로 통합되어 보다 총체적인 새로운 면모를 띠게 되었다. 독립전쟁이 끝나고 한 세대 만에 미국인은 자신을 여러 주들 가운데 한 주의 주민이 아니라, 북부 아니면 남부 두 지역 가운데 하나에 속한 주민으로 간주하게 되었다.

넷째, 이 두 지역은 상대적으로도 절대적으로도 미국 역사상 가장 많은 인명을 앗아간 갈등에서 일대 격전을 치렀다. 전쟁이 끝날 무렵 북부가 승리했지만 북부 사람들은 패배한 남부를 숙청하거나 예속시키지 않고 패배한 형제들을 보듬어 연방으로 통합하는 한편, 백인이 아닌 이들을 보다 큰 체제에 통합시키는 다각적이고 긴 과정에 착수했다. 이러한 재건은 서투르고 불완전했으며 분열된 국가의 에너지를 30년 동안 빨아들였지만, 인종적 포용에서 절반의 성공을 거두었음에도 불구하고 미국의 지속성을 유지하고 확장하는 동시에 규모의 경제를 심화시키는 데 성공했다. 1900년 무렵, 미국은 경작지가 늘어났고 국경은 더욱 튼튼해졌으며, 황제가 통치하는 명명백백히 불평등한 러시아를 제외하고 그 어떤 단일한 자치 국가보다도 인구가 훨씬 잘 통합되었다.

마지막으로, 재건이 성공한 덕분에 미국의 문화적 통합 과정은 심화되었고 북부와 남부 간의 차이도 희석되었다. 당대에 이러한 통합 과정이 얼마나 성공적이었는지 가늠해보려면 웨스트버지니아주, 버지니아주, 펜실베이니아주—남북전쟁에서 반대편에 서서 가장 참혹한 전투를 겪은 주들—의 주민들이 오늘날 그들의 민족적인 배경을 "미국인"이라고 할 가능성이 가장 높다는 사실을 보면 된다.

그러한 융합은 매우 중요했다. 미국은 제국이 아니다. 정치적, 경제적으로 분명한 핵심 지역이 없다. 뉴욕, 캘리포니아, 텍사스, 플로리다는 모두 자기 주에 대해 분명한 주인 의식을 지니고 있다. 특별히 우대받는 지역은 존재하지 않는다. 미국 정치는 분열적이고 소란스럽고 무례하고 짜증스럽고 유치하고 살벌하고 공허하고 입이 떡 벌어지게 만들고 일부러 모르는 척하고 헤아리기 불가능할 정도로 둔감할지 모르지만, 특정 지역의 미국인은 또 다른 지역의 총알받이 역할이나 할 운명은 분명히 아니다. 그러한 공동의 정체성이 환상적으로 튼튼한 국경과 내부 통합이 더할 나위 없이 수월한 중심부와 복합적으로 작용해 재건 후 미국은 근본적으로 전혀 다른 종류의 정치체(polity)가 되는 데 그치지 않고 지구상에서 가장 막강한 나라가 되었다.

그러나 "가장 막강"하다고 해서 "무소불위"라는 뜻은 아니다. 미국은 재건을 마무리할 즈음 군사적, 기술적 향상 덕분에 제국들이 훨씬 서로 근접하게 된 세상에 놓이게 되었다. 신형 함선들은 이제 몇 달이 아니라 몇 주 만에 대양을 가로지르게 되었다. 신형 병기들은 사거리가 수 마일로 늘었다. 비행기도 곧 등장하게 되었다. 미국의 전략적 고립이 침해를 당하고 있었다. 결국, 마지못해, 미국은 산업화된 살육의 정점을 찍은 양대 세계대전에 뛰어들어야 했다.

그리고 미국인들은 그 다음에 닥칠 일에 대해서는 신경 쓰지 않았다. 마음이 비단결처럼 부드러운 이오시프 스탈린이라는 사람은 블라디미르 레닌이 경제 실험으로 망쳐놓은 나라를 물려받아 잔혹함과 전투라는 초고온의 불길을 이용해 그 규모와 힘에 있어서 비교할 대상이 없을 만큼 막강한 전쟁수행 기계를 벼려내었다. 지구 종말적인 공포소설에 등장하는 인공지능구동 로봇이나 폼을 법한, 인명을 살상하고픈 비인간적인 욕망을 품은 스탈린은 그 기계에 수백만 명의 소련 군인들을 연료로 공급했고 기술과 분노로써 그 기계를 나치를 대상으로 휘둘러 한 뼘씩 후퇴시킬 때마다 피를 흘렸다. 미군이 경악할 만한 이유가 있었다. 이제 전투에 단련된 소련군과 대결해야 했기 때문이다. 동독과 독일 수도를 관통하면서 말 그대로 그 지역을 능멸한 소련군을 말이다.

전장은 구미가 당기지 않았다. 북유럽 대평원은 평평하고 탁 트인 지형이다. 독일의 전쟁 기계는 놀라운 속도로 북유럽 대평원을 가로질러 서쪽과 동쪽으로 진군했다. 소련이 공격을 감행하기 위해 서쪽으로 진군한다 해도 대적하기 힘든 속도였지만, 소련군은 뒤처지는 속도를 잔인함으로 상쇄했다. 독일과 프랑스와 네덜란드와 폴란드와 러시아가 직면했던 난관과 똑같은 난관에 봉착했다는 생각이 든 미군 지휘관이 한두 명이 아니었을 게 틀림없다. 도대체 탁 트인 광활한 북유럽 대평원에서 어떻게 방어 입지를 구축한단 말인가?

잠재적으로 동맹이 될 나라들의 목록을 보아도 크게 위로가 되지는 않았다. 유럽 국가들—모두가 과거에 제국의 중심부였던 나라들—이 서로에 대해 반목하고 서로를 배반한 역사는 아주 초기로 거슬러 올라간다. 어떻게 하면 미국은 역사적으로 서로에 대해 앙심을 품어왔고 전쟁에 지친 나라들을 추슬러 소련의 붉은 군대처럼 단일대오를 형성한 끔찍할 정도로 위협적인 존재에 맞서 대동단결하게 만들까?

아시아에서의 상황은 더욱 혼란스러웠다. 전쟁 말미에 미국은 일본을 완전히 점령하는 데 그치지 않았다. 미국이 전쟁을 치른 방식으로 인해 아시아 역사에서 가장 큰 힘의 공백이 조성되었다.

미국의 작전은 일본이 점령한 모든 영토에서 일본인을 축출하는 것이 아니었다. 미군은 섬에서 섬으로 이동하면서 진군하는 데 필요한 기지들만 장악했다. 이러한 작전은 미군이—양과 도달범위와 파괴력에 있어서 산업화된—폭탄을 본토에 집중 투하할 입지를 확보할 때까지 계속되었다. 전쟁에서 일본이 점령한 영토의 족히 90퍼센트를 미국은 건드리지 않았다—여기에는 (핵 폭탄이 투하되기 직전까지 일본이 승승장구하고 있던 지역인) 중국과 한국 내에서 일본이 점령하고 있던 영토가 모두 포함된다. 하룻밤 사이에 동아시아 연안은 거의 단일한 제국 정부가 통치를 하던 지역에서 그 정부가 완전히 항복하고 군대를 철수시킨 지역으로 변했다. 그 지역에 혼돈이 휘몰아쳤다.

여섯 달이 채 지나지 않아 미국은 안보와 부의 측면에서 세계적으로 가장 단순한 지리적 여건에 놓인 나라에서 세계에서 가장 복잡한 지역을 점령하고 있는—그리고 보호해야 하는—나라로 변하게 되었다.

그렇다고 해서 얻는 게 없었다는 뜻은 아니다.

종전 무렵 미국은 역사상 가장 막강하다는 데 이론의 여지가 없는 해군력을 지니게 됐고 동시에 역사적으로 막강한 해군력을 자랑하던 나라들—일본, 러시아, 프랑스, 독일, 네덜란드, 이탈리아—의 해군 자산은 침몰해 산호초의 서식지가 되었다. 유일하게 살아남은 영국 해군은 미국의 보조적인 역할로 강등되었다. 이 덕분에 미국은 새로 보호할 책임을 지게 된 지역들 가운데 해군기지로 최적인 지역들을 미리미리 점찍어두게 되었다.

그러나 새로 요새를 구축하는 곳마다 곤경이 도사리고 있었다. 모든 영국에는 침공에 취약한 지점이 있었다. 모든 싱가포르에는 비무장지대가 있었다. 모든 오키나와에는 사이공이 있었다. 모든 디에고 가르시아에는 베이루트가 있었다. 어떤 상황에서든 그런 지역들을 방어하기도 어려운데 그런 지역들을 모두 방어한다고? 그것도 동시에? 이러한 영토들은 미국에게 생소할 뿐만 아니라 다른 대륙에 위치해 있었기 때문에 전략을 수립하는 그 어떤 전문가도 실현 가능하다고 생각하지 않았을 그러한 종류의 공급선이 필요했다. 애초부터 미국이 그런 짐을 짊어질 방법이 없었다.

미국은 동맹국의 도움이 필요했지만 멀리 떨어져 있는 나라들과 동맹을 맺으면 그 먼 지역까지 원정을 갈 필요가 발생한다. 한 나라와 동맹을 맺을 때마다 복잡한 문제들을 동반한 새로운 지리적 여건이 딸려온다. 거대하고 결의에 차있고 전투에 닳고 닳았으며 윤리적인 제약을 받지 않는 소련 같은 강대국을 미국이 봉쇄하고 반격하려면 세계 도처에 동맹국들이 필요했다. 미국은 이러한 동맹국들을 철저히 동기 유발시키고 강력한 투지를 불어넣어야 했다.

상황을 극도로 단순화하는 경향이 있는 미국은 복잡한 실타래처럼 얽히고 설킨 매듭을 고르디우스 왕의 매듭처럼 단칼에 끊었다. 당장 직면한 상황을 십분 활용하기로 한 미국 대통령—다름 아닌 프랭클린 D. 루즈벨트—은 미국 뉴잉글랜드 지역에 있는 브레튼우즈(Bretton Woods)로 동맹국들을 전원 소집해 매수하고 새로운 세계를 만드는 과업에 동참하게 만들었다. 미국은 동맹에 합류하는 나라는 어떤 나라든 철저하게 안보를 보장해주기로 했다. 탱크, 군대, 함선, 당시에는 아직 개발 중이던 핵우산까지 제공하기로 했다. 미국은 바다를 완전히 장악한 막강한 해상력을 동원해 화물의 종류와 출발지와 목적지와 국적을 불문하고 어떤 선박이든 보호해주었다. 그리고 이는 시작에 불과했다:

- 해적과 마주치면? 걱정 마라. 미국 해군이 처리한다. 다른 나라들의 상업을 약탈하는 제국주의적인 행태는 더 이상 없다.
- 소련이 당신 나라 정부를 축출하려고 한다면? 걱정 마라. 미국 의회가 재건에 필요한 기금 법안을 통과시켜 도와주겠다. 마셜 플랜(Marshall Plan)이 적극적으로 추진되었다.
- 전깃불이 들어오지 않는다고? 걱정 마라. 미국이 세계 어디서든 석탄과 석유를 수입할 수 있도록 보장해준다. 미국은 군사력으로 페르시아만을 순찰한다.

- 경제의 불씨를 살리려는데 불이 붙지 않는다? 걱정 마라. 미국 시장—제2차 세계대전에서 살아남은 유일한 거대 시장—이 문을 활짝 열고 당신의 수출 품을 사들인다. 그리하여 미국은 무역 적자가 쌓이게 되었다.
- 미국의 안보 보장을 신뢰할 수 없다고? 걱정 마라. 미국은 소련과의 전투— 소련이 시간과 장소를 선택한 전투라고 해도 상관없다—에 동참해서 신뢰 할 만한 나라임을 입증하겠다. 그리하여 미국은 한국전쟁과 베트남 전쟁에 참전하게 된다.

당신이 소련에 맞서는 미국 편에 선다면 미국은 군사력을 이용해 당신을 보호해주고, 경제력을 이용해 당신의 실존을 뒷받침해주고, 인류 역사를 통틀어 제국이라면 하나같이 투쟁을 통해 쟁취한 모든 것을 당신에게 "공짜로" 제공해준다. 과거의 제국들은 바닷길과 시장과 원자재에 접근할 권리를 쟁취하는 데서 그치지 않았다. 모든 바닷길과 모든 시장과 모든 원자재에 항상 접근하려고 했다. 마치 세계대전에서 승리한 듯이 말이다. 제국보다 서열이 아래인 이등 국가들은 정점에 위치한 대영제국의 떡고물에 접근하는 게 목적이었다. 그렇지만 이에 상응하는 군사적 보호는 받지 못했다. 식민지들은 지배 국가로부터 독립해서 과거 제국들과 마찬가지로 세계 시장에 접근하고 자국 나름의 정치적 경제적 지속성을 구축할 기회를 얻는 게 목적이었다. 자국 영토가 점증하는 인구를 지탱할 수 있을지, 국경이 활짝 개방되어 있는지 여부는 더 이상 중요하지 않았다. 역사상 처음으로 지리적 여건이 작동을 멈췄다. 힘이 빠지고 식민지도 잃은 주요 제국들은 소련에 맞서는 미국의 새로운 동맹 체제에 합류하면 소련의 위협뿐만 아니라 기존의 온갖 위협으로부터도 안전했다.

우리가 보통 "자유 무역"이라고 일컫는 체제는 "단순히" 상품과 용역의 교환 이상의 의미를 지닌다. 아마존 프라임(Amazon Prime) 웹사이트를 통해 최신 장비를 구입하는 행위 이상의 의미를 지닌다. 글로벌리즘 이상의 의미를 지닌다. 세계를 경영하는 체제(global management system)다. 세계적인 연결망이다. 세계적인 동맹이다. 세계적인 질서다.

최초의 세계질서, 제1세계질서였다.

그리고 이 질서는 제대로 작동했다. 놀라울 정도로 훌륭하게! 제1세계질서는 냉전 시대를 통틀어 미국이 대전략(grand strategy)을 수행하기 위한 경제적 토대를 마련해주었다. 제1세계질서 없이는 북대서양조약기구(이하 NATO로 표기)도 없었을지 모른다. 제1세계질서가 있었기에 패전한 추축국들이 고집스러운 적에서 설득 가능한 동맹으로 변신했다. 첫 15년 동안 미국이 전략적 정책을 추진하는 데 걸림돌이 되었던, 과거에 미국을 식민 지배했던 영국을 포함한 제국들을 매질해서 미국의 의지를 따르게 만들었다. 그리하여 미국은 세계적인 동맹 체제를 구축했다.

그런데 알고 보니, 역사상 가장 규모가 크고 가장 막강한 동맹 체제의 결성은 시작에 불과했다.

미국은 여러 방면으로 안정을 추구했다. 티파니(Tiffany) 보석상에서 파는 물방울 다이아몬드 같은 회유와 시어도어 루즈벨트 전 대통령이 짚고 다닌 굵직하고 튼튼한 지팡이 같은 협박을 적절히 섞어 미국 나름의 세계 평화 브랜드를 만들어 실행함으로써 미국은 힘이 약한 나라들에게는 전혀 운신의 여지를 주지 않는 경향이 있는 구 제국들 간의 대격돌을 기억에서 사라지게 만들었다. 제1세계질서는 제국들 간의 충돌이라는 악순환의 고리를 깨고 정치적 안정과 안보와 경제 발전의 선순환 구조를 구축했다. 그 덕분에 산업혁명이 낳은 기술 발전을 한층 더 강력하게 추진하게 되었고, 동시에 대부분의 국가들은 자국민의 욕구를 충족시키느라 분주해졌다. 기근과 질병이 완전히 퇴치되지는 않았지만 더 이상 인간의 일상적인 삶을 장악하지는 못하게 되었다. 그 결과 배움이 깊어지고 사회기간시설이 확대되었으며, 경제가 성장하고 기술이 발전했다.

제1세계질서가 지닌 가장 인상적인 특징으로 손꼽히는 게 바로 보편성이다. 미국은 모든 나라의 수입, 수출, 공급선의 안전을 보장했다. 심지어 미국과 경제적으로 경쟁 관계인 나라들까지도. 미국이 폭탄을 투하해 쥐어박고 싶은 나라들까지도. 미국의 자동차 제조의 메카 디트로이트는 공동화되어도 독일의 대미 자동차 수출은 성역으로 건드리지 않았다. 중서부 농부들이 저가로 수입된 곡물 때문에 애를 먹는데도 농업의 확대를 추구하는 브라질은 미국산 비료와 장비를 수입하는 데 어려움이 없었다. 미국이 이란의 아야톨라와 외교적, 군사적으로 티격태격하는 동안에도 미국 해군은 모든 상선의 안전을 불철주야 철통같이 지켰다. 미국이—베트남에서처럼—적극적으로 전쟁을 수행할 때도 그 지역의 상업 활동을 보호했다. 심지어 미국과 맞서 싸우는 상대방의 상업까지도.[3]

소련은 종종 방어하는 입장에 놓였고, 혼돈을 야기하는 역할을 수행할 수밖에 없었으며, 역사상 처음으로 경제적으로 번성하게 된 수많은 나라들을 전복시킬 방법을 모색했다. 그러나 승산이 없는 시도였다. 과거의 제국주의 시대 기준으로 보면 어느 모로 보나 소련은 승승장구하고 있었다. 상호 확증 파괴(mutually assured destruction)라는 핵 독트린과 미국이 소련의 지구 반대편에 위치하고 있다는 사실이 복합적으로 작용해 소련은 과거에 수십 년마다 자국의 지속성을 훼손한, 육로를 통한 외부의 침략에 직면하지 않았다. 그 결과 러시아인들은 자국의 영토 전체에 걸쳐서 과거에 경험해본 적이 없는 수준의 발전과 평화를 구가하게 되었다.[4] 지속성과 규모의 경제는 최고조에 달했고, 러시아인들은 과거 어느 때보다도 높이 고공행진을 했다.

그러나 미국이 제1세계질서를 통해 해낸 업적과 비교하면 소련의 부상은 보잘것 없었다. 세계에서 가장 잘사는 나라들이 거의 모두가 미국의 해군력과 핵무기가 보장하는 통합된 단일한 경제 체제에 합류했다. 소련은 상대가 되지 않았고, 그로부터 단 50년 후에 소련 체제는—봉쇄당하고 수적으로 밀리고 전략에서 뒤지고 군사비 지출에서 미국에 뒤져—붕괴했다.

제1세계질서는 우리 대부분이 친숙해진 지금 이 세상의 모습을 만들었을

지 모르지만, 인류 역사라는 거시적인 안목에서 보면 제1세계질서는 역사상 가장 해괴한 시대로 손꼽힌다.

그 다음에 등장한 시대와는 비교 대상이 되지 않는다.

제3시대: 국경 없는 질서

베를린 장벽에 휘갈겨진 낙서를 본 소련은 패배를 감지하고 1980년대 중반에 패배를 잘 관리해서 마무리 짓는 방향으로 나아가기로 하고 미국과 협상을 시작했다. 그런데 첫 번째 단계로 간주하고 시도했던 협상이 처음이자 마지막이자 유일한 협상이 되고 말았다. 1989년 초 소련군은 중부 유럽 위성 국가들을 움켜쥐고 있던 장악력을 이완시켰다. 1992년 무렵 냉전과 소련은 잿더미가 되었다.

냉전의 승전국들은 조촐하게 잔치를 벌였는데, 그러고 나서 심상치 않은 일이 벌어졌다.

세계질서를 유지하는 미국 정책은 전략적인 정책이었고 세계적 갈등에서 전투를 수행하는 수단으로 설계되었다. 냉전이 종식되자 제1세계질서는 새로운 목표를 향해 꿈틀거리기 시작했다.

소련이 붕괴되자 미국 대통령 조지 H. W. 부시는 역사가 자신에게 부여한 사명을 감지했다. 그는 베를린 장벽이 무너지고 첫 번째 이라크전에서 승리한 후 누리던 전례 없이 높은 지지도를 토대로 미래에 대한 국가적인 대화에 착수했다. 미국 국민은 이 새로운 세계에서 무엇을 원할까? 그는 새로운 세계질서(New World Order)를 공개적으로 거론하면서 자신이 추구하는 개인적인 목표는 수천 개의 불빛을 밝히는 일이라고 했다. 지금까지 상상도 하지 못했던 방식으로 인간이 처한 여건을 개선하기 위해 노력하는 자유로운 나라들로 구성된 공동체 말이다. 부시의 이력—그는 부통령, 예산책임자, 당대표,

대사, 하원의원, 정보국 수장을 역임했다—을 보면 그 임무를 수행하는 데 필요한 재능과 인맥과 성품을 지닌, 당시 상황에 안성맞춤인 인물이었다. 그런데 미국인들은 재선에서 그를 선택하지 않았고, 제1세계질서를 새 시대에 걸맞은 새로운 토대로 옮기는 진지한 대화, 탈냉전 시대에 세계가 직면할 난관과 기회와 관련된 대화는 중지되었다.

그 이후로 백악관에 입성한 미국 지도자들은 한마디로 함량미달이었다. 빌 클린턴은 외교정책을 따분하게 생각했고 가능하면 피하려고 애썼다. 조지 W. 부시는 중동 문제에만 휘말렸다. 버락 오바마는 불통이 심해 그 누구와도—심지어 자기가 속한 민주당 내의 자기 동맹 세력과도—만나려 하지 않았다. 도널드 트럼프의 "미국 우선주의(America First)"는 세계 체제와의 절연을 노골적으로 내세우고 있다.

위의 네 인물 가운데 누구도 조지 W. H. 부시가 직면했던 기존의 세계질서를 재편하고 더 나은 세계를 구축하는 사명을 이어받지 않았다. 이 네 인물 가운데 미군과 정보국과 외무성에 미국이 실제로 추구하는 목표가 무엇인지에 대한 지침을 제시한 이는 아무도 없었다.

미국은 분명한 대전략이 없는 상태에서—아이티에서부터 보스니아, 유고슬라비아, 아프가니스탄, 이라크, 예멘, 시리아 등에서—위기가 발생할 때마다 휘청거렸다. 미국의 정치, 경제, 군사 엘리트 계층은 힘을 큰 그림을 그리는 데 이용하지 않고 상황에 따라 전술적으로 이용해 끊임없이 행진을 이어갔다. 정치적, 개인적, 제도적 등 여러 가지 복합적인 이유로 인해 상상력의 부재가 총체적으로 만연했다.

최상부에서 제시해주는 방향이 없는 상황에서 미국의 전략적 정책은 아무 생각 없이 타성에 빠졌다. 미국 해군은 세계적으로 해상 안전 유지 활동을 계속했다. 미군은 냉전 시대의 동맹국들을 계속 보호했다. 미국의 경제 체제는 세계 각지에서 수출하는 상품들을 계속 수입했다. 미국 체제는 세계 에너지와 금융과 농업과 제조업이 제대로 작동하게 하는 부품들에 계속 기름칠을 했다.

단 한 가지 변한 게 있다면, 미국은 더 이상 그 대가로 아무것도 요구하지 않게 되었다는 점이다.

세계는 아주 야릇한 곳이 되었다.

제1세계질서는 반세기 동안 역사상 가장 높은 세계 경제성장을 이룩했다. 그러나 탈냉전 시대에도 그 질서가 그대로 유지되면서 그동안 정세가 불안하거나 지리적으로 접근성이 떨어지거나 냉전 시대에 지는 편에 섰다는 이유만으로 낙후되었던 지역들까지 이 체제에 밀물처럼 쏟아져 들어오기 시작했다. 지속성과 규모의 경제는 확장되었고 새로운 나라들이 보태어졌다. 산업화에 필요한 투입재 수요가 증가하자 사하라사막 이남 아프리카, 중남미, 중동이 힘을 얻었다. 더 많은 식량, 더 질 좋은 식량의 수요가 증가하면서 중남미와 구소련이 처한 여건이 개선되었다. 공산품의 수요가 증가하면서 유럽과 동아시아 연안국들이 부상했다. 이 모두를 가능케 한 세계적 체제가 제대로 작동하게 만든 미국은 그 대가로 아무것도 요구하지 않았다. 제1세계질서는 대단한 성공을 거두어왔지만 대부분의 사람들은 애초에 이 질서가 존재하지조차 않았다는 사실을 망각했다. 아니면 깨달은 적이 없든가.

이 새로운 체제의 규모만 보아도 입이 떡 벌어진다.

1935년 제2차 세계대전이 꿈틀거리기 직전, 세계 최대의 통합 경제 체제를 갖춘 나라였던 독일은 인구가 6,200만 명이었다. 1940년대 말 미국이 주도하는 세계질서에 따라 미국의 체제와 전후 동맹국들이 일차로 융합되면서 인구 4억 명이 합류하는 체제가 구축되었다. 1950년대에는 추축국과 과거의 중립국들이 합류하면서 이 수치는 10억 명에 약간 못 미쳤다. 1980년 무렵 인구가 증가하고 중국까지 합류하면서 이 수치는 30억 명으로 늘었다. 그리고 내가 이 글을 쓰고 있는 2020년 초 현재, 세계 78억 인구의 대부분이 이 체제의 수혜자이다. 각 단계마다 제1세계질서의 지속성은 심화되고 확대되었다. 각 단계마다 우리는 컴퓨터, 주문형 배달, 폭넓고 다양한 식품, 신뢰할 만한 전기 공급 체계를 갖춘 현대적인 세계에 조금씩 가까워졌다.

그러나 점점 부유해지고, 점점 서로 연결되고, 점점 발전하는 세계는 한 가지 핵심적이지만 달갑지 않은 진실을 시야에서 놓쳐버렸다. 미국이 제1세계질서에 관여한 최종적인 목적은 자유무역과 그에 따라 파생된 효과가 아니라는 사실이다—과거에도 그게 목적이었던 적은 없었다. 자유무역은 수단이었다. 자유무역은 뇌물의 일부였다. 미국은 자국의 경제를 제1세계질서와 융합시킨 적이 없다. 그렇게 했다면 동맹국들을 새로운 관할 지역으로 삼고 제국을 구축했을지 모른다.

대신, 미국은 찬란한 고독을 누리면서 대륙 규모의 자국 경제를 대륙 규모의 자국 영토에 대체로 묶어두었다. 지리적으로 고립되어 있고 풍요로운 여건이 외세의 공격을 막고 안으로는 통합하는 강력한 힘이 되었다. 오늘날, 미국은 여전히 세계 경제 체제에 가장 덜 통합되어 있는 나라다. 소련을 봉쇄하고 패배시킨다는 목적 말고는 제1세계질서가 낳은 진전—에너지, 농업, 금융, 제조업, 질병 예방, 교육, 수명 연장, 민주주의 확산, 유아사망률 저하 등등—은 그 어느 것도 이 계획으로 의도한 바가 아니었다. 이런 진전은 부산물에 불과했다.

아니, 제1세계질서를 통해 미국이 추구한 것은 돈이 아니었고, 오래 지속되었다는 사실과 폭넓은 정치적 지원은 지속 가능성이나 영속성과 동일하지 않다는 사실을 모두가 염두에 두어야 한다. 미국이 자유무역 질서를 구축하고 작동시키고 지원한 까닭은 동맹국들을 도와 소련을 굴복시키기 위해서였다. 그런데 1989년 11월 베를린 장벽이 무너지면서 냉전이 막을 내렸다. 1991년이 막바지에 다다른 그믐날, 소련의 국기가 마지막으로 하강했다. 그이후로 세계는 변해왔고—뒤늦게—미국도 그와 더불어 변하고 있다. 미국이 제1세계질서를 유지해야 하는 전략적 명분이 사라지자, 이를 유지해야 할 새로운 이유가 필요했다.

그런데 지금까지는 그럴듯한 이유가 나타나지 않았다.

제3시대의 미국

미국이 브레튼우즈 체제에 대해 환멸을 느끼게 된 단 하나의 직접적인 계기는 없다. 1999년 소련의 붕괴와 더불어 전략적 토대도 해체되면서 오래전부터 미국의 동맹 체제는 처음에 이 체제를 공고히 했던 냉전의 현실과 유리되어 왔다. 한동안 타성에 의해 모든 게 초현실적으로 계속 굴러갔지만 제1세계질서가 대대적인 성공을 거두고 10년이 흐르자 아주 구체적이고 굵직한 사건이 연달아 발생하면서 현실이 분명히 드러났다.

2001년 4월 1일, 중국 전투기가 이를 감시하던 미국 EP-3 첩보기와 충돌해 둘 다 추락했다. 이 문제는 두 나라 간의 격렬한 공방으로 급속히 확대되었다. 중국은 EP-3이 중국을 염탐하고 있었다고 주장했고,[5] 미국은 통상적인 비행일 뿐만 아니라 EP-3은 공해상의 영공에 있었기 때문에 비행은 국제법상 합법이라고 주장했다.[6]

이 사건이 일어나기 전부터 두 나라 사이에는 골이 깊어져 왔다. 중국과 미국은 상대방의 존재에 대해 진정으로 안심했던 적이 없었지만, 제1세계질서 하에서는 동맹이었다. 1972년 미국 대통령 리처드 닉슨이 중국을 방문하는 역사적인 행보를 보인 이유는 소련에 맞서는 동맹 체제에 중국을 끌어들이기 위해서였다. 국교 정상화 과정은 기념비적인 성공이었고, 중국은 소련에 등을 돌리는 기념비적인 선택을 했으며, 이러한 태세 전환으로 소련의 남쪽 국경 전체가 노출되어 기념비적인 압박 하에 놓이게 되었고, 이 때문에 아마 소련의 붕괴가 10년 앞당겨졌을지 모른다. 또한 중국을 세계적인 원자재와 무역 연결망에 통합시킴으로써 중국의 경제 활황이 시작되었다.

그러나 2001년 무렵 중국은 미국이 탈냉전 시대에 추구하는 점점 애매모호해지는 전략적 정책을 따르기가 지겨워지기 시작했다. 그 정책의 촉수가 중국 해안에 출몰하기 시작하자 더더욱 그런 느낌을 받았다. EP-3 사건이 발생하자 중국 지도부는 미국에 결연히 맞서기로 결심했다. 제1세계질서의 동맹국인 중국이 자국의 경제적 성공을 가능케 해준 미국에게 군사적으로 맞장을 뜬다는 사실에 격분한 미국은 매우 불쾌했다. 그러나 이 문제가 어떤 식으로든 해결되기 전에 상황을 완전히 전환할 또 다른 사건이 일어났다.

한가로운 어느 화요일 아침—2001년 9월 11일—이슬람 호전 세력이 넉 대의 미국 민간 항공기를 납치한 다음 미국의 힘을 상징하는 건물로 돌진해 그 가운데 석 대가 추락했다. 1812년 전쟁 이후 처음으로 적대적인 세력이 미국의 주요 도시를 강타했다.

한 달이 채 못 돼 미군은 아프가니스탄을 종횡무진으로 누비며 범인을 추적했다. 이 작전은 곧 망치로 두더지 머리 때리기로 전락했다. 미군이 범인의 은신처를 급습한다. 범인들은 미군이 접근한다는 낌새를 눈치채고 은신처를 소개(疏開)한다. 미군은 더 많은 지역에 더 많은 첩보요원들과 더 많은 무기들이 필요해졌고, 따라서 동맹 체제에 소속된 나라들 모두에게 범인 색출에 동참하라고 요구했다.

그러나 동맹국들의 반응은 시큰둥했다. 미국의 동맹국들은 대부분 이의를 제기했다. 많은 나라들이 적극적으로 저항했다.

세계적인 테러와의 전쟁이 현명했는지, 효과적이었는지, 애초에 실행하는 게 옳았는지에 대해 수없이 갑론을박이 있었지만, 요지는 미국의 관점에서 볼 때 미국은 여전히 제1세계질서를 유지하기 위해 경제적, 전략적 부담을 지고 있는데 대부분의 동맹국들은 더 이상 이에 상응하는 전략적인 동조를 하지 않고 있었다는 점이다. 워싱턴 정가에서는 이러한 생각이 퍼지게 되었다. 아무도 책임을 다하지 않는데 왜 우리만 책임을 다해야 하지?

2002년 새해 첫날, 유럽의 10여 개 국가들은 자국의 화폐를 포기하고 새로운 공통화폐 유로를 도입하기로 합의했다. 유로의 채택이 비현실적인 이유는 여러 가지가 있지만, 유로의 존재 이유는 유럽의 경제력을 한데 모아 세계 무대에서 미국을 제외한 또 하나의 힘의 축을 구축하려는 의도도 있었다는 점은 부인할 수 없는 사실이다.

미국은 이 새로운 화폐에 씁쓸한 뒷맛을 느꼈고, 씁쓸한 강도도 점점 높아졌다. 제국 시대에 유럽 국가들은 서로 못 잡아먹어서 안달이었다. 유럽 국가들 간의 평화는 오로지 미국이 제2차 세계대전에 개입하고, 전후 유럽 재건 노력에 재정적인 지원을 하고, 냉전 시대에 전략적으로 안보를 지켜주고, 그 질서를 통해 1945년 이후로 유럽 국가들의 경제에 사실상 보조금을 지급했기 때문에 가능했다. 미국이 없이는 유럽연합도 존재하지 못한다. 유로는 더 말할 나위도 없고.

그리고 미국 덕분에 유럽 국가들은 세계무역과 금융에서 미국의 탁월한 입지를 잠식하도록 설계된 공통화폐를 대놓고 추진할 결심을 했다.

세월이 흐를수록 미국은 점점 더 화가 치밀었다.

첫째, 중국은 태평양 서안 전 지역을 통틀어 영공에 대한 권리를 주장하기 시작했다. 그 다음은 바다에 대한 권리를 주장했다. 그 다음은 도서 지역이 자국 영토라고 주장하기 시작했다. 중국은 경제적 수단과 군사적 수단을 혼용해서 차츰차츰 주변 지역에서 자국의 의지를 관철시키기 시작했다―그러면서도 제1세계질서(현재의 세계질서)가 부여하는 혜택이라는 혜택은 족족 계속해서 십분 활용했다. 중국은 미국 해군을 아시아 해안 지역에서 축출하고 싶어는 하면서도 중국의 수출품을 선적한 선박과 에너지와 원자재를 수입하는 선박의 안전을 위해 미국 해군이 세계 바닷길의 안전을 계속해서 보장해주기를 기대했다. 미국 해군은 이 사실을 간과하지 않았다.

사우디아라비아가 생각하는 사회 정책이란 불만 가득한 청년들을 급진적인 이슬람 교리로 잔뜩 동요시켜, 그들에게 무기와 폭탄을 쥐어준 다음, 전쟁 지역에 파견해 사우디의 이익을 위해 싸우게 하는 일이다. 이 가운데 일부 집단은 자체적으로 과격분자가 되어 스스로 이름을 새로 짓고―예컨대, 알카에다―뉴욕 시의 쌍둥이 마천루 같은 공격 목표물을 직접 선정하기 시작한다. 이에 대해 사우디는 보통 자신들과는 무관한 자들의 소행이라며 어깨를 으쓱하고 입을 씻은 다음 새 조직을 결성한다. 사우디아라비아가 9 · 11 테러공격에 대한 책임을 지려 하지 않고, 급진주의자들을 수출하는 전략을 중단하지도 않고, 미국이 사우디 영토에서 급진주의자들을 색출하도록 허락하지도 않으려 하면서 많은 미국인들이 미국의 "동맹국"들을 달리 보게 되었다.

유로의 부상으로 유럽과 미국의 관계는 복잡해졌다. 특히 유럽인들이 유럽 금융위기에 대처하기 위해 미국의 워싱턴 정가에 도움의 손길을 내밀었을 때 이는 극명하게 드러났다. 유로를 만들지 않았다면 그 정도로 심각한 위기가 초래되지는 않았을 것이다.

이는 빙산의 일각에 불과하다. 브레튼우즈 체제에 합류한 다른 수많은 "동맹국들"도 동맹 체제의 꿀만 빨아왔다.

- 아르헨티나는 자생적인 위기에 봉착하자 조신한 태도로 고개를 숙이고 들어와 워싱턴에 구제를 요청했고, 동시에 미국 국민들에게 진 부채 상환을 거부했다.
- 오스트레일리아는 G20를 이용해 세계 경영에 숟가락을 얹으려 했다.
- 엄청난 해외 지원금이 아니었다면 경제개발이 불가능했을 브라질은, 미국이 주도하는 기구들에서 탈피해 세계 금융 체제를 다변화하는 전 세계적인 노력에 앞장섰다.
- 인도는 세계무역기구(WTO)를 통해 브레튼우즈 체제를 개조하려는 미국의 노력에 사사건건 찬물을 끼얹었다.
- 중국은 제1세계질서의 최대 수혜자인 두 나라에 손꼽히는데도 불구하고 미국에 맞서 아시아의 만성적인 골칫거리인 북한을 두둔하는 한편, 또 다른 최대 수혜자인 브라질은 베네수엘라와 쿠바에게 경제적, 외교적으로 툭하면 보호막을 쳐주었다.
- 제1세계질서 내의 동맹국들이 새롭게 얻은 전략적 보호막과 경제적 안정을 이용해 같은 세계질서에 소속된 또 다른 동맹국들과 싸우는 모습을 보고 미국은 이루 말할 수 없는 짜증을 느꼈다. 중국은 대만과, 그리스는 터키와,

한국은 일본과 치고받았다.

- 말레이시아는 공개적으로 미국 주도 경제 체제를 비난하면서도 세계에서 두 번째로 무역 의존도가 높은 나라라는 사실을 숨기기에 급급했다.
- 중국뿐만 아니라 프랑스, 이스라엘, 한국도 툭하면 미국 기업을 대상으로 산업 스파이 활동을 해서 기술부터 사업 계획, 협상 지침에 이르기까지 닥치는 대로 훔쳐갔다.
- 2004년 테러공격이 발생한 후 스페인은 이슬람권뿐만 아니라 NATO 내에서도 미국과의 협력을 중단하기로 했다.
- NATO 얘기가 나왔으니 말인데, 동맹 회원국들의 방위비 분담비율은 냉전 시대 동안 미약했다. 냉전이 종식된 후 회원국들의 국방비 지출은 더할 나위 없이 추락해 프랑스는 관광객용 나룻배를 대여하지 않고는 군대를 이동시키지도 못했고, 독일의 잠수함, 선박, 탱크, 전투기들은 대부분 배치가 불가능했다.
- 캐나다는 그저 죽어라고 못되게 굴었다. 주. 야. 장. 천. 사. 사. 건. 건.

많은 이들이 도널드 트럼프가 세계질서를 무너뜨린다고 비난한다. 우리 모두 현실을 직시하자. 미국에서 좌우 진영을 막론하고 서로 의견의 일치를 보는 한 가지가 있다면 해외 문제에 미국이 개입하는 정도를 줄여야 한다는 점서다. 미국의 고립주의(isolationism)는 트럼프에서 시작된 게 아니며 트럼프에서 끝나지도 않는다. 게다가 단 한 차례 미국 선거로 제1세계질서를 뒤엎을 수 있다면—핵무기로 무장한 초강력 적대국가가 없는 시대에—생각만큼 안정적이지도 내구성이 강하지도 않았으리라.

도널드 트럼프 특유의 직설화법에도 불구하고 미국 정책의 궤적은 그다지 바뀌지 않았다는 게 보다 정확한 평가다. 조지 W. 부시 대통령 임기 7년차에 미국은 세계 도처에 주둔하는 미군의 규모를 줄이는 작업에 착수했다. 이렇게 세계에서 손을 떼는 작업은 버락 오바마와 도널드 트럼프 정권 하에서도 계속되었다. 이 글을 쓰는 현재, 미국은 경제대공황 이후로 그 어느 때보다도 해외주둔 미군의 숫자가 적다.

제1세계질서가 무너지게 된 이유는 어느 한 나라의 잘못이 아니다. 미국이든 다른 어느 나라든 한 나라의 단 한 사람의 품성 때문은 더더욱 아니다. 미국은 오래전에 세계 경찰, 안보 보장, 심판, 금융지원, 일차적 수단이자 최후의 수단으로서의 시장 역할을 수행하는 데 흥미를 잃었다. 두 차례 세계대전을 직접 겪은 사람들은 이제 거의 다 세상을 떠났고 소련의 핵이 위협이 되던 시대 후에 태어난 이들 가운데 가장 연장자인 세대는 이미 세 차례 대통령 선거에 참여했다. 제1세계질서는 그 질서의 구축이 필요했던 상황이 발생한 시대를 몸소 겪으면서 그 질서를 정당화하는 역할을 한 세대가 더 이상 생존해 있지 않게 되면 정당화하기가 어려워진다.

제1세계질서—미국이 안보를 우선시하기 위해 경제적 역동성을 포기한다는 개념—는 더 이상 작동하지 않고 있다. 벌써 30년 전부터 작동하지 않았다. 동맹 체제 전체가 한눈팔지 않고 정신을 집중해 경계해야 할 전략적 적이 없이는 그 동맹을 지탱해주는 힘은 타성밖에는 없다. 따라서 세계 체제—최초의 명실상부한 세계 체제—는 차츰차츰 허물어져 왔다.

바뀌지 않을 것들을 예단하기란 어렵다. 제1세계질서의 안보와 구조로부터 가장 큰 혜택을 얻은 지역들은 세계적으로 교역되는 원유를 가장 많이 생산하거나 소비하는 지역이다. 구소련과 페르시아만은 생산자이고, 유럽과 동북아시아는 소비자이다. 제1세계질서 이후의 시대에 세계는 퍼펙트 스톰 (perfect storm)에 직면하게 된다. 세계적으로 에너지 부족 사태와 서로 맞물린 일련의 정세 불안이 오늘날 세계가 가장 의존하고 있는 지역들에서 발생한다.

두 번째로 우려되는 게 식량이다. 역사를 통틀어 식량공급이 가장 발전을 제약하는 요인임이 되풀이해서 증명되어왔다. 정부가 국민을 먹여 살리지 못하면 기아가 발생해 결국 나라의 존속을 파괴한다. 제1세계질서가 보장한 안보와 개방성 덕분에 그러한 대대적인 농업 투자와 확장이 가능했고 제국의 중심부뿐만 아니라 세계 대부분의 지역에서 기아가 퇴치되었다. 세계 인구는 세배로 증가했다. 그러나 2020년 현재 세계적으로 생산되는 식량의 5분의 4는 식량 생산지와 다른 대륙에서 비롯되는 연료와 비료와 투입재에 의존한다. 제1세계질서 없이는 건강과 영양소 공급과 열량 섭취를 가능케 하는 세계 곡물 생산량 대부분이 사라지게 된다.

설상가상으로 세계의 원자재는 대부분—철강이든 보크사이트든 리튬이든 구리든—한 대륙에서 생산되고 또 다른 대륙에서 가공 처리되며, 소비는 또 다른 어느 지역에서 이루어진다. 세계 화물운송에 사소한 차질만 생겨도 현대적 삶의 토대가 되어온 기본적인 원자재를 확보할 길이 막히게 된다.

게다가 이는 고차원적인 고리타분한 내용에 불과하다. 미국의 동맹 체제는 무질서한 세계에 질서를 부여함으로써 부지불식간에 인간 실존의 거의 모든 측면을 개선했다. 다행스러운 일이기는 하다. 그러나 모든 배를 띄운 것은 밀물이라기보다는 인간이 처한 여건의 근본적인 변모였다.

이 질서는 유럽에 평화를 강요했다. 이 질서는 제국을 허물고 전 세계의 식민지 주민들을 자유롭게 풀어주었다. 이 질서는 냉전 시대 동안 유럽경제공동체 구축을 가능케 했고 냉전 후에는 유럽연합을 가능케 했다. 이 질서가 탈냉전 시대까지 연장되면서 브라질과 인도와 중국이 부상했다. 이 질서는 아프리카와 중국에 대한 제국의 착취를 종식시켰다. 이 질서 덕분에 한국과 슬로바키아는 산업화되었다. 이 질서는 사우디아라비아와 오스트레일리아와 리비아에서 프랑스와 아르헨티나와 싱가포르로 원유가 원활하게 흐르도록 했다. 이 질서는 나치독일과 제국주의적 일본을 민주적인 평화주의 국가로 개과천선시켰다. 이 질서는 더 이상 석탄을 때지 않는 세계에 대한 희망을 품게 만들었다. 이 질서는 런던과 홍콩과 싱가포르를 금융 중심지로 만들었다. 이 질서 덕분에 컨테이너 화물선이 등장했다. 이 질서는 남아프리카공화국의 광석과 태국의 전자 제품과 에콰도르 산 바나나를 판매할 세계 시장을 형성했다.

세계적 안정과 지속성이 어떤 혜택을 낳았는지는 세계 전체 인구의 삶이 근본적으로 개선되었다는 사실을 보면 명백해진다.

- 이 질서는 교육 수준을 역사상 최고로 끌어올렸다.
- 이 질서는 경제적 기회를 더할 나위 없이 증진시켜서 절대빈곤 하에서 근근이 사는 세계 인구 비율이 60퍼센트에서 9퍼센트로 급감했다.
- 이 질서는 안보와 보건과 교육을 개선해 5세가 되기 전에 유아가 사망할 확률을 24퍼센트 이상에서 4퍼센트 이하로 끌어내리는 동시에, 문맹률은 인구의 58퍼센트에서 15퍼센트 이하로 줄였다.
- 이 질서는 세계 보건을 괄목할 만큼 개선해 어린이 예방접종을 부유한 지역뿐만 아니라 세계적으로 보편화시켰다. 어린이 99퍼센트 이상이 적어도 한 차례 예방접종을 받게 되었고 천연두가 퇴치되었으며, 소아마비는 거의 퇴치단계에 이르렀고, 말라리아도 씨가 마르고 있다.
- 이 질서는 사람들을 이어주는 연결망을 대대적으로 확장시켰고, 이는 단순히 인터넷이 개발되었기 때문만은 아니다. 전화로 세상과 연결된 사람들의 수는 몇 배로 증가했다.
- 이 질서는 민주주의를 꽃피게 해 세계적으로 이를 통치 체제로 채택한 나라의 비율이 10분의 1 이하에서 절반 이상으로 늘었다.
- 이 질서는 인권을 인간이 추구해야 할 의제 목록에 올려놓았다.

그러나 이런 결과를 낳기 위해서 무엇이 필요한지 잘 생각해보라. 교육수준이 높아지려면 부유해야 하고 정치적으로 안정되어야 한다. 지리적 여건이 불리한 나라의 경제가 성장하려면 해외 금융, 기술, 시장에 접근해야 한다. 유아사망률을 낮추려면 위생 기간시설을 구축하고 의약품을 수입해야 하고, 의약품을 수입하려면 경제적 여유가 있어야 한다. 디지털 경제의 토대인 인

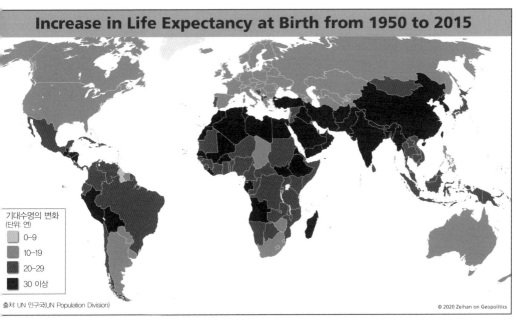

Increase in Life Expectancy at Birth from 1950 to 2015

기대수명의 변화
(단위: 연)

0–9
10–19
20–29
30 이상

출처: UN 인구국(UN Population Division)

© 2020 Zeihan on Geopolitics

1950년부터 2015년까지 출생 시점의 기대수명 증가

터넷이 선진국 이외의 지역에서 작동하려면 해저 케이블이 늘 제 역할을 해야 한다 (우즈베키스탄이나 콩고에 서버를 설치할 사람은 아무도 없다). 민주주의가 작동하려면 어느 정도 경제발전 단계에 도달해 사람들이 일 년 뒤에 무슨일이 일어날지 미리 예측할 수 있어야 한다. 인구가 증가하고 기대수명이 연장되려면 교육의 기회와 경제 활동의 기회가 풍족해야 함은 물론이거니와, 상시로 영양가 있는 음식을 먹고 깨끗한 물을 마시고 보건 시설이 항상 이용가능해야 한다.

제1세계질서가 인간의 삶의 여건을 개선하는 데 얼마나 중요한 역할을 했는지를 여실히 보여주는 사례들은 수없이 많다. 누군가 각목으로 내 이마를강타한 듯한 충격을 받은 사례를 하나 소개하겠다. 세계 인구의 절반 이상—중국과 인도와 이란과 사우디아라비아와 이집트와 알제리와 말리와 페루처럼 단절된 나라들—의 기대수명이 1950년 이후 30년 이상 증가했다. 그 외의 인구는 기대수명이 적어도 10년 증가했다. 기술 향상, 안보 환경, 의료 보건의 확산으로 지구상의 모든 이의 삶이 대폭 개선되었고, 특히 전통적으로 빈곤하고 전쟁의 참화를 겪은 지역들에서 두드러지게 개선되었다.

이 모든 이득은 제1세계질서가 낳은 뜻하지 않은 부산물이지, 의도적으로 추구했던 목표가 아니다. 이 질서 없이는 이 모든 이득이 위험에 처하는 데 그치지 않고 애초에 이러한 이득을 가능케 한 활동과 기간시설과 경제적 수단이 허물어지게 된다.

아무도 이러한 이득을 포기하고 싶어 하지 않는다. 교육이든, 에너지 확보든, 기대수명이든, 제조업 시장이든 말이다. 이런 것들을 지키기 위해 싸울 가치가 있다. 따라서 사람들은 분명히 이것들을 지키기 위해 싸우게 된다. 인간은 원하는 게 부족해지면 행동하게 되어 있다는 단순한 이유에서라도 말이다. 원유, 식량, 산업 원자재에 직접적으로 접근할 수 없는 이들—그러나 의사를 관철시킬 군사 역량을 지닌 이들—은 그 역량을 이용해 원하는 것에 접근하려 하게 된다. 유럽에서는 과거의 제국들이 원자재를 확보하기 위해 과거에 그들이 군림했던 식민지로 눈을 돌릴 수밖에 선택의 여지가 없으므로 신제국주의 형태를 띠게 된다. 동아시아에서는 바닷길의 장악을 둘러싸고 다각적인 갈등이 확산될 가능성이 높다. 페르시아만은 역내 국가들 간의 전략적 경쟁이 불에 기름을 끼얹었기에 앞서 유럽과 동아시아에서 일어나는 사건들의 영향을 받게 될 가능성이 높다.

이 모두는 대체로 하나의 결말로 귀결된다. 제4시대의 시작, 세계를 순찰하는 미국이 없는 무질서한 세계 말이다. 바로 이 무질서가 앞으로 이 책에서 다룰 주제다.

세계를 통치하는 법 1부: 미국 모델

How To Rule The World, Part 1: The American Model

구 시대의 제국들은 명실상부한 세계 체제를 구축하고 유지하기란 엄두도 내기 힘들었다. 역사상 현재 시점까지 이 일을 해낸 나라는 딱 두 나라뿐이다. 바로 미국과 영국이다.

　국제 문제를 수박 겉핥기 식으로 관찰하는 대부분의 사람들―그런데 제기랄, 이런 사람들은 대부분 전문가들이다―은 세 번째로 그런 나라가 부상하고 있다고 우려한다. 중국이다. 이러한 우려를 뒷받침하는 증거가 우리 주변에 널려 있다고 주장한다.

- 중국은 1996년 세계 7대 경제대국에서 15년 만에 2위로 올라섰다. 이 추세가 계속된다면 중국은 2030년 무렵, 경제 규모에서 미국을 제치게 된다.
- 여기에 기간시설에 대한 대대적인 투자, 저임금, 급격한 생산성 향상을 추가한다면, 모든 공급사슬은 어떤 식으로든 중국으로 이어진다고 해도 과언이 아니다. 중국은 인구 100만 이상인 도시 지역이 100개가 넘고, 이러한 도시들 덕분에 중국이 세계 1위 수출국 지위를 누릴 뿐만 아니라, 이러한 도시들이 지난 20여 년 동안 세계 경제성장을 견인한 역내 공급망을 형성하고 있다.
- 중국이 최우선적으로 추구하는 개발 정책, 메이드인차이나 2025(Made In China 2025)는 이미 비정상적일 정도로 높은 경제 성장률을 한층 더 높이겠다는 취지다. 메이드인차이나 2025를 통해 중국은 지난 수십 년 동안 미국의 성장 동력이 되어온 첨단기술과 공학에서 미국과 맞장을 뜨려고 한다.
- 중국은 현역 해군함정의 수를 300척 이상으로 늘려 해군력을 확대했다. 반면 미국은 해군함정의 수를 그 수준 이하로 자체적으로 감축했다.
- 중국군은 이제 탄도미사일을 배치했는데, 괌 킬러(Guam Killer)라고 일컫는 이 미사일은 서태평양에 위치한 미국의 주요 기지인 괌을 타격할 수 있다.
- 중국의 해킹과 첩보 활동은 대단한 성공을 거두어 왔다. 이를 통해 첨단기술을 확보하는 동시에 미국의 다양한 사이버 사령부를 마치 이모티콘이 뭘

지 알아보려는 기계치 베이비부머처럼 만들어버렸다.

- 미국은 투자를 할 때 보통 법적인 조건과 인권을 존중하라는 조건을 내건다. 따라서 미국보다 훨씬 덜 까다로운 투자 조건을 내거는 중국은—소수에 불과한 1급 투자처가 아니라—세계 도처의 2급, 3급 투자처에 투자해 영향력을 확대해왔다.
- 남아프리카공화국, 오스트레일리아에서부터 러시아, 사우디아라비아에 이르기까지 전 세계 원자재 생산국들은 이제 중국 시장을 세계에서 가장 중요한 시장으로 간주한다. 중국의 원유 수입량은 급격히 늘었고(2018년 현재 세계 수입량의 15.5퍼센트를 차지), 대두 수입 시장에서 독보적인 큰손이며(세계 총수입량의 59퍼센트를 차지), 세상에서 소비하는 나라는 오직 중국뿐인 듯이 보일 정도로 엄청난 소비국이다.
- 중국은 문명을 지탱하는 두 개의 기둥이라고 할 철강과 알루미늄의 거의 절반을 생산하고, 첨단제트기부터 재생용품에 이르기까지 약방의 감초처럼 쓰이는 희토류 생산은 거의 완전히 장악하고 있다.
- 중국 정부는 지정학적인 경쟁국들에게 자국의 불만을 인식시키기 위해 서슴지 않고 위력을 행사한다. 최근 몇 년 사이에 중국은 중국인의 (한국) 관광, (일본에 대한) 희토류 수출, (미국으로부터의) 대두 수입, (유럽연합으로부터의) 철강 수입을 제한해왔다. 마치 뭐든지 중국 하기에 달렸다는 듯이 말이다.

중국의 그러한 정서는 틀렸을 뿐만 아니라 배꼽 빠지고 옆구리가 결릴 정도로 우습기까지 하다. 세계 지배는 입문자 수준이 터득할 만한 성질의 것이 아니다. 단도직입적으로 말하자면, 중국은 잘못하고 있다.

미국의 세계경영 체제는 다음과 같이 한마디로 요약된다. 빠짐없이 내 편으로 만들라. 모두를 당신이 주도하는 세계 체제에 합류하게 만들 만한 매력은 쉽게 얻어지는 게 아니다.

미국이 주도하는 세계질서는 본질적으로 뇌물이 그 토대다. 미국의 경영 전략은 다음 네 가지 회유책을 통해 성공을 거두었다.

회유책 1: 모두에게 물리적인 안보를 보장한다

제1세계질서의 가장 중요한 혜택은 모든 나라에 대한 절대적인 안전보장이었다. 미국은 무력행사를 하는 나라가 이 질서에 합류한 나라든 아니든 상관없이 그 어떤 무력행사로부터도 회원국들을 보호했다. 그러나 미국이 손을 뗀 이후의 세계를 옹호하는 이들 대부분은 이 절차가 작동하는 데 필요한 첫 번째 조건을 간과하고 있다. 바로 신뢰를 얻어야 한다는 점이다.

패권국이 되려면 자기가 구축하는 새로운 질서에 합류할 모든 회원국들의 이익을 보호하기 위해 기꺼이 피를 흘릴 각오를 해야 한다. 미국이 한국전쟁과 베트남전쟁에 휘말린 이유는 공산주의의 확장을 저지하기보다는 동맹국의 이익을 보호하기 위해 미국은 전쟁을 불사한다는 믿음을 미국의 동맹국들에게 주기 위해서였다. 미국이 아시아에서 이 두 전쟁을 치른 가장 중요한 이유는 미국의 동맹 체제에 일본과 프랑스를 묶어두기 위해서였다. 일본의 경우는 한국을 잃으면 아시아 대륙에 미국이 발붙일 여지가 사라지기 때문이라는 우려 때문이고, 프랑스의 경우 과거에 베트남을 식민지로 지배했었기 때문이다. 중국이 러시아로부터 독일을 보호하기 위해 찰리 검문소(Checkpoint Charlie, 냉전 당시 동베를린과 서베를린 사이에 위치한 가장 유명한 검문소)에 인력을 배치하거나 이라크가 쿠웨이트를 침공하지 못하도록 페르시아만에 관여하는 모습은 상상조차 하기 힘들다.

다른 나라의 안보를 보장하려면 우선 그 나라를 새로이 패권을 차지하려는 나라로부터도 보호해주겠다고 설득해야 한다. 미국이 아무리 전 세계적으로 불신을 산다고 해도 대부분의 나라들이 자국을 보호해주기를 바라는 나라는 그래도 미국뿐이다. 이유는 간단하다. 미국은 그런 나라들의 인접국이 아니기 때문이다. 멕시코와 캐나다를 제외하고 미국은 그 어느 나라와도 국경을 접하고 있지 않다. 지리적으로 멀리 떨어져 있기 때문에 미국과 다른 나라들 사이에는 역사적인 원한과 앙금이 상당히 희박하다. 미국에게 점령당했던 나라는 거의 없다.

하지만 중국은 전혀 그렇지 않다. 미국은 1776년에 가서야 탄생해 역사가 짧은 반면—그리고 1895년 이후에 가서야 전략적으로 중요한 위치를 차지하게 된 반면—중국은 수천 년의 역사를 자랑한다. 문화적으로 장수해왔다는 사실 자체는 높이 살 만한 업적이지만, 역사가 길면 빠지기 쉬운 함정도 있다. 중국은 그 오랜 세월 동안 주변국들과 치고받으면서 원한을 켜켜이 쌓아왔다. 미국이 오랜 세월 동안 이렇다 할 갈등을 빚어온 나라는 캐나다와 멕시코뿐인데, 그나마도—중국의 기준으로 보면—우호적인 관계다.

중국의 주변을 둘러보라.

중국 북부는 힘을 결속해 다른 나라를 침공할 정도가 되면 여지없이 가장 먼저 한반도로 향했다. 그러나 한국은 더 이상 중국 마음대로 휘두를 수 있는 나라가 아니다. 21세기에 한반도는 군인과 핵무기를 보유한 채 신경을 곤두세우고 있다. 군홧발로 짓밟고 들어갈 틈이 없다.

대만이 중국 본토에 대해 적대감을 품은 시기는 1920년대부터 1950년대까지 이어진 중국 내전으로 거슬러 올라간다. 포르모사(Formosa, 대만의 옛 명칭) 섬은 오래전부터 이러저러한 중국 왕조나 반란 세력이나 군벌의 요새 역할을 하거나 나름의 권력 중심지였다. 지금은 둘 다이다.

카자흐스탄은—중국이 자국을 천한 기마민족 야만인으로 깔본다는 사실을 알고—수도를 국경 근처의 알마티에서 구소련의 강제노동 수용소가 있었던 아쉬타나로 이전하는 동시에 중국으로부터 어느 정도 자국을 고립시키고 방어하기 위해 러시아와 가깝게 지내고 있다. 이는 밑줄 쫙 그어서 강조해야 할 만큼 중요한 문제다. 카자흐스탄은 중국에 통합되느니 차라리 구소련을 주인으로 섬기고 사는 게 낫다고 생각한다는 뜻이다.

일본은 지난 수세기 동안 중국에게는 역내에서 공포의 대상이었고, 일본은 이따금 중국 해안 지역과 북부 내륙 지역을 잔혹하게 약탈하거나 점령한 적이 있기 때문에 중국은 복수하고 싶어서 몸이 근질근질하다. 그런 생각을 하니 중국은 일본 정가에서 친구를 얻기가 쉽지 않다. 인도는 마오쩌둥 시절에 중국에게 빼앗긴 영토를 두고 여전히 분개하고 있다. 이 때문에 인도는 핵무기를 개발해 중국 쪽을 겨냥하고 있다.

중국과 러시아의 관계는 설상가상이다. 18세기와 19세기에 러시아가 아시아로의 팽창정책을 추진하면서 러시아 권력의 날카로운 창끝이 중국의 내정에 깊숙이 파고들었다. 러시아군은 오늘날 중국의 영토인 신장, 내몽고, 헤이룽장, 질린, 랴오닝을 점령했었다—랴오닝은 중국이 대양으로 진출하는 관문 역할을 한다. 두 나라 간의 앙금은 오랜 옛날 얘기가 아니다. 1950년대에 스탈린은 중국의 코앞에서 한국전쟁이 일어나도록 부추겼다. 미국이 참전하면 중국이 행동에 나설 수밖에 없다는 사실을 잘 알면서 말이다. 미국이 참전하자, 중국이 개입했고, 스탈린은 중국이 싸우는 데 필요한 무기들을 "사회주의 형제 국가"에게 돈 받고 팔았다.

1960년대에 소련은 몇몇 나라들을 상대로 어느 나라가 중국에 핵무기를 투하하는 데 반대하는지 간이 설문조사를 했다. 미국만 반대했다(이게 1972년 리처드 닉슨—마오쩌둥의 정상회담의 발판이 되었다). 1991년 소련이 붕괴되자, 크렘린은 단도직입적으로 경고했다. 떠오르는 중국이 저물어가는 러시아로부터 시베리아를 빼앗으려 한다면, 러시아는 탱크나 병기나 빨치산이 아니라 핵을 장착한 대륙간탄도미사일(ICBM)로 반격하겠다고 말이다.

중국이 신뢰를 구축할 때 직면하는 어려움을 가장 잘 보여주는 사례는 미국에게 잊지 못할 깊은 회한을 품게 한 전쟁이다. 바로 베트남전쟁이다. 오렌지 에이전트, 네이팜 탄, 크리스마스 하노이 폭격. 베트남전쟁은 엉망진창이었고 20년 동안 계속되었으며 미국은 분을 삭이지 못했다. 반면 중국 한족과 베트남은 2,000년 동안 서로 싸웠다. 2020년 베트남은 미국의 기업가들과 항공모함을 열렬히 환영한다. 미국과의 전쟁은 미국을 대적으로 간주할 만큼 길지 않았다는 이유에서다. 반면 베트남은 중국을 병적으로 경계한다.

물론, 역내에서—세계적으로는 고사하고—신뢰를 얻는 데 애먹는 주요 국가는 중국뿐만이 아니다. 이란이 사우디아라비아를 방어한다? (아니면 사우디아라비아가 이란을 방어한다?) 독일 (아니면 러시아) 군대가 폴란드 영토에 발을 들여놓는다? 일본이 중국의 안보를 책임진다? 중국은 세계안보를 보장하는 주체인 미국을 대체할 수 없을 뿐만 아니라 아무도 미국을 대신할 수 없다.

회유책 2: 모든 나라의 해상 안전을 보장한다

미국은 두 가지 약속을 했다. 제1세계질서를 유지하기 위해서라면 세계 어디든 즉시 미군을 파견할 역량과 의지가 있고, 모든 동맹국들의 상선을 절대적으로 보호할 역량과 의지가 있다고 했다. 이러한 약속을 하려면 미국은 불철주야 모든 해양을 순찰해야 했다. 서로 연결된 세계의 패권국으로서 미국을 대체하려는 나라는 어떤 나라든 이 같은 약속을 할 역량과 의지를 지녀야 한다.

그럴 만한 나라는 없다.

역량이 핵심적인 문제다. 제1세계질서의 구축을 통해 미국이 확보한 세계적인 입지는 제2차 세계대전이 끝날 무렵 미국의 해군력이 그 어떤 나라보다도 월등했다는 데서 비롯되었다. 1945년 말 미국 해군은 역량, 실전 경험, 도달 범위에 있어서 전시에 준하는 최고의 상태였을 뿐만 아니라 세계 다른 나라들의 해군력은 거의 초토화되었다.

미국이 원하는 곳이면 어디든 방해받지 않고 항해할 수 있다는 뜻이 아니다—그럴 역량이 있고 실제로도 그렇긴 했지만. 전쟁의 여파로 세계 모든 해상 기지들이 일시적으로 무주공산(無主空山)이 되었다는 뜻이다. 미국은 그 후 30년 동안 세계 도처에 있는 이상적인 항구들에 기지를 설치하는 한편, 새로 입지를 마련한 기지들을 십분 활용하기 위해 해군을 재편했다. 1970년대 중엽에 가서야 미국은 마침내 최초로 현대적인 초대형 항공모함, USS 니미츠(USS Nimitz)—미국이 이미 한 세대 전부터 장악해온 대부분의 해군기지들에 도달할 속도, 항해 거리, 전력, 융통성을 갖춘 최초의 전함이었다—를 진수(進水)했다.

미국은 이제 논란의 여지가 없는 유일한 세계적 해상력이 되었을 뿐만 아니라 이제 소련 해군 전체보다도 막강할 뿐만 아니라 세계 모든 원양 함선들을 모두 합한 것보다도 막강한 개별 함대들을 진수했다.[1]

뒤이은 35년 동안 미국은 니미츠 호에 버금가는 9척의 동급 항공모함을 진수했다(그리고 최근에는 이보다 훨씬 막강한 초대형 항공모함을 배치하기 시작했다). 1939년 이전까지만 해도 수십 년만에 해낸 이러한 해상력 구축은 불가능했을지 모른다. 비중 있는 해상력을 갖춘 여러 나라가 전함들을 띄웠고 여전히 대부분의 해군정박기지를 보유하고 있었기 때문이다.

중국이 해상력을 확대해 미국의 지위를 (능가하기는커녕) 대체하기라도 하려면 한참 앞선 미국을 따라잡아야 할 뿐만 아니라, 무력으로 확보하려면 한 세기가 걸릴 미국 해군의 세계적인 입지(footprint)를 극복해야만 한다. 이는 세계대전에서 중국 본토는 피해를 입지 않은 채 완승을 거두지 않고서는 확보하기 불가능한 입지다.

이는 중국을 깔보고 매도하려는 게 아니라 세계 해상력의 현실을 인정해야 한다는 뜻이다. 미국을 제외하고는 초대형 항공모함 함대는 고사하고, 세계적인 해상력은 고사하고, 제 기능을 십분 발휘하는 초대형 항공모함 한 척을 진수할 역량이라도 있는 나라는 단 하나도 없다.

미국 다음으로 최대 항공모함 함대를 보유하고 있는 나라의 함선들이라고 해도 실전배치가 불가능하다. 러시아의 쿠즈네초프(Kuznetsov)는 툭하면 화

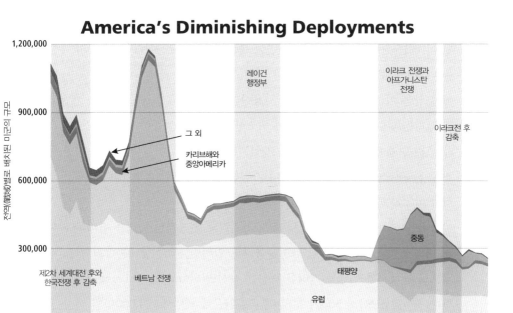

America's Diminishing Deployments

1,200,000

900,000

600,000

300,000

전역(戰域)별로 배치된 미군의 규모

레이건
행정부

이라크 전쟁과
아프가니스탄
전쟁

이라크전 후
감축

그 외

카리브해와
중앙아메리카

중동

제2차 세계대전 후와
한국전쟁 후 감축

베트남 전쟁

태평양

유럽

1953 1956 1959 1962 1965 1968 1971 1974 1977 1980 1983 1986 1989 1992 1995 1998 2001 2004 2007 2010 2013 2016 2019

© 2020 Zeihan on Geopolitics

출처: 미국 국방부

해외에 배치된 미군의 감축

재가 난다. 영국의 퀸엘리자베스(Queen Elizabeth) 호는 아직 해상 시범운항
을 마치지 못했다. 인도의 비크라마디티아(Vikramaditya) 호는 바다에 떠있
는 기술적인 결함 덩어리다. 프랑스의 샤를드골(Charles de Gaulle) 호의 엔
진은 거의 완벽한 조건 하인 경우를 제외하고 함재기 이륙이 가능한 수준으
로 속도를 올릴 수 있을 만큼 막강하지 않다. 사실 2등부터 10등까지 실전배
치 가능한 아홉 척의 항공모함도 모두 미국 해군이 운용하고 있다.

중국이 보유한 랴오닝 호를 두고 세계가 호들갑을 떨었다. 그럴 만한 가치
도 없는데. 서류상으로 보면 랴오닝 호는 니미츠 호가 지닌 전투 역량의 7분
의 1 정도에 불과하다. 더군다나 중국이 건조한 배가 아니다. 소련이 건조한

배다. 1980년대에. 말하자면 그렇다는 얘기다. 새로운 유형으로 최초로 제작된 이 배는 완성된 적이 없다. 소련이 붕괴된 후 우크라이나는 이 배의 부품을 다 뜯어냈다. 이 배는 부두에서 10년 동안 방치된 끝에 중국에 팔렸다. 현재 중국은 이 배를 훈련용으로만 사용한다. 중국의 해상 공법 기술은 개선되고 있기는 하다―중국이 국내에서 제조한, 랴오닝의 쌍둥이 배 001A는 이 글을 쓰는 현재 해상 시범운항을 하고 있지만, 중국이 니미츠에 대적할 만한 물건을 진수하려면 수십 년 이후에나 가능하다. 항공모함 공법은 로켓 제조 과학과 비교가 되지 않는다. 그보다 훨씬 어렵다.

중국은 항공모함 외에도 상당한 도달 거리와 치명적인 위력을 겸비한 미사일 프리깃함과 구축함을 상당수 운용하고 있지만, 중국 함대는 1회 연료 주입으로 목적지까지 왕복 거리를 뜻하는 작전 범위(operational range)가 부족하다. 중국이 보유한 300여 척의 해군함 가운데 해안에서 1,000마일 이상 떨어진 지역(상하이에서 도쿄까지의 거리에 조금 못 미치는 거리)까지 왕복할 수 있는 주요 수상전투 함정은 겨우 9분의 1밖에 되지 않는다. 그것도 포격을 받지 않는 가장 이상적인 여건 하에서 말이다. 고속으로 항해해 작전을 수행하기는 더더욱 어렵다. 전술적으로 서로 조율해 통일된 집단으로서 작전을 수행하기란 더더욱 어렵다. 공중지원 없이 작전을 수행하기란 더더욱 어렵다. 이러한 함정들은 대부분 옴짝달싹못하는 처지에 놓인 오리 같은 사냥감보다도 더 만만한, 노릇노릇하게 구워져서 당장 먹을 수 있는 오리구이 같은 먹이인 셈이다.

장거리 항해가 가능한 함정의 수 때문에 중국의 해상 전투 역량이 제한된다는 약점과 더불어 중국은 다른 나라의 항구에 대한 의존도가 끔찍할 정도로 높다는 약점도 있다. 중국이 의지할 만한 유일한 동맹―'의지하다'와 '동맹'이라는 단어의 뜻을 아주 포괄적으로 정의해서 그렇다는 뜻이다―은 북한이다. 중국은 북한과 국경을 접하고 있기 때문에 북한 항구들―대규모 해상력의 출정을 뒷받침하도록 설계되지도 않았고 그럴 만한 여건도 갖추지 못했다—도 그다지 도움이 되지 않는다. 따라서 중국은 중국 연안과 관심 지역들 사이에 위치한 항구들을 중국에 우호적인 항구로 만드는 "진주목걸이(a string of pearls)" 구축 정책을 밀어붙이고 있다. 예컨대, 말레이시아, 미얀마, 스리랑카, 파키스탄, 케냐가 페르시아만에서 출발한 유조선이 지나는 길목에 위치한 중국의 진주목걸이 역할을 한다.

중국의 일대일로(One Belt One Road, OBOR) 외교정책은 이러한 나라들을 중국의 영향권으로 묶어둔다는 구상이다. 중국이 지금까지 택한 경로는 다소 어설프다. 중국은 자국이 이 나라들에 제공한 자금은 보조금이 아니라 상환해야 하는 융자금이라고 주장한다. 이 글을 쓰는 현재, 일대일로 때문에 중국과 위의 5개국과의 관계는 그 어떤 군사적 위기가 닥쳐도 이 나라들의 항구를 중국이 믿고 이용하지 못할 지경까지 악화되었다. (게다가 중국의 주변 국들, 특히 인도는 주변 지역을 들쑤시고 돌아다니는 중국에 대해 적대감을 지니고 있다.)

그렇다면 중국에게 남은 유일한 명실상부한 해외기지는 지부티뿐이다. 중국 연안에서 5,000마일 이상 떨어져 있는 시설로서 다국적 해적소탕 작전 수행을 지원하는 작전 기지 역할을 한다. 중국이 해외에 보유한 유일한 해군기지가 쾌속정을 타고 돌아다니는 굶주린 흑인 사내들을 잡으러 다니는 용도로 쓰이는 게 중요하다는 뜻이 아니다. 중국에 대해 지닌 선입견이 거의 없어서 기꺼이 중국에게 기지를 제공할 의향이 있는 나라를 구하느라 그렇게 멀리까지 가야 했다는 사실이 요점이다. 공교롭게도—포복절도할 일이지만—중국이 지부티에 기지를 확보할 수 있었던 이유는 오로지 그렇게 하는 게 시대착오적인 세계질서를 지탱하는 데 도움이 된다고 미국이 여겼기 때문이기도 하고, 지부티는 해적소탕 작전 기지로 인기가 높아 중국이 전략적 독점권을 거의 누리지 못하기 때문이기도 하다. 프랑스, 미국, 이탈리아, 사우디아라비아, 그리고 아랍에미리트 등이 모두 지부티에 항구적인 시설을 가동하고 있다.

회유책 3: 무제한 시장 접근을 허용한다

세계질서를 유지하려면 군사력만으로는 안 된다. 경제력도 있어야 한다. 미국은 해상력을 이용해 세계 시장을 구축했지만, 이 세계질서에 합류한 각양각색의 나라들 모두가 거의 무제한으로 미국 시장에 접근하도록 허용했다는 사실도 그 못지않게 중요하다. 제1세계질서의 핵심은 결국 뇌물이었다.

제2차 세계대전 후 미국과 동맹국들 간의 경제적 관계는 과거의 여러 전후 시기에 나타난 상명하달식 통제와는 전혀 달랐다. 미국이 마치 제2차 세계대전의 유일한 패전국인 듯했다. 다른 모든 나라들이 패전국인 미국에게 수입을 강요하는 듯한 모양새였다. 미국의 시장 개방은 10년마다 확대되어 이 세계질서에 합류하기를 바라는 나라라면 어떤 나라에게도 미국은 문호를 개방했다. 처음에는 패전한 추축국이 합류했고, 뒤이어 중립국들, 그 다음 과거 식민지들, 뒤이어 중국, 그리고 마침내 구소련 위성국가들까지 합류했다.

미국에서 기업들은 손익분기점에 가장 신경을 쓴다. 미국 기업들은 상품을 개발하고 제작하고 소비자에게 판매해 수익을 올리는 게 목적이다. 그 소비자가 미국 국민이든, 외국인이든, 정부든, 다른 기업들이든 상관없다. 따라서 미국 기업은 융자를 상품개발의 일환으로 여긴다—그 융자금의 용도가 상품개발, 고정자산 개선, 기술연구, 혹은 판매융자든 상관없다. 융자를 받으면 당연히 비용이 발생하고, 그런 비용에는 융자상환 요구 조건도 포함된다.

중국의 융자 체계의 경우는 사뭇 다르다. 중국은 마오쩌둥이 사망한 이후로 훨씬 시장지향적인 경제로 바뀌었다. 그러나 시장 경제와는 여전히 거리가 멀다. 중국 정부는 직접(또는 다른 나라의 손을 빌려) 시장에 자의적으로 개입하는데, 특히 국영기업이나 당이 추구하는 목표를 지원한다—위기가 닥치면 몇 배로 적극적으로 지원한다.

이렇게 개입한 취지는 중국 공산주의 경제 체제를 붕괴 직전에 놓여 있던 농업 중심 경제에서 근대국가 체제로 변모시키기 위해서였다. 그러나 무엇보다도 핵심은 당이 권력을 유지하고 역사상 그러한 전환기에 빠짐없이 수반된 대대적인 사회적 격변을 모면하는 게 목적이었다. 그야말로 진정한 의미에서 정치적 경제 정책이었다. 수많은 강력한 이익집단들과 점점 수위가 높아지는 위기, 부정부패, 서로 상충하는 미래상 등 끔찍하리만큼 복잡하게 얽히고설킨 상황을 관리해야 하는 작업이다. 그 과정에서 중국 국가주석의 손도 다른 이들 못지않게 더러워지는 경향이 있다.

중국 공산당이 급속한 현대화와 장악력이라는 두 마리 토끼를 모두 잡는 데 애용하는 수단 가운데 하나가 바로 헐값의 융자다.

- 무엇보다도 우선, 융자가 지속되는 동안(보통 그렇게 된다), 정부의 특혜를 받는 기업들은 생산성과 시장의 원리와 원유든 구리든 대두든 시멘트든 노동력이든 투입재 비용 같은 사소한 것들은 무시한다. 기업은 또 다른 융자를 받아서 비용을 대고 계속 확장일로를 걷는다. 인맥이 탄탄하지 못한 민영기업들조차도 저렴한 융자의 혜택을 본다. 물론 이런 민영기업들은 중국 정부의 특혜를 받는 기업들처럼 볼링장에서 공이 빠지는 홈을 지키고 서있는 일 같이 쓸데없는 일자리를 만들지는 않는다.
- 둘째, 이러한 기업들은 쉽게 융자를 받으므로 비용은 크게 신경 쓰지 않기 때문에 어떤 시장에서도 가격 경쟁력이 있다. 중국은 고비용 생산으로 저가 판매를 할 수 있고 실제로도 한다. 효율성보다 공산당의 정치적 필요(예컨대, 높은 고용률 유지)가 우선하기 때문이다.
- 첨단 장비를 구입하고 창고를 짓고 번드르르한 기업 본사 건물을 짓느라 돈을 쓰는 데는 한계가 있다. 따라서 주체할 수 없을 정도로 돈이 넘쳐흐르는 중국 기업들은 기술과 목재와 철강과 노동자를 확보하는 데 그치지 않고 다른 기업들을 인수하게 된다. 그 결과 2010년 이후로 중국 기업들은 원자재를 확보하기 위해서든, 경쟁 상대를 제거하기 위해서든, 기술을 확보하기 위해서든, 닥치는 대로 해외 기업들을 먹어치워 왔다.

헐값의 융자금을 기업들에게 대량 살포해 억지로 급속하게 성장시키는 정책은 흔하지 않느냐고 반문할지 모르겠지만, 그게 다가 아니다. 민간 금융계가 사달이 났다. 이제는 노골적으로 규제당국의 감시를 피하도록 설계된 미심쩍은 관행까지 횡행한다. 이 가운데는—그림자 융자(shadow lending)—불법 헤지 펀드와 유사한 관행도 있고, 크라우드소싱과 약간 비슷하지만 개인 신용카드에 대출해주는—P2P(peer-to-peer, 온라인으로 채무자와 채권자를 연결해주는 서비스) 같은—관행도 있다.

이러한 관행들 덕분에 중국은 30년 만에 붕괴되기 직전인 농경사회에서 세계 2위 경제대국으로 올라섰다. 그러나 중국의 개발 모델은 결함이 있다. 기업은 자사의 행위가 낳는 결과에 대해 책임을 지지 않으므로 비용을 낭비하고 부채를 산더미 같이 쌓아도 결코 갚는 법이 없다.

2000년 이후로 중국의 GDP는 45배 확대된 반면, 중국의 융자는 24배 확대되었다. 중국의 부채는 눈덩이처럼 불어나 총 경제 규모의 세 배 이상이 되었다. 시티그룹에 따르면 2018년 전 세계적으로 새로 발행된 민간 융자의 80퍼센트가 중국 내에서 이루어진 반면, 컨퍼런스 보드(Conference Board)에 따르면 2012년 이후로 생산성 성장률(투입비용 대비 산출)은 계속 하락해왔다. 〈이코노미스트Economist〉는 현재 신규 융자액의 4분의 3은 이전에 발행된 융자에 대한 이자를 갚는 용도로 쓰이고 있다고 본다. 중국은 점점 더 많은 비용을 쓰는데 창출하는 가치는 점점 더 줄고 있다. 그리고 그 결과 역사상 가장 엄청난 부채를 쌓게 되었다.

이러한 묻지마 경제 확대 개발 모델이 어떤 결과로 이어지는지는 역사를 통해 되풀이해서 증명되었다. 투자주도 거품 경제로 이어지고, 이 거품은 붕괴되는 결과 말이다. 이 때문에 일본은 디플레이션이 만연하고 경제성장이 거의 제자리걸음을 한 잃어버린 30년을 겪었다. 그리스와 이탈리아에서는 거품 경제로 역사상 (유례없는) 최대 해외 부채를 지고 금융위기를 맞았다. 미국은 무차별적인 융자로 엔론(Enron) 같은 부실기업을 낳았고 서브프라임모기지 위기를 겪었다.

이러한 상황을 극복하려면, 극복이 가능하다고 가정한다면, 비용이 많이 든다. 인도네시아도 비슷한 개발 모델을 추구했다. 그 규모와 창의적인 회계 조작에 있어서는 세계적인 기록을 세운 중국을 따라잡지는 못했지만 말이다. 인도네시아 경제는 아시아 금융위기가 발생한 1997-1998년에 붕괴되었고, 힘들게 원상회복하기까지 GDP의 13퍼센트에 해당하는 비용을 치르고 3년 동안 이어진 경기침체를 겪었으며 종신 대통령의 목이 날아갔다.

중국의 상황도 그리 좋게 마무리되지 않으리라고 보는 이유는 차고 넘친다. 가장 분명한 이유는 중국은 그 어떤 나라보다도 훨씬 오랫동안, 훨씬 철저히, 훨씬 뻔뻔하게, 수익성과 투명성 같은 사안들을 무시해왔다는 점이다. 비교평가해볼 때 중국의 부채는 인도네시아의 부채 규모와는 비교도 되지 않을 정도로 엄청나다. 지구상에서 이 문제를 가장 탁월하게 분석하는, 오토너머스 리서치(Autonomous Research)의 샬린 추(Charlene Chu)에 따르면, 중국이 안고 있는 상환불능 부채는 85조 달러에 달하며, 보다 광범위한 금융 체제가 전반적으로 제 기능을 하지 못한다는 점은 두말할 필요도 없다. 선진국과 비교해보자면, 2007-2009년 미국의 금융위기 당시 채무자의 채무불이행으로 압류된 서브프라임 대출의 총 가치는 대략 6천억 달러에 달했다. 게다가 중국 부채의 대부분은 단기 부채이므로 2000년대 말 미국이 겪은 금융위기는 말할 필요도 없고, 1990년대 말 인도네시아가 겪은 위기보다도 급속도로 경착륙하게 된다.

중국공산당은 이따금 재정 균형을 회복하기 위해서 융자를 자제하려고 했지만, 중국을 지켜보는 많은 전문가들이 중국 경제를 동력을 잃고 경착륙하기 위해 하강하는 비행기로 보는 이유가 있다. 재정 균형을 달성하려면 정치적, 경제적으로 혹독한 대가를 치러야 하므로 고통을 촉발할 만한 그 어떤 개혁을 시도해도 예전의 관행이 배가 되는 사태가 즉각 뒤따른다.

어떤 결말이 나올까? 시시콜콜하게 따지지 말라고 권하고 싶다. 만취한 채

나뭇조각으로 쌓은 탑의 아랫조각을 뽑아서 위에 끼워 넣는 젱가(Jenga) 놀이를 하는 격이다. 탑을 무너뜨리지 않고 나무 한 조각을 뽑을 때마다, 또는 참가자가 신기를 발휘할 때마다 감탄을 자아낼지 모르지만, 결국 탑은 무너진다는 사실을 모두가 알고 있다. 귀가 따가울 정도로 큰 소음을 내면서 말이다.

중국이 여느 나라와는 달리 진정으로 독특한 사례인 까닭은 단순히 융자모델의 규모와 집중도 때문만이 아니라, 중국의 융자는 부문을 막론하고 경제 전반에 퍼져 있고 거미줄처럼 얽히고설켜 있기 때문이다.

한두 가지 예를 들어보자.

첫째, 농업이다. 중국의 전통적인 농업은 (농부들이 농지를 관리하는) 농경(farming)이 아니라, (농부들이 말 그대로 옥수수 대를 하나하나 보살피듯, 직접 손으로 작물들을 하나하나 돌보는) 가꾸기(gardening)와 유사하다. 그래야만 한다. 중국의 1인당 경작지는 세계 평균치와 비교해볼 때 3분의 1에 못 미친다. 마오쩌둥 이후로 마침내 근대화에 착수한 중국은 수많은 농부들을 도시의 공장으로 이주시키는 한편, 시골에는 기술과 자본을 대대적으로 투자해 농업을 근대화, 기계화했다.

중국은 농업을 산업화했지만 여느 지역에서와 같이 대대적으로 생산량이 증가하지는 않았다. 그 이유는 노동력이 공짜로 공급되는 한 기계영농보다 노동력을 이용한 농사가 단위면적당 생산성이 훨씬 높기 때문이다. 그러나 자본의 측면에서 볼 때 농촌의 근대화는 중국이 시도한 그 어떤 정책보다도 비용이 많이 들었다. 중국의 금융 체제에 균열이 생기면, 중국 지도부는 현대적인 식량생산 체제가 붕괴되는 광경을 지켜보든가, 아니면 도시 산업인력들을 강제로 농촌으로 이주시켜 수작업으로 식량을 생산하게 하든가, 양자택일을 해야 한다.

둘째, 주거난이다. 중국의 주부들은 집단으로 함께 돈을 모아 투자용으로 집이나 콘도를 매입하는데, 시간이 흐르면서 돈이 많이 모이면 여러 차례 매입이 이루어진다. 돈이 모자라면 각자 다양한 형태의 융자를 받는 경우도 흔하다. 각자 받은 직접대출이든 신용카드 한도까지 대출을 받든, P2P 대출을 받든 한데 모아서 공동으로 새 부동산을 매입한다. 이러한 부동산은 보통 투자용이기 때문에 직접 입주하거나 세를 주는 경우가 거의 없다. 이러한 인위적인 부동산 수요 때문에 건축, 철강, 콘크리트, 그 밖의 여러 연관 산업의 수요가 증가하는데, 그렇게 해서 생산된 상품을 정작 이용하는 이는 없다.

2016년 말 무렵, 중국에서 주거용으로 판매된 건축물의 대부분은 생애 첫 주거시설 매입이 아니라 투자 목적의 매입이었다. 2018년 초 무렵, 세 번째 주택 매입이 생애 첫 주택 매입을 거의 능가했다. 경기침체나 금융조정 시기에 주거시설 매입으로 이어진 다단계 사기 융자 체제 전체가 붕괴한다. 이러한 대대적인 금융 체제 붕괴를 막으려면 한두 개의 부동산을 매각해 부채를 줄이는 방법밖에 없다. 이 방법이 효험이 있으려면 시장이 주택 재고량을 흡수할 수 있어야 한다. 다시 말해서, 이 방법은 먹혀들지 않을 가능성이 높다는 뜻이다. 대략 점쳐볼까? 중국의 도시 주거시설의 4분의 1은 아무도 살지 않는 투자 목적의 부동산이다.

간단히 말해서, 중국의 부동산 거품이 꺼지면 경제의 다른 부문도 모조리 함께 붕괴된다—식량 생산하는 농업을 포함해서.

그런 사태가 오기 전까지는 밑 빠진 독에 물 붓는 식의 금융 체제와 효율성은 안중에도 없는 기업 관행이 복합적으로 작용해서 대대적인 과잉생산을 야기하고 중국이 세계 경제를 이끄는 나라의 자격을 갖추게 될 가능성은 점점 멀어진다.

- 이 과잉생산은 이미 1990년대에 처음으로 국내 수요를 초과했다. 따라서 중국은 이 과잉생산을 공항, 도로, 철도, 공장과 도시 건설 등 사회간접자본과 기간시설 구축으로 돌렸다. 개중에는 필요한 시설도 있었지만 대부분이 낭비였다. 오늘날 중국은 "유령 도시"가 여러 개 있다. 대규모 주민들을 수용하도록 설계된 도시지만—관공서 건물에서 근무하는, 있으나마나 한 일

자리를 차지하고 있는 소수 관리들 외에는—사실상 텅텅 비었다.

- 중국은 휘발유, 철강, 전자제품, 자동차 등을 생산하기 위해 국내에서 자재들을 비효율적으로 대량생산하는 한편, 대대적으로 보조금을 지원하므로 중국은 세계에서 최저가 생산자이자 최대 수출국에 등극했다.

- 중국은 국영기업에 대대적인 보조금을 지원하기 때문에 수요와 상관없이 제철소와 정유시설이 가동된다. 이러한 보조금 덕분에 중국 기업들은 가전제품과 자동차 시장을 지배한다. 2000년대 무렵 과잉생산이 국내 수요를 훌쩍 넘어서자 중국은 남아도는 상품들을 세계 시장에 쏟아내 시장을 전례 없이 교란시켰다.

- 2010년대에 중국의 과잉생산은 극에 달해 세계 수요를 초과했다. 일대일로 같은 프로젝트를 추진한 이유는 바로 사회간접자본을 건설해 과잉 공급된 자재들을 처치하기 위해서였다. 그것도 애초에 그런 투자가 정당화되지 못하는 지역들에다가 말이다.[2]

헐값의 융자를 통해 중국은 세계시장에 접근하게 되었을 뿐만 아니라 그 어느 나라보다도 가격경쟁력을 갖추게 되었다. 세계적인 산업 공동화, 특히 1990년대, 2000년대, 2010년대에 발생한 미국 제조업의 공동화는 대부분 엄청난 보조금을 지원하는 중국의 경제 모델이 야기했다고 보면 된다. 이보다 훨씬 심각한 공동화 현상은 미국처럼 사회간접자본, 교육, 기술, 정부 체제를 잘 갖추지 못한 지역들에서 일어났다. 멕시코, 인도네시아, 브라질, 인도, 남아프리카공화국, 루마니아, 그리고 특히 구소련은—그리고 사실상 중국의 도움으로 근대화하려고 시도한 그 어떤 나라든—큰 피해를 입었다.

중국은 자국의 국내 시장을 그 누구에게도 개방하지 않는다. 자국의 체제를 작동시키기 위해서 세계의 다른 모든 시장들이 필요하기 때문이다. 경제 전선에서만 그런 게 아니다. 중국의 (원대한) 계획을 세세한 부분까지 들여다보면 이는 단순히 기업의 확장이 아니라 고용의 최대화가 목적이다. 중국 지도부는 국민이 일자리가 있는 한 언론의 자유를 억압하든, 대대적인 부정부패가 발생하든, 교화소를 유지하든 저항하지 않는다고 생각한다. 밑 빠진 독에 물 붓듯이 융자를 해 경제가 돌아가게 만들면 사람들은 일하느라 정신없이 바쁘고 당은 권력을 유지한다. 중국이 원자재 생산과 운송, 소비재 제조와 판매의 모든 측면들을 독식하는 방법 말고 다른 길을 시도하는 데 관심이 없어서가 아니라, 그 방법밖에 없기 때문이다. 자본을 들이붓는 경제 모델과 현재의 세계질서를 통해 상품들을 바깥으로 배출하기가 불가능해지면 중국의 사회적 결속력은 해체된다.

다른 나라라면 더 잘할 수 있을까 하면 그것도 아니다. 스쿠터 타고, SUV 몰고, 체형보정 속옷과 크록스(Crocs) 신발을 즐기며, 툭하면 처방약품을 입에 털어 넣고, 〈해리포터〉에 광분하는 미국인들을 흠볼 이유는 수없이 많지만, 그래도 이 모든 소비행위 덕분에 미국이 단연 세계 최대의 소비시장 지위를 유지한다. 이와 같이 억누르기 불가능한 광적인 소비가 현재의 세계질서가 작동하도록 만드는 절반의 축인 경제를 지탱한다. 일본의 소비시장은 최종 소비의 측면에서 보면 미국 시장의 5분의 1에 못 미친다. 러시아는 20분의 1이다. 유럽의 경제 규모를 모두 합하면 미국과 대등한 반열에 오르지만, 경제성장에 있어서 30년 동안 미국을 따라잡지 못한 끝에 유럽연합은 제1세계질서에 의존하는 수출 지역으로 퇴화했다.

미국 없는 세계는 중상주의—수출은 극대화, 수입은 최소화한다는 개념—가 지배하게 된다. 전 세계가 공급하는 상품들을 밑 빠진 독에 물 붓듯이 들이켤 수 있는 미국 시장이 사라지면, 그 어떤 나라가 세계적 연결망을 구축한다 해도 그 연결망에 합류하려는 욕구는 갑자기 시들해지게 된다. 중국이 구축할 "질서"는 중국이 세계 원자재를 있는 대로 집어삼키고 토해낸 상품들을 세계의 목구멍에 최대한 많이 쑤셔 넣는 체제를 기반으로 하게 된다.

이런 방식은 받아들이는 나라 입장에서 보면 뇌물로 느껴지지 않는다.

회유책 4: 기축통화를 유지한다

미국은 안보를 보장하고 세계 어디든 화물운송을 가능케 하고 세계 시장을 조성하는 데 그치지 않고, 세계 기축통화 역할을 함으로써 누구도 대신하지 못하는 역할을 한다. 그리고 해상력으로 세계를 순찰하는 책무와 마찬가지로 기축통화를 유지하는 일도 아무나 못한다. 다음과 같이 매우 엄격한 조건을 충족해야 한다.

1. 엄청난 통화량이 필요하다—기축통화를 발행하는 나라로부터 멀리 떨어진 지역에서 이루어지는 수조 달러에 달하는 경제활동이 윤활하게 이루어지게 해야 할 뿐만 아니라 통상적인 거래와 경기순환이 화폐의 가치에 큰 영향을 미치지 않을 정도로 그 양이 어마어마해야 한다. 그렇지 않으면 다른 나라들이 불안해서 기축통화로 쓰지 않게 된다.
2. 게다가 기축통화 역할을 하는 나라는 경제 규모와 비교해볼 때, 대외무역이 차지하는 비율이 미미해서 화폐가치의 통상적인 등락이 국내 경제를 지나치게 교란시키지 않아야 한다.
3. 기축통화국은 자국 화폐의 가치 등락에 지극히 초연해서 화폐시장에 개입해 평가절상이나 절하하려는 시도를 자주 하지 않아야 한다. 조금이라도 과잉으로 환율을 조작하려는 낌새만 풍겨도 다른 나라들은 자산이 위험에 처하고 기축통화에 대한 신뢰를 잃어, 대안을 모색하게 된다.
4. 패권국이 되려면 자국의 통화가 다른 나라들 마음대로 국내시장을 드나들도록 기꺼이 내버려두어야 한다. 필요할 때 언제든 확보할 수 있을 만큼 화폐 통화량을 충분한 수준으로 유지하지 않으면 애초에 그 화폐를 기축통화로 삼을 이유가 없다.

중국의 위안화는 "통화량"은 충족시킬지 모르지만 충족시키는 이유가 엉뚱하다. 위안은 세계에서 가장 환율조작이 심한 화폐로서 한 달에 평균 발행하는 화폐량이 미국의 다섯 배다. 위안화는 사실상 중국 경제 체제 내에서만 유통되는데도 말이다.

2010년 무렵 중국은 위안화를 세계화한다는 목적 하에 자국 화폐를 조금씩 개방하기 시작했다. 그러자 중국이 세계를 지배할 단계에 도달했다며 사람들은 야단법석을 떨었다. 그러나 현실은 사뭇 달랐다. 중국이 중국과 바깥 세계를 금융적으로 미약하나마 연결시키자 수많은 중국인들이 평생 모은 예금을 중국 공산당의 손길이 닿지 않는 해외로 빼돌리려고 하는 바람에 중국은 위안화를 세계화하려는 노력을 서둘러 중단했다. 결국 중국 국민이 해외로 자산을 유출하면 통일된 중국을 가능케 하는 중국의 융자 체제를 작동시킬 연료가 바닥나기 때문이다. 중국의 화폐는 여전히 격리되어 있다. 거의 모든 중국 수출은—수입은 말할 필요도 없다—중국 자국의 화폐가 아니라 달러화로 결제된다.

유럽의 경우는 화폐 자체가 문제가 아니라 유럽 은행들이 문제다. 유럽은 공통화폐를 사용하지만 은행들은 여전히 개별 국가 차원에서 관리하고 규제한다. 유럽 내의 은행들은 여전히 유럽 내에서의 경쟁의 원천이기 때문에, 유럽의 정부들은 흔히 정부의 재정활동에 은행들을 이용하고 정부가 곤경에 처하면 은행이 파산하지 않도록 개입한다. 이와 같이 은행이 부채를 담보하는 체제 때문에 유럽의 거의 모든 은행들은 미국의 기준에서 볼 때 지급불능 상태다. 설상가상으로 유럽은 보험에 든 은행예금을 몰수해 은행을 구제하는 데 쓰는 버릇이 생겼다. 그러니 당연히 유럽 바깥 지역에서는 유로를 크게 신뢰하지 않는다. 그리고 그렇게 지속적으로 은행관리가 부실해지면 유럽인 스스로가 유로를 보는 시각도 훼손된다. 유로는 유로존 바깥 지역에서는 거래가 되지 않을 뿐만 아니라 유로존 내에서조차도 미국 달러화가 거래의 40퍼센트를 차지한다.

다른 주요 화폐들의 경우, 일본은 중국과 비슷하다. 심지어 1980년대 말에 일본도 중국처럼 자본의 해외도피 현상을 겪었는데, 그 정도가 얼마나 극심했던지 일본 은행들은 1990년대에 모든 해외 지사들을 폐쇄했다. 세계 금융 체제의 규범을 제대로 준수하면 일본의 금융계 전체가 붕괴되리라는 사실을 알았기 때문이다. 그렇다면 영국 파운드화만 남는데, 영국을 제외한 나머지 국가들이 의견의 일치를 보는 사항이 있다면, 바로 영국은 절대로 다시는 어떤 책임도 떠맡지 못한다는 사실이다.

미국 달러화의 경쟁상대가 있다고 해도, 영화 〈하일랜더Highlander〉가 제대로 짚었듯이 기축통화는 오직 하나뿐이다. 기축통화가 하나 이상이면 기축통화들이 독립적으로 움직이면서—컴퓨터든, 옥수수 한 양동이든—상품의 가격이 지역마다 달라진다. 상품을 한 지역에서 다른 지역으로 운송해 차익을 챙기려는 이들이 생기면서 생산자와 소비자 모두에게 시장이 대단히 불안정해지고, 그 결과 인위적인 부족과 과잉이 발생하게 된다. 정부가 시장에 개입하는 상황을 고려하지 않고도 그렇게 된다는 뜻이다.

미국 달러화가 세계 경제 체제에 침투한 범위는 가히 어마어마하다. 세계 화폐들의 70퍼센트 정도는 어떤 식으로든 미국 달러화와 연계되어 있고, 대부분의 나라들이 자국의 중앙은행의 거시경제 안정 정책보다 미국 연방준비은행에 더 많이 의존한다. 달러화는 세계 교역량의 90퍼센트 이상을 서로 연결하는 역할을 한다. 폴란드 화폐 즐로티(zloty)나 베트남 화폐 동(dong), 아니면 아르헨티나 화폐 페소(pesos)로 결제하려는 나라는 없기 때문에 유로존 내에서 배타적으로 발생하는 교역을 제외하고는 달러가 모든 세계 교역이 원활하게 이루어지도록 하는 중개 역할을 한다. 그리고 달러화는 모든 공산품 교역의 유일한 결제 수단이다. 서반구 이외의 지역에서 이루어지는 교역에서 조차도.[3]

국경을 넘어

중국이—아니면 그 어떤 나라가—이러한 기준을 충족시킬 수 있다는 생각은 전혀 타당하지 않다. 정말로 미국을 포함해서 그 어떤 나라도 가능하지 않다. 제2차 세계대전 후 세계가 초토화된 상황도 1940년대 말에 구축된 세계질서를 가능케 하는 데 한몫했다. 미국 경제는 다른 모든 나라의 경제를 합한 정도의 규모였기 때문에 방대한 동맹 체제에 대한 보조금 지원이 가능했다. 그 이후 미국 경제는 엄청나게 성장해왔지만—세계질서를 설계한 취지에 걸맞게—다른 나라들은 더 크게 성장했다. 2020년 미국 경제는 "겨우" 세계 전체 경제의 4분의 1에 불과하다. 1950년대, 60년대, 70년대, 심지어 80년대까지만 해도 미국이 자국 시장을 다른 나라들에게 개방하고 간접적으로 보조금을 지급하기가 크게 버겁지 않았지만, 이제는 미국이 지닌 역량이 삐걱거리고 있다.

세계는 현재의 세계질서—아니, 그 어떤 질서든—를 유지하는 데 필요한 엄청난 회유책들을 그 어떤 나라도 제공하지 못할 정도로 진화했다.

세계를 통치하는 법 2부: 영국 모델

How To Rule The World, Part 2: The British Model

중 국은 모든 나라에게 뇌물을 먹여서 자국이 세계를 지배하는 질서에 동참하도록 회유책(carrot)을 쓸 여력이 없지만, 세계의 패권을 차지하는 방법은 회유책 말고도 있다. 국가 간에 서로 협력적인 분위기가 아닌 시대에는 위협책(stick)도 쓰였다. 미국을 식민 지배했던 영국은 역사상 가장 효과적으로 위협책을 쓴 나라다. 중국도 어쩌면 영국의 전철을 밟을 수 있지 않겠는가?

영국 모델은 미국의 체제보다 훨씬 덜 복잡하다. 세계가 준수해야 할 정해진 규칙들이 없다. 내 편이 되는 나라에게 두둑한 뇌물을 먹이지도 않는다. 국가들 간에 촉진해야 할 무역도 없다. 다른 나라들을 항시 군사적으로 보호해야 할 필요도 없다. 약소국의 독립을 보장할 필요도 없다. 그저 단순무식하게 세계를 정복하기만 하면 된다.

그렇다면 과연 어떻게 하는 걸까? 운송과 안보, 즉 경제와 전쟁의 기술을 터득하는 규칙이 여전히 적용되지만, 영국의 접근방식은 전혀 딴판이었다. 영국의 접근방식은 세 가지 위협책이었다.

위협책 1: 천하무적의 전략적 입지

영국의 지리적 여건은 그만하면 쓸 만하다. 템스강 유역은 농사에 적합하다. 최적의 농경지는 아니지만 준수하다. 영국인들의 식단은 주로 굽거나 삶거나 튀긴 음식과 반죽으로 만드는 음식이 많다. 여름은 짧고 서늘하며, 겨울은 길고 습한 영국 기후에서 대량생산되는 작물들은 다른 방법으로 조리하기가 쉽지 않기 때문이다.

템스강 자체는 배가 다닐 수 있지만 그리 긴 강이 아니라서 자본을 창출하는 역량에는 한계가 있다. 대브리튼섬(Great Britain, 웨일스, 스코틀랜드, 잉글랜드 지역으로 이루어진 섬―옮긴이)은 20여 개의 소규모 강들이 해안으로 흘러나가면서 템스강 유역이 지닌 경제적 잠재력에 깊이를 더해주지만, 현대적 공법으로 수문을 여러 개 설치한다고 해도 90마일 이상 운항 가능한 강은 하나도 없다. 자연은 영국에게 중견급 정도의 국가가 될 역량만 부여했다. 그만하면 그리 나쁘진 않지만 특별할 것도 없다.

그러나 대브리튼섬이 바다에 둘러싸인 하나의 섬이라는 사실을 고려하면 얘기는 완전히 딴판이 된다.

온화한 기후의 영국해협은 가장 협소한 지점이 겨우 25마일로서 세계 역사를 말 그대로 좌지우지해온 독특한 지리적인 특징으로 손꼽힌다. 영국해협은 군대의 침공을 막는 데는 알프스산맥에 버금가는 장애물이 되어주었지만, 항해에 통달한 영국인들이 바깥으로 진출하는 데는 아무런 제약이 되지 않는다. 유럽의 다른 모든 나라들과는 달리 영국은 따분함을 견디지 못한 다른 나라의 군대가 재미삼아 지나갈까봐 염려할 필요가 전혀 없었고, 따라서 육군을 배치해야 하는 부담으로부터도 자유로웠다. 이와 같이 육군을 유지하는 데 들어가는 군사비를 절감하고 전략적으로 고립되어 있다는 이점 덕분에 영국은 세계 역사상 유래가 드물게 1,000년 이상 국체(國體)가 중단 없이 지속되었고, 자본주의와 정치권력의 배분과 같은 여러 가지 실험을 할 여유가 생겼으며, 그 결과 민주주의가 부상하게 되었다.

영국해협은 또한 대브리튼섬을 장악하는 그 어떤 정부든 다른 나라에 간섭해 그들의 지속성을 훼손할 역량을 부여한다. 군대의 이동을 예측하고 감시하기가 쉽다. 육군은 도로를 따라 행군하고 다리를 건너고 늪을 피해야 한다. 해군은 그렇지 않다. 해군은 은밀히 신속하게 이동 가능하고 때와 장소를 가리지 않고 상대방이 가장 취약할 때 불시에 나타날 수 있으며, 빛의 속도로 해병대나 대포를 배치해 속전속결로 임무를 완수하고 장비를 회수해 사라질 수 있다. 대영제국이 최고조에 달했을 때조차도 유럽 대륙의 인구는 대브리튼섬의 인구를 7대 1로 앞섰다. 그러나 치고 빠지는 역량, 약탈하고 교역하고 상대를 초토화시키고 후원할 상대를 선택하는 역량 덕분에 영국은 유럽 대륙

의 최강국으로 등극했다.[1]

대브리튼섬과 접한 근해는 지도에서 보기보다 실제로 훨씬 강력한 장애물 역할을 하므로 또 한 겹의 전략적 깊이를 더해준다. 해협을 건너 대브리튼섬을 침투하려는 유럽 국가의 시도는 대부분 영국 해군이 개입하기도 전에 처참하게 무산되었다. 역사학자들은 그 유명한 스페인 무적함대를 바다에 수장시킨 영국함대와 대포의 규모와 숫자에 대해서 아직까지도 갑론을박하지만, 이 한 가지만은 분명하다. 스페인 무적함대의 운명을 결정하는 데 적어도 절반의 공을 세운 주인공은 북해에 휘몰아치는 폭풍이다. 프랑스의 나폴레옹과 독일의 히틀러는 적어도 한 차례 이상 바다 건너 영국을 노려보기만 했고, 침략하고 싶은 생각은 굴뚝같았지만 감히 해협을 건널 엄두를 내지 못했다. 그들은 영국 해군이 얼마나 위협적인 존재인지 잘 알고 있었기 때문이다. 그러나 그들은 또한 북해와 같은 거친 바다의 여건을 익히 알고 있었고 당장 이웃 국가의 군대들의 위협을 받고 있었기 때문에 국력이 최고조에 달했을 때조차도 수륙양동 작전을 시도할 엄두도 내지 못했다.

중국은 그런 천혜의 방어막으로 둘러싸인 고립된 지리적 여건도 갖추지 못했다. 북쪽으로는 러시아와 국경을 마주보고 있는데, 소련이 붕괴된 이후로 시련을 겪고 있는 나라임은 틀림없으나 여전히 세계적 수준이라고 할 군사기술을 자랑하고 거의 백만 명에 가까운 군대가 국가 안보 체제를 담당하고 있다.[2] 중국의 남서쪽에는 인도가 자리 잡고 있는데, 중국 못지않게 많은 보병을 총알받이로 참전시킬 수 있을 만큼 인구 규모가 엄청나다. 중국에게는 설상가상으로 인도의 인구밀집 지역은 히말라야 산악지대에서 겨우 200마일 정도밖에 떨어져 있지 않지만, 중국의 한족이 밀집한 지역은 중국이 점령하고 있는, 반항적인 티베트의 엉뚱한 쪽에서 2,000마일 정도 떨어져 있다—티베트는 여차하면 인도의 지원을 두 팔 벌려 환영할 지역이다. 남쪽으로는 역내에서 힘깨나 쓰는 태국과 베트남이 자리 잡고 있다. 두 나라 중 어느 나라도 중국의 영토를 노리지는 않지만, 인구가 합해서 1억 7천만 명에 달하고 중

80

국에 맞서 싸운 역사에 대해 자부심을 느끼는 이 두 나라도 쉽게 무시해서는 안 될 나라들이다.

서쪽으로는 카자흐스탄이 위치하고 있는데, 미시시피 동쪽에다가 텍사스, 오클라호마, 아칸소, 루이지애나를 합한 규모의 나라지만, 인구는 뉴욕주 인구보다도 작다. 카자흐스탄 그 자체는 위협이 아니지만, 중국이 이 나라에 가하거나 이 나라를 통해서 행사할 수 있는 힘은 무시할 수 없다. 중국의 중부와 서부는 대부분 사막 황무지이고 카자흐스탄의 남동부 3분의 2도 그보다 나을 게 없는 땅이다. 활짝 트인 드넓은 국경선을—요새화는 고사하고—순찰하려면 엄청난 비용이 든다.

공교롭게도, 한반도는 중국의 국경 중에서 가장 골치를 덜 썩이는 지역이지만, 중국이 혼돈에 빠지고 한국이 힘이 있을 때는 한국도 중국 영토 일부를 빼앗은 적도 있다. 남북한 합해서 무장한 군인이 150만 명 정도이고, 한국은 마음만 먹으면 며칠 안에 핵무기를 개발할 수 있고, 북한은 이미 핵무기를 보유하고 있다는 사실을 고려할 때, 한반도를 중국에 완전히 예속시키기란 불가능하다.

중국은 운신의 폭이 제한된 대륙 국가일 뿐만 아니라 다른 나라들에 둘러싸여 있다. 그리고 이는 중국이 지닌 전략적인 문제의 시작에 불과하다.

위협책 2: 막강하고 유연한 해군력

영국은 멍청하지 않다. 영국은 자국이 스페인 무적함대에 맞서 "승리"한 이유는 운이 따라주었기 때문임을 깨닫고 전쟁이 끝난 직후 명성에 걸맞은 해군력 구축에 투자하기 시작했다.

영국이 바다에서 종횡무진 성공적으로 활약한 이유는 여러 가지다. 세계에서 가장 거친 바다로 손꼽히는 바다에서 항해 실력을 갈고닦은 이유도 있다.

영국의 신참 선원이 살아남으려면 대부분의 고참 선원들보다 훨씬 뛰어난 기술과 배짱이 필요하며, 선배 세대들은 거친 바다의 여건에 걸맞게 후임들을 잘 훈련시켰다.

대브리튼섬이 고립되어 있다는 이유도 있다. 영국은 적이 침입해 항구와 조선소를 파괴할까봐 걱정할 필요가 거의 없었다.

투자와 노력을 한 곳에 집중했기 때문이기도 하다. 영국 해군이 군수물자를 두고 육군과 경쟁해야 했던 경우는 역사적으로 매우 드물었다.[3]

대브리튼섬의 지리적 여건도 한몫했다. 영국의 이웃들은 제약이 많다. 프랑스, 네덜란드, 독일, 폴란드, 러시아는 끊임없이 주변을 경계하지 않으면 육로를 통해 외세의 침략을 당할 위험이 있다. 스웨덴과 덴마크는 섬과 반도라는 지리적 이점이 있기 때문에 북유럽 대평원 지역에 위치한 이웃나라들에 비해서 자국의 크기에 비해 훨씬 막강한 해군력을 투사할 수 있지만, 두 나라 모두 발트해에 막혀 있어서 영국과 대적하기는 고사하고 영국과 경쟁할 수 있는 역량도 제한된다. 그렇다면 이제 아일랜드와 노르웨이만 남는데, 이 두 나라의 총인구를 합해봤자 런던 시도 채우지 못한다. 이 두 나라는 경쟁자라기보다 기껏해야 전략적으로 성가신 존재에 불과하다. 영국은 몸집에 비해 거대한 해군력으로 해양에 제약 없이 접근할 수 있다.

그러나 해군력의 규모도 중요하지만 그 힘으로 뭘 하는지가 진짜로 중요하다. 세계 강대국들 가운데 독특하게 영국의 해군은 다각적인 역할을 한다. 섬나라인 영국이 교역을 하려면 바다를 건너야 한다. 영국이 자본주의 초창기에 실행한 실험이 성공한 이유는 영국의 무역은 대부분 국가가 아니라 민간부문이 주도했기 때문이다. 그 덕에 경제 성장, 자본 축적, 세수 확대 이상의 성과를 올렸다. 필요에 의해 개발한 해군 관련 기법이 영국의 기업가 계층이 일을 처리하는 방식에 응용되었다.

다양한 기술이 조합되어 효과를 발휘하는 경우는 그러한 위력을 지닌 기술의 존재 못지않게 드물다. 영국의 무역회사들은 세계의 대양을 가르면서 멀고 가까운 다양한 지역 사람들이 지닌 정치적, 경제적 특징들을 심층적으로 파악하게 되었다—이는 필요할 때 외교적 혹은 군사적 기술로 압축해 활용할 수 있는 지식이다. 강, 철도, 도로를 통한 교역이 어떻게 작동하는지에 대해 직접 터득한 실용적인 지식으로 무장한 선원들은 인사, 물류, 기간시설의 관점에서 볼 때 적의 내부 교역을 교란시키거나 동맹의 교역을 보호하는 데 자유자재로 기술을 적용했다.

중국은 그런 기술이 전무하다.

중국은 국경을 접하고 있는 각각의 나라들과 하나도 빼놓지 않고 굵직한 지상전을 치른 전형적인 대륙 국가이다. 영국의 해상력 구축을 가능케 한 집중적인 재원 투자는 감당할 역량이 없다. 기술적으로 보면 중국 해군은 인민해방군 해군으로 알려져 있는데, 명칭만 봐도 위상과 정치력과 보유한 기술 측면에서 해군의 서열이 어느 정도인지를 파악할 수 있다.

중국은 영국이 갖춘 것으로 알려진 그러한 폭넓고 통합적인 해양 지식과 기술을 조금도 갖추지 못했을 뿐만 아니라 함대 운영의 실전 경험이 거의 전무하다. 중국의 사령관들 가운데 연습 훈련 말고는 실전 상황에서 포 한 발이라도 쏴본 경험이 있는 사령관이 거의 없다. 산업화된 중국은 격분해서 함포를 발사해본 적이 없다.

친중국 성향의 인사들은 여기서 과거에는 중국이 함대를 보유했었다고 지적할 것이다. 실제로 과거 어느 시점에 중국은 세계 최대의 해상력을 자랑했다고 한다. 그러한 "보물선 함대"는 동아시아와 동남아시아 바다를 누볐고, 적어도 한 차례 동아프리카까지 진출했다. 그런데 그 성공이 이렇다 할 결실로 이어지지는 않았다. 우선 바깥 세계와 의미 있는 교역관계를 구축하는 데 필요한 권력 분산 체제는 중국 지도부가 결코 달가워한 적이 없는 체제다. 게다가, 보물선 함대가 세계를 돌며 경이한 사연들을 수집해 돌아오면, 중국 황제는 중국이 지구상에서 가장 위대한 나라가 아닌 것으로 드러날까봐 기겁을 했다. 그 후 반세기 동안 해군 구축 프로그램—사실상 모든 해양 진출용 선박들—은 완전히 폐기되었다. 함대 운영 기술도 쇠퇴했음은 말할 필요도 없다.

중국의 연해는 그렇게 거칠지 않다. 보다 넓은 태평양의 폭풍, 바람, 해류를 완화하는 열도—싱가포르, 말레이시아, 인도네시아, 필리핀, 대만, 일본을 아우르는 그 유명한 제1도련선을 포함하는—가 중국 연안과 대체로 나란히 늘어서 있다. 중국 배는 아시아 연안만 항해하는 데 그치지 않는다. 거대한 욕조와 같은 바다에서 항해하는 법을 터득하게 된다.

중국이 대비하는 그런 종류의 해전은 많은 것을 시사한다. 일본의 공습이나 미국의 항공모함이나 잠수함과 맞대결할 역량이 되지 않는다는 사실을 아는 중국은 대신 방대한 해역에 대한 접근을 금지하는 방법을 모색하고 있다. 중국의—세계 최대인—공군력과 크루즈미사일을 동원해 이 도련선 내에 들어오는 함대는 무조건 침몰시키겠다는 뜻이다. 적대국의 함대가 제1도련선 내에서 안전하게 운항하지 못하면, 황해, 동중국해, 남중국해는 중국의 호수가 되는 셈이다. 유달리 멍청한 미 해군 제독이 아시아 대륙 연안에 너무 근접했다가는 항공모함을 격침당할지 모른다.

그러나 이 전략은 네 가지 중요한 문제를 해결하지 못하고 있다.

첫 번째 문제는 물통에 갇힌 물고기 문제다. 중국은 해상 실전 경험이 일천하고 작전 범위도 넓지 않으며, 제1도련선 안쪽 해역이라는 제한된 작전 환경에서만 경험을 쌓았기 때문에 중국 선박들은 표적이 되기 쉽다. 미국이 중국과 서로 포격을 가한다면 미국 해군이 제1도련선 바깥쪽으로 항해하는 중국 국적 선박은 모조리 침몰시키고 뒤이어 상당한 폭발력을 지닌 낚시용 다이너마이트를 터뜨리기란 식은 죽 먹기다. 중국이 보복을 시도해봤자 중국으로 수출되는 해외 원자재의 공급이 끊기고 중국산 상품의 판매를 중단하는 방법뿐이다—이러한 "성과"를 올려봤자 중국 경제, 중국 공산당, 그리고 통일된 중국이 붕괴될 뿐이다. 간단하다.

둘째, 비용 불균형이 문제다. 해군이 육군 및 공군과 대등한 역량을 구축하는 데 훨씬 많은 비용이 든다. 한결같이. 예컨대, 미국 니미츠(Nimitz) 항공모함은 100억 달러 정도다. F-16기 350대 값에 해당한다. 이 정도 공군력과 항공모함 사이에 일대 격전이 벌어지면 항공모함은 처참하게 패해서 기억에서 사라져버릴지 모른다. 중국은 비교적 비용이 많이 드는 해군력을 이용해 이 제1도련선을 뚫고 나와야 할 필요가 있지만, 이 도련선을 따라 위치한 그 어떤 나라도 '육지를 기반으로 한' 군사력을 이용해 반격할 수 있다.

셋째, 다른 모든 나라의 역내 함대를 침몰시키는 대역 접근 저지(mass area-denial) 작전이 큰 성공을 거두면 중국의 상황은 더욱 악화된다. 중국 연안에서 충격전이 벌어지면 황해, 동중국해, 남중국해는 진입금지 구역이 되어 중국이 생존하는 데 필요한 물건을 싣고 오는 상선이 중국으로 들어오지 못하게 된다.

마지막으로 제1도련선 내에서 해군의 승전보만으로는 충분치 않다. 이렇다 할 무역이 가능하려면 화물선이 엄호를 받지 않고도 항시 오가는 안보 환경이 조성되어야 한다. 위협책을 토대로 한 중국 제국이 유지되려면 중국은 제1도련선에 위치한 대부분의 지역을 예속시켜 중국의 접근권을 구축하고 유지해야 하는데, 그 과업을 달성하려면 중국의 해군은 미국의 항공모함 함대를 모두 합한 정도로 막강한 위력을 지녀야 한다. 그리고 심지어 이 조차도 중국이 제1도련선 너머로 힘을 투사해 중국이 필요한 원자재와 시장에 접근하는 문제를 해결해주지 않으며, 중국이 무력으로 화물선이 오가는 길을 확보하려는 시도를 가만히 앉아서 지켜보지만은 않을, 해상력을 갖춘 다른 국가들의 영해를 통과해야 한다는 문제도 해결해주지 않는다.

위협책 3: 대대적인 기술적 우위

대영제국 끝 무렵 수십 년 동안, 영국의 기업가들은 서로 얽히고설켜 점점 확산되는 여러 가지 문제들로 골머리를 앓았다. 영국 자체는 자원이 풍부한 나라가 아니기 때문에 초기에 제국을 확장하는 데 드는 비용은 영국 식민지

체제 내에서 상품을 팔아 번 돈으로 충당했다. 미국이 영국 식민지에서 이탈하자, 수입원도 대부분 사라졌다. 영국은 상품 유통으로 소득을 올리지 못하면 부가가치 상품을 유통시켜야 했다. 그러나 이를 가능케 하는 데는 극심한 제약이 뒤따랐다.

상품을 제조하려면 기술력 있는 장인이 오랜 시간 공을 들여야 한다. 그런 장인들을 훈련시키려면 수년이, 심지어 수십 년이 걸리는 경우도 있다. 아무튼 영국의 인구는 유럽을 제외한 나머지 세계의 인구는 고사하고 유럽의 인구와 비교해도 보잘것없었다. 영국은 한 번에 한 개씩 생산하는 제조업 과정을 극복할 방법이 절실히 필요했다.

영국 기업가들은 해상 무역에서 얻은 수익을 이용해 일련의 최신 기술들을 복합적으로 적용했다. 석탄, 원유, 조립공정, 상호 교체 가능한 부품들, 그리고 마침내 철강과 전기 등을 이용해 새로운 생산 체계를 개발했다. 영국의 산업혁명은 섬유업에서 시작되었지만 곧 도구와 가구와 철도로 확산되었다. 반세기만에 산업화된 영국은 값싸고 품질 좋은 상품들을 대량생산하게 되었고, 이 덕분에 그 어떤 상품을 생산하더라도 산업화 이전의 기술력 있는 장인들이 오랜 시간 공들여 상품을 만드는 생산방식을 압도하게 되었다.

영국은 제국을 거느리고 소규모 국가와 유사한 기업체들을 동원해 세계 인구의 4분의 1에 직접 접근했다. 역사상 가장 규모가 큰 시장을 볼모로 둔 셈이었다. 그러나 순전히 경제적인 관점을 넘어 다른 사항들을 고려하는 방향으로 시야를 확장해보면 아주 흥미로운 일이 벌어졌음을 알게 된다. 싸고 품질 좋은 상품들을 적대적인 시장에 우격다짐으로 팔아치우는 방식—대영제국의 세계를 지배하는 영민하고 세상만사에 닳고 닳은 해군력 덕분에 가능했던 방법—때문에 흥미진진한 문제가 끊임없이 발생해 바람 잘 날이 없었다.

미국에서는 산업화 중이던 북부와 농업 중심인 남부 간의 반목이 깊어졌다. 북부는 영국에서 수입된 상품들을 위협으로 간주했고, 남부는 싼 기기들을 수입하는 대신 기꺼이 목화를 수출할 의향이 있었다. 이 같은 남북 간의 단절로

1812년 전쟁과 남북전쟁 동안 나라가 거의 두 동강 날 뻔했다. 이와 비슷하게 프로이센에서는 영국 상품이 경제의 중추인 역내 길드(guild) 체제를 산산조각 내면서 19세기 중반에 독일인들끼리 전쟁을 벌였고 대대적인 이주민이 발생했다. 프랑스와 러시아에서는 영국 상품이 쏟아져 들어오면서 달콤한 삶을 맛본 농부들의 속이 부글부글 끓어올랐고 두 나라를 모두 대규모 폭동에 빠뜨렸다. 스페인은 산업이 붕괴되면서 한때 세계를 제패한 제국이 보잘것없는 변방으로 쪼그라들었고 20세기 말에 가서야 정상국가로 회복되었다.

게다가 영국의 산업화는 일반 소비자 상품 생산에서 그치지 않았다. 새로운 기술은 군사력에도 쉽게 응용되었다. 구식 소총은 신형 소총으로 대체되었고 돛단배는 증기선으로 대체되었으며, 구식 대포는 신형 대포에 자리를 양보했다. 영국 해군은 이미 세계 최강이었지만, 산업화로 면모를 일신하면서 천하무적이 되었다. 신상품과 신형 군장비에 이미 전 세계에 확장된 지배력이 더해져서 영국은 유럽의 경쟁국들을 압도하고 유럽 바깥에서도 마주치는 나라마다 족족 지배하게 되었다. 거의 한 세기 동안 영국은 세계에 군림했다. 흔히 쓰는 표현 그대로 칼싸움에 총을 들고 등장했기 때문이다.

지난 한 세대 동안 중국은 사회간접자본, 교육, 산업화, 근대화에 있어서 어느 모로 보나 괄목할 만한 성장을 보였다. 1980년부터 2020년까지의 기간 동안 중국은 세계 경제 총생산에서 차지하는 비중이 네 배가 되었다. 그러나 중국은 세계적으로 기술을 선도하는 나라는 아니다.

중국이 세계 수입 시장에서 차지하는 입지는 첨단기술력이 아니라 생산에 대한 보조금과 안전한 운송 덕분이었고, 이 모두는 미국이 구축하고 유지한 세계질서 덕분에 가능했다. 중국이 자랑하는 기술은 보통 도용한 요소들이 들어가 있다. 해외 정보망에 깊숙이 침투해 해킹하는 수법이 중국의 성공에 기여한 핵심적인 요소다. 이러한 수법은 세 가지 기본적인 형태를 취한다. 해외에 합작투자를 설립해 기술을 훔친다(독일, 브라질). 중국 내에 합작투자를 설립하고 그 대가로 상대 합작투자국의 시장 접근을 요구해 거기서 기술을 훔친다(미국, 일본). 원격으로 정보망을 해킹해서 첨단기술을 훔친다(인터넷 접속이 가능한 곳이라면 거의 어디든 해킹한다). 이와 같은 제도화된 도용을 토대로 중국은 "메이드인차이나 2025" 개발 프로그램을 추진하게 되었다. 2018년 중엽, 트럼프 행정부와 유럽집행위원회가 기술 이전 강요와 사이버 절도 행위에 대해 강경한 노선을 취하기 시작하자, 2018년 말 무렵 중국은 국내를 대상으로 한 선전선동에서 이 프로그램을 조용히 누락시켰다. 해외의 원천기술의 도움 없이 이 프로그램을 추진하려면 연구와 제조업 기반을 개발해야 하는데, 이에 필요한 고숙련 기술 노동력과 교육 역량이 없다는 사실을 알고 있기 때문이다. 중국은 자체적으로 기술을 개발하는 데 상당한 진전을 보여왔지만, 성급한 결론은 내리지 말자. 중국의 국내 특허출원 체제는 1984년에 가서야 효력이 발생했다.

중국 인구 전체를 대상으로 대대적으로 훔친 기술을 응용하면서 중국은 생산량을 대폭 늘리고 시장 규모를 확대했으며 경제적 몸집을 불렸다. 그러나 그렇다고 해서 이를 중국이 영국 식의 세계적인 전략적 경쟁에서 유리한 입지를 부여하는 첨단기술력으로 착각하면 안 된다.

한 가지 언급할 (그리고 근거 없는 주장임을 폭로할) 가치가 있는 예외적인 사례가 있다. 중국은 인공지능 시스템을 개발하는 데 어마어마한 물량을 투입해 세계 전역의 재계와 군사계의 경각심을 높였다. 따라서 인공지능이 실제로 무엇인지를 이해할 필요가 있다.

협소한 인공지능은, 때로는 응용 인공지능(Applied AI)이라고도 일컫는데, 말 그대로다. 인공적인 체계를 특정한 한 가지 업무를 수행하도록 집중적으로 훈련시켜 컴퓨터 시스템이 인간의 노동집약적인 시스템의 격무를 약간 덜어주는 기술이다. 응용 인공지능은 인간보다 훨씬 업무를 잘 해낼 수 있지만, 엄격한 규칙의 제약을 받는 한도 내에서 가능할 뿐이고, 그것도 모든 게 계획한 대로 진행될 경우에 한한다. 조립 공정이나 스프레드시트 작성 같은 업무를 하는 데는 탁월하지만 대부분의 실제 상황에 투입될 만한 수준은 전혀 아니다. 중국은 대규모 코드작성 인력이 본질적으로 인간의 노동력 필요를 줄이는 기술을 개발하는 데 투입하고 있다. 그러나 체스를 두도록 훈련받은 인공지능을 바둑판 앞에 앉혀놓으면 무용지물이 된다.

우리에게 없는 것은 바로 일반 인공지능(General AI)이다. 아직 아무도 보유하지 못하고 있다. 일반 인공지능이라야 비로소 인공지능이 색다른 업무에 "도입" 가능하고, 색다른 상황에서 평범한 요소를 보고―예컨대, 멈춤 표지판이 낙서로 도배된 식당 벽에 그려져 있는 경우―맥락을 이해할 수 있다. 이게 바로 배경지식과 맥락과 직관과 합리적 사고가 복합적으로 작용해 탄생하는 마법, 우리가 일컫는 인간의 기본적인 지능이다.

대부분의 미국 기술기업들은 응용 인공지능에 대해 시큰둥하다. 부가가치가 그다지 높지 않기 때문이다. 그래서 이들은 대신 일반 인공지능이라는 꿈을 실현하는 데 집중하고 있다. 일반 인공지능은 세상을 바꾸기 때문이다. 실현된다면. 그러나 지금은 아니다. 2030년도 불가능하다. 아니, 아마 2050년에도 실현되지 않을지 모른다. 일반 인공지능이라는 기술적 돌파구는 손에 잡힐 듯이 가까운 미래라기보다는 아주 머나먼 미래에나 가능할 일이다.

응용 인공지능은 농업, 금융, 운송, 제조업, 보안, 군사 관련 업무 등 다양한 산업에서 눈부신 활약을 하고 있지만 이는 인간이 주변 환경과 상호작용하는 방식을 근본적으로 바꾸는―원양 항해 기법이나 산업화 같은―기술적 돌파구는 아니라는 의미다. 다시 말해서, 중국이 그 누구보다도 먼저 응용 인공지능을 개발하고 어찌어찌 우위를 유지한다고 해도 중국이 전략적으로 포위된 처지에서 벗어나는 데는 도움이 되지 않는다.

중국의 현실

중국이 외부로 시선을 향하는 데 필요한 대규모 해군을 구축하고 유지할 역량이 없다는 게 문제가 아니다(물론 그러한 노력을 지속적으로 할 수도 없긴 하겠지만).

중국이 외부로 시선을 향할 해군을 구축하고 유지하는 동시에 방어를 전담할 대규모 해군과 대규모 공군과 대규모 국내 안보 유지군과 대규모 육군과 대규모 정보수집 체계와 대규모 특수군 체계와 세계에 군을 배치할 역량을 동시에 구축하고 유지할 역량이 없다는 게 문제다.

중국의 이러한 처지를 미국이 세계질서를 유지하는 데 필요한 조건들과 비교해보라. 외부로 시선을 향하는 대규모 해군은 미국이 세계에 그 힘을 투사하는 데 반드시 필요한 전제조건이지만, 미국은 전략적으로 고립되어 있기 때문에 미국에게 그 외의 다른 사항들은 오로지 동맹국들을 유지하기 위해서 필요할 뿐이다.

미국은 앞으로 훨씬 순탄한 미래가 기다리고 있다는 뜻이다. 세계가 무질서에 빠지고 미국이 세계 안보를 위해 전략적으로 헌신하겠다는 의지가 시들해지면, 미국의 전략적 도구 묶음은 훨씬 간소화된다. 미국의 본토를 방어하는 일은 상당히 단순하다—상당한 규모의 해군력만 바다에 띄우고 국내에 전략적으로 배치한 공군자산으로 해군을 지원해주기만 하면 된다. 해외 사태에 휘말리게 될 가능성이 높은 그런 종류의 교전은 정보요원 조직과 특수군이 맡을 가능성이 높다. 힘을 투사하는 데 사용하는 이러한 도구들은 공짜는 아니지만 자국과는 동떨어진 지구 반대편에 지상군을 배치하고 지원하는 방법보다 훨씬 비용이 적게 든다.

중국의 전략적, 지리적 여건을 보면 미국과 같이 전략적 도구를 간소화하기가 불가능하다. 중국이 차기 세계 패권국이 될지 여부가 관건이 아니다. 될 수가 없다.

진짜 관건은 중국이 통일된 국가로서 존재할 수조차 있을지 여부다.

중국:
성공 신화의 종언

How To Be A Successful Country

역사적으로 보면 대부분의 국가들은 오래가지 않았다. 작은 땅덩이를 확보하는 일은—지배자에 맞서 봉기를 하든, 붕괴하는 제국의 손아귀에서 빠져나오든, 이상기후를 십분 활용하든, 탁월한 지도자를 만나는 덕을 보든— 쉬운 편에 속한다. 그러나 지속성을 구축하고 유지하는 과업은 어떨까? 훨씬 어렵다.

현재의 세계질서는 규칙을 바꿔놓았다. 이 질서가 평화, 번영, 안보, 그리고 경제성장을 보장한 덕분에 신참내기 국가들이 역사의 수레바퀴 밑에 짓눌리는 운명을 모면했다. 1920년 제국주의가 막바지에 다다를 무렵, 세계에는 나라가 50개뿐이었다. 2020년 현재 이 수치는 200개국 이상으로 늘었다. 현재 세계질서가 무너지면 대부분의 이런 나라들이 건국되고 생존하게 해준—심지어 번성하게 해준—여건이 사라지게 된다.

국가의 생존과 힘을 유지하는 데 기여하는 10여 가지 자산이 있지만, 다음 네 가지가 가장 중요하다.

1. 쓸모 있는 토지와 방어 가능한 국경을 갖춘, 존속 가능한 자국 영토
2. 안정적인 식량 공급
3. 지속 가능한 인구 구조
4. 현대적인 삶에 참여하는 데 필요한 에너지 투입재들에 대한 안정적인 접근

이러한 요인들을 충족시키는 나라는 크게 될 운명이다. 이에 실패하는 나라는 그 정반대의 운명을 맞게 된다.[1]

1. 영토의 존속 가능성

역사를 통틀어 한 나라의 땅, 물길, 경계, 연안의 형태가 그 나라의 성패를

결정하는 가장 큰 한 가지 요인이었다. 그러한 구체적인 요건들은 기술 시대와 함께 바뀌어 왔다. 예컨대, 인간이 수평선 너머로 항해하는 방법을 터득하자 섬나라가 힘을 얻었다. 그러나 지리적 여건이라는 불변의 속성은 운신의 폭을 크게 넓혀주지 않았다. 몇 가지 지침으로 삼을 요건들은 다음과 같다.

국내 운송 수로: 물건을 A지점에서 B지점으로 운반하는 방법으로는 물건을 끌고 가거나 수레에 담아서 운반하는 방법보다 물 위에 띄워서 운반하는 방법이 훨씬 쉽고 비용이 덜 든다. 수로 운송비는 육로 운송비의 12분의 1 정도다. 배가 다닐 수 있는 천혜의 강을 보유한 나라는 그런 강이 없는 나라보다 훨씬 삶이 순탄하다.

돈의 문제이기도 하다. 운송비가 싸면 세계적인 상선들이 필요했을 일을 헐값이나 마찬가지인 비용으로 하게 되므로 활발한 경제적 교류로 서로 다른 지역 간의 결속력이 탄탄해진다.

문화적, 정치적 통일의 문제이기도 하다. 이동하기가 쉬우면, 모든 국민들이 끊임없는 교류를 통해 서로에 대해 관용하는 정서가 확산되면서 문화적으로 융합되거나, 한 집단이 지배력을 얻어 시간이 흐르면서 다른 집단들을 동화시킨다.

공학의 문제이기도 하다. 도로를 건설하고 유지하기란 무척 어려워서 짧은 거리라도 육로를 통해 물건을—심지어 식량도—운반하는 방법은 산업화 시대가 되어서야 활성화되었다. 바로 아스팔트와 산업용 시멘트 생산과 증기와 내연기관이 등장하고 나서다.

지속성의 문제이기도 하다. 식량을 신속하고 쉽게 유통시키지 못하거나 역내에서 자본을 창출해 스스로를 방어하지 못하면 문명을 불사르는 기아와 외세의 침략을 겪게 되면서 나라가 큰 타격을 받고 붕괴될 가능성이 높다.

평원: 평원은 성공적인 국가가 갖춰야 할 핵심적인 초석이다. 평원은 그 위

에 건축물을 짓기도 쉽고 가로질러 이동하기도 쉽기 때문에 개발 비용이 적게 들어 도로나 교육 같은 다른 목적에 쓸 자본이 풍부해지고, 이는 다시 보다 발전된 사회로 이어진다. 이동과 소통을 막는 내부 장애물이 없는 나라들은 내륙이 탁 트여 있어서 정치적 통일을 달성하기도 훨씬 쉽다.

그러나 어두운 측면도 있다. 상품과 사람과 생각을 이동시키기 쉬우면 군대를 이동시키기도 쉽다. 문화적 융합이나 동화가 영토를 "통일"시키는 유일한 방법은 아니다. 반대자나 소수집단을 색출해 처치하는 게 훨씬 단순한 방법이다. 다시 말하지만, 미국 중서부가 이를 가장 잘 보여주는 사례다. 아메리카 원주민은 애초에 승산이 없었다. 이와 유사한 섬멸을 통한 통일이라는 방식은 지형이 평평한 세계 대부분의 국가에서 실현된 방식이다. 특히 북중국 평원과 북유럽 대평원, 그리고 북아프리카와 중동 같이 탁 트인 광활한 공간에서 두드러지게 나타난 현상이다.

온화한 기후: 기후가 핵심이다. 사막은 광범위한 문명에 필요한 물이 없고, 물을 장악하는 데 필요한 수준의 조직화가 이루어지면 이는 흔히 사막 도시를 고립된 폭정 체제로 변질시킨다. 열대기후는 휴가를 보내기에는 안성맞춤이지만 곤충과 미생물의 온상이기도 하므로 인간의 건강과 농작물에 해롭다.

계절이 변하는 기후도 유용한 특징을 문화에 주입해 환절기마다 압박을 가한다. 혹한에 대비하려면 재료과학과 건축이 발달하게 된다. 짧은 여름에 대비하려면 노동과 자본을 조직화해야 할 필요가 있다. 보릿고개에 대비하려면—대부분의 문화권에서는 작물을 수확하기 전까지 상당 기간 동안 식량 부족을 겪는다—물류와 수학이 발달하게 된다. 온화하지 않은 기후인 지역의 문화권이 게으르다거나 지적 수준이 떨어진다는 뜻이 아니라 그런 기후의 문화권은 보다 강하고 내구성 있는 국가들과 연관되는 종류의 기술적 발전을 북돋우는 압력을 받지 않는다는 뜻이다.

배가 다니는 강과 평원과 온화한 기후를 갖추면 기술적, 경제적으로 급격히 상승하는 궤적을 그리게 된다.

해안선: 이는 상당히 변화무쌍한 요건이다. 세계 대부분의 해안 지역은 늪지 대거나 사막이거나 동토거나 깎아지른 절벽이거나 암석투성이거나 너무 얕 거나 조수간만의 차가 기절할 정도로 크거나 그저 일부러 죽음의 덫으로 설 계해놓았나 싶은 지형이다.[2] 그러나 이따금 평평한 내륙에 접근 가능한 평평 한 해안선에 곳이 깊이 파이고, 파인 곡선을 따라 만이 형성되어 있고 강 물 목까지 갖추어 바다와 육지 양쪽 모두에서 해안에 접근하기 쉬운 등, 여러 가 지가 환상적으로 조합된 여건을 갖춘 해안이 있다. 그런 경우 경제활동의 기 회는 폭발적으로 증가한다.

핵심은 거리다. 교역의 출발점과 종착점이 서로 멀리 떨어져 있을수록 교 역 상품이 다양할 가능성이 높다. 아이오와 서부와 네브래스카 동부가 교역 을 하면 기껏해야 서로 다른 품종의 옥수수를 교역하게 되는데 그다지 신바 람 나는 교역은 아니다. 그러나 미국의 샌프란시스코와 프랑스의 보르도가 교역을 하면 삶이 훨씬 흥미진진해진다. 세계 향신료 교역은 이국적인 상품 이 상종가를 친 전형적인 사례다.

배가 다니는 강과 평원과 온화한 기후와 접근 가능한 해안선을 갖춘 지역 은 경제적, 군사적으로 비중 있는 역할을 하게 되며, 이러한 지리적 여건이 부여하는 혜택을 지렛대 삼아 더 넓은 무대로 진출할 수 있다.

국경: 외부의 지리적 여건은 내부의 지리적 여건 못지않게 중요하다. 국경 지역은 바람직한 국내 지형의 정반대 속성을 지니면 최적의 지형이다. 평평 하고 확 트인 국경은 무역을 촉진할지는 모르지만 외부로부터의 공격에 취약 하기도 하다. A라는 나라에서 배가 다닐 수 있는 강이 B라는 나라를 관통해 바다로 흘러나간다면, A가 더 넓은 세계로 나가는 관문은 B가 마음대로 할 수 있는 인질로 잡힌다. 고지대와 늪지대는 접촉을 제한하지만 침략하겠다고

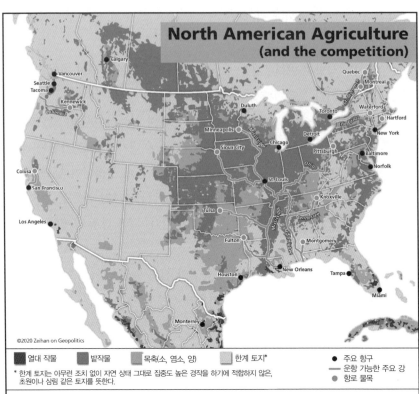

North American Agriculture
(and the competition)

©2020 Zeihan on Geopolitics

| ■ 열대 작물 | ■ 밭작물 | ■ 목축(소, 염소, 양) | □ 한계 토지* | ● 주요 항구 |

* 한계 토지는 아무런 조치 없이 자연 상태 그대로 집중도 높은 경작을 하기에 적합하지 않은, 초원이나 삼림 같은 토지를 뜻한다.

— 운항 가능한 주요 강
● 항로 물목

Name	국가 총 토지 (100만헥타르)	총 경작지 (100만 헥타르)	2020년 인구 (100만)	1인당 경작지 (헥타르)	운항 가능한 수로# (마일)
Argentina	273.7	39.2	45.2	0.87	1,900
Russia	1,637.7	123.1	145.9	0.84	0^
United States	914.7	152.3	331.0	0.46	20,650+
Brazil	835.8	81.0	212.6	0.38	0
France	54.8	18.4	65.3	0.28	1,350
Turkey	77.0	20.4	84.3	0.24	300*
Iran	162.9	14.7	84.0	0.17	50
Germany	34.9	11.8	83.8	0.14	2,400
Saudi Arabia	215.0	3.5	34.8	0.10	0
China	938.8	118.9	1,439.3	0.08	1,950
Japan	36.5	4.2	126.5	0.03	600*

출차: UN 인구국과 식품농업기구

최소한 9피트 깊이에 한 해에 최소한 9개월을 배가 다닐 수 있는 수로만 포함. 오데르강과 라인강의 일부분처럼 서로 물길을 공유하는 경우, 공유하는 길이의 물길을 포함. 유콘강, 레나강, 아마존강처럼 배가 다닐 수 있지만 사람이 거주하지 않는 지역을 관통하는 강은 포함하지 않음.
+ 운항 가능한 3,000마일을 추가하는 연안 수로와 대호수 체계를 포함.
^ 러시아의 볼가강 체계는 스탈린 통치 때 사람이 손을 대서 인위적이나마 배가 다닐 수 있게 만들어졌다. 지류를 포함해서 쓸모 있는 총 길이는 대략 2,500마일이지만, 러시아의 혹독한 동절기 때문에 계절에 따라 쓸모는 크게 차이가 나고 변화무쌍하다.
* 일본과 터키는 운항 가능한 강은 없지만 넓은 내해(각각 세토해와 마르마라해)가 있고 강과 비슷한 기능을 하는, 움푹 파여서 외부로부터 보호해주는 만이 있다.

북미 농업 (그리고 경쟁)

마음만 먹으면 뚫고 들어올 수 있으며, 두 지형 모두 중앙정부의 통치에 저항할지 모르는 집단들이 거주할 정도의 여건은 된다. 이보다 산악지대가 국경으로서 훨씬 바람직하다. 그러나 단연 최고의 국경은 길들여지지 않는 드넓은 망망대해다.

본질적으로 나라의 지속성을 너끈히 보호할 수 있는 단단한 겉껍질과 내부적으로는 규모의 경제를 뒷받침하기에 충분할 정도로 넓고 쓸모 있는 내륙지역이 결합된 지리적 여건이 최상이다. 이러한 마법의 조합은 희귀하다. 그리고 그러한 조건을 갖춘 단연 최고의 국가가 있다.

쓸모 있는 평원으로 치자면 미국을 따라갈 나라가 없다. 동부 연안의 피드몬트 고원, 컬럼비아 계곡, 캘리포니아의 센트럴밸리가 모두 세계 최상위권에 들어간다. 게다가 이러한 지역들은 모두 전면에 배가 다닐 수 있는 강이 흐른다.

그러나 미국의 중서부는 차원이 다른 지역이다. 미시시피 광대역 체제는 운항 가능하고 서로 연결된 천혜의 수로가 13,000마일 이상 이어지고—미국을 제외한 모든 나라들의 국내 운하 체계를 모두 합한 길이보다도 길다—이 수로를 중심으로 펼쳐진 경작 가능하고 온대성 기후 지대이며 단일한 정치적 관할권 하에 놓인 세계 최대 크기의 평원과 이 수로가 거의 완벽하게 중첩된다. 이렇게 평원과 수로가 겹치면서 미국 농부들은 대부분의 다른 나라들이 자국 내에서 곡물을 운송하는 데 드는 비용보다도 훨씬 저렴한 비용으로 부피가 큰 생산품들을 세계 시장에 수출할 수 있다. 그리고 미국이 내부 수로 체계를 통해 쉽게 이동 가능하기 때문에 인류 역사상 거의 전례가 없을 정도로 빠르고 쉽게 문화적 통일을 달성했다.

반면, 미국 체제를 둘러싼 바깥 껍질은 세계 최고로 두텁다. 수백 마일에 달하는 사막과 산악지대가 미국을 인구밀도가 높은 멕시코로부터 분리하고 있고, 수십 마일에 달하는 호수와 삼림과 산악지대가 캐나다와 적정한 거리를 유지시켜준다. 서쪽과 동쪽으로는 거의 장애물이 없는, 수천 마일에 달하는 망망대해가 미국을 아시아와 유럽 대륙들과 갈라놓고 있다. 그러한 해양 한가운데 여기저기 산재해 있는 섬들(하와이, 괌, 미드웨이, 알류샨 열도, 푸에르토리코)은 미국령이거나 동맹국(영국, 아조레스 제도, 버뮤다, 바하마 제도)이 장악하고 있다. 단도직입적으로 말해서, 미국은 세계에서 가장 비옥한 영토와 가장 안전한 영토를 겸비하고 있다.

이러한 마법의 조합은 미국을 제외하면 세계 어디서도 찾기 힘들다.

- 북유럽에는 강들이 관통하는 넓은 평원에서 창출되는 부와 경제적 역동성이 미국 다음이다. 그러나 유럽의 강들은 유럽 대륙의 평원을 가로지르면서 대륙 내 서로 다른 지역들을 서로 연결해주기보다 여러 조각으로 나누는 역할을 한다. 그리고 문화적 동질성을 촉진하기보다 유럽의 수많은 나라들 간의 경쟁을 부추긴다. 그리고 유럽의 북부는 평지이므로 A라는 나라의 영토의 중심부는 반드시 B라는 또 다른 나라의 변경이 된다.
- 아프리카의 지형은 최악의 난개발 지역이다. 기후(사막이거나 열대기후)도 그렇고 지형(밀림과 산악지대)도 그렇다. 설상가상으로 아프리카 대륙의 인구는 대부분 고원지대에 살기 때문에 바깥 세계와의 교역보다 아프리카 대륙 내의 국가들 간의 교역이 훨씬 어렵다. 바로 이러한 험준한 지형 때문에 역내 국가들이 정치적 정체성을 통일하기가 거의 불가능하다. 그 결과 외부 세력의 착취와 내부 갈등이 뒤섞인 통탄스러운 처지에 놓여 있다.
- 동아시아와 동남아시아에 산재해 있는 군도는 개발하기가 극도로 어렵다. 각 집단 내에 있는 한 개의 섬이 해상력을 구축하는 데 필요한 권력을 얻어 통합을 시도라도 해본 사례는 손에 꼽을 정도다. 규모의 경제를 달성하기도 지독히 힘들다.
- 남아메리카는 대부분 전형적인 열대기후라 해당 지역 인구는 질병이 창궐하는 기후대역을 피해 고산지대로 이주한다. 산꼭대기에 살면 나름 장점이 있지만 사회간접자본을 구축하는 데 어마어마한 비용이 들 뿐만 아니라, 경

제활동이나 경작할 기회가 줄어들고 국가의 문화적 정체성이 하나로 응집되기보다는 여러 갈래로 쉽게 쪼개지는 경향이 있다.

- 중동의 기후는 건조기후에서 사막기후를 아우르는 반면, 러시아의 땅은 기껏해야 온대기후 지역에서 추운 쪽에 속한다. 따라서 두 지역 모두 변방이 취약해지고 지속성을 위협하는 기아와 폭력에 노출되기 쉽다.

중국의 경우 미국보다는 열악한 지리적 여건들을 지닌 지역들과 훨씬 공통점이 많다.

중국의 핵심적인 영토인 북중국 평원은 이루 말할 수 없이 별 볼일 없다. 미국 중서부와 거의 같은 위도상에 위치해 있지만, 몽고사막과 접해 있어서 가뭄에 취약하고 대부분의 강우량은 동중국해에서 불어오는 몬순(monsoon) 우기 때 내려 홍수에도 취약하다. 농산물 생산량을 안정적으로 유지하려면 공급할 물을 잘 관리하는 방법밖에 없다. 나라에서 노동력을 동원해 허리 부러지게 중노동을 시키든가 굶든가 양자택일을 해야 했기 때문에 중국의 역사를 통틀어 대체로 불평등한 경향이 지속되어 왔다.

그러면서도 중국의 역사는 통일된 정치체를 유지하기 어려운 경향이 있음을 보여준다는 점에서 모순된다. 다시 말하지만, 지리적 여건이 문제다.

배가 다닐 수 없는 황허를 제외하면, 북중국 평원에서 이동을 제약할 만한 장애물은 거의 없다. 빠른 말을 타고 달리면 어디서 출발하더라도 한두 주 안에 목적지에 도착할 수 있는 땅에 살면 치러야 하는 대가가 있다. 장점은 문화적 통일이 쉽다는 점이다. 한족은 2,000년 전 이 지역의 지배적인 민족으로 부상했다. 단점은 정치적 통일이 거의 불가능하다는 점이다. 북중국 평원은 규모가 방대하고 한족 핵심 거주지 내에는 방어막이 없기 때문에 어떤 세력이든 이러저러한 영토 일부를 일시적이나마 장악하기가 너무나도 쉽지만, 그런 세력을 싹 쓸어버리기도 너무나 쉽다.

누구든지 "싹 쓸어버릴 수 있다." 지역 군벌, 경쟁 관계에 있는 왕조, 외세도 가담할 수 있고, 실제로도 종종 그렇게 한다. 북중국에 도달할 수 있는 이라면 누구든 상당히 쉽게 원하는 영토를 지배했다. 몽골, 러시아, 일본, 한국, 미국, 영국, 프랑스—심지어 오스트레일리아까지도. 그러나 외세는 중국의 여느 권력자와 마찬가지로 장악한 영토를 계속 장악하기가 힘들다. 그 결과 한족 핵심에는 정치적, 경제적 지속성이 거의 전무하고, 한족 자체도 외세 못지않게 분열적 속성을 지닌다.

중국에서 그나마 통합하기 쉬운 지역이 그 정도다. 북중국 평원 남쪽으로는 양쯔 계곡을 따라 나무가 빽빽이 들어선 깎아지른 산봉우리들이 이어진다. 홍수와 가뭄의 저주를 번갈아 겪는 황허는 바닥에 침적토가 깔려 엉망진창이지만, 양쯔강은 인류 문명의 요람으로 손꼽히며 배가 다닐 수 있는 물길이 거의 2,000마일에 달한다. 중국에서 지속적으로 권력을 장악하는 데 성공한 세력은 양쯔강을 경제 중심지로 삼았다.

바로 그게 문제다. 지속성도 중요하지만 통일성도 중요하다. 양쯔강은 북중국 평원으로부터 물리적으로 떨어져 있기 때문에 북중국이 서로 치고받느라 정신이 없어도 양쯔강 유역은 독자적으로 부를 키우며 번성할 수 있다.

가장 중요한 지점이 양쯔강 물목에 위치하고 있다. 바로 상하이다. 금융 중심지 뉴욕, 제조업 중심지 디트로이트, 물자 집산지 세인트루이스, 에너지 중심지 휴스턴, 수출입 중심지 뉴올리언스가 한데 모인 도시에 상응한다. (그리고 인구는 이 도시들의 인구를 모두 합한 것보다 많다.) 이 때문에 북중국과 자율성이 강한 상하이 주민들 간의 관계는 비교적 단순하다. 돈이 전부다.

중국 역사의 중요한 국면마다 상하이는 사업에 골몰해왔다. 상하이는 양쯔강 주변 지역들, 중국의 남부 해안도시들, 북중국 한족 핵심 지역뿐만 아니라 일본, 한국, 대만, 베트남, 포르투갈, 영국, 프랑스, 미국과도 교역을 한다—누구든 가리지 않는다.

이 때문에 베이징은 끊임없이 상하이를 의심하고, 북부가 통일해 제국주의적 팽창의 야욕에 불타오르면 상하이를 첫 번째 목표물로 삼는다. 그러나 상하이라는 도시는 쉽게 함락되지 않는다. 인구로 보면, 상하이 도시 인구만도 텍사스 인구에 거의 맞먹는다. 전략적으로는, 화살이 빗발치기 시작하면 이 지역의 여러 해외 인맥들이 요긴하게 쓰인다. 전술적으로는, 상하이는 양쯔강의 남쪽 기슭에 자리 잡고 있고, 양쯔강 하류는 상하이에 도달할 즈음이면 폭이 1마일 이상이므로, 북쪽에서 상하이를 공격하려면 적어도 해군의 구색이라도 갖추어야 한다.

그러나 상하이가 보유한 비장의 협상 카드는 돈이다. 북부의 한족이 국가의 통일을 아무리 원한다고 해도 황금알을 낳는 거위를 죽이려 하지는 않는다. 상하이는 지난 40년 동안 나머지 중국의 후진적인 금융 체계가 시류를 따라잡도록 도왔지만, 2020년 현재에도 중국 전체 인구의 10분의 1을 가까스로 넘는 상하이 광역 지역은 여전히 중국 GDP의 4분의 1을 생산하고 있다.

양쯔강 상류 기슭에는 쓰촨 분지가 있다. 이 분지의 바닥은 온화하고 비옥해서 지역 인구 전체를 너끈히 먹여 살릴 수 있고, 석유와 천연가스 유전도 있기 때문에 오늘날 중국에서 연료를 자급자족할 수 있는 단 세 지역 가운데 하나다. 쓰촨은 양쯔강에 접근할 수 있어 강 하류 지역과 해양의 파트너들과의 교역이 가능하기 때문에, 막강한 경제력을 자랑하는 상하이 지역 못지않게 부유하다.

북중국이 쓰촨에 대해 품고 있는 불만은 세 가지다. 첫째, 쓰촨은 중국에서 한족이 다수인 지역들 가운데 가장 두드러지게 문화적으로 한족과 다르다. 고유의 (끝내주게 맛있는) 음식 문화를 자랑하고 만다린과는 아주 이질적인 방언을 쓰는데, 중앙정부에서 철저하게 통제하는 선전선동이 만연한 중국에서 이 방언은 그 자체로서 만다린과는 전혀 다른 언어라고 할 정도다. 둘째, 쓰촨은 거대하다. 너무나도 거대해서 쓰촨 방언을 모국어로 쓰는 인구가 프랑스어나 독일어를 쓰는 인구보다 더 많다. 셋째, 쓰촨 주민들은 쓰촨이 베이징과 비교해서 얼마나 독특하고 거대하고 경제적으로 존속 가능하고 베이징과 멀리 떨어져 있는지 잘 알고 있다—이 때문에 종종 독립이라는 망상에 시달

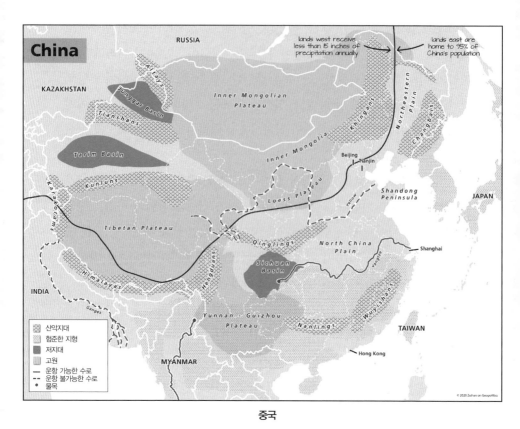

중국

리기도 한다. 중국 역사를 통틀어 쓰촨은 황제의 통제를 벗어나 있었고, 이 때문에 오래전부터 말썽꾸러기라는 평판을 얻어왔다. 쓰촨은 근대에 들어설 때까지 이러저러한 반역 지도자나 반란 세력의 온상이 되어왔다. 20세기의 중국 내전에서 쓰촨은 본토에서 최후까지 마오쩌둥에게 맞선 지역으로 손꼽힌다.

양쯔강 남쪽으로 이동하면 지리적 여건이 다시 변하면서 놀라울 정도로 힘 준한 아열대 지대로 진입하게 된다. 이러한 단순한 사실들로 인해 중국 남부의 도시들은 영원히 협력자인 동시에 분리주의자 노릇에 빠지게 된다. 달리 선택의 여지가 없기 때문이다. 내륙 지역은 너무 험준해서 사회간접자본으로 연결하기가 불가능하다. "근대적"이라고 할 만한 최초의 도로와 철도 체계는 20세기 끝 무렵에 가서야 비로소 본격적으로 가동되었다. 식량 생산도 마찬가지다. 부와 배불리 먹을 식량은 오직 바다에서 비롯되었다. 당대에 역내 해상 세력이 누구든 그 나라와 거래를 한다는 뜻이다. 중국 남부를 상징하는 도시 홍콩은 독자적인 경제적 삶이 얼마나 쉽게 독자적인 정치적 운명으로 이어지는지를 여실히 보여주는 사례다.

이처럼 푸석푸석하고 엉망진창인 "내륙" 지역들과 겉껍질 사이에는 방대한 완충지대가 놓여 있다.

남동쪽으로는 소수민족들이 밀집해 사는, 캘리포니아주의 두 배 크기에 달하는 삼림과 밀림 산악지대가 뒤엉켜 있다. 이러한 소수민족들을 관리하는 일은 경미하지만 절대로 가시지 않는 두통만큼 골치 아프다. 북중국 핵심 지역 서쪽에 위치한 땅은 편두통에 더 가깝다. 중국 중부 지역에는 광활한 황무지가 끝없이 펼쳐진다. 이 불모의 광활한 황무지 너머에는 한족에 대해 거의 병적일 정도로 적대적인 민족들이 산다. 가장 두드러진 지역이 고원지대인 티베트의 티베트족과 신장의 위구르족이다. 이 민족들이 거주하는 영토는 한족의 핵심 영토에서 바깥 세계로 나가는 관문 역할을 한다. 티베트는 인도로, 신장은 구소련으로 나가는 관문이다.

한족이 힘이 있을 때, 티베트족과 위구르족은 베이징의 지배를 받고, 베이징은 무슨 수를 써서라도 이 두 민족이 외부세력과 가깝게 지내지 못하도록 억압한다. 한족이 힘이 약할 때, 티베트족과 위구르족은 독자적인 길을 택하고, 한족이 자기 민족을 어떻게 대우했는지 잊지 않고 한족의 권력을 뒤엎을 의향이 있는 이라면 누구라도 열렬히 환영한다. 베이징이라는 도시 자체도 그러한 완충지대를 관통하는 전통적인 침략 경로에 위치한 주둔지의 확장판이다.

우리가 "중국"이라고 여기는 대상은 실제로 정치체라기보다는 통일성을 유지하기가 지독히도 힘든 문화권이다. 중국 영토가 정치적으로 통일된 동시에 한족의 중앙통제 하에 놓인 시기는 수천 년 이어진 한족의 역사에서 300년이 채 못 될 정도로 짧다. 행간의 의미를 읽지 않아도 요점을 파악하기는 쉽다. 중국의 역사는 열 개의 왕국 또는 다섯 개의 왕조 또는 명명백백한 군벌시대 같은 명칭이 붙는 시대도 있다. 오늘날 중국정부—공산당—가 민족주의 선전선동에 심혈을 기울이는 게 당연하다.[3]

한족은 특별히 선호하는 억압 방법이나 학살 방법은 없다. 아무 생각 없이 닥치는 대로 수를 쓴다. 티베트 불교를 금지하고, 티베트 문화유산을 불태우고, 탱크를 동원해 베이징 도심에서 시위하는 학생들을 깔아뭉개고, 홍콩에서 정치적 반체제 운동의 기미만 보여도 탄압하고, 위구르족 가구마다 정부에서 파견한 정보요원과 동거하라고 강요하고, 100만여 명의 위구르족을 집단수용소에 감금한다. 억압은 그저 평범한 일상이다.

2. 농업 역량

세계가 촘촘히 연결되어 있고 수퍼마켓이 터져나갈 듯이 상품들이 넘치며, 주문을 받고 재배하는 유기농 아보카도에, 공유 차량을 통해 식료품이 배달되는 오늘날 식량안보라는 개념은 구태의연하게 느껴질지 모르겠다. 하지만 그렇지 않다. 역사를 통틀어 대부분의 갈등에는 식량생산이라는 요소가 내재되어 있다. 알렉산더 대왕은 농경지의 위치와 수확 시기를 토대로 공격 경로를 짰다. 자신이 이끄는 군대가 식량을 운반할 필요가 없도록 하기 위해서였다. 로마는 적에게 기근을 초래하기 위해 카르타고 들판에 소금을 뿌렸다. 페르시아는(그리스, 로마, 오스만, 프랑스, 영국도) 이집트를 정복해 제국 팽창에 필요한 군량미 공급지로 이용했다. 프랑스의 비옥한 영토는 이와 비슷한 다른 나라들보다 정치적 혼란에 훨씬 덜 취약하다.[4]

가난한 사람이 그저 묵묵히 굶으리라는 안이하고 오만한 생각을 하는 사람은 누구든지 생물학뿐만 아니라 역사도 제대로 파악하지 못하는 사람이다. 역사를 통틀어 전쟁이나 질병이나 혁명이나 테러리즘보다도 기근과 식량 배분의 실패로 붕괴한 문화권과 정부와 왕조와 나라와 제국들이 훨씬 많다.

국가의 생존과 팽창의 문제에 있어서 모든 작물들이 동등한 가치를 지니지는 않는다. 영양분을 공급하는 토대가 되는 작물은 열량과 단백질을 공급하고 적어도 1년 동안 저장 가능해야 한다. 대부분의 열량을 공급해주는 작물—밀, 쌀, 옥수수, 대두—이 상위를 차지한다. 콩류와 콩과 작물과 구근류—감자, 얌, 렌틸, 병아리 콩 등—도 이에 해당한다.[5]

이와 같이 중요한 식품들의 공통점은 뭘까? 온대기후의 평원에서 자라는 작물들로서 단위 면적당 산출량이 높고 단위 산출량당 생산 비용이 낮다는 점이다.

이러한 단순한 요구조건들을 충족시키는 곡창지대로 대우받지 못하는 땅이 전 세계 토지의 4분의 3이 족히 넘는다. 1900년대에 세계 경작지는 대부분 주요 제국 체제의 중심지였다—이는 결코 우연이 아니다. 식량의 안정적 공급 덕분에 정부가 지속되고, 지속성을 유지하는 정부는 바깥으로 진출해 안정성이 떨어지는 체제를 지배하게 된다.

이러한 제국의 특성을 보이지 않는 예외적인 사례가 바로 미국이었다. 19세기를 통틀어 미국은 프랑스, 학살의 만행을 저지른 스페인, 영국, 그리고 유럽의 이 세 나라가 신대륙에 옮긴 천연두와 매독이 초토화시킨 땅에 뿌리를 내리고 머릿수를 늘렸다는 게 가장 큰 이유다. 그러나 미국도 재빨리 따라잡았다. 미국 중서부는 지구상에서 가장 규모가 큰, 온대기후의 비옥한 경작지로서 기본적인 생산 능력이 탄탄하다. 서쪽에서 동쪽으로 북미 대륙을 가로지르는 제트기류가 상당히 안정적으로 수분을 실어 나르고, 혹여 제트기류가 몰고 오는 강수량이 부족한 해라도 중서부 광역지대는 멕시코만 근처 남쪽에서 올라오는 열대기류에서 수분을 얻을 가능성이 높다. 혹독한 겨울은 해충을 박멸하고 토양에 영양분을 재충전시키는 이 경작지만큼 안정적으로 식량을 공급하는 지역은 지구상 어디에도 없다.

미국은 대부분의 다른 대륙보다도 나라 안에서 다양한 작물들을 생산한다. 비교적 서늘한 중서부 북부에서는 여름 밀이, 비교적 온화한 중서부 남부에서는 겨울 밀이, 중서부 중심부에서는 옥수수와 대두가, 텍사스에서는 소, 워싱턴 내륙에서는 과실수, 플로리다에서는 감귤류, 피드몬트에서는 목화가 자라며 캘리포니아의 센트럴밸리에서는 다양한 작물들이 골고루 자란다. 미국은 보통 한 해에 미국이 소비하는 열량보다 35퍼센트 많은 열량을 함유한 식량을 생산한다. 미국이 고기를 많이 먹지 않는다면 수출량과 소비량의 비율이 2대 1을 초과할지 모른다.

1850년이든, 1945년이든, 2020년이든 상관없이 미국의 농업 부문 입지는 타의 추종을 불허한다. 바뀐 게 있다면 나머지 세상이 변했을 뿐이다.

바로 그게 문제다. 현재의 세계질서 하에서 상황이 크게 바뀐 게 문제가 아니라 바뀐 이유가 문제다. 현재의 세계질서 덕분에 전 세계적으로 각 지역은 두 가지 선택지가 주어졌다. 먼저 남의 식량생산 영토를 장악하지 않고 해외에서 식량을 수입하든가, 아니면 해외에서 영토를 장악하지 않고 자국 내에서 식량을 생산하는 데 필요한 다양한 투입재들을 수입한다. 이러한 선택지들 덕분에 1946년 이후로 식량 경작이 네 배 확대되었고 따라서 세계 인구가 세 배로 늘었다.

현재의 안정적인 세계질서 없이는 앞으로 이러한 절차가 역으로 진행된다. 공급사슬이 짧아지고 그 수가 줄어들면서 원자재 수요도 줄고 수출에서 비롯되는 소득이 줄고, 식량을 수입할 역량이 줄어든다. 세계적으로 연료와 비료 공급사슬 체계가 무너지고 세계적으로 농업 산출의 효율성이 훨씬 떨어지게 된다. 감정을 배제하고 객관적으로 표현하면 그렇다는 뜻이고, 현재의 세계질서 없이는 10억 명이 굶게 된다는 뜻이다.

중국은 네 가지 제약에 직면하고 있다.

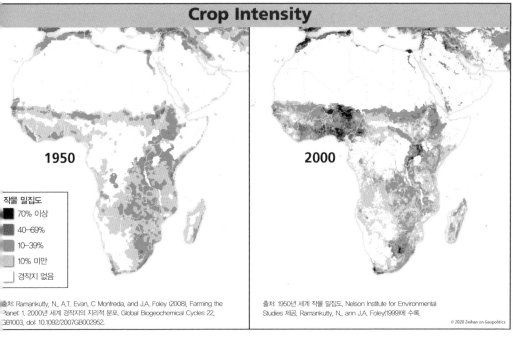

Crop Intensity

1950

2000

작물 밀집도
- 70% 이상
- 40–69%
- 10–39%
- 10% 미만
- 경작지 없음

출처: Ramankutty, N., A.T. Evan, C Monfreda, and J.A. Foley (2008), Farming the Planet: 1. 2000년 세계 경작지의 지리적 분포, Global Biogeochemical Cycles 22, GB1003, doi: 10.1092/2007GB002952.

출처: 1950년 세계 작물 밀집도, Nelson Institute for Environmental Studies 제공, Ramankutty, N., ann J.A. Foley(1999)에 수록.

© 2020 Zeihan on Geopolitics

작물 밀집도

1. 중국이 실수가 허용되는 운신의 폭이 줄어들기 시작하는데, 그 이유는 자국의 토지의 비옥도가 평균 수준에 못 미치기 때문만이 아니다. 중국이 어마어마한 규모의 인구를 보유하는 데서 비롯되는 단점은 1인당 농경지 크기가 사우디아라비아의 1인당 농경지 크기보다도 작다는 점이다.

2. 중국은 현재의 세계질서 하에서 도시화되면서 비교적 쓸 만한 많은 농경지가 포장도로로 변했고 이 때문에 농부들은 점점 내륙으로 내몰려 훨씬 경작하기에 부적합한 한계 토지에 농사를 짓게 되었다. 그로 인해 똑같은 양의 식량을 생산하는 데 점점 더 많은 투입재가 필요하게 되었다. 중국이 어떤 대가를 치르더라도 팽창시키는 금융정책에 가장 의존하는 중국 경제 부문은 당연히 농업이다. 중국 금융 체계에 균열이 생기면 중국은 모든 경제 부문에

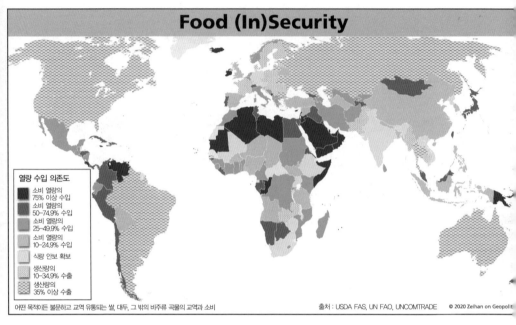

Food (In)Security

열량 수입 의존도

소비 열량의
75% 이상 수입
소비 열량의
50-74.9% 수입
소비 열량의
25-49.9% 수입
소비 열량의
10-24.9% 수입
식량 안보 확보
생산량의
10-34.9% 수출
생산량의
35% 이상 수출

어떤 목적이든 불문하고 교역 유통되는 쌀, 대두, 그 밖의 비주류 곡물의 교역과 소비

출처 : USDA FAS, UN FAO, UNCOMTRADE   © 2020 Zeihan on Geopolit

식량 안보(불안)

서 동시에 서브프라임 유형의 위기를 맞게 될 뿐만 아니라 기아도 직면하게 된다. 그것도 바깥 세상이 제대로 작동하고 아무 일도 없다면 말이다.

3. 표면적으로는 중국이 석유와 천연가스를 넉넉히 생산하고 있어서 농업 부문에 필요한 연료와 비료를 국내에서 자체적으로 생산 가능한 듯이 보인다. 중국은 이 두 화석연료의 순수입국이지만, 대부분의 유럽 국가들과는 달리 상당한 생산 역량을 아직 보유하고 있으니 말이다. 그러나 속단은 금물이다. 수입하는 환경이 조금이라도 제약을 받으면—언제 폭발할지 모르는 갈등의 온상인 중동에서 문제가 생기면—중국은 무엇을 포기해야 할지 선택해야 한다. 전기? 자동차 연료? 비료? 온갖 수요를 다 충족시킬 여건이 안 되면 선택하는 수밖에 없다.

4. 현재 중국은 쌀, 보리, 낙농제품, 소, 돼지, 신선한 베리(berry), 냉동 생

선의 세계 최대 수입국일 뿐만 아니라 수수, 아마, 대두 품목에서도 중국을 뺀 나머지 나라들이 수입하는 양을 모두 합한 것보다 많은 양을 수입한다. 이러한 곡물들을 지속적으로 수입하려면 미국이 유지하는 세계질서도 필요하고 나머지 세계가 그런 곡물들을 생산할 역량을 유지해야 한다.

유감스럽게도 이러한 진퇴양난에 빠진 나라는 중국뿐만이 아니다. 세계 농업 생산량의 약 5분의 1이 세계적으로 교역되고 나머지 5분의 4는 주로 연료와 살충제 같이 석유에서 파생된, 외부에서 공급하는 투입재에 의존한다. 현재의 세계질서가 가능케 하는 안정적 공급과 운송방식과 공급사슬이 와해되면 수많은 나라들이 제한적이나마 외부의 도움 없이 자국 국민을 먹여 살릴 방법을 모색해야 한다. 그리고 대부분의 나라들은 이에 실패하게 된다.

3. 인구 구조

우선 한두 가지 사실부터 짚고 넘어가자.

- 1800년 당시 미국과 유럽인 80퍼센트 이상이 농사를 짓고 살았다. 지금은 2퍼센트가 채 못 된다.
- 인류 문명의 동이 트기 시작한 이후로 인구 비율은 대체로 아동 4명에 청년층 3명에 장년층 2명에 노년층 1명, 4 : 3 : 2 : 1이었다. 그러나 오늘날 대부분의 나라들에서 이 비율은 1 : 2 : 2 : 1에 가깝다. 고령화가 급속하게 진행되고 있고 인구가 급속히 줄고 있다는 뜻이다.

이러한 변화는 산업화의 부산물이다. 산업혁명으로 콘크리트와 철강과 전기와 안정적인 식량 생산과 장거리 운송이 가능해졌기 때문이다—이는 모두 도시화의 초석이 된 요소들이다.

이로 인해 생활방식의 구조가 근본적으로 변했다.

- 농촌에서 자녀는 무료로 노동력을 제공하고, 공짜는 누구나 좋아한다. 도시 아파트 생활에서 자녀는 사치재이고 누구든지 한 자녀 이상 둘 여력이 있는 것은 아니다. 그나마 한 자녀라도 둘 여력이 있으면 다행이다.
- 농사를 지으면, 확대가족이 함께 일을 하고 가족이 확대되면 직접적으로 경제적, 물리적 안보로 이어진다. 도시에서는 가족들이 흩어져 있다. 가족이 많으면 좋은 날은 명절이나 이사 가는 날 뿐이다.
- 농사를 지으면 일찍 결혼하는데—주로 고등학교 재학 중이거나 졸업 직후에 결혼한다—그 이유는 농사를 지으려면 체력이 좋아야 하기 때문이다. 도시에서는 대학을 졸업할 때까지 결혼을 미룬다. 기술 중심의 경제이므로 기술력을 갖춘 노동력이 더 많이 필요하기 때문이다.
- 농촌에서 타당한 기술은 대부분 토지, 물, 작물, 가축과 연관이 있다. 도시에서는 기술이 그 나름의 세계를 구성한다. 대부분이 더 편안하고 더 여유롭게, 더 오래 사는 데 도움이 되도록 설계되었다.
- 농촌에서는 일찍 결혼하고 일찍 노동을 시작하고 일찍 세상을 떠난다. 도시에서는 늦게 결혼하고 오랜 세월 동안 일하고 늙어서 세상을 떠난다.[6]

한국을 한번 보자. 근대에 와서 안보, 경제, 인구가 가장 극적으로 변한 나라인 한국은 한국전쟁이 끝날 무렵 세계에서 가장 가난하고 가장 농촌 인구가 많은 나라였다. 전쟁에 뒤이어 미국이 전략적으로 보호해주고 세계 경제 체제에 접근하게 되면서 한국은 세계에서 가장 수준 높은 기술관료 국가로 손꼽히게 되었다. 사람들이 도시로 몰렸고 고등 교육은 다반사가 되었으며, 여러 세대가 함께 살면서 논에서 허리가 부러지게 노동을 해 먹고 사는 대가족 구조에서 소수의 식구가 비좁은 아파트에 옹기종기 모여 사는 핵가족 구조로 변했다. 1955년에는 김치찌개 끓이는 냄비가 한국이 자랑하는 기술의 최고봉이었다면, 2020년 현재 한국은 화장실 변기도 원격조종하는 정교한 기술을 자랑한다. 세계 최고로 손꼽히던 한국의 출생률은 세계 최저로 폭락하면서 인구 구조를 급격히 변화시키고 있다.

그리고 그 밖의 다른 것도 모조리 변했다. 이러한 변화는 모두 연령대마다 다른 생활방식과 관련이 있다.

한 사회에서 청년층 근로자는 소비를 많이 한다. 교육, 자동차, 주택, 자녀 양육 등에 소비를 한다. 장년층 근로자는 생산을 많이 한다. 수십 년의 경력을 쌓은 이들은 대부분의 재화와 용역을 생산하고 대부분의 세금을 부담해 경제가 돌아가게 한다. 장년층보다 청년층 근로자가 많은 나라는 어떨까? 그런 나라는 자기 나라에서 생산되는 것을 대부분 국내에서 소비한다. 그러나 장년층이 청년층 근로자보다 많은 나라는 여분의 생산을 수출해야 한다.

한국의 인구 구조 역전 현상은 국가 기능의 모든 측면에서 깊은 의미를 지닌다.

우선, 자녀를 두지 않으므로 발생하는 명백히 긍정적인 면이 있다. 육아, 기저귀, 유아식, 초등학교에 썼던 돈을 자동차, 콘도, 주전부리, 고등 교육에 쓸 수 있다. 소비, 효율성, 생산이 폭증한다. 자녀가 없는 20대 청년들은 전문직 경험을 축적해 50대에 진입하면 생산성이 폭증한다. 산출물 수출이 가능한 한 생활수준이 급속히 향상된다. 정부는 주체하기 힘들 정도로 세수를 거둬들이게 된다—이러한 자금은 주로 중견 경력사원 직업훈련과 기술적 사회간접자본을 향상하는 데 쓰인다. 한국이 세계 최고의 인터넷 연결망과 휴대전화 체계를 자랑하는 데는 그럴 만한 이유가 있다.

그러나 한국의 호시절은 다 끝나가고 있다. 2020년대에 한국의 장년층 근로자들이 대거 은퇴하고 나면 이들을 대체해서 직장에서 승진할 세대가 없다. 장년층 근로자는 은퇴 시점부터 자본을 대대적으로 공급하던 주체에서 연금을 수령하고 의료비 지출이 늘어 국가의 지출을 늘리는 대대적인 소비자로 바뀐다. 정치적으로 보면, 노년층 인구는 괴팍하고[7] 경제적, 사회적 규범

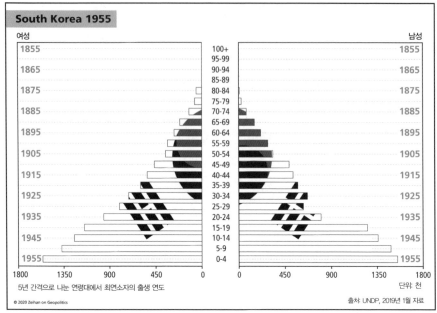

한국 1955

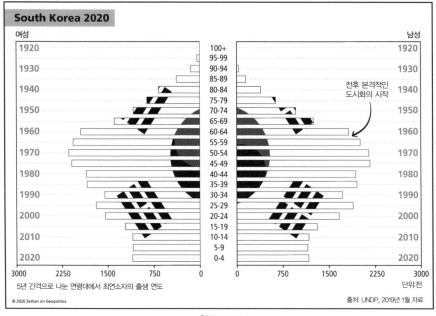

한국 2020

의 변화에 잘 적응하지 못하는 경향이 있다.

한국 말고도 더 있다. 이러한 인구 구조는 거의 모든 선진국들에서 나타나고, 특히 러시아, 우크라이나, 벨기에, 독일, 이탈리아, 일본(지금까지 고령화가 가장 많이 진행된 나라)에서 두드러지게 나타난다. 이러한 지역들을 비롯해 많은 지역에서, 2030년 이전에 인구 구조 붕괴가 필연적이고 임박했다. 그러나 인구가 비교적 젊은 나라들에서 고령화는 훨씬 빨리 진행되어왔다. 브라질, 이란, 태국도 크게 뒤처져 있지 않다. 이 모든 나라들은 장년층 근로자가 동나기 직전이지만, 40-50년 전에는 청년층 근로자가 동났었고, 그보다 10-20년 전에는 아동 노동력이 동났었다. 장년층 근로자가 없으면 자본이 축적되지 않는다. 청년층 근로자가 없으면 소비가 활발하게 이루어지지 않는다. 자녀를 두지 않으면 미래가 없다.

이러한 암울한 전망조차도 이러한 나라들이 장년층이 대거 은퇴할 때까지 존속한다는 가정을 할 때 가능하다. 대부분의 나라들은 그 정도로 오래 지속되지도 않는다. 장년층 근로자가 청년층 소비자에 비해 많은 나라들은 자국의 생산물을 자체적으로 다 소화하지 못한다. 현재의 세계질서가 존재하는 한 아무 문제 없다. 그러나 이 질서가 사라지면, 이 질서가 보장하는 경제 체제 전체가 와해된다. 그런데 이러한 세계 체제가 와해되기 시작한 바로 그 시점에 모든 나라들이 그 체제에 더욱 의존하게 된다.

또 다른 한편으로는, 당장은 이러한 인구 구조 붕괴가 임박하지 않을 만큼 충분히 높은 출생률을 유지하는 데 성공한 나라들도 있다. 첫 번째 부류는 1980년대까지 비교적 높은 출생률을 유지한 선진국 몇 나라다. 이 나라들은 여전히 나머지 세상과 마찬가지로 점점 인구가 줄어드는 미래에 직면하고 있지만, 앞으로 10년 동안 인구 문제로 고심하지는 않을 전망이며 2035년 이후에 가서야 타격을 입게 된다. 영국, 네덜란드, 스웨덴, 스위스가 그런 나라들이다.

두 번째 부류는 베이비붐 세대가 자녀를 두었고 고령화에 직면하고 있을지 모르지만, 여건과 정책을 적절히 혼합하면 고상하게 나이 들어가는 과정을 중지시키거나 역전시킬 수 있다. 이런 점에서 프랑스, 뉴질랜드, 미국이 선진국 진영에서 가장 유리한 고지를 점하고 있고, 개발도상국들 가운데 아르헨티나, 인도네시아, 베트남, 멕시코가—지금까지는—고령화 추세에 제동을 걸었다.

그러면 중국이 남는데, 중국의 인구 구조는 더할 나위 없이 최악이다.

중국은—거의 다른 모든 나라들과 마찬가지로—제2차 세계대전 후 베이비붐이 일었다. 당연하다. 일본은 중국 본토에서 중국을 상대로 전쟁을 일으켜 이긴 나라에서 졸지에 승전국으로 차지한 전리품을 모두 포기하고 미국에 의해 강제로 후퇴하는 처지에 놓이게 되었다. 중국은 모국을 되찾았다. 중국인들은 환호했다. 당연히 출산이 늘었다.

그로부터 20년 후, 중국 인구는 5억 남짓한 규모에서 8억 명 이상으로 늘었다. 마오쩌둥은 경제 개혁을 할 의향은 없었지만 국가 권력으로 인구증가를 억제하려는 의지는 강했다. 그 결과 어설프게 마련한 정책이 두 자녀 정책이었다. 역사상 가장 소름끼치는 두 가지 정책, 사회와 경제를 다시 설계한다는 문화혁명과 대약진이라는 정책들을 도입한 바로 그 인물이 실행한 정책이었다. 대약진 정책은 역사상 인간이 야기한 최대 규모의 기아였다.

1976년 마오쩌둥이 사망한 후 기술관료 집단은 마오쩌둥의 정책을 재평가했다. 그 결과 살아남은 정책은 딱 두 가지였다. 첫 번째는 두 자녀 정책이었는데, 이 정책은 그보다 훨씬 유명한(악명 높은) 한 자녀 정책으로 강화되었다. 두 번째는 미국과의 외교 정상화였다. 닉슨의 중국 방문으로 두 나라 관계 정상화가 가속화되었고, 결국 덩샤오핑은 지미 카터와 만나 미중 관계를 공식적으로 정상화했다. 중국은 미국이 관장하는 세계질서에 합류했다. 중국이 산업화에 착수하고 세계 제조업에 참여하기 시작한다는 뜻이었다. 이는 중국이 도시화에 착수한다는 뜻이기도 했다.

중국 정부는 걷잡을 수 없는 빈곤에 거의 공포에 질렸고, 이와 동시에 그와

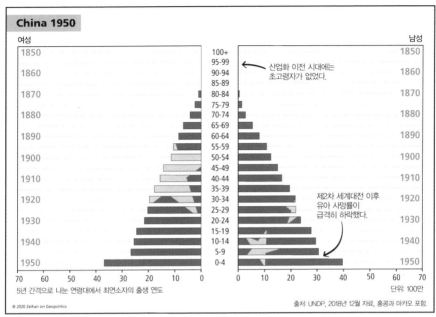

중국 1950

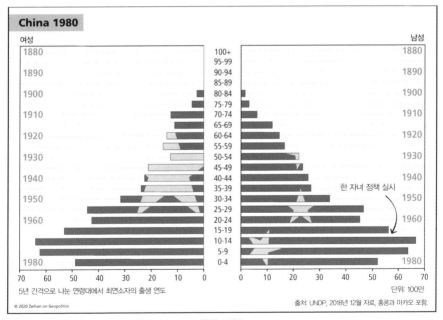

중국 1980

는 무관한 온갖 추세 때문에 중국인들은 농촌에서 도시 아파트로 내몰렸다. 이러한 강력한 추세에 힘입어 중국은 출생률이 세계 최고에서 세계 최저로 역전됐다.

어찌 보면 이 덕분에 중국이 빚을 보게 되었다. 2010년부터 2020년까지의 기간 동안 중국의 인구는 20대 중반 연령대가 두터워졌다—소비가 절정에 달하는 연령대이다. 하나같이 중국을 경제 활황인 나라로 생각하게 되었지만 이는 사실과 약간 다르다. 2020년대에 이 연령대는 30대와 40대가 된다. 미국과 세계 시장에 대한 의존도가 증가하듯이 소비 하락도 기정사실이다.

보기보다 더 심각하다.

중국에서 새로 출생하는 아이들은 한 자녀 정책 하에서 출생한 세대의 자녀다. 이 세대의 연령의 중앙값(median, 표본을 일렬로 세웠을 때 정 가운데 위치하는 값. 표본의 값을 모두 더해 표본의 수만큼 나눈 평균(mean)과는 다르다—옮긴이)은 2015년 37세에서 2040년에 45세로 높아진다. 이와 비교해볼 때 미국은 매우 곱게 늙는다. 37.6세에서 40.6세로. 2030년이 되자마자 중국은 자녀 한 사람당 납세자 두 명당 네 명의 연금수령자가 생긴다. 2050년 무렵이면 중국 인구의 3분의 1은 60세가 넘는다. 40년 동안 침체된 출생률로 납세자이자 임금소득자인 차세대가 경제 체제에 다시는 기여하지 못할 연금수령자 세대로 교체되었다.

이러한 암울한 전망조차도 추가로 사회적 혼란이 일어나지 않는다는 가정을 전제로 하는데, 그러한 사회적 혼란은 이미 일어나고 있다. 중국의 남아선호사상과 한 자녀 정책이 결합해 선택적인 낙태가 만연했다. 한 세대가 지난 지금, 1978년 이후에 태어난 남녀의 성비는 평균 10퍼센트 차이가 나는 불균형 현상을 보이고 있다. 주거공간이 훨씬 비싼 도시화된 해안 지역에서 성비 불균형 격차가 가장 심하다.

중국 인구 가운데 40세 이하로서 앞으로 절대로 결혼하지 못할 남성이 4,100만 명[8]이라는 사실이 의미하는 바를 대부분의 사람들이 너무 가볍게 여

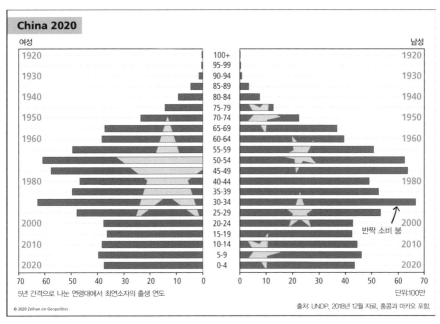

China 2020

중국 2020

긴다. 가장 흔히 제기되는 두 가지 우려는, 가정을 꾸리고 정착하지 못하는 남성이 사회적 안정을 위협할지 모른다는 (합당한) 우려와 중국 정부가 이들을 처분하기 위해서 이 가운데 몇백 만 명을 군대의 총알받이로 쓸지 모른다는 (이 또한 합당한) 우려다.

애기의 초점을 약간 바꿔, 이러한 성비 불균형이 현재 진행 중인 인구 위기를 어떻게 한층 증폭시키는지 살펴보자. 별로 보기 좋지 않다.

중국이 경공업 노동자로 선호하는 여성들이 대거 연안도시로 몰려들어 대규모 여성전용 기숙사가 들어섰지만, 남성들은 내륙 지역에 있는 농촌에 남겨졌다. 30년 넘게 남아선호사상이 계속된 결과 한 세대 전체의 사회경제적 역할이 성별로 갈라졌다. 여성은 이제 연안도시에 있는 비좁은 주거공간에 살면서 계층 상승이 가능한 사무직에 종사하거나 경공업 제조업체에 종사하는 반면, 남성은 빈곤한 내륙 지역에 있는 다른 지방에서 살거나 거주이 전의 자유가 없는 중국에서 당국 몰래 도시로 이주해 불법으로 경제활동을 하는 농민공으로 살게 될 가능성이 높다. 경제적, 사회적, 물리적으로 점점 더 서로 떨어져 사는 두 집단 간에 소통은 거의 이루어지지 않아서 가족의 결속력을 위협하고 있다. 중국의 출생률은 이제 처참할 정도로 낮아서 중국보다 한 세기 앞서 도시화된 나라들의 출생률과 맞먹는다.

이유가 무엇이든 인구가 감소하면 그 해결책으로 흔히 이민이 제시되지만, 그 방법은 아주 구체적인 여건 하에서만 효과가 있다.

첫째, 이민을 받아들이는 문화가 "국민(citizen)"과 "민족(ethnicity)"이라는 두 용어를 문화적으로 서로 연관시키지 않아야 한다. 이 점에서 영미계 정착민이 세운 사회가 가장 적합하다—해당 지역에서 "백인"이라는 용어의 정의가 확대되면서, 잉글랜드, 스코틀랜드, 아일랜드, 네덜란드, 프랑스, 독일, 그리스, 이탈리아 등 여러 민족들이 차례로 대거 이주해 구축한 사회. 이미 각양각색의 음식, 종교, 의복을 접한 경험과 이에 대한 관용적 태도 덕분에 아시아인들이 오스트레일리아에 대거 흡수되었고 히스패닉은 미국으로, 그리고 거의 대부분의 민족이 캐나다로 이주했다. 스페인도 놀라울 정도로 이민을 잘 관리했지만, 그 이유는 스페인이 받아들인 이민은 사실상 스페인의 버릇없는 자손들이었기 때문이다. 한때 광활했던 스페인 제국에서 "귀향한" 스페인 정착민들의 후손이라는 뜻이다.

둘째, 인구감소는 서둘러 바로잡을 수 없다. 산술적으로 봐도 서두르면 유입되는 인구가 사회를 압도해버린다.

한 가지 사례를 보자. 2015년 독일은 난민을 89만 명 흡수했다. 대부분이 시리아 출신이었다. 이 한 가지 사건이 낳은 파장이 그 이후로 독일의 국내 정치를 좌우했다. 인구 불균형을 바로잡는 게 목표라면, 이 정책은 처참한 실패였다.[9]

문제는 규모다. 이건 가정인데, 만약 이 난민들이 모두 평균 25세 이하의 가족이었다면, 그리고 만약 이 이민자들이 독일 민족 출생률의 세 배를 유지한다면, 그리고 만약 독일인이 앞으로 50년 동안 비슷한 수의 이민자를 받아들인다면, 이 가정이 모두 충족된다면 그때서야 독일은 1960년대의 건전한 인구 구조로 되돌아가게 될지 모른다. 그러나 그때가 되면 독일 민족은 얼마 남지 않게 된다. 이민을 받아들이면 인구감소 문제를 부분적으로 보완하는 데 도움이 될지는 모르지만, 만병통치약이 아니다.

중국에 "필요한" 이민 규모는 독일의 몇 배에 달하고, 중국의 주변 국가들 가운데 오직 한 나라—인도—만이 이론적으로라도 중국의 필요를 충족시킬 인구 규모와 연령 구조를 지니고 있다. 1억 5,000명의 젊은이들을 다른 나라로 이주시키는 정책은 이민이 아니다. 그런 정책을 뜻하는 단어를 새로 만들어야 한다.

4. 에너지 접근

험악했던 옛날 옛적에는 지속가능한 문명은 역내에서 공급되는 식량이 풍부하고 물길을 이용해 운송이 가능한 지역에서만 가능했다. 그 밖의 지역에 사는 사람들은 몸뚱이 하나로 근근이 살았다. 증기기관과 석탄과 비료와 철강 같은 새로운 산업기술들 덕택에 농산물 산출량이 급격히 증가하는 한편 이러한 식량을 원거리까지 운송하게 되었다. 이러한 기술 발전으로 지리적 여건이라는 혹독한 폭군이 제거되기는커녕 새로운 폭군이 등장했다. 장거리 운송을 가능케 하는 연료가 세계에 골고루 분포되어 있지 않다는 현실이 바로 그 폭군이다.

여기서 눈치챘을지도 모르겠다. 생산지에서 소비지로 원유를 운송하는 과정은 위태위태하다. 세계 인구 가운데 에너지를 공급해줄 유정과 광산에서 1,000마일 반경 내에 거주하는 비율은 겨우 10퍼센트다. 현재 세계적으로 쉽게 접근 가능한 원유와 천연가스는 대부분 단 두 지역—시베리아와 페르시아만—에서 비롯되므로 에너지를 둘러싼 불안감은 배가되었다.

에너지 수급에 별 문제가 없는 나라들은 많지 않다. 에너지 없이 산업화 시대의 생활방식을 누리기란 불가능하다. 자동차에서 양배추 재배, 휴대전화, 콘돔에 이르기까지 어떤 물건이든 석유가 필요하다. 유럽은 원유와 천연가스를 90퍼센트 수입하는데, 유럽이 에너지를 수입하는 대상 지역들을 중요한 순서대로 꼽으면 러시아, 페르시아만, 북아프리카다. 동아시아도 수입 에너지 비율이 유럽과 비슷한데, 4분의 3 이상을 페르시아만에서 들여온다. 동남아시아와 남아프리카는—다행스럽게도—수출과 수입이 얼추 비슷하지만, 이 지역들 내에서 석유는 골고루 분포되어 있지 않다. 대체로 원유가 저장된 지역과 인구밀집지는 중첩되지 않으며, 원유가 필요한 사람들에게 무사히 도달케 한 주인공은 오로지 현재의 세계질서다. 19세기와 20세기 초에 발발한 굵직한 전쟁의 대부분은 원유가 그 한 원인이었던 사실은 놀랄 일이 아니다.

이 문제에서 빠져나올 방법은 그리 많지 않다.

첫째, 화석연료의 일종이지만 원유보다 훨씬 안좋은 연료가 한 가지 방법이다. 석탄은 화석연료 중에 생산하기가 가장 쉬울 뿐만 아니라 가장 흔하다. 경제성 있고 접근 가능한 석탄 매장지가 구소련, 서유럽, 인도 아대륙, 오스트레일리아, 아메리카 대륙에 걸쳐 널려 있다.

석탄이 풍부한 나라들이 누리는 이점은 단순히 전깃불을 계속 밝혀두는 데서 끝나지 않는다.

첫째, 남아프리카공화국, 북한, 독일은 아파르트헤이트, 주체사상, 나치즘하에서 유가가 너무 높으면 석유 대신 석탄으로—휘발유를 비롯해—거의 어떤 석유제품도 만들 수 있다는 사실을 보여주었다.

그림이 그다지 좋지는 않다. 석탄이 환경을 오염시킨다는 우려도 여전하고, 석탄을 가공해 휘발유를 생산하려면 1갤런당 4달러가 든다는 점에서 비용이 저렴하지도 않다. 하지만 그렇다고 해서 불가능하다는 뜻은 아니다.

120

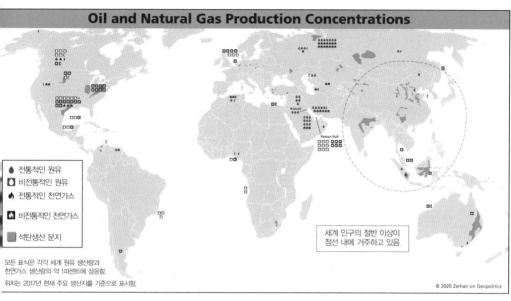

Oil and Natural Gas Production Concentrations

전통적인 원유

비전통적인 원유

전통적인 천연가스

비전통적인 천연가스

석탄생산 분지

세계 인구의 절반 이상이
점선 내에 거주하고 있음.

모든 표식은 각각 세계 원유 생산량과
천연가스 생산량의 약 1퍼센트에 상응함.
위치는 2017년 현재 주요 생산지를 기준으로 표시함.

© 2020 Zeihan on Geopolitics

원유와 천연가스 생산 집중 지역

둘째, 원유와 천연가스원이라고 다 "전통적인(conventional)" 에너지원은 아니다. 채굴하기 쉬운 대규모 매장지에 묻혀 있지 않고 암석층 사이에 수조 개의 작은 입자 형태로 갇혀 있는 에너지원도 있다. 이러한 형태로 매장된 에너지를 추출하기는 매우 어렵고 시간이 많이 걸리며, 정교한 기술이 필요하고 비용이 많이 든다. 그런데 미국이 전통적인 원유 에너지를 생산하는 러시아와 사우디아라비아보다 쉽고 빠르고 싸게 이런 에너지원을 채굴하는 방법을 알아냈다. 미국의 원유 생산량은 세 배 이상 증가했고, 2020년 초 현재, 미국은 셰일 붐에 힘입어 원유 순수출국이 되었다. 미국은 이미 거의 모든 다른 에너지 상품에서도 세계 최대 수출국이었다.

셋째, 화석연료 말고 다른 에너지원에서 연료를 뽑아내는 기술이 이제는 존재한다. 그러나 유감스럽게도 지리적 여건이 어디에 도시를 건설하고 작물을 재배할지 결정하듯이 풍력 에너지나 태양광 에너지를 생산하는 지역을 결정하는 데도 지리적 여건이 영향을 미친다.

문제는 장비를 설치하는 기술적인 측면이 아니라 기호와 지리적 여건과 전송 방법, 그리고 무엇보다도 밀도다. 산업기술과 디지털 기술로 인해 사람들은 도시에 밀집해 거주한다. 민간이든 공공이든 서비스는 이와 유사한 여건에서 가장 잘 작동한다. 교육을 예로 들어보자. 학생이 1,000명인 하나의 학교 시설은 학생이 각각 10명인 백여 개의 학교 시설보다 훨씬 더 효율적이다. 친환경 기술도 마찬가지로 규모의 경제를 달성해야 한다. 공공설비 수준의 거대한 시설은 바람 한 점 없고 햇빛이 작열하는 사막이나 강풍이 휘몰아치는 허허벌판에 설치해야 한다—대규모 인구가 밀집해 사는 지역과는 거리가 멀다.

문제는 그뿐만이 아니다. 친환경 기술을 이용하려면 도시 지역 내에서 연속성이 필요하다. 에너지 생산 지역 내에서의 연속성, 그리고 그러한 지역들을 서로 연결하는 영토 전역에 걸쳐 연속성이 있어야 한다. 동그라미를 사각형에 끼워 맞추는, 사실상 불가능한 요건을 충족시키는 지역은 거의 없다.

친환경 기술이 적합한 지역을 파악하려면 우선 태양광 에너지나 풍력 에너지를 생산하는 데 이상적인 여건이 아닌 지역들, 혹은 인구밀집지에서 1,000마일 이상 떨어진 지역을 모두 걸러내야 한다.[10] 그 다음 친환경 기술로 동력을 생산하기가 적합하지 않은 지역들을 추가로 솎아내면 후보지는 더 줄어든다. 예컨대, 태양광 패널을 농지 위에 설치할 수는 없다. 작물도 햇볕을 쬐어야 하기 때문이다. 풍력발전 터빈은 적어도 해발 1만 피트 이상의 높이에 설치해야 한다. 높이가 그 이하면 바람이 너무 약해 터빈 날개가 돌아가지 않기 때문이다.

그렇게 걸러내도 여전히 풍력과 태양광 에너지 생산 전망이 밝은 지역이 몇 군데 있다. 미국이 단연 첫 번째다. 선진국 가운데 적도에 가장 가까운 나라이기 때문이고, 대평원은 더할 나위 없이 거센 바람이 휘몰아치기 때문이다. 아르헨티나, 오스트레일리아, 남아프리카공화국도 두 가지 에너지 생산

기술 모두 잠재력이 상당하다. 멕시코는 태양광이 가능하고, 영국과 덴마크는 풍력이 적합하다.

그러나 낭보(朗報)는 이게 전부다. 지구상의 영토 85퍼센트는 대부분 대대적으로 화석연료를 대체할 정도로 친환경 기술을 적용할 만한 생산성이 (아직은) 없다. 진짜 비보(悲報)는 남아시아, 동남아시아, 동아시아 지역—세계 인구 절반이 거주하는 지역—에서 날아온다. 여러 가지 지역적 요인들이 복합적으로 작용해 대체에너지 생산 역량이 거의 전무하다. 특히 중국이 심하다. 중국의 해안 지역은 적도와 가깝지만 늘 습도가 높아 안개가 자욱하고, 지형은 험준한데다가 농사를 집중적으로 짓는 농경지이므로 태양광 발전은 어림도 없다. 해발고도가 높은 고원인 티베트는 기압이 낮은 데다가 혹한의 날씨 때문에 풍력에 적합하지 않다. 그나마 잠재력이 있는 지역이라고 해도 인구가 밀집한 해안 지역까지 에너지를 전송하려면 2,000마일에 걸쳐 고압선을 설치해야 한다.

중국에서 친환경 기술 투자 소식이 들려온다고? 중국이 세계에서 친환경 기술을 선도한다는 주장으로 시끌벅적하다고? 중국이 설치하는 태양광 패널과 풍력터빈은 대부분 오로지 중국 경제 체제 전체를 가능케 한, 비용에 개의치 않고 확대하는, 투기성 높은 과잉투자 모델 덕분이다. 파산한 거대 에너지 기업, 흉물스러운 엔론(Enron)이 국가 차원으로 구현된 형태가 중국이다. 친환경 기술은 중국의 에너지 문제에 대한 해결책이 아니다—그리고 중국이 안고 있는 문제는 확실히 에너지 문제다.

셰일 혁명으로 미국의 에너지 생산량이 늘고 효율성이 지속적으로 개선되면서 미국 에너지 수요는 줄어 미국은 더 이상 세계 최대의 원유 수입국이 아니다. 2014년 이후로 그 자리는 내주었다. 그 자리는 중국이 차지했다. 중국은 독일, 프랑스, 이탈리아, 영국, 스페인, 폴란드, 네덜란드, 터키가 수입하는 원유를 모두 합한 것보다 많은 원유를 수입한다. 중국이 미국의 뒤를 이어 셰일혁명이 일어날지도 모른다는 실낱같은 기대가 한때 있긴 했지만, 경제성

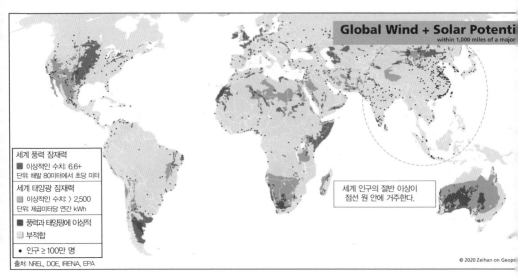

세계 풍력 + 태양광 잠재력
(주요 도시에서 1,000마일 이내)

이 있는 유일한 셰일 매장지가 쓰촨 지역이라는 사실이 드러나면서 그나마
기대도 사라졌다. 분리 독립하려는 정서가 강한 쓰촨 지역에 힘을 실어줄 일
을 중국 당국이 절대로 할 리가 없다.[11]

중국이 외부에서 에너지를 확보할 선택지는, 한마디로, 많지 않다. 상대적
인 의존성이 관건이다.

원유 자체는 그다지 쓸모가 없다. 정제해서 다양한 정유제품으로 만들고,
이는 다시 가공 처리해서 휘발유, 타이어, 나일론, 소화기 등으로 제조한다.
이러한 가공처리 과정은 어마어마한 정유시설과 석유화학 공장들이 필요하
고, 이러한 시설들은 화학공학 기술을 이용해 놀라운 마법을 부리지만, 이러
한 시설들은 이동이 불가능하다. 이러한 시설들은 석유와 가까이 위치해야
한다. 주로 항구나 송유관 경로를 따라 위치한다.

중국의 주요 수입 송유관은 러시아에서 비롯되는데, 냉전이 종식된 이후로

러시아는 (지리)정치적 목표를 달성하기 위해서 소비자에게로 향하는 에너지 운송을 툭하면 중단했다. 러시아가 궁극적으로 중국을 상대로 에너지를 정치적 지렛대로 사용하지 않기로 결심하면 중국은 러시아 산 회초리의 따가운 맛을 느끼지 않게 될 유일한 러시아 고객이 된다.

게다가 그 짜증나는 지리적 여건도 있다. 러시아와 중국은 이웃나라지만 지리적으로 가깝다고 친해지지는 않는다. 러시아의 원유와 천연가스 매장지는 대부분 시베리아 북서쪽에 있다—인구가 밀집해 있는 중국 해안으로부터 5,000마일이나 떨어져 있고 대부분이 처녀지다. 이 경로는 대부분이 현재 염소가 다닐 만한 길조차 없지만, 여기서 잠깐 러시아의 시베리아 유정과 중국 동부가 철도나 송유관으로 연결되어 있다고 가정하자. 원유를 운송하는 데 드는 비용만 해도 최소한 배럴당 30달러에 달한다. 그것도 안보가 완전히 보장될 때의 얘기다. 시베리아 북서부와 중국 동부를 연결하는 송유관은 방어하기가 불가능하다. 미사일 한 방이면 송유관은 쉽게 파손되고, 모든 노력이 허사로 돌아간다. 그러니 당연히 러시아-중국을 잇는 대대적인 송유관 건설에 아무도 앞다퉈 나서지 않는다.

내가 왜 자꾸 해군 얘기를 꺼내는지 궁금해 하는 분이 있을 텐데, 그 이유는 세계적으로 유통되는 원유의 5분의 4 이상이 바닷길을 통해 운송되기 때문인 것도 있다. 현재의 세계질서 하에서는 이러저러한 공급자가 말썽을 부리면, 수입자는 다른 공급원을 찾아 에너지를 수입하기가 그다지 복잡하지 않다. 바닷길을 통해 원유를 수입하는 나라들은 에너지 가공처리 시설을 대부분 항구에 설치해두고 있으므로 공급자를 교체한다고 해도 처음부터 다시 시설을 지을 필요가 없다.

그러나 낭보는 거기서 끝난다. 바닷길을 통한 화물 운송의 안전은 여전히 지리적 여건의 제약을 받기 때문에 바닷길을 통해 원유를 수입하는 한 나라의 역량은 원유 공급처와 수입국의 항구 사이에 위치한 온갖 다양한 지리적 여건들에 모두 대비할 만한 해상 안보 유지 역량에 따라 결정된다.

미국은 이를 어느 정도만 인식하고 있다. 1973년부터 2010년까지의 기간 동안 페르시아만 지역의 정세가 불안정해질 때마다 유가는 급등하기 마련이었고, 그래서 페르시아만은 미국이 에너지 정치와 밀접하게 결부짓는 지역이다. 그러나 미국은 나머지 세계의 에너지 지도는 거의 신경 쓰지 않는다.

2005년부터 2007년 사이, 원유 수입량이 절정에 달했을 때조차도 미국은 캐나다, 멕시코, 베네수엘라로부터 수입한 원유가 페르시아만의 모든 국가들로부터 수입한 물량을 합친 것의 두 배에 달했다. 그러한 수입원은 해로상에서 안전을 위협 받을 가능성이 전혀 없다. 이를 페르시아만으로부터 동부 연안으로 수입하는 아주 적은 양의 원유와 비교해보라.

수입 경로는 페르시아만에서 벌어지는 극적인 사건을 헤치고 나오면서 시작된다. 서로 대결하는 상대들은 뻔하다. 쿠웨이트-이라크, 이라크-이란, 이란-사우디, 사우디-카타르 등등이다. 페르시아만 국가들 간의 불화는 페르시아만의 입구 호르무즈 해협에서 가장 극명하게 드러난다. 거의 모든 원유가 관통해야 하는 호르무즈 해협에서 이란은 툭하면 원유를 선적한 유조선을 침몰시키겠다고 협박한다.[12]

호르무즈 해협을 벗어난 화물은 남쪽으로 급선회해서 오만 해안을 끼고 돌아 인도양에 도달하며 거기서부터 남서쪽으로 아프리카 동부 해안을 향해 항해한다. 그 지점에 도달하면 한숨 돌려도 된다. 미국의 동쪽과 걸프만을 오가는 경로는 대부분 심해(인도양과 대서양)를 지나고 화물선의 통행에 훼방을 놓을 의지가 없는 나라들(마다가스카르, 남아프리카 공화국, 도미니카 공화국)을 지나가거나, (쿠바처럼) 지리적으로 미국과 매우 가까워서 도발할 낌새만 보여도 미국 군사력이 큰 힘 들이지 않고 미연에 방지할 수 있다. 그리 신나는 일은 아니지만 호르무즈 해협을 벗어나면 항해는 크게 문제될 게 없다.

그러나 중국으로 향하는 석유의 경우 전혀 그렇지 않다. 미국은 세계질서를 유지해왔고 그 질서의 중요한 요소는 페르시아만에서 보다 넓은 세상으로 석유가 안전하게 운송되도록 만전을 기해 세계 무역에 연료를 공급하는 일이

126

다. 중국의 성공은 이러한 요소가 어떻게 작동하는지 보여주는 전형적인 사례다. 중국은—에너지 상품이란 에너지 상품은 족족 세계 최대 수입국이기 때문에— 페르시아만의 원유를 지속적으로 수입하는 데 이해관계가 걸려 있다. 그런데 세계에서 위협에 가장 취약한 (중국의) 수입 경로의 안전을 보장할 역량이 중국에게는 없다.

중국을 향하는 화물은 호르무즈 해협을 벗어나면서 비로소 본격적으로 흉미진진한 상황에 노출된다.

중국행 화물은 아프리카를 향해 남서쪽으로 가지 않고 먼저 이란의 영향권을 따라 500마일을 더 간다. 그러고 나면 비교적 안전한 파키스탄에 다다른다. 문제는 파키스탄 자체가 아니라—중국과 파키스탄은 동반자 관계다—인도가 문제다. 인도와 중국은 1940년대 말 식민지 시대가 막을 내린 이후로 아시아의 맹주 지위를 놓고 건전하지 않은 경쟁 관계를 유지하고 있고 서로를 향해 수십 개의 핵폭탄을 겨누고 있다. 중국행 유조선이 무사히 목적지에 도착하려면 다음과 같은 조건이 충족되어야 한다. a) 인도와 파키스탄이 서로에게 총질을 하지 않는다. b) 인도는 인도 연안을 지나가는 선박들로부터 화물을 일부 빼앗고 싶은 기분이 들지 않는다. c) 인도는 중국의 에너지 공급을 일부러 차단하고 싶은 필요를 절대로 느끼지 않는다. 그러나 이러한 우려는 중국 화물선이 벵갈만의 동쪽 끝에 있는 안다만과 니코바르 군도(인도의 군사 지역)까지 약 2,000마일을 항해할 때까지 유효하다.

여기서부터 새로운 문제가 등장한다. 인도 근처의 비교적 탁 트인 바다와는 달리, 동남아시아에서는 군도의 규모는 점점 커지는 반면 바닷길은 점점 좁아진다. 선박은 인도네시아, 말레이시아, 필리핀, 베트남을 연달아 지나가게 된다—중국이 남중국해를 중국이 장악했다고 인정하라고 공갈 협박해온 대상인 네 나라다. 쾌속정을 탄 소말리인 한 무리도 공해상에서 초대형 유조선을 납치하는데, 하물며 실제로 해군과 미사일과 제트기를 보유한 나라들이 너무나도 값진 원유를 싣고 중국을 향해 굼뜨게 항해하는 거대한 유조선이

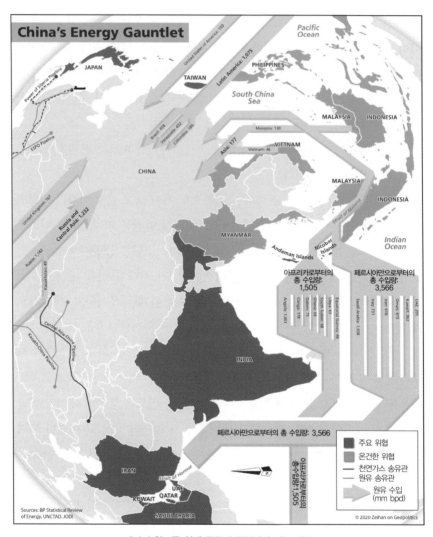

에너지 확보를 위해 중국이 극복해야 하는 시련

시야에 들어오면 무슨 짓을 할지 상상해보라.

이제 유조선은 중국 남쪽 끝자락에 도달하지만, 이곳은 대부분의 중국인들이 거주하는 지역은 아니다. 유조선의 목적지가 푸젠성이나 북부의 어느 지역이라면 대만을 지나가야 한다──중국이 자국의 말을 안 듣고 제멋대로라고 여기는 지역이자 중국이 습관적으로, 거의 반사적으로 침공하겠다고 위협하는 지역이다. 대만을 지나야 유조선은 비로소 상하이와 중국 북부에 다다른다. 이 지점에서부터 유조선은 일본의 국가안보 구역 내에서 항해하게 된다.

우리가 알고 있는 세계의 종언(終焉)

세계 대부분의 영토는 앞에서 나열한, 국가로 존재하기 위한 요구조건을 충족시키지 못한다. 너무 험준하다. 너무 평평하다. 너무 춥다. 너무 덥다. 너무 건조하다. 너무 습하다. 너무 가지가지다. 너무 취약하다. 따라서 인류 역사 대부분의 기간을 통틀어 세계 대부분의 영토는 오늘날 우리가 말하는 "국가"가 들어서지 못했다. 특정한 지점에서 문명이 반짝 등장해 철저히 국지적인 지속성을 창출할 정도의 경제적 잠재력과 안보수단을 갖춘 사례들은 있다. 그러한 지점들은 교역으로 미약하게 연결된 도시국가들에 불과했다—그리고 이러한 도시국가들 간의 정치적 연계나 안보 연계는 교역 관계보다도 더더욱 미약했다.

자자, 그렇다고 너무 우울해하지 말라. 네 가지 범주—지리적 여건, 농업, 인구, 에너지—모두에서 고득점한 나라는 수준미달인 나라들보다 훨씬 순탄한 미래를 맞게 되겠지만, 이러한 범주들은 전제조건이라기보다는 강력한 권고안으로 보아야 한다. 러시아의 지리적 여건은 늘 취약해왔지만, 몽골이 퇴각한 직후부터 어떤 형태로든 존재해왔다. 러시아의 주변국들이 훨씬 더 불리한 처지에 있기 때문이다. 인도의 농업 역량은 너무나도 보잘것없어서 인구 대부분이 근근이 입에 풀칠을 하지만, 몸집이 거대하고 지리적으로 비교적 고립되어 있기 때문에 앞으로도 존속할 상당히 비중 있는 국가임은 부인할 수 없다. 싱가포르는 땅뙈기는 우표 크기만 하고 인구도 확대가족 정도밖에 되지 않지만 세계 최대 무역 항로를 틀어쥐는 지리적 입지 덕분에 세계 무대에서 그 존재감을 인정받는다. 맥락이 가장 중요하다.

그러나 중국은 이 모든 범주에서 낙제 수준이다. 자세히 설명하겠지만 빌어먹을 재앙이 따로 없다.

핵심적인 문제는 오늘날의 중국을 가능케 한 환경을 조성한 주인공이 중국이 아니라는 점이다. 그 주인공은 미국이다.

미국은 제국 시대의 관에 못을 박음으로써 수세기 동안 중국을 착취해온 강대국들을 제거했다. 바다를 안전하게 항해할 자유를 모든 나라에게 부여한 미국은 중국에게도 해외 융자, 기술, 원자재, 시장에 대한 접근을 허용했다. 미국은 중국이 중국의 해안을 장악하게 허락함으로써 마오쩌둥이 상하이, 홍콩, 그리고 그 사이에 위치한 모든 해안 도시들이 바깥 세계와 자유롭게 연결되도록 내버려두지 않고 강제로 중국 내부를 향한 공급사슬 체제에 묶어두었다. 미국 시장에 접근하게 되면서 자본에 굶주리고 기술에 굶주리고 배를 굶주린 중국은 경제 개발에 필요한 온갖 투입재들을 확보하게 되었을 뿐만 아니라 자국이 제조한 공산품을 팔 시장까지도 얻게 되었다. 중국은 세계 시장에 접근하게 되면서 밑 빠진 독에 물 붓듯이 닥치는 대로 원자재를 수입했고, 그 가운데 원유는 가장 중요한 수입 원자재였다.

전략적으로 볼 때 제1도련선은 명실상부한 만리장성이다. 단지 그 만리장성이 중국을 보호하기보다는 가두어놓는다는 게 문제다. 인구 구조로 보면 중국은 전혀 느리지 않은 속도로 붕괴되는 상황에 놓여 있다. 수입한 원자재로 만든 제품을 수출하는 방식의 중국 경제 모델은 외부의 지원과 바닷길의 절대적인 안전이 보장되지 않으면 작동하지 않지만, 중국은 최종 소비시장, 원자재 시장, 심지어 항구 접근권도 장악하지 못하고 있다. 중국은 식품이든 성장에 필요한 투입재든 수입품이 없이는 먹고살지 못한다. 중국의 내정과 금융 체제는 태평성대 시절에조차도 폭발하기 직전이다.

지난 세대의 "중국 성공 신화"는 정치적으로 분열되어온 지리적 여건을 단일한 경제적 공간으로 통합한 규모의 경제 덕분일 뿐이다. 3,000년 동안 억눌려 온 요구와 오랜 세월 낙후되어온 기술의 일신(一新)이 복합적으로 작용해 궁극적으로 전인미답(前人未踏)의 환경이 조성되었다. 궁극적인—인공적인—지속성과 결합한 궁극적인 규모의 경제.

그러나 이러한 정치적 통일성을 잃으면, 규모의 경제도, 지속성도 잃게 되고 급속 후진 기어 넣고 굉음을 내면서 과거로 되돌아가게 된다. 중국 지도부가 가장 우려하는 점은 중국에서 일부 지역들이 독립해 소규모 국가로 성공할 가능성이 있다는 점이다. 중국 지도부는 이를 깊이 인식하고 있다. 주장강 삼각주, 상하이, 쓰촨이 그러한 지역이다—티베트나 신장 지역도 그리 될지 모른다.

중국의 부상을 가능케 했던 여건들의 환상적인 조합이 헝클어지면, 중국은 눈부신 부상에 상응하는 강도의 처참한 추락을 맛보게 된다. 그리고 이러한 여건들은 과거에도 늘 중국의 통제를 벗어나 있었고 지금도 그러하기 때문에 중국의 추락은 기정사실이고, 단지 그 시기가 언제일지가 관건이다.

현재의 세계질서 하에서 중국은 역사상 경제적, 군사적으로 가장 빠른 성장을 하면서 승승장구했다. 1996년 중국인의 42퍼센트가 극도로 빈곤했다. 20년 후 그 수치는 0.7퍼센트로 줄었다. 놀라울 정도로 눈부신 성장이다. 그러나 현재의 세계질서가 구축되기 전에 중국은 내부적으로 사분오열되어 있었다. 과거에 늘 그래왔듯이 외부 세력들 때문에 빈곤했고 굶주렸다.

중국이 미래에 세계를 지배하리라는 생각은 유토피아적 환상에 불과하다. 중국은 미래에 필연적으로 지역의 맹주라도 될 거라는 시큰둥한 기대조차 할 수 없다. 중국은 자국의 경제적 실존과 정치적 결속력을 뒷받침하는 현재의 세계질서를 지키거나 유지하거나 대체할 힘이 없다. 이런 다소 암울한 전망조차도 그 밖의 다른 모든 보다 폭넓은 여건이 그대로 유지된다는 전제 하에서 가능하다.

그런데 그렇지가 않다.

05

일본: 대기만성

Japan:
Late Bloomer

$사$ 회와 문화는 때와 장소가 만들어낸다. 한 공동체와 그 공동체가 처한 물리적 환경의 관계 그리고 그 환경에 수반되는 역경이나 축복이 "국가의 특징"을 형성하는 데 중요한 역할을 한다. 예멘, 체첸, 네팔, 아나톨리아, 애팔래치아 같은 산악지대에 거주하는 사람들은 배타적인 공동 집단의 성향을 보이고 물자가 부족하고 고립된 환경에서 살다보니 싸움을 잘한다.

그리고 일본 같은 나라가 있다. 모순으로 점철된 나라.

험준한 화산지대인 일본 열도에서 곡창지대라 부를 만한 섬은 하나도 없다. 아(亞)북극 기후인 북부 홋카이도부터 아열대 기후인 남쪽의 오키나와에 이르기까지 일본 영토를 구성하는 7,000여 개에 달하는 섬들을 합하면 몬태나주 정도의 크기이지만 일본의 1억 2,700만 인구 가운데 1억 2,500만 명이 사는 땅은 다 합해도 일본 영토 전체의 6분의 1, 웨스트버지니아주보다도 작다. 중세 일본은 안보라고 할 게 없었다. 평평한 경작지나 쓸모 있는 큼지막한 땅은 가뭄에 콩 나듯 했다. 경작지 규모가 작을수록 날씨가 나쁘거나 정치적 사건이 일어나면 흉작이 될 가능성이 높았고, 그러면 사람들은 모자라는 식량으로 버텨내려고 안간힘을 써야 했다.

그러나 일본을 정치적으로 사분오열시킨 바로 그 지리적 여건이 일본을 전략적으로 보호했다.

동쪽으로는 망망대해 태평양이 있고, 서쪽으로는 아시아 대륙에서 역사를 통틀어 자기 코가 석자라 앞가림하기 바빠 일본을 정복하려는—혹은 못살게 굴려는—엄두도 못 낸 몇 나라들이 있다.

따라서 산업화 이전의 일본 역사는 지역 군벌들끼리 끊임없는 다툼으로 점철되어 있고, 이러한 다이묘(大名, 영주)들은 자기 이익을 위해서라면 서로 상대방 진영에 속한 사람들의 피를 말릴 의향도 있었다. 일본 천황은 구태의연한 종교적인 상징성을 지닌 명목상의 존재에 지나지 않았다. 실권은 군사령관, 쇼군(將軍)에게 있었다. 쇼군과 천황에게는 유감스럽게도 "제국"의 힘은 군대의 창끝 너머까지 미친 적은 거의 없었다. 쇼군은 무소불위의 권력을 지넜다기보다 가장 막강한 다이묘로 보는 게 타당하다.

　일본은 고립되어 있고 편협한 적개심을 지니고 있었기 때문에, 유럽 제국들은 대체로 일본을 무시했다. 유럽 제국들은 식민지 대상으로 일본보다 크고 영토가 평평하고 더 부유하고 더 매력 있는 지역들을 선호했다—인도와 중국 같은 나라다. 거리도 한몫했다. 유럽을 출발해 서인도 제도까지 도달하는데 돛단배로 1년이 걸렸다. 자원도 풍부하지 않은 일본까지 가겠다고 그보다 훨씬 먼 거리를 6개월을 더 바다 위에서 보내려는 이는 많지 않았다. 지리적으로 여러 섬들로 나뉘어 있고 대단히 호전적인 문화였던 일본은 반격하는데 도사였다. 일본보다 강하게 반격을 한 유일한 식민지 후보지는 뉴질랜드뿐이었다. 뉴질랜드의 원주민은 산업화 시대에 접어들고 나서도 한동안 유럽 식민주의자들을 말 그대로 잡아먹었다.

　무역상들도 일본에 관심이 없었기 때문에 일본으로 진격하는 임무는 유럽의 선교사들의 몫이 되었다. 일본의 관점에서 볼 때 유럽의 식민주의자는 가가호호 방문하면서 자기 신앙을 홍보하는 여호와의 증인 신도처럼 느껴졌다—그래서 일본은 아예 문을 열어주지 않았다. 족히 2세기 동안 일본은 유럽과 이렇다 할 접촉이 없었다. 접촉은 단 하나의 항구—나가사키—로 접촉한 외세도 단 하나—네덜란드—로 제한되었다. 쇼군의 공식적인 승인을 받지 않고 일본을 떠났다가 배짱 좋게 돌아온 일본인들은 생명을 몰수당했다. 나가사키 밖에서 유럽인은 눈에 띄는 즉시 죽음을 당했다.

　정치적으로 볼 때, 이 덕분에 일본은 통일에 몰두해 나름대로 알맞은 속도로 차근차근 통일을 이루어갈 수 있었다. 문화적으로 볼 때, 원양 항해술을 지닌 제국주의 세력들이 초창기에 일본에 미친 영향이 조금이라도 있다면, 이는 각계각층의 일본인들에게 바깥세상에서 온 사람들은 어느 모로 보나 이상하다는 점을 각인시킨 것이었다. 열등하다는 인상 말이다. 전략적으로 볼 때, 내부에 몰두하고 집착하는 성향이 일본을 해군력 없는 해양 집단으로 만들었다.

욱일승천(旭日昇天)

이러한 수많은 약점들 가운데서 일본은 장점을 발견하고 역사상 강대국의 반열에 올랐다. 이는 모두 일본이 지리적인 약점들을 극복할 해결책을 찾았기 때문이다. 뭍을 기반으로 한 선택지가 너무나도 형편없었던 일본은 바다로 나가는 수밖에 없었지만, 영국이 취한 방식과는 전혀 다른 방식으로 바다로 진출했다.

영국의 섬 내부에는 장애물이 별로 없기 때문에 잉글랜드 정체성은 영국 국가의 부상과 병행해서 구축되었다. 런던이 영국의 권력 기반이라는 데는 의심의 여지가 없었고, 런던은 템스강을 끼고 있었기 때문에 영국은 뭍에서, 강에서, 바다에서 거의 동시에 강자가 되었다. 영국 해군은 이러한 통합된 경험이 낳은 자연스러운 산물이었다.

일본은 더할 나위 없이 영국과 달랐다.

중세 일본은 분명한 핵심 권력이 없는 산악지대였다. 얼마 안 되는 평지는 드물고 서로 멀리 떨어져 있어서 통일하기가 쉽지 않았고, 따라서 전략적인 다툼이 일상이었다. 뒤이어 부상한 일본 "해군"에는 이러한 불화가 그대로 반영되었고, 바다로 눈을 돌린 다이묘들은 제각각 군사력을 구축했다. 일본 내에서 자기 영토를 방어하는 동시에 독자적으로 (아시아 대륙의 식민지는 고사하고) 무역 항로를 유지할 정도의 규모가 되는 해군력을 과시한 다이묘는 하나도 없었기 때문에, 일본과 바깥 세계와의 관계는 다른 해상 세력들 간의 관계보다 훨씬 적대적이었고 훨씬 원칙이 없었다. 일본의 해군은 함대라기보다는 물 위의 폭도였다. 제국주의자라기보다 해적에 가까웠다.

그래도 국가로서의 일본은 이러한 해군의 혼돈 속에서, 또 그러한 해군에 의해 단련된 나라였다. 일본의 지형은 도로를 건설하고 유지하기가 너무나도 어렵고 비용이 많이 드는 형태라 논외였다. 그러나 일단 배를 띄울 수 있게 되자 가까운 마을 먼 마을 할 것 없이 쉽게 도달 가능해졌다. 적대적이든 우호적이든 물길을 통해 서로 연결되면서 일차적인 사회간접자본 역할을 했을 뿐만 아니라 정치적 통일 과정도 탄력을 얻었다. 1800년, 일본이 문화적으로 부상한 지 약 1,000년이 지난 때, 일본 해안 지역은 마침내 모두 적어도 명목상으로나마 단일한 정부인 도쿠가와 막부(幕府) 하에 놓이게 되었다.

그러나 일본이 그러한 통치 체제의 속성을 파악하기도 전에 세계는 무자비하게 일본 내정에 간섭하게 되었다.

제국주의적 유럽 취향이 일본의 아시아적 취향에 침투할까봐 우려한 미국은 1853년 매튜 페리 제독을 일본에 파견해 아시아 지역에서 유럽의 손길이 닿지 않은 마지막 남은 영토를 미국의 영향권 안에 두기 위한 협상을 강요했다. 페리 제독은 미국 최초로 증기동력 해군 군함을 몬 인물이었기 때문에 상대방에게 그다지 예우를 갖출 필요를 느끼지 못했다. 그가 이끄는 소규모 군단은 마음만 먹으면 도쿄를 불바다로 만들 충분한 화력을 동원해, 막부가 물 위에 띄울 만한 것은 모조리 쉽게 제압할 역량이 있음을 과시했다.

싫든 좋든 일본의 의사와 상관없이 근대화가 도래했다—다름 아니라 미국이 겨눈 총부리에 어쩔 수 없이. 페리가 일본을 다녀간 직후 영국, 프랑스, 네덜란드, 러시아가 일본을 찾아와 비슷한 양보를 요구했다. 겨우 15년 만에 갑자기 외부와의 교역과 이에 따른 산업기술이 도입되면서 아직 자체적 통일의 여파를 완전히 흡수하지 못하고 있던 일본의 사회적, 정치적, 경제적 규범은 갈기갈기 찢겼다.

그 결과 근본적으로 전혀 다른 종류의 제국이 탄생했다. 이러한 차이가 나타난 이유는 명분이 달랐기 때문이기도 하다.

해외에 진출하게 된 유럽 국가들은 유럽 내에서 계속 서로 치고받을 수 있도록 몸집을 불리고 기량을 향상시키고 더 무자비해질 기회를 얻었다. 그러나 유럽 중심부들이 제국이 된 까닭은 애초에 모국의 지리적 여건이 상당히 양호했기 때문이다. 일본의 지리적 여건은 그런 나라들과 동급이 아니었다.

일본이 가진 거라고는 국가 통일의 과정이 자연스럽게 진행되었다는 사실

뿐이었다. 일본은 나라를 통일하기 위해 해군이 필요했고, 제국의 힘에 짓눌리지 않으려고 세계에 문호를 개방해야 했다.

또 하나 일본이 유럽의 제국들과 다른 점은 역내에 경쟁상대의 존재 여부, 아니 경쟁자가 없다는 사실이다.

유럽에는 늘 하나의 최강자가 있었을지 모르지만, 1500년부터는 서로가 견제하는 10여 개 이상의 세력들이 늘 존재했다. 동아시아는 그렇지 않았다. 1800년까지도 일본은 통일이라는 구색이라도 갖춘 유일한 역내 세력이었고, 일본이 외세에 의해 강제로 세계에 문호를 개방한 후에는 증기선과 총을 보유한 유일한 역내 세력이 되었다. 일본은 통일한 덕분에 새로운 산업기술을 십분 활용하게 되었고, 곧 지역 맹주가 되었다.

일본이 유럽 제국들과 다른 또 다른 특징은 다른 제국들과의 경쟁상대의 존재 여부, 아니 경쟁자가 없었다는 사실이다.

유럽에서 일본까지는 거리가 매우 멀다. 일본이 대포 제작 기술을 터득하자 유럽은 모국에서 이역만리 떨어진 일본까지 와서 효과적으로 경쟁할 수가 없었다. 미국조차도 떠났다. 페리 제독이 불청객으로 일본에 들어와 마피아의 보호를 받는 외판원처럼 휘젓고 다니기 시작한 지 얼마 지나지 않아 미국에서는 남북전쟁이 일어나 남부군은 섬터 요새(Fort Sumter)를 포격하기 시작했고, 북부군의 관심은 일본에서 자국 내로 옮겨갔다.

일본과 유럽 제국의 차이는 일본이 해상 세력으로 부상한 속도였다. 해군을 구축하기란 어렵고 비용이 많이 든다. 비용의 절반은 해군 선원들을 훈련시키는 데 들어가고 훈련시키기도 매우 어렵다. 통일 이전의 일본은 다이묘 체제 하에서 정치적으로 사분오열되어 있었기 때문에 각 다이묘가 보유한 선박과 선원들을 모두 합하면 통일된 나라가 보유한 정도보다 훨씬 많았다. 일본이 순식간에 산업화되면서 세계 어느 나라보다도 높은 비율의 선원들을 보유하게 되었다.

페리 제독의 원정 후 20년이 채 지나지 않아 일본의 해군은 고물 덩어리에서 증기동력의 구축함으로 변신했다. 1894-1895년, 일본은 중일전쟁에서 동아시아 연안을 오르내리며 중국을 참패시켰다. 1904-1905년, 일본은 한반도 전체를 정복하는 한편 러일전쟁에서 러시아의 두 함대를 모두 바다 밑에 가라앉혔다.

일본과 유럽 제국의 차이는 문화적 차이에서 비롯되기도 했다.

자국보다 기술적으로 500년 뒤진 나라(중국)를 패배시키면 자기 문화가 우월하다고 믿기 쉽다. 자국보다 기술적으로 우월하다고 알려진 나라(러시아)를 패배시키면 자국의 문화가 우월하다고 믿지 않기가 힘들다.

일본이 기술적으로 급성장했다는 사실도 일본과 유럽 제국의 차이에 기여했다.

산업화는 큰 정신적 충격을 준다. 한 사회가 보유한 기술 묶음에 대대적인 변화가 일면 기존의 관행들—고용, 노동관계, 사회 위계질서, 통치방식—이 전복된다. 이러한 과정을 순탄하게 관리하는 나라는 드물다. 대부분이 폭동을 겪는다. 혁명이 일어나는 나라도 있다. 하나의 준거점을 예로 들자면, 칼 마르크스 이념의 등장과 두 차례 세계대전은 독일이 겪은 산업화 과정의 중요한 일환이었다.

일본은 달랐다. 일본이 산업기술과 원양항해 기술을 흡수하기 시작했을 때 이미 기존의 사회질서를 파괴하는 길에 들어서 있었지만, 일본은 사회적 조직화를 통해 그러한 기술을 신속하게 적용하고 (비교적) 저강도 고통을 감내할 역량이 있음을 입증했다.

이는 전적으로 일본의 험준한 지형 덕분이었다. 산업화 이전의 제조업은 고숙련 기술을 보유한 장인이 필요했다—사무라이의 칼은 아무나 버리지 못한다. 반면, 산업화 초기 제조업은 조립공정을 가동시킬 사람 몸뚱이만 있으면 됐다. 초기 산업화 기술이 일본에 도달하자, 대량생산된 강철 장비와 화학 비료가 일본 농토 전역에 등장하기 시작했다.

한동안 이 과정은 여느 산업화 과정과 비슷했다. 새로운 투입재 덕분에 수

확량이 급등했고, 필요한 사람의 일손은 줄어들었다. 일본의 농부들은 농촌을 떠나 산업화가 진행 중인 도시로 이주해 새로 지은 공장에서 일했다. 그러나 여기서 "정상적인" 산업화와 일본의 산업화 경험의 유사성은 끝난다.

일본은 규모가 큰 평지가 없다. 일본 도시들은 아주 작은 지역에 몰려 있다. 쉽게 확장되거나 쉽게 통합되어 규모의 경제를 달성하기도 어렵다. 도시가 몸집을 불리려면 양적으로보다는 질적으로 승부를 거는 수밖에 없다. 개발비용이 많이 들기 때문에 가능한 한 신속하게 부가가치의 높은 단계에 도달해야 한다. 일본이라는 나라가 새로운 기술을 도입하고 사용하는 것만으로는 충분치 않다. 산업화 시대에는, 일본의 도시들이 비좁은 지역에 너무 오밀조밀하게 몰려있어서 자본 비용이 훨씬 낮은 다른 중심지들과 경쟁하기가 어려웠다. 일본은 기술을 터득하는 데 그치지 않고 그 기술을 더욱 발전시켰다.

정치적으로도 문화적으로도, 일본의 전 국민이 일본의 근대화된 신흥 엘리트 계층을 사로잡은 근대화, 산업화, 국가주의적 정신무장과 기업을 일컫는 용어인 자이바츠(재벌, 財閥)에 심취했다. 전략적으로도 군사적으로도, 급격히 발전하는 기술적 위상에 힘입어 새롭게 자부심을 느끼고 원정 해상 전투의 지형을 숙지하게 되면서, 일본의 공학자들은 세계에서 가장 항해 가능 거리가 길고 막강한 타격을 보유한 군함을 건조했다. 일본은 1890년대 중반에 최초로 자체 제작한 강철 전함을 진수했고, 1922년에 일본 최초의 항공모함을 진수했다.

그러나 일본의 제국이 유럽의 제국들과 다른 형태를 취한 가장 큰 이유는, 일본의 경우 산업화와 제국주의가 서로 맞물리면서 더욱 급속도로 진행되었고 더욱 막강해졌기 때문이다.

한 나라가 어떤 방식으로 산업화하든 반드시 필요한 투입재가 여러 가지 있다. 공장을 가동할 노동력, 철강을 제련할 철광석, 그 과정에 동력을 공급할 석탄과 원유다. 이 가운데 일본은 노동력밖에 없었다. 일본은 외부에서 도입한 기술을 응용하는 데 필요한 산업 투입재를 확보하기 위해 바깥으로 진출해야 했다. 자유무역이 없었던 시대에 근대화와 산업화를 추진하던 일본은 제국이 되어야 했다.

페리 제독이 일본 땅에 발을 디딘 날부터 일본은 세계에서 가장 발달한 "중세" 국가에서 아무 수식어 없이 그냥 세계에서 가장 발달한 나라로 변신할 운명이었다.

일본의 첫 기항지는 포르모사 섬이었다. 일본 열도의 남쪽에 있는 비교적 큰 섬으로서 오늘날의 대만이다. 당시에 포르모사 섬은 명목상으로 중국의 통치 하에 있었지만, 일본은 1895년에 어려움 없이 방위군을 파병했다. 일본 제국군은 이제 중국 해안에서 시야에 들어오는 군사적 요충지뿐만 아니라 제1도련선 북쪽의 거의 절반을 장악했다. 중세에 이따금 약탈과 해적질을 하던 일본 해군과는 달리, 이제 일본은 마침내 중국 본토에 발을 들여놓게 되었다.

1905년 한반도가 일본의 다음 행선지였다. 한국은 내륙이 험준한 지형이라 일본과 비슷했고, 초기 막부시대와 비슷한 정치 구조를 구축하고 있었다. 산업화된 일본은 정치적으로 사분오열되고 산업화되지 않은 한국을 별 어려움 없이 종속시켰다. 1931년 일본은 관심을 만주로 돌렸다. 비옥한 농토와 석탄, 광물이 풍부한 중국 영토인 만주에는 일본에는 없는 것이 거의 다 있었다. 이와 같이 새로 확보한 자원과 포르모사에 이미 주둔하는 군사력을 이용해 일본은 중국 해안 전역을 오르내리며 쉽게 힘을 투사했다.

제2차 세계대전 초기에 일본 제국 육군은 만주에서 중국 북부 핵심지역으로 진격해 양쯔강까지 도달했다. 주로 대만에서 출정한 일본 해군은 상하이, 원저우, 푸저우, 샤먼, 주장강 삼각주, 하이난 섬을 장악했다. 중국이 협정을 통해 유럽에 양도했던 해안 지역의 항구 조차지(租借地)는 마카오와 홍콩을 제외하고 이제 전부 일본 제국의 영토가 되었다. 파리가 독일군에 함락된 후 두 달이 채 지나지 않아 일본은 프랑스 영토인 인도차이나를 완전히 장악했다. 그 이유는, 아무도 그 지역을 이용하지 않고 있었기 때문이다.

그런데 옥의 티가 하나 있었다. 미국은 일본이 장악한 지역 바로 한복판에 알짜배기 땅을 점령하고 있었다. 필리핀이다. 제1도련선 한복판에 있는 이 지역에서 미국은 이론적으로는 일본이 가진 것과 갖고 싶어 하는 것은 무엇이든 위협할 수 있었다. 전쟁 전 미국의 정책이 문호개방이라 일컫는 것이었다는 사실은 도움이 되지 않았다. 공식적으로는 이 정책은 유럽이 중국을 약탈하지 못하게 하려고 설계되었지만, 당시 약탈은 이미 한 세기 넘어 번성해 온 산업이었다. 비공식적으로는, 미국도 가담해 한몫 챙기는 게 목표였다. 비공식적으로는 그리고 아주 은밀하게는, 일본을 이 지역에서 완전히 몰아내려는 의도가 있었다.[1] 미국은 일본 하면 진주만 공격을 떠올리지만, 진주만 전투가 발생한 까닭은 오로지 일본이 동아시아 연안에 알박기하고 있던 미국을 필리핀에서 축출해야 했기 때문이었다.

일본은 판을 말끔히 정리할 필요가 있었고 결국 성공했다.

여섯 달이 채 안 돼 일본은 동남아시아에 있던 유럽의 거점들을 거의 모두 정복했는데, 주로 오늘날 인도네시아, 싱가포르, 말레이시아, 파푸아뉴기니, 미얀마 등을 아우르는 지역이다. 이 지역들을 모두 합하면 설탕에서 금속, 원유에 이르기까지 일본이 필요한 것은 무엇이든 확보할 수 있었다. 일본이 구축한 제국은 일렬로 죽 늘어선 군도 형태였지만, 일본이 잘하는 게 한 가지 있다면 바로 열도를 관리하는 일이었다.

페리 제독이 "낙후된" 나라 일본을 협박한 지 채 한 세기가 지나지 않아 제2차 세계대전에서 일본군은 알류산 열도에서 인도 끄트머리까지 주둔하게 되었다. 일본의 해군은 태평양을 장악하기 위해 미국과 겨루었다. 이 모두가 난징 집단 강간, 한국인 "위안부" 동원, 죽음의 바탄 행진(Bataan Death March, 태평양 전쟁 초기에 일본군이 미군과 필리핀군 전쟁포로 7만 명을 필리핀 바탄반도 남쪽 끝에서 산페르난도까지 무려 88km를 강제로 행군하게 한 사건—옮긴이)과 같은 끔찍한 사건들을 가능케 한 문화적 배경을 바탕으로 진행되었다.

이런 일본의 행태를 보고 미국은 멈칫했다. 일본의 급속한 기술 향상, 전광석화 같은 군사적 팽창, 도덕적 원칙이 없다는 속성을 파악한 데다가, 자국 항구에서 머나먼 태평양에서 해전을 하려면 군수물자 보급에 제약이 따르는 미국은 일본군과의 전투를 철저히 피하기로 했다. 일본이 장악한 섬들을 하나하나 공략하기보다는 일본 제국이 의존하고 있는 운송경로를 차단하기 위해 미 해군과 공군이 기지로 삼을 섬들만 장악했다. 그렇게 해서 일본의 경제와 군 복합체를 무릎 꿇린 미국은 지상전에 휘말리기를 거부하고 핵으로 적을 섬멸하는 방법을 택했다.

현재의 세계질서 하의 일본

1945년 미국이 일본을 패배시켰을 때, 이는 단순한 패전이 아니었다. 일본 자체의 종말이었어야 했지만 그렇게 되지 않았다. 산업화를 달성하면 여러모로 속박을 받게 된다. 산업 기술들은 문해력을 높이고 이동성을 높이고 도달 범위가 확대되면 부가 축적되고 건강도 개선되지만, 원유, 천연가스, 철광석, 인산, 보크사이트, 납, 구리 등등과 같은 투입재가 없으면 산업과 그 과정 전체가 붕괴된다.

일본 내에서는 이 가운데 아무것도 상당량 매장되어 있지 않다. 일본은 제국의 팽창을 통해 이 모든 원자재를 확보했다. 그리고 제국의 팽창을 가능케 한 일등공신인 일본 해군은 무조건 항복한다는 조건 하에 모든 작전을 중단하고 귀향했다. 영구히.

해군이 없으면 제국도 없다. 제국이 없으면 원자재도 없다. 원자재가 없으면 산업도 없다. 산업이 없으면, 일본은 산업화 이전의 생활수준으로 돌아간다. 기아가 만연하고 질병이 창궐하고 중앙집권화된 정치 체제가 붕괴되는 그런 상태 말이다. 일본에 핵폭탄을 투하해 항복하게 만든 데는 그럴 만한 이유가 있다. 일본은 군사적으로 패배하면 국가로서 일본은 끝이라는 사실을 뼈저리게 인식하고 있었다. 산업화된 위대한 일본과 여러 개의 막부로 쪼개저 국가의 정체성이 없는 상태 사이에 타협점이란 없었다.

그러나 미국은 일본을 놀라게 했다. 미국은 태평양에서 패배한 적이 필요했기 때문이다. 현재 세계질서의 핵심은 소련과 미국 사이에 미국의 새로운 동맹국들을 완충지대로 두는 게 목적이었다. 그것도 동맹국들이 자발적으로 그리 하도록 하는 게 목적이었다. 미국은 세계 안보를 보장하고, 세계 경제 체제를 구축하고 미국 시장에 무조건적인 접근을 허용함으로써 이러한 목표를 달성했다. 전격적으로 미국은 일본이—1870년부터 1945년까지—그토록 싸워서 쟁취하려 했으나 결국 쟁취하는 데 실패한 것을 모조리 일본에게 제공했다. 핵폭탄을 맞은 일본은 미국이 덤으로 핵우산까지 씌워주자 거북이 보고 놀란 가슴 솥뚜껑 본 듯이 움찔했을지도 모를 일이다.

일본은 해체되고 재건되었다기보다는 상향조정되었다는 편이 맞다.

무기를 생산했던 일본 공장은 개조되어 재봉틀과 소비재를 생산했다. 광학기기 제조회사는 사격조준기 대신 카메라를 만들기 시작했다. 중공업은 탱크와 비행기에서 자동차로 생산품목을 전환했다. 혼다와 소니 같은 몇 개 신생기업 외에는 전쟁 이전에 일본 경제 체제를 지배했던 기업들—히다치, 도시바, 미츠이, 미츠비시—이 이름만 대면 누구나 아는, 일본의 가장 막강한 기업으로 손꼽히게 되었다.

일본의 전후 경제성장을 "기적"이라 칭하는 것은 옳지 않다. 전후 일본의 경제성장은 1852년 이후로 일본이 진화하면서 밟은 단계마다 고도로 기획되고 철저히 관리된 과정이었고 일본의 대단한 국내적 야망을 미국이 경제적, 정치적, 군사적 체제로 뒷받침해서 맺은, 희망한 대로 맺어진 결실이었다. 단 한 세대 만에 일본은 제2차 세계대전에 패배하면서 겪은 파멸과 절망을 극복하고 세계 제2의 경제대국이 되었다.

그러한 성취는 어느 각도에서 바라봐도 주목할 만하다. 뜻하지 않게 일본의 생활방식을 보존했다. 일본의 기술 관료들이 축적한 경험이 계승되었다. 일본을 미국 동맹 구조에 묶어두었다. 태평양 전역(戰域)에서 소련의 대규모 팽창을 막았다. 그러나 일본이 그토록 빠르게 몸집이 커지는 모습을 지켜보면서 미국은 처음으로 자국이 구축한 세계질서의 존재 자체에 대해 재고(再考)하게 되었을지 모른다.

현재의 세계질서 시대가 제공한 도구들 가운데 자국의 경제력을 극대화하기 위해 일본이 최고로 손꼽은 도구는 환율 조작이었다. 일본 중앙은행은 대량으로 찍어낸 엔화로 세계 시장에서 달러를 사들여 달러 대비 엔화의 가치를 끌어내림으로써 일본의 상품가격이 미국과 비교해 싸게 만들어 미국인들이 일본 상품을 구매하도록 부추겼다. 일본의 대미 수출—그리고 이에 따른 고용상승과 경제적 정치적 체제의 안정—은 탄력을 얻었다.

레이건 행정부는 일본의 이런 행태가 못마땅했고 1985년 9월 일본을 비롯해 환율을 조작하는 일당들—프랑스와 독일이 주범—을 뉴욕에 있는 플라자 호텔로 소환해 최후 통첩을 했다. 환율 조작을 관두든가, 미국이 세계질서를 더 이상 유지하지 않을 위험을 감수하든가 양자택일을 하라고. 당시에는 미하일 고르바초프가 소련 공산당 서기장이 된 지 여섯 달밖에 되지 않았고, 미소 간에 일종의 화해 분위기가 조성되고 있는 게 분명했다. 냉전에 해빙기가 오면 세계질서가 부여한 대로 동맹국들에게 경제적 운신의 폭을 넓혀줄 이유가 없다고 미국은 판단했다. 환율 조작국들의 팔을 비튼다고 해서 해로울 게 없었다. 일본은—그리고 다른 나라들도—생각을 고쳐먹었고, 여섯 달이 채 못 되어 미국 달러 가치는 절반으로 떨어졌다.

문제는 간단했다. 일본은 현재의 세계질서 하에서 제국의 혜택은 모두 누리면서 대가는 하나도 치르지 않음으로써 놀라운 성과를 거두었다. 다 좋다. 그게 계획이었으니까. 그런데 계획에 없던 현상이 일어났다. 1980년대 중엽 무렵, 평균적인 일본인이 평균적인 미국인보다 소득이 높아졌다. 이 현상은 계획에 없었다. 동맹국을 지원해 강한 나라로 만들어 공동의 적에 맞서는 정책은 타당하다. 그러나 동맹국을 지원해서 지원하는 나라보다 부자로 만드는 정책은 납득하기가 어렵다. 일본 문제는 곧 미국의 정치적 문제로 비화했고,

이는 신문 머리기사를 장식하면서 1988년 대통령 선거에서 공화당 민주당 가리지 않고 대선 후보들과 도널드 트럼프라는 뉴욕의 부동산 재벌의 분노의 대상이 되었다. 미국이 구축한 세계질서라는 구조물에 처음으로 이렇다 할 균열이 생겼다.[2]

누구든 무엇이든 미국이 섬뜩한 기분을 느끼게 만든다면 그 원인 제공자에게는 절대로 바람직한 결과가 나오지 않는다. 미국은 뭔가에 비용을 지불하면 그럴 만한 가치가 있는지 여부를 항상 무자비하게 평가한다. 미국이 비용을 지불해준 대상이 미국으로 하여금 섬뜩한 기분이 들게 한다면 그 대상은 수명이 다한 셈이다.

플라자 협정을 체결하고 30년이 지나 일본은 수명이 다했다.

초강대국, 재가동되다

현재의 일본은 일련의 난관에 직면하고 있는데, 대부분이 일본이 19세기 말에 직면했던 난관과 섬뜩할 정도로 비슷하다. (일본에게는) 다행스럽게도 일본이 산업화 이전에 직면했던 난관들을 잘 달래서 장점으로 전환했듯이, 오늘날의 일본에도 똑같은 논리가 적용된다.

첫 번째 문제는 일본이 인구 구조 붕괴라는 거대한 빙산과 충돌하기 직전이라는 점이다. 일본의 정치, 농업, 산업, 기술의 역사를 좌우해온, 얼마 되지 않는 평원이 일본의 인구 구조에도 마찬가지로 영향을 미쳐왔다.

사실상 국가가 아닌 국가(예컨대, 모나코)를 제외하고, 일본 영토의 80퍼센트 이상이 인간이 거주할 수 없는 지역이라는 사실을 감안한다면, 일본은 세계에서 가장 인구밀도가 높고 다섯 번째로 도시화된 나라다. 많은 사람들을 비좁은 도시 주거공간에 구겨 넣으면 엄청난 규모의 경제를 달성하게 되고 도시 서비스의 효율성도 놀라울 정도로 개선되지만, 자녀를 키우기가 저주스러울 정도로 어렵다.

일본은 지형이 험준해서 미국에서는 흔한 교외 주거지를 구축하기도 불가능하다. 자녀를 두려 해도 도시 외곽으로 이사하고 시내로 통근할 수가 없다. 자녀들을 코딱지만 한 아파트에 몰아넣어야 한다(도쿄의 아파트 평균 크기가 1인당 275제곱피트에 못 미친다). 이런 여건에서는 한 자녀만 두거나 자녀를 두지 않는 부부가 아주 많고, 자기의 주거공간을 공유하고 싶지 않다는 이유로 결혼을 아예 하지 않는 사람들의 수도 절대로 무시하지 못할 정도다.[3]

인구 구조의 와해는 제2차 세계대전 직전 대부분의 일본인이 도시로 이주한 이후로 계속 진행되어왔고, 새천년으로 바뀐 직후에는 돌이킬 수 없는 지점을 지났다. 일본은 이제 앞으로 연금과 의료비가 증가일로에 놓이게 되고, 과세 기반은 날로 줄어들고 전 분야에서 근로자 부족은 심화된다.

희망적인 점도 몇 가지 있다. 일본은 고령화되기 전에 (매우) 부유해졌다는 명백한 장점이 있다. 인구에서 은퇴한 사람의 비율이 가장 높은 나라인 일본은 고령층을 돌보는 보다 개선되고 비용도 덜 드는 방법을 모색할 동기가 유발되어 있을 뿐만 아니라, 그렇게 할 만한 재정적 역량과 첨단기술 경제도 보유하고 있다. 일본은 단순히 아기 기저귀보다 어른 기저귀가 많이 팔리는 나라가 아니다. 일본은 고령층을 돌보는 시설들이 부분적으로 자동화된 나라이기도 하다.

일본은 19세기 말과 20세기 초에 고비용 구조에 접근했던 방식과 똑같은 방식으로 21세기 근로자 부족 문제에 접근하고 있다. 바로 더 발전함으로써 말이다. 일본은 인류가 구축한 사회 가운데 가장 기술적으로 발달된 사회이고, 일본은 계속해서 인간의 가능성을 한계까지 밀어붙일 것이다.

자동화 공법, 자동화, 대대적인 전자화, 배터리 용량, 슈퍼컴퓨터 등 어떤 첨단기술에서든지 개발뿐만 아니라 응용에서도 일본은 앞서가고 있다. 이는 우발적이지도, 유기적으로 발생한 현상도 아니다. 일본 정부는 말 그대로 국가 차원에서 로봇 전략을 추진하고 있다.

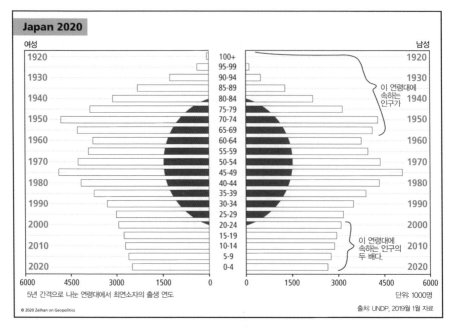

Japan 2020

여성 / 남성

연도	연령대	연도
1920	100+ / 95-99 / 90-94	1920
1930	85-89	1930
1940	80-84 / 75-79	1940
1950	70-74 / 65-69	1950
1960	60-64 / 55-59	1960
1970	50-54 / 45-49	1970
1980	40-44 / 35-39	1980
1990	30-34 / 25-29	1990
2000	20-24 / 15-19	2000
2010	10-14 / 5-9	2010
2020	0-4	2020

이 연령대에 속하는 인구가

이 연령대에 속하는 인구의 두 배다.

6000 4500 3000 1500 0 0 1500 3000 4500 6000

5년 간격으로 나눈 연령대에서 최연소자의 출생 연도

단위: 1000명

© 2020 Zeihan on Geopolitics

출처: UNDP, 2019월 1월 자료

일본 2020

그렇다고 해서 일본이 직면한 위협의 심각성이 경감되지는 않는다. 일본은 급속히 고령화되고 있을 뿐만 아니라 이미 세계에서 가장 고령화된 국가로서 인류가 인구 붕괴로 사라지는 망각을 향한 행군에 앞장서고 있다.

인구 구조의 붕괴라는 역경은 일본이 직면한 보다 전통적인 장애물과 얽혀 있다. 바로 물자에 대한 접근이다. 일본은 1852년과 마찬가지로 2020년에도 여전히 자원이 부족한 나라다. 사실 여러모로 이러한 물자부족이라는 위협에 노출된 정도는 더욱 악화되었다. 일본이 압도하는 기술 부문이 철도에서 자동차, 반도체로 확대되면서 필요한 투입재도 원유와 석탄과 철광석과 구리에서 보크사이트와 우라늄과 실리콘과 리튬으로 확대되었다. 어떤 투입재든 이름만 대보라. 일본에는 없는 재료다.

에너지 확보라는 골치 아픈 문제도 전혀 개선되지 않았다. 일본의 지형은 태생이 화산대이다. 석유 매장지는 대체로 퇴적암이다. 일본에서 나는 석유 생산량은 겨우 하루 1만 배럴인데 일일 소비량은 400만 배럴이다. 일본이 한 해에 생산하는 천연가스는 겨우 2주치 국내 소비량이다. 우라늄과 석탄 매장량은 너무나도 보잘것없어서 없는 셈이나 마찬가지다.

일본은 친환경 기술을 선택할 수도 없다. 일본의 가파른 도시지형 때문에 지붕에 태양광 패널 설치는 어불성설일 뿐만 아니라 구름이 자주 끼고 폭풍도 잦아서 일본은 세계에서 태양광의 강도가 가장 낮고 가장 변덕이 심한 축에 속한다. 일본인들을 좁은 공간에 밀집해 살게 만드는 바로 이러한 산악지대 때문에 이렇다 할 풍력발전도 불가능하다.

현재의 세계질서 하에서는 이 가운데 아무것도 문제가 되지 않았다. 일본은 어떤 산업 투입재라도 제약 없이 접근했고, 그 덕분에 오늘날의 일본은 제2차 세계대전 이전보다 훨씬 더 외부 세계에 대한 접근에 의존하게 되었다. 미국이 주도하는 현재의 질서가 해체되면—그리고 그 질서가 보장하는 지속성과 규모의 경제가 함께 사라지면—일본은 제2차 세계대전에서 패한 후 일어날까봐 두려워했던 규모의 완전한 구조적 붕괴에 직면하게 될지 모른다.

다시 한 번 약점을 장점으로 전환하다

이처럼 서로 맞물린 문제들 속에 어느 정도 서로 맞물린 해결책이 놓여 있고, 일본은 이미 그러한 해결책들을 실행하고 있다.

우선, 일본은 전기 공급처가 지역마다 제각각이다. 그래야 한다. 일본의 도시들은 산악지대에 둘러싸여 서로 분리되어 있기 때문에 이렇다 할 전국적인 전기 공급망(grid)을 구축할 수가 없다—오로지 도쿄 광역만이 이렇다 할 대규모 전기 공급망으로 서로 연결되어 있다. 도시마다 개별적으로 자체적인 전기 공급 체계를 유지해야 하기 때문에 각 도시는 필요한 용량을 초과하는

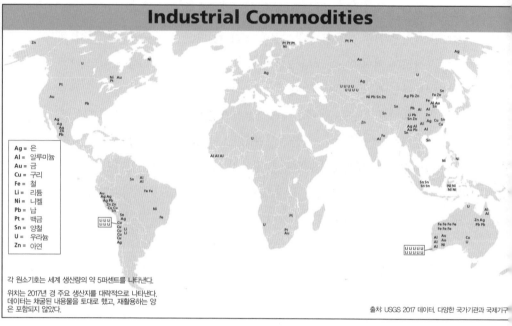

Industrial Commodities

Ag = 은
Al = 알루미늄
Au = 금
Cu = 구리
Fe = 철
Li = 리튬
Ni = 니켈
Pb = 납
Pt = 백금
Sn = 양철
U = 우라늄
Zn = 아연

각 원소기호는 세계 생산량의 약 5퍼센트를 나타낸다.

위치는 2017년 경 주요 생산지를 대략적으로 나타낸다.
데이터는 채굴된 내용물을 토대로 했고, 재활용하는 양
은 포함되지 않았다.

출처: USGS 2017 데이터, 다양한 국가기관과 국제기구

산업용 물자

시설을 구축하고 발전에 필요한 연료 투입재도 다변화해서, 하나의 공급 체계가 수입한 투입재 부족으로 작동이 불가능해지면 나머지 공급 체계들이 부족분을 메운다. 원자력, 석탄, 석유, 천연가스 등 발전연료가 다변화되어 있다. 각 주요도시는 독자적으로 이러한 발전연료들을 모두 사용한다.

2011년 도호쿠 지진과 뒤이은 후쿠시마 다이치 원자력발전소 폭발은 원전의 장단점을 전 세계에 널리 알렸다. 단점은 뻔하다. 후쿠시마 지역―일본에서 인구밀도가 가장 낮은 지역으로 손꼽힌다―도 여분의 발전 체계가 넉넉하지 않아서 몇 달 동안 정전과 점등제한을 겪었다.

그러나 후쿠시마만 그렇다. 각 도시가 자급자족형 발전 체계를 갖추고 있기 때문에 한 지역에 이상이 생겨도 다른 지역에는 영향을 미치지 않는다. 도쿄는 한 달 안에 수습이 되었다. 그 이후로 일본은 꾸준히 상호연결성을 확장

해 후쿠시마 점등제한 같은 사태가 다시 발생하지 않도록 해왔다. 모든 지역이 여분의 발전 역량이 충분하기 때문에, 전쟁이 터져 외국 군대가 일본에 발을 들여놓거나 몇 주 동안 무역로가 모두 차단되는 일이 벌어지지 않는 한 앞으로 지역에 국한된 점등제한 사태는 일어나지 않는다. 발전 체계 가동을 중단시키려면 원유와 천연가스와 석탄과 우라늄 운송이 모두 차질이 생겨야 한다. 이 가운데 한두 가지 차단시켜봤자 별 효과가 없다. 이와 같이 중첩되는 에너지 안보 체제 보호는 일본에게 대단히 중요하기 때문에 다른 나라들은 후쿠시마 재앙에 겁을 먹고 원전을 폐지하는데도 일본은 원전 체계 전체를 다시 가동시켰다.

그 다음은 노동력과 물자가 문제다. 인구가 고령화되면 노동력이 비싸진다(점점 더 비싸진다). 일본의 산업 투입재는 그 양이 엄청나고 종류도 많다(그리고 점점 더 그렇게 되고 있다). 일본은 아시아 대륙의 맨 가장자리에 위치하므로 공급선이 세계에서 가장 길고 취약하다. 필요한 종류와 양이 증가 일로에 있는 물자들을 점점 더 먼 지역에서 들여와 점점 줄어들고 고령화되는 근로자들이 가공하고 제조하게 되면 실패는 따 놓은 당상이다.

그래서 일본은 자국의 산업 모델을 바꾸고 있다.

아웃소싱(outsourcing, 생산시설은 해외로 이전하고 생산품을 자국 시장으로 운송하는 방법)이니, 리소싱(resourcing, 생산을 다시 국내로 이전하는 방법)이니 하는 용어들을 들어봤으리라. 일본은 디소싱(desourcing)의 달인이다. 생산시설을 다른 나라로 이전해 그 나라 시장에 상품을 판매하는 방법이다("판매 지역에 생산시설을 구축하는 방법"으로도 알려져 있다). 이 방법을 쓰면 일본 상품은 환율, 군사적 정치적 장애물, 관세 장벽의 불이익을 받지 않는다. 이 방법을 통해 일본 산업은 인구가 안정적이거나 성장하는(따라서 안정적으로 성장할 시장들) 소수 국가들 내부에 입지를 선점한다. 일본의 생산시설을 유치하는 나라는 일본에 간접적으로 이득을 주는 자국의 산업과 에너지 투입재 공급사슬을 보호하게 되므로 이득이 있다. 일본은 여기서 벌어들인 경화를 자국으

중국의 성적표

국경: 서쪽으로는 광활한 벌판, 남쪽으로는 밀림, 북쪽과 남서쪽으로는 핵 보유 국가들, 동쪽으로는 막강한 해상력을 지닌 국가들이 있다. 중국은 국경의 안보를 확보하기보다 그저 근근이 유지하고 있는 셈이다.

원자재: 중국은 1970년대까지만 해도 산업화를 적극적으로 추진하지 않았기 때문에 자국이 보유한 자원으로 수요를 충당했다. 과거에는 별 무리가 없었지만 이제는 다르다. 중국은 뭐든 동나기 직전이다.

인구: 어이쿠, 급속한 도시화에 마오쩌둥 식의 인구 억제가 복합적으로 작용해 수십 년 동안 중국의 출생률을 거덜 냈다. 중국의 인구 구조에서 단하나 위안이 되는 사실은 세계 최악은 아니라는 점이다. 아직까지는.

군사력: 중국은 덩치가 어마무시하고 군사력은 빠르게 현대화되고 있지만 그렇다고 해서 오늘날 직면한 난관을 극복하는 데 필요한 역량을 갖추고 있다는 뜻은 아니다. 앞으로도.

경제: 중국 경제 체제는 부채 비율이 엄청나게 높고 자국이 구축하거나 유지할 역량이 없는 세계 추세에 크게 의존한다.

전망: 이웃나라들과의 관계가 중국보다 나쁜 나라는 러시아밖에 없다. 현재의 세계질서가 종언을 고하면, 중국의 성공을 가능케 한 여건들이 모조리 사라지고 아무도 중국에 도움의 손길을 내밀지 않는다.

한마디로: 과대평가되었다.

로 보내 점점 줄어드는 근로자 인구로 인해 소득세가 감소하는 여건을 어느 정도 완화한다. 그리고 장기적으로 볼 때, 디소싱은 시설을 유치하는 나라의 호감을 사게 되고, 일본은 이러한 호감을 다른 문제들을 해결하는 데 이용하기를 기대한다.

디소싱 추세는 이미 일본 산업 체제에 깊이 스며들었기 때문에 일본은 더이상 수출용으로 상품을 대량 생산하지 않는다. 예컨대, 자동차 산업을 보면 일본의 국내 제조업의 5분의 1만이 일본 바깥의 시장을 겨냥해 생산하고 있다. 일본은 이제 세계에서 가장 무역의존도가 낮은 나라로 손꼽힌다. 두뇌를 써야 하는 일—특히 설계—은 국내에 둔다. 공급사슬 체계가 끊어질 경우, 공급사슬 상층부과 최종 조립 업무는 보통 미국으로 간다—텍사스, 켄터키, 앨라배마, 사우스캐롤라이나 등이 선호하는 지역이다. 일본이 세계적으로 수출을 주도하던 1980년 이후로 쭉 그래왔다.

디소싱이 만사형통은 아니다. 기술이 발전해 저숙련 기술 노동력이 담당하는 역할이 공정에서 점점 줄어든다고 해도, 일본은 여전히 임금이 높은 미국인들에게 모든 일을 맡겨놓을 수 없다. 그리고 원자재를 일본으로 들여올 필요가 없다고 해도 그 원자재를 어딘가로 운송해야 한다. 디소싱이라는 해결책의 그 다음 절차는 산업 투입재와 저숙련 기술이 필요한 노동 집약적인 공정 과정이 공존하는 나라들과의 관계를 돈독히 하는 일이다. 일본이 중요시하는 산업과 시장에서 이 두 요건을 모두 충족시키는 나라들은 두 지역에 위치한다.

첫째는 서반구로서, 미국의 활동무대이고 동반구로부터 멀리 떨어져 있기 때문에 동반구의 혼란으로부터 초연할 가능성이 높은 지역이다. 일본과 아메리카 대륙 사이에는 경쟁자—나라 자체—가 없기 때문에 일본은 계속 접근 가능하다.

둘째는 동남아시아다. 태국과 싱가포르를 제외한 모든 나라들이 자원이 풍부하고 인구가 젊고 계속 늘어나고 있다. 태국과 싱가포르는 나머지 역내 국가들보다 기술적으로 훨씬 앞서 있고 이미 일본 제조업 체계에 깊이 통합되어 있다. 동남아시아와 서반구는 일본이 선호하는 식량을 가장 집중적으로 생산하는 지역이라는 점은 덤이다.

남미와 동남아시아에서 원자재를 구하고 가공을 한다. 동남아시아와 서반구 전체에 최종시장을 두고 특히 미국에 역점을 둔다. 참으로 깔끔한 해결책이지만 한 가지 아주 사소한 문제가 있다.

중국 상대하기

일본이 손가락 하나 까딱하지 않아도 중국의 체제는 장렬하게 함몰한다고 볼 이유가 수없이 많다.

중국 공산당의 권위는 경제 여건을 개선해야 유지되고, 여러 가지 복합적인 이유로 중국은 지금 금융, 소비, 주거시설, 에너지, 원자재 수입, 상품 수출, 연금, 제조업에서 서로 맞물린 위기에 직면하고 있다. 이 여덟 부문이 각각 중국을 강타하는 강도는 미국이 2007-2009년 금융위기 때 받은 타격보다 훨씬 강하고, 그것도 여덟 개 부문이 거의 동시에 중국을 강타하게 된다. 일당독재 체제가 지닌 단점은 경기침체가 강타하면 책임을 돌릴 대상이 없다는 점이다.

설상가상으로 상황을 제대로 이해할 인물이 없을 가능성이 높다. 중국 관료계층에서 실존적인 위기는 고사하고 실제적인 경제성장 둔화를 다루어본 경험이—혹은 기억조차도—있는 이가 거의 없다. 중국은 1970년대 말 마오쩌둥 이후로 지속적으로 안정과 부를 누려왔다. 2020년 현재 평생 관료만 하다가 인생 황혼에 접어든 '늘공'이 내전과 정치적 혼돈과 기근을 마지막으로 겪은 나이는 아마 스물여섯이 채 되지 않았을 때일지 모른다. 중국 역사에서 흔히 나타난 위기관리 방법은 두말할 필요도 없고, 경기침체가 야기할 정치적 문화적 파장을 어떻게 수습해야 하는지에 대한 제도적인 기억이나 기술이 존재하지 않는다. 재앙은 반드시 일어난다. 사람들은 틀림없이 제정신을 잃게 된다.

중국 역사를 살펴보면 중국이 와해되는 방식이 말 그대로 수십 가지인데, 중국의 체제가 위에서부터 아래까지 경직된 다음 여러 개로 쪼개지는 방식이 가장 흔하다.

- 경제적 경계를 따라 쪼개진다: 북부, 중부, 남부, 내륙은 강제력을 동원하지 않으면 결속력이 생기지 않는다.
- 계급의 경계를 따라 쪼개진다: 해안 지역 도시에 거주하는 부유층은 불만으로 속이 부글부글 끓는 내륙지방 인구는 물론이고, 같은 계층끼리보다도 외부 세력과 공통점이 훨씬 많다.
- 공산당 엘리트 계층 내부가 쪼개진다: 밑 빠진 독에 물 붓듯 융자를 해주는 문화로 부정부패가 만연하게 되었고, 이러한 상황이 낱낱이 드러난다면 중국은 서로 적대적인 여러 세력으로 쪼개지거나 절도정치(kleptocracy)로 퇴화하게 된다. 그리고 어느 쪽이 중국 인민들에게 더 해악을 끼칠지는 분명치 않다.

이러한 시나리오가 연출되면, 중국은 자업자득으로 제풀에 쓰러지는 데서 그치지 않고 유혈참극이 벌어지게 된다. 그것도 중국 공산당이 통일된 중국을 유지하기 위해 어느 정도나 무력을 쓸지 결정하기도 전에 그런 일이 벌어진다. 그렇게 되면 중국은 더 넓고 더 위험한 세계로 진출할 꿈도 꾸지 못하게 된다.

가능성은 낮지만 베이징이 체제가 무너져 내리고 민심이 이반하는 상황에서 중국을 하나로 유지할 수 있다면, 중국의 중앙정부가 동아시아에 대해 무력을 행사하는 접근방식을 고려할지도 모른다. 분명히 말하지만, 그러한 시도는 처참하게 실패한다. 중국은 무력을 행사해 원자재와 수출시장을 확보하거나 국내 경제를 다변화할 역량이 전혀 없다. 그런 무력행사의 대상이 될 나라가 미국이 아니라는 점도 중요하다. 미국은 중국의 손이 닿지 않는다. 중국의 이익에 대해 미국이 미약하게라도 반격을 가하면, 오늘날 중국을 기능케 한 모든 게 철저히 파괴된다.

호전적이지만 허물어져가는 중국은 일본이 상대하게 된다. 무기와 선박의 수를 일일이 대조해보면 중국이 일본을 압도하지만, 정신이 제대로 박힌 중국 지도자라면 지도만 보면 일본과의 그 어떠한 갈등에서도 군사력이 동등한지 여부가 문제가 아니라는 사실을 뼈저리게 인식하고 있을 것이다. 일본과의 갈등에서는 범위와 입지가 중요한데, 이 두 가지는 일본에게는 있고 중국에게는 없다.

유라시아 어느 곳에서 정세가 불안정해져 세계적으로 에너지 운송이 차질을 빚게 되는 상황에서 산업 투입재—무엇보다도 원유—는 모두에게 돌아갈 만큼 넉넉지 않다. 동남아시아는 원유 생산량과 소비량이 비슷하므로 원유 확보 전쟁에 가담하지 않는다. 유럽은 해상력의 도달범위도 적절하고 아프리카의 과거 식민지와의 정치적 연계도 유지하고 있기 때문에 필요한 원유 공급량—중국에게는 더 이상 공급하지 못하게 될 공급량—을 확보할 역량이 있다. 그렇다면 중국에게는 이렇다 할 원유 공급처가—상하이에서 5,000마일 떨어진—페르시아만밖에 남지 않는다.

중국 해군의 제한적인 원정 역량도 겉보기보다 훨씬 취약하다. 연료 주입 한 번으로 왕복할 수 있는, 공식적인 작전거리는 연료의 효율성이 극대화되고 연료가 훨씬 빨리 소진되는 전투속도로 항해하지 않는 상황을 전제로 한 거리이다. 범위도 문제다. 초대형 유조선이 설계상 안전속도 이상으로 항해한다고 해도 페르시아만에서 상하이까지 오는데 19일이 걸린다. 중국은 경제체제가 계속 작동하도록 하려면 하루에 200만 배럴 용량의 초대형 유조선 여섯 척이 필요하다. 그러나 중국은 기껏해야 수상 전투함 70척뿐이고, 이론상으로조차도 가까스로 페르시아만에 갔다 올 수 있을까 말까 하다. 그 경로를 따라 항해하는 내내 중국은—베트남, 필리핀, 말레이시아, 인도네시아, 인도 같이—잠재적인 적대 국가들의 영해를 통과하거나 그 근처를 지나야 한다. 그것도 공군의 엄호도 전혀 없이. 위험한 정도가 중간에서 대단히 높은 해역을 통과하는, 느리고 둔하고 거대한 초대형 유조선 84척을 방어하기란 중국 해군의 역량으로는 도저히 불가능하다.

반면 일본은 그 정도 거리를 오갈 역량을 갖춘 항공모함 전투함대가 넷이나 있다. 일본이 항공모함을 호송 임무에 투입하는 게 초점이 아니라 일본이 호르무즈 해협에서 말라카 해협에 이르는 해로상에서 크게 힘들이지 않고도 중국의 해상력을 섬멸해버릴 역량이 있다는 게 중요하다. 총격전이 벌어지면 일본이 통과를 허락하는 유조선만이 동아시아에 도달할 수 있게 된다. (중국에게는) 설상가상으로 일본이 필요한 원유 수입량은 중국이 필요한 원유 수입량의 3분의 1에 불과하고, 일본은 서반구에서 연료를 충당할 선택지도 있다.

중국은 도달 거리에서 뒤지고 지략에서 뒤지고 선택지도 바닥나고, 결국은 연료도 바닥나게 된다. 그리고 중국은 페르시아만이나 인도양에서 일본과 대결할 역량이 되지 않으므로 일본을 직접 공격하는 방법밖에 남지 않는다.

진짜로 총격이 오가는 전쟁에서 중국은 상대방에게 엄청난 피해를 입힐 수 있다. 중국의 공군과 미사일은 자국 연안에서 수백 마일 이내에 떠있는 것은 무엇이든 침몰시킬 가능성이 높다. 제1도련선의 북쪽 4분의 3 이내에 있는 것은 거의 모조리 침몰시키는 셈이다. 그보다 사거리가 긴 미사일을 일본에 빗발치듯 퍼부으면 큰 효과를 거둘 수 있다. 일본은 도시화 정도가 매우 높고, 일본의 도시들은 인구밀집지, 항구, 해군기지, 공군기지 등 여러 가지 임무를 수행한다. 미국이 지원을 한다고 해도 대부분의 도시들이 상당한 피해를 입게 된다. 미국의 대탄도미사일 방어 체계 없이는 더 큰 피해를 입을지 모른다. 민간인 사상자 수는 수십만은 너끈히 된다.

역사나 맥락이나 결과를 감지하지도 못하는, 정신적으로 해이해진 중국 관료가 중국 체제 전체를 통틀어 대대적인 압박에 직면하면, 국가주의 카타르시스를 분출할 배출구로는 전쟁이 안성맞춤이다. 그러나 그게 전부다. 중국은 그러한 공격의 후속타로서 제1도련선을 돌파할 해상력이 없다. 일본 본토 열도에 대한 수륙양동 공격을 감행할 역량은 말할 것도 없고, 일본 국민의 대량살상 외에 아무것도 성취하지 못한다—성취하는 게 있다손 치더라도 중국에게 도움이 될 만한 것은 전무하다는 뜻이다.

첫째, 중국은 거의 모든 에너지와 대부분의 원자재를 수입하는 무역국가다. 중국 근해에서 선박을 침몰시키면 그 어떤 선박도 아주 오랜 기간 동안 중국 근해 근처에도 가지 않게 된다. 그렇게 되면 중국은 경제 붕괴, 사회 분열, 기아를 자초하게 된다.

둘째, 일본은 만만한 상대가 아니다. 일본은 제2차 세계대전 끝 무렵 무조건 항복했을지 모르지만, 그렇다고 해서 무장을 해제하지는 않았다. 미국은 소련에 맞서는 데 일본의 도움을 얻기 위해서 일본을 무장시킬 필요가 있었다. 결과적으로 일본에서 군수품 생산은 완전히 중단된 적이 없고, 일본의 무기제조 역량은 단순히 기관총 제조에 그치지 않는다. 앞으로 두 세대 동안 미국 공군력의 중추를 형성할 F35 스텔스기를 누가 생산할까? 미쯔비시 중공업이 생산허가를 받아 일본에서 생산하고 있다.

일본은 자체적으로 해군함을 건조할 뿐만 아니라 설계도 하고 있으며, 1880년대부터 그래왔다. 일본의 해군은 세계에서 두 번째로 막강한 원정군을 보유하고 있다. 중국은 불과 20년 전에 가서야 최초로 군함을 설계했고, 첨단 설계도 대부분은 외국 선박의 복사판에 불과하다. 그러나 무엇보다도 작전거리가 문제다. 일본은 함대 전체가 원양 항해가 가능하다. 그러한 도달범위를 갖춘 일본은 제1도련선이 끊기는 상황에 직면하면 중국을 오가는 화물운송을 차단할 수 있다. 그것도 중국의 공군력이 그러한 일본의 시도를 방해하지 못할 만큼 머나먼 위치에서 말이다.

그리고 항공모함의 중요성도 잊어서는 안 된다. 일본의 대형 항공모함 두

척—이즈모와 카가—은 앞서 언급한 F35 스텔스기들을 곧 탑재하게 되고, 미국의 초대형 항공모함을 제외하면 역사상 그 어떤 전함보다도 막강한 전력을 갖추게 된다. 이러한 이동식 공군기지로 일본은 원하는 곳이면 어디서든 공격이나 방어를 할 수 있다. 그리고 대개의 경우 항공모함에 중국의 방어 체계가 도달 가능한 범위를 벗어나서 말이다.[4]

일본의 공군력은 어떤 전쟁 시나리오 하에서도 중국 본토를 타격하는 데 충분한 도달범위를 갖추고 있고 중국에게 앞으로 군사옵션을 부여할 그 어떤 목표물도 우선적으로 공격대상으로 삼게 된다. 이 시점이 되면 중국은 이미 해군력 전체를 상실하게 되고 미래에 더 많은 선박을 진수하도록 해줄 건선거(乾船渠)도 상실하게 되며, 유조선으로 들여오지 않는 대부분의 수입 에너지를 공급해주는 러시아로부터의 에너지 송유관도 끊기게 된다. 중국 해안에 몰려 있는 거대한 컨테이너 항구들은 폭파되어 TV와 신발이 널브러진 분화구로 변하게 된다.

셋째, 일본과 비교해 중국이 처한 상황은 제2차 세계대전이 발발할 당시 미국과 비교해 일본이 처했던 상황과 상당히 비슷하다. 1941년 진주만을 공격한 일본은 공해상에 나가 있던, 미국 해군의 가장 막강한 군단—항공모함—을 침몰시키는 데 실패했다. 일본의 해군은 대부분 공해상에 출정해 있고 항구에 정박한 상태로 보내는 시간이 그리 많지 않은데, 지정학적 긴장이 고조되면 이러한 속성은 강화될 가능성이 높다. 중국이 일본을 공격한다고 해도 일본의 해군을 섬멸하지 못할 뿐만 아니라 태평양과 인도양 그 어디에서도 중국의 모든 상선을 공격 목표물로 삼을 정당한 명분을 일본에게 부여하게 된다. 그렇게 되면 한 달이 채 되지 않아 세계무대에서 중국의 입지는 먼지로 변하게 된다. 한 달이라는 기간도 중국이 일본의 선제 타격에 희생되지 않고 인도, 한국, 베트남, 미국, 그리고 그 밖의 여러 나라들이 중립을 지킨다는 전제 하에서 가능하다.

어떤 식으로든 이는 중국에게 참담한 결과를 초래하게 된다. 그리고 중국

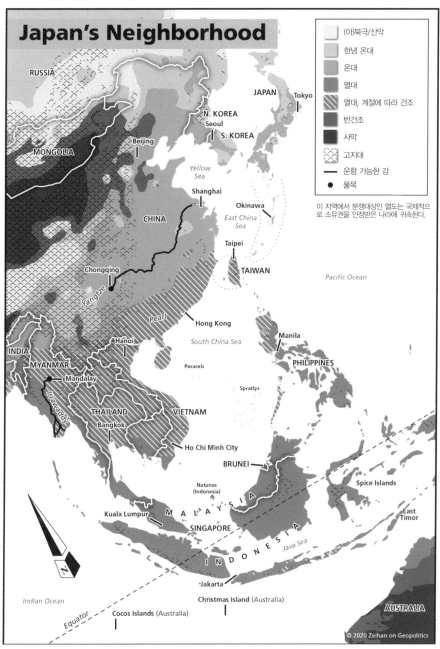

Japan's Neighborhood

	(아)북극/산악
	한냉 온대
	온대
	열대
	열대, 계절에 따라 건조
	반건조
	사막
	고지대
———	운항 가능한 강
●	물목

이 지역에서 분쟁대상인 열도는 국제적으로 소유권을 인정받은 나라에 귀속된다.

RUSSIA

JAPAN
Tokyo

N. KOREA
Seoul
S. KOREA

Beijing

MONGOLIA

Yellow
Sea

Shanghai

Okinawa
East China
Sea

CHINA

Taipei

TAIWAN

Chongqing

Pacific Ocean

Yangtze

Pearl

Hong Kong

Hanoi

South China Sea

Manila

INDIA

MYANMAR

Paracels

PHILIPPINES

Mandalay

Spratlys

Irrawaddy

THAILAND
Bangkok

VIETNAM

Ho Chi Minh City

BRUNEI

Natunas
(Indonesia)

Spice Islands

Kuala Lumpur

MALAYSIA

East
Timor

SINGAPORE

INDONESIA

Java Sea

Jakarta

Indian Ocean

Christmas Island (Australia)

AUSTRALIA

Equator

Cocos Islands (Australia)

© 2020 Zeihan on Geopolitics

N

일본 주변 지역

이 민간 목표물을 상대로 제2차 세계대전 이후로 최대의 맹폭을 가해 일본 본토 열도를 연속 강타한다고 해도, 마지막에 살아남을 주인공은 일본이다. 중국이 아니라.

게다가 네 번째 문제도 있다. 일본은 홀로 싸우지 않는다.

중국 이후의 아시아

중국의 힘을 가장 우려하는 나라들은 이에 대해 모종의 조치를 취할 최적의 위치에 놓인 나라들이다—그리고 그런 나라들은 일본과 동맹을 맺음으로써 그리 할 나라들이다. 바깥에서부터 시작해 안쪽까지 살펴보자.

인도는 일본이 좋든 싫든 일본의 동반자가 되어야 한다. 인도는 일본 해군 못지않게 막강하지만 전지전능하지는 않다. 일본이 의존하고 있는 에너지 공급 해로는 7,000마일이고, 이 가운데 2,500마일 정도가 인도의 군사력 영향권에 놓여 있다. 일본은 어느 정도 인도의 협력 없이는 전깃불도 밝히지 못하고, 일본은 인도를 위협해 입 다물게 만들 만한 군사력과 도달범위를 보유하지 못하고 있다. 보다 우호적인 접근방법이 필요하다. 무역과 투자가 필요하다. 기술도 공유하고, 약간의 뇌물도 필요하다. 원유를 싣고 귀환하는 일본의 유조선들은 인도 항구에 잠시 쉬어가야 하고 화물의 일부를 인도에게 나누어 줘야 할 것이다. 일본에게는 다행스럽게도 적대적인 중국과 인도의 관계와는 정반대로 일본과 인도의 관계는 우호적이다. 이러한 차이만 해도 일본과의 전쟁에서 중국의 패배를 야기하는 데 충분하다.

그 다음은 동남아시아의 연안 국가들이다. 중국은 이 나라들을 적대적으로 만들 만한 짓은 빠짐없이 몽땅 해왔다. 경제적으로 중국은 일대일로에 이들을(특히 필리핀과 말레이시아) 묶어놓아 중국에 의존하게 만들려고 애써왔다. 중국은 서슴지 않고 이 지역에서 정치적으로 내부 갈등과 긴장을 조장한다.

특히 (베트남처럼) 중국과의 관계에서 역사적인 앙금이 남아 있는 나라나 (말레이시아처럼) 중국이 선동해 화를 돋울 화교 인구가 있는 나라에서 그런 수를 쓴다. 전략적으로 중국은 남중국해에서 환초(環礁)를 인공적으로 확장하고 전역에 상당한 군 자산을 배치하는 등 남중국해 전체를 장악하려는 시도를 해왔다.

얼핏 보면 베이징이 이렇게 고압적으로 행동하면서도 아무 뒤탈이 없으리라고 생각하는 이유가 뭔지 쉽게 보인다. 동남아시아 해군력은 기껏해야 오합지졸이다. 하지만 여기서 중요한 건 대결이 아니라 접근 가능성이다.

인도네시아와 말레이시아는 중국 해군이 도달 가능한 범위에서 한참 벗어나 있지만, 이 두 나라는 함께 더할 나위 없이 중요한 말라카 해협을 순찰한다. 이 관문을 통과해야 페르시아만의 원유를 구입하고 유럽 소비시장에 접근할 수 있다. 더 가까이는 베트남과 필리핀이 남중국해의 서쪽 면과 동쪽 면에 버티고 있는데, 중국 본토에서 페르시아만과 유럽으로 향하는 기나긴 여정의 첫 관문이다. 중국이 수출입 화물 운송을 계속하려면 이 나라들 모두가 하나도 빠짐없이 적어도 수동적으로나마 묵인해주어야 한다. 기회만 노리고 있는 일본이 군사적인 지원만 조금 해주면 남중국해와 말라카 해협은 중국 화물 선박의 진입이 금지되는 구역으로 변한다.

대만은 그보다 먼저 일본이 지원을 할 대상이다. 중국이 대만을 두고 "제멋대로인 지역"이라고 하는 선동문구는 진심에서 우러나온 말이다. 중국이 대만을 공격하면 중국인들에게 애국적 승리를 안겨주게 될지 모른다. 중국이 보유한 반들반들한 신형 선박들은 제1도련선을 뚫거나 중국에서 머나먼 지역까지 도달할 역량에는 못 미칠지 몰라도 대만 방어선은 너끈히 뚫을 수 있다. 중국이 받는 경제적, 문화적, 재정적, 외교적, 군사적 압박이 강해질수록 중국은 대만에 대한 경제적, 문화적, 재정적, 외교적, 군사적 압박을 한층 강화하게 된다.

그러나 일본도 지정학적인 계산을 한다. 대만의 물리적 입지는 매우 중요하다. 침몰하지 않는 항공모함 역할을 하는 대만은 중국 북부 해안과 남부 해안사이를 오가는 중국 연안 운송을 막을 수 있고, 대만은 대공방어 체계로 철저히 무장하고 있으므로, 전격적인 수륙양동 공격을 감행하지 않고는 대만을 무력화시키기 불가능하다. (중국에게는) 설상가상으로 대만에 대한 공격이 어떤 결말이 나든 중요하지 않다. 중국이 대만을 완전히 점령한다고 해도 원자재 공급지와 최종 소비자 시장으로부터 멀리 떨어져 있다는 문제를 해결해주지는 않는다. 어떤 결말이 나든 일본은 지역의 맹주로 등극하게 된다. 전쟁으로 초토화된 대만은 일본의 군사적 영향권에 공식적으로 귀속되고, 털끝도 다치지 않은 대만은 일본의 경제적 영향권에 공식적으로 귀속된다.

가장 극단적인 상황 변화는 한국과 북한이 겪게 된다. 한국과 북한 모두 지난 70년 동안 미국, 소련, 중국, 일본을 상대로 유리한 입지를 확보하거나 (이 나라들을 서로 이간질하면서) 지정학적인 공간을 확보하려고 애써왔다. 러시아가 쇠퇴하고(이에 대해서는 나중에 자세히 다루겠다), 미국이 손을 떼고, 중국이 붕괴냐 후퇴냐의 기로에 서게 되면 선택지는 대부분 사라지게 된다.

다시 부상하는 일본과 사실상 경제적으로 융합하는 길을 모색하는 게 가장 현명한 선택이리라. 일본은 지역 안보 동맹을 장악할 텐데, 이러한 동맹은 한국이 수출입에 크게 의존하는 경제 체제를 계속 유지하고 싶다면 반드시 필요하고, 일본-동남아시아 축은 일본 못지않게 한국의 지속적인 경제 발전을 위해서도 중요하다는 사실이 입증된다. 중국이 없는 아시아에서 북한은 든든한 뒷배이자 원자재와 소비재 공급원을 잃게 된다. 경제적으로는 깔끔하고 쉬운 결정이다.

정치적으로는 전혀 그렇지 않다. 비무장지대를 사이에 둔 한국과 북한의 역사는 공히 일본에게 패배하고 모욕당한 사례들로 점철되어 있다. 2030년부터 아시아에서 가장 중요한 문제는 한국과 북한이 일본과 어떤 관계를 맺게 될지—아니면 맺는 데 실패할지—다. 이는 전혀 사소한 문제가 아니다. 북한은 이미 핵보유국이고, 한국은 일본 못지않게 빠르게 핵을 보유할 역량이 있고, 둘 다 철저히 무장하고 있다.

일본의 영향권 하에 놓인 아시아에서 중국이 운신할 여지가 있을지도 모른다. 중국이 전쟁이라는 자멸의 길을 선택하든, 그보다 덜 파괴적인 국가 해체의 수순을 밟든 상관없이 말이다. 문제는 누가 장악할지다. 일본은 기꺼이 중국의 일부를 일본이 새로 구축하는 원자재 공급과 시장 접근 체제에 귀속시키려 하겠지만, 그러려면 그 지역은 일본의 안보 영향권에 합류한다는 조건을 받아들여야 한다. 중국 남쪽 해안 지역은 이를 반기겠지만, 북쪽 지역들은 이를 "반역"으로 여기게 된다. 제국의 중심부와 이에 저항하는 변방이 충돌하는 중국의 고질적인 역사의 수레바퀴는 다시 한 번 돌아가게 된다. 중국 남부 해안 도시들은 다시 한 번 그들의 동포들과 상관없는 경제 연결망에 귀속될 가능성이 높다.

경고 몇 마디

역사 감각이 있는 소수의 미국인들이 보기에 이 모든 변화는 이미 어디서 많이 본 듯한 섬뜩한 파장을 불러일으키게 된다. 일본이 구축하는 제해권(制海權)이 과거 1930년대에 미국으로 하여금 항공모함 전투단을 진주만에 배치하게 만든 서태평양의 경제 패턴과 안보 패턴을 소름끼치게 닮게 된다.

한 가지가 아니라 여러 가지 면에서 닮는다. 일본이 20세기 초에 내세운 대동아 공영권 정책은 일본이 자국의 의지를 노골적으로 강요하는 내용이었다. 현재 일본은 새로운 동반자 국가들보다 기술적 우위에 있지만, 일본이 상대하게 될 그 나라들 가운데 산업화 이전 단계인 나라는 하나도 없으므로 무조건 두 손 들고 하라는 대로 할 나라는 없다. 일본의 이미 고령인 인구와 고령화되고 있는 인구는 이 지역을 무릎 꿇려 대규모 원자재 약탈을 가능케 하는데 필요한 대규모 원정군을 뒷받침할 여력이 없다. 간단히 말해서, 일본은 역내에서 원자재를 매입해야 한다. 총알과 폭탄과 군대보다 무역과 돈과 기술로 원자재를 확보하기가 훨씬 쉽고 바람직하다. 미국이 관장하는 세계질서를 대체하거나 재현할 나라가 없다고 해서 잠재적인 지역 맹주가 역내 자기 영향권에서 부분적으로나마 이를 구현하지 못한다는 뜻은 아니다.

문제는 과거의 "공동 번영"과 현대판 공동 번영이 미국을 안심시킬 정도로 극명하게 차이가 날지가 관건이다. 미국이 세계에서 손을 뗀다고 해서 미국이 자국 영토 바깥에 관심을 두지 않는다는 뜻은 아니다. 미국이 북미 대륙을 벗어나 바깥으로 나서겠다고 한다면 당연히 동남아시아가 가장 우선순위다. 지구상에서 인구가 안정적이고 산업 잠재력을 갖추고 있으면서도 복잡한 안보문제로 제약을 받지 않는 아주 드문 지역으로 손꼽힌다. 이 지역에는 일본과 미국의 국익을 모두 수용하고도 남을 만큼 충분한 여지가 있기 때문에 갈등이 내재되어 있지는 않지만, 미국이 일본을 위협으로 인식하지 않도록 하는 게 일본에게는 절대적으로 필요하다. 결국 미국이 세계에서 전략적으로 손을 뗀다고 해도 시간이 남아도는 막강한 군대는 여전히 보유하고 있는 셈이니 말이다. 미국 정가는 그런 상황에 놓이면 따분해서 몸을 비비꼬는 경향이 있다.

미국이 세계로부터 손을 떼고 있는 동안 동북아시아가 경련을 일으키면 그 여파는 나머지 세상에도 미치게 된다. 오늘날 동북아시아는 세계 제조업의 절반, 세계 금융의 절반, 운송거리로 따져서 세계 해상운송의 절반, 그리고 세계 조선(造船)의 90퍼센트를 담당하고 있다. 산출재 측면만 볼 때 그렇다. 투입재 측면에서 보면 이 지역은 철광석, 보크사이트, 구리, 밀, 옥수수, 대두, 쌀, 리튬, 강철, 알루미늄, 시멘트, 그리고—천연가스와 원유를 비롯해—거의 모든 원자재와 정제한 물자의 수요가 가장 많다. 이 지역에서 필연적으로 일어날 갈등에서 어느 나라가 가장 피해를 덜 보게 되든 상관없이, 대부분의 부문에서 대부분의 나라들이 자국의 최대 시장을 잃거나 최대 공급원을 잃거나, 경우에 따라 둘 다 잃게 된다. 이 나라들이 새로운 현실에 적응하는 과정에서 말 그대로 수많은 부작용이 나타나고 서로 다투게 되며, 이러한 현실이 낳은 파장은 수십 년 동안 계속된다.

마지막으로 멀리 원유 공급 지역의 관점에서 몇 마디 경고할 말이 있다.

페르시아만에서 일본만큼 역내 모든 나라들과 긍정적인 관계를 유지하는 나라는 손에 꼽을 정도다. 페르시아만에서 해상력을 과시할 수 있는 아주 극소수 국가에 손꼽히는 일본은 그러한 위상을 이용해 역내 갈등관계인 나라들이 일본이 무슨 요구를 하든지 아주 진지하게 받아들이게 할 수 있다. 무력으로 위협하는 외교라기보다 현금으로 구매하고 구매한 물건을 직접 운반하는 동맹을 이끄는 고객으로서 누리는 위상이다.

그러나 페르시아만은 여전히 페르시아만이다. 중국이 어떻게 붕괴하고 일본이 어떤 식으로 부상하게 되든 상관없이, 일본은 자국뿐만 아니라 자국의 영향권에 귀속되고자 하는 나라가 어느 나라든 그 나라를 위해서도 여전히 원유 물량을 확보해야 한다. 페르시아만 국가들 입장에서 그들의 최종 판매 시장은 페르시아만까지 도달할 수 있고, 상품 운송을 보장할 수 있으며, 정기적으로 그리할 충분한 의향을 지닌 유일한 해상 국가의 처분에 전적으로 달려 있게 된다.

앞으로 그 해상 국가는 더 이상 미국이 아니다. 일본이다. 어떤 식으로든 페르시아만의 정치는 일본의 문제가 된다.

일본의 성적표

국경: 일본은 섬이라는 지형이므로 역내 주요 대륙 국가인 중국으로부터 멀찌감치 거리를 두고 있다. 그러나 열도라는 속성으로 인해 내부를 서로 연결하기가 어렵고 비용이 많이 든다.

자원: 세계 주요 국가들 가운데 가장 부존자원이 빈곤한 일본은 몇 가지 주요 공급선의 가장 끝에 위치하고 있다. 일본의 수입은 거의 에너지가 대부분이다. 역량 있는 해군이 없었다면 근대화된 일본도 없었다.

인구: 일본의 황실만 세계에서 최고령인 게 아니다. 일본의 인구도 고령화되고 있고 65세가 넘는 인구가 28퍼센트다.

군사력: 서류상으로는 일본은 군사력이 없다. 실제로는 미군과 긴밀하게 연합훈련을 하고 아시아에서 최고, 세계에서 두 번째 기량을 지닌 해군을 보유하고 있다.

경제: 일본은 세계 시장에 가장 노출도가 높은 산업경제 체제로 손꼽히지만, 역경을 정면으로 직면할 자본을 보유한 아주 드문 입장에 놓였다. 일본은 줄어드는 노동력을 상쇄하기 위해 자동화에 집중적으로 투자해왔고, 공급사슬을 대부분 해외로 이전했다.

전망: 역내 그 어떤 나라보다도 일본은 아시아에서 손을 떼는 미국을 대신해 힘의 공백을 메울 자본, 해군, 기술력을 잘 갖추고 있으며, 지리적으로도 떨어져 있다. 일본은 그리 하지 않을 선택의 여지가 없기도 하다.

한마디로: 아시아의 우두머리다.

06

러시아:
실패한 초강대국

Russia:
The Failed Superpower

오늘날의 러시아는 제국의 후손이다. 소련은 절정기일 때 당대의 가장 큰 나라이자 역사상 세 번째로 넓은 제국이었다. 러시아는 미적분, 물리학, 화학, 생물학, 로켓학, 우주항공학 등에서 인간이 지닌 지식의 한계를 확장하는 기술적 업적을 이루었다. 소련은 막강한 군사력으로 수십 개 나라 위에 군림했으며, 과거의 거의 모든 제국들을 끌어들여 구축한, 전 세계를 아우르는, 엄청난 비용이 드는 동맹만이 소련의 힘이 세계로 흘러나오지 않게 막을 수 있었다.

소련에 대한 가장 분명한 사실은 바로 이것이다. 사라졌다는 것.

오늘날 러시아는 과거 거대한 소련의 희미하고 처량한 그림자에 불과하다. 사회간접자본은 무너지고 있다. 정치 구조는 화석화되었다. 국민은 죽어가고 있다.

한두 세대 안에 오늘날 러시아의 영토를 관장하는 정부는 지금과는 매우 달라진 모습을 하게 된다. 그 정부는 더 이상 신파시스트가 아닐 뿐만 아니라 오늘날 우리가 러시아인이라고 일컫는 이들에 의해 운영되지도 않게 된다. 러시아 민족 자체가 지구상에서 사라지고 있다.

러시아인뿐만이 아니다. 독일인도 비슷한 운명에 직면해 있다. 세계는 오늘날의 유럽을 안전하고 공통의 문화와 공동의 명분으로 통일된 땅이라고 생각하지만 이러한 여건은 오직 현재의 세계질서라는 맥락에서만 가능했다. 1945년 이전에는 어느 시대든 유럽을 규정하는 결정적인 특징은 치열하고 노골적이고 끊임없는 경쟁이었다. 정치적, 문화적, 경제적 경쟁은 늘 존재했고 군사적 대결도 흔했다.

어찌 보면 러시아와 독일의 종말은 앞으로의 두 장을 이 책에서 가장 놀라운 전환을 다루는 장으로 만든다. 물론 중국의 힘은 무력화되고 중국 자체도 쪼개질 가능성이 높지만, 중국은 세계무대의 주역이었던 적은 없다. 사실 중국은 자국의 현재 국경 넘어서까지 힘을 행사해본 적조차 거의 없다. 중국의 쇠락은 단순히 평균으로의 회귀일 뿐이다.

반면, 러시아와 독일은 그들이 품은 공포와 그들의 운명과 어리석음으로써 수세기 동안 역내 추세와 세계적 추세를 형성해왔다. 두 나라가 사라지면 오랜 세월에 걸쳐 우리가 헤아리기 힘든 방식으로 인간이 처한 여건이 재구성된다.

그러나 일단 기본적인 사항부터 짚고 넘어가자. 러시아가 국가로서 성공한 적이 있다는 사실 자체가 사소한 기적으로 치부할 일이 아니다.

저주받은 땅

러시아의 강은 무용지물이다. 거의 장식품에 가깝다. 운항 가능한 강은 쓸모없는 땅을 관통해 아무도 살지 않는 머나먼 곳과 인접한 바다로 흘러들어 간다. 강은 대부분 북쪽으로 흐르는데, 얼핏 들으면 별일 아닌 것 같지만 러시아의 전형적인 특징인 혹독한 겨울을 생각해보면 얘기가 달라진다.

북반구에서 남쪽으로 흐르는 강은 상류에서부터 하구 쪽으로 얼어붙는다. 강의 상류에 쌓인 눈과 얼음이 봄이 돼서야 강으로 흘러들어가기 때문에 동절기에 강의 수위는 매우 낮아진다.

반면 북쪽으로 흐르는 강은 하구에서부터 상류 쪽으로 얼어붙는다. 강의 상류 수위가 딱히 낮아지지 않고 꽁꽁 언 강으로 흘러들어간다. 강물의 흐름으로 얼음이 깨지지만, 흐르는 강물은 깨진 얼음을 더 많은 얼음이 있는 훨씬 추운 지역으로 밀어 낸다. 결국 얼음이 켜켜이 쌓여 얼음 댐을 형성하는 지경에 이르고, 반쯤 얼어붙은 강물이 강기슭을 범람한다. 봄이 와도 안심할 수 없다. 얼음이 녹아 불어난 강물은 하류에 아직 남아 있는 얼음으로 흘러들어 가는 수밖에 달리 갈 곳이 없다. 이러한 전 과정을 인공위성에서 관찰하면 환상적이다. 강기슭에서 관찰하려다가는 죽은 목숨이나 다름없다.[1] 이는 산업화 이전 시대였다면 가장 생산성 높은 농지—강의 범람지—가 되었을지도 모르는 땅을 그 대신에 계절에 따라 끔찍한 늪으로 만드는 지리적 특징이다..

설상가상으로 러시아는 북유럽 대평원처럼 전면에 바다가 위치해 날씨를 상당히 누그러뜨려주는 지리적 여건도 없다. 그 결과 대부분의 러시아 영토는 여름에 상당히 건조하고 겨울에는 혹독하게 춥다.

그리고 크기도 있다. 아, 크기! 북유럽 대평원은 폴란드에서부터 러시아, 벨로루시, 우크라이나로 갈수록 점점 탁 트이고 광활해진다. 해안을 따라 위치한 300마일에 달하는 좁고 긴 땅이 2,000마일에 달하는 끝없이 광활하고 별 특색 없는 국경으로 바뀐다. 북극에 위치한 러시아 최북단에서부터 코카서스산맥을 지나 최남단에 위치한 중앙아시아 사막까지 이어진다. 이 영토는 근본적으로 유럽이나 북미에서 인정받은 그 어떤 수단을 동원해도 개발하기가 불가능하다. 북미 대평원의 건조하고 변덕스러운 기후—앨버타에서부터 텍사스 남부—가 미국을 동서로 연결하는 넓이 전체에 펼쳐져 있는 듯하다. 식량을 재배하고 사회간접자본을 구축하고 변방 지역을 방어하는 일 가운데 어느 한 가지도 인간 이하의 취급을 받는 대량의 노동력이 없이는 시도조차 하기 어렵다. 유목민의 땅이다.

이 유라시아 유목민의 땅은 문화를 파괴하는 여러 가지 문제들 때문에 고통을 받는다. 가도 가도 끝없는 머나먼 거리, 비싼 운송비, 침략을 막을 방어막이 거의 없는 지형, 짧은 경작기, 끔찍한 홍수에 뒤따르는 끔찍한 가뭄. 러시아가 전쟁 중이 아닐 때, 그리고 러시아 농부들이 적어도 작물을 돌볼 시늉이라도 할 수 있었을 때도, 러시아의 밀밭은 화재로 불타거나 홍수와 가뭄이 번갈아 일어나면서 생긴 엄청난 메뚜기 떼가 먹어치운다.[2]

자본을 창출하는 강, 안정적인 기후, 생산성 높은 농경지가 결여된 여건에서 산업화 이전의 대부분의 러시아인들은 거의 입에 풀칠만 할 정도로 근근이 연명했다. 생계형 농부들은 단위 생산량당 넓은 공간이 필요하기 때문에 산업화 이전의 러시아는 유럽 국가들 가운데 인구밀도가 가장 낮았다.[3]

이러한 지형은 기회도 부여하고 문제도 야기한다.

첫째, 기회를 살펴보자. 18세기와 19세기에 러시아가 부상한 이유는 단도직입적으로 말해서 인구 성장 때문이다. 러시아의 겨울은 한 해의 절반을 차지하므로 경작기가 비교적 짧다. 러시아의 짧은 경작기에 거의 생계유지를 위해 농사를 지으려니 농노들은 아이를 많이 낳아서 경작기와 수확기에 노동력을 충당한다. 광활한 영토를 지키려면 대규모 군대가 필요하다. 다행히 농노들은 아이를 낳는 일 말고는 일 년의 절반 동안 할 일이 없다. 군대가 소집되지 않는 시기에 이 아이들은 제대해 (겨우 수지타산이 맞을까 말까 한) 자기 농장을 꾸린다. 그렇게 역사의 수레바퀴가 구르고 굴러 러시아는 인구와 몸집이 점점 커졌다.

다음은 야기되는 문제다. 경작기가 짧은 광활한 대지에 뿔뿔이 흩어져서 사는 러시아인들은 이동하거나 물건을 운반하는 데 크게 제약을 받으므로, 규모의 경제는 언감생심이다. 산업화 같은 자본집약적인 발전은 절대로 유기적으로 일어나지 않는다는 뜻이다.

폭정

산업화를 방해하는 그러한 장애물들도 이오시프 스탈린을 그리 성가시게 하지는 못했다. 그는 산업화를 밀어붙였다. 스탈린의 통치 하에서 소련 당국은 간이 공장 옆에 코딱지만 한 부실한 아파트를 지어 소련 인민들을 몰아넣었다. 비슷한 수준의 유럽 국가들보다 인구가 적어도 두 배인 나라에서 급조한 공장에 저비용 노동력을 동원하면 어떻게 될까? 그다지 보기 좋은 그림은 나오지 않지만, 소련식 산업화도 산업화는 산업화였다.

스탈린식 접근방식의 망령은 수세대 동안 출몰해 러시아인들을 괴롭혔다.

첫째, 나라의 인구 구조를 거덜 냈다. 도시에서 소련의 산업화가 출생률과 가족 규모에 끼친 영향은 대체로 예상했던 대로다. 농사짓던 사람들을 작은 공간에 몰아넣으면 출생률이 급락한다. 그런데 거기서 끝나지 않았다.

대부분 산업화 하면—도시와 더불어—시멘트와 강철과 자동차와 고층건물과 제조업을 떠올린다. 이러한 생각은 틀렸다기보다 불완전하다. 한 나라가 산업화하면, 여러 가지 기술이 그 사회의 속속들이 침투한다. 시골에까지도. 콤바인, 파종기, 탈곡기, 압축기, 곡물승강기, 철조망도 산업화 시대의 기술이었다.

산업화 이전의 여느 사회와 마찬가지로 1920년대 소련도 시작부터 이러한 기술을 이용하지는 않았다. 소련 농부—거의 생계유지만 겨우 할 정도의 경작—는 그런 기계를 살 경제적 여유가 없었다. 여기서도 역시 스탈린은 조금도 주저하지 않았다. 그는 소련 농부들을 코딱지만 한 경작지에서 강제로 몰아냈다. 새로 생긴 공장 도시로 강제 이주한 이들도 있고 새로운 장비를 갖춘 산업화된 집단공동체에 수용된 이들도 있다. 생활 여건이 바뀌면서 도시로 이주했을 때와 마찬가지로 집단수용소 내에서도 출생률에 비슷한 변화가 일어났다. 그러나 이는 스탈린식 산업화가 미친 해악의 시작에 불과했다.

스탈린은 새롭게 근대화된 농장의 수확물을 더 이상 농부들이 땀 흘린 결실로 보지 않고 소련 국가의 재산으로 보았다. 소련 정부는 개미굴 같은 여건에서 살고 있는 공장노동자들을 먹여 살리기 위해 농산물을 몰수했다. 풍요로운 삶에 대한 희망을 잃은 농부들은 열심히 일해 풍작을 거두려는 노력을 포기하고 새 장비를 이용해 자기 가족이 먹을 만큼만 경작했다. 이러한 "반역적인" 농부들에게 짜증이 난 소련 정부는 수확물의 마지막 낟알 한 알까지도 남김없이 몰수했다. 그 결과를 일컫는 명칭은 구소련에 속했던 지역마다 다르지만, 기아라는 데는 모두가 동의한다. 누가 낸 통계수치인지에 따라서 다른데, 1930년대 초 소련의 집단농장 위기 동안 사망한 사람이 600만 명에서 1,300만 명 사이이다. 스러져간 사람들은 대부분 출생률이 가장 높은 농촌에 살았다.

러시아의 인구는 회복되지 않았다. 소련식 산업화가 인구 구조에 끼친 해

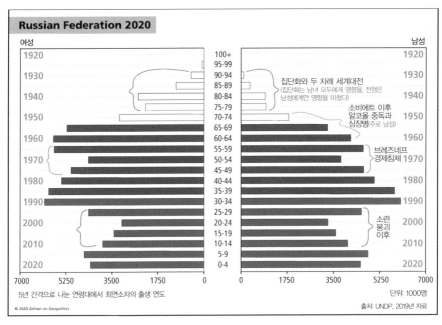

러시아 연방 2020

악이 만만치 않았지만, 이는 소련 인구 구조를 병들게 한 인간이 야기한 여러 가지 재앙들 가운데 하나에 불과했다.

집단화 직전, 제1차 세계대전 동안과 직후, 제2차 세계대전 동안 소련은 수 많은 청년들이 전사하면서 이루 말할 수 없는 타격을 받았다. 한 나라의 인구를 유지하는 데 있어서 젊은 남성은 젊은 여성만큼 필수적이지는 않지만, 딱히 있어도 그만 없어도 그만인 존재는 아니다. 모두 합해서 2,600만 명의 소련 인민이 두 차례 전쟁에서 스러져갔다.

냉전의 끝 무렵, 소련은 그냥 종언을 고한 게 아니었다. 실패했다. 정부가 붕괴되면서 거의 모든 공공서비스가 중단되었다. 군대는 국가를 수호하기는 커녕 부업으로 마약을 밀매하면서 알코올 중독이 만연한 데다가 헤로인 중독 까지 보탰다. 의료 체계도 작동을 중단해서 치료제에 내성이 생긴 결핵과

HIV가 확산되는 위기를 맞았다. 이 모든 현상이 사망률을 높이고 출생률은 낮췄다.

러시아인들은—이제 거주 이전의 자유를 제약한 정부로부터 벗어나—공공 서비스가 전무한 북극 황무지와 농촌을 버리고 그나마 최소한의 공공서비스가 근근이 이어지기는 하는 2급 도시로 이주했고, 2급 도시에 거주하는 수많은 이들은 그보다 서비스가 나은 모스크바로 이주해 몸을 녹일 아파트를 구했다. 러시아 정부가 2010년 실시한 인구조사에서 작은 마을이 11,000개가 넘는다는 사실이 드러났다. 한때 도합 100만 명 이상이 거주했었지만 1990년 이후로 버려진 마을이 되었다.

모스크바가 러시아 내에서는 최고의 공공서비스를 제공한다고 해서 자녀를 낳고 가족을 꾸리기가 적합한 도시라는 뜻은 아니다. 러시아에서 가장 부유한 여성, 옐레나 바투리나(Yelena Baturina)는 혈연으로도 사업관계로도 모스크바 최대의 조직범죄단 솔른체보 갱(Solntsevo Gang)과 긴밀히 연관된 인물이다. 1992년부터 2010년 사이에 그녀의 남편 유리 루즈코프(Yuri Luzhkov)가 마침 시장이었다. 막강한 권력층인 이 부부는 러시아의 수도를 부정한 돈벌이 수단으로 이용했다. 그들은 건물 신축을 금지해서 임대료를 극대화했다. 그 결과 대가족 전체가 단칸방 아파트에 끼여 살아야 했고, 이 때문에 부부가 오붓하게 둘만의 시간을 보내면서 출생률을 높일 기회를 박탈당했다. 자녀를 양육할 공간도 박탈당했음은 두말할 필요도 없고.

지도력의 실패

러시아는 경제적 효율성과는 거리가 먼 나라다. 유감스럽게도 러시아 경제는 하락 일로의 궤적을 그려왔다.

국가가 주도하는 경제 계획은 불간섭 자본주의보다 일정 부분 유리한 점도 있다. 국가가 정한 목표를 달성하는 데 있어서는 말이다. 러시아 제국이나 소련 정부가 특정한 지역에 철로를 깔고 공장을 지으라고 명령하면 국가가 이를 전력을 다해 밀어붙이면 달성된다. 자유 시장 체제에서 정부는 보다 넓은 경제 체제에 비해 가용 재원이 적고, 민간 부문의 이익이 관여하고, 법이 신속한 행동을 제약하는 환경에서 사법 체계가 이 정부와 민간 부문 사이를 중재한다. 중앙집권 체제는 이러한 골치 아픈 문제가 없기 때문에 일이 일사천리로 진행된다.

중앙집권 체제는 분명히 훨씬 바람직하다. 아무도 실수하는 법이 없다면 말이다. 재앙을 초래할 결정을 신속하게 집행하는 데 장애물은 거의 없다.

소련 지도부가 재앙을 초래한 오판은 스탈린의 농촌 집단화뿐만이 아니다. 스탈린이 급격하게 산업화를 밀어붙이면서 재원이 엄청나게 낭비되고 수준 미달인 상품이 생산되었다. 상품의 각 부품마다 따로따로 공장을 지어 생산하고 조립은 또 다른 공장에서 했다는 얘기들이 흔했다. 그게 그나마 이 이야기에서 정상인 부분이다. 비정상인 부분은 마지막 공정에서 완제품이 나오기까지 각 부품을 얼마나 생산해야 하는지 전혀 서로 소통하지 않았다는 사실이다. 소련 시대의 트랙터와 자동차는 오래가지 않았다. 완제품이 애초에 작동을 했다고 해도 말이다. 책꽂이를 조립하려는데 나사못이 하나 없을 때 기분이 어떨지 짐작이 가겠지만, 이 경우에는 그래도 강제노동수용소에 감금될까봐 두려워하지는 않는다.

스탈린의 후임 니키타 흐루쇼프는 주택건설 정책을 통해 인민들 머리 위에 지붕은 얹었는지 모르겠지만, 지은 아파트가 너무 비좁아서 거의 제2차 세계대전 당시 못지않게 출생률을 하락시켰다. 1970년대에 소련은 레오니드 브레즈네프 치하에서 고통 받았다. 그는 소련 체제가 무너지고 있다는 사실을 깨달을 정도의 지력은 갖추었고 왕좌를 노린 모든 도전자를 무릎 꿇게 할 정도의 카리스마는 있었지만, 중앙계획을 대체할 정책을 마련할 정도로 똑똑하지도 카리스마가 있지도 않았다. 그의 통치 하에서 소련은 침체되었고 출생률은 반 토막 났다.

1992년 소련이 붕괴하면서 소련의 관료 조직—그 어떤 나라의 관료보다도 절대로 낫다고 할 수 없는 수준으로 알려진—은 기능을 멈췄다. 대부분의 러시아 산업은 활동을 중지했다. 원유 생산 같은 산업—필요에 의해 기술 관료들이 운영했다—조차도 갈팡질팡했다. 산출량은 반 토막 났다.

장기적으로 볼 때 더 중요한 점은, 러시아 정부의 재정이 파탄나면서 관료와 군뿐만 아니라 정보부서도 급여를 받지 못하게 되었다. 수많은 정보요원들은 첩보에 상응하는 민간 부문에서 자기가 보유한 기술을 응용해 조직범죄단과 관계를 맺었다(직접 조직범죄단을 꾸리기도 했다).

이는 전략적 빙산의 전술적 일각에 불과하다. 소련의 러시아 중심적, 상명하달식, 국가주의적, 정보통제적 체제에서 돌아가는 사정을 훤히 꿰고 있는 이들은 정보국의 최상층부뿐이라는 특이점이 있었다. 1970년대 말 무렵, 정보국의 우두머리 유리 안드로포프는 내심 조용히 소련이 냉전에서 패배했다는 결론에 도달했다. 1982년 국가 지도자 반열에 오른 그와 그의 문하생들, 콘스탄틴 체르넨코와 미하일 고르바초프는 어떻게 하면 체면을 구기지 않고 패배를 잘 관리할지에 대해 내부적으로 토론을 시작했다. 그런데 내부 문제를 해결하지 않은 채 소련이 붕괴했고, 새로운 지도자들을 배출하던 경로—딱히 제대로 작동한 적도 없다—가 완전히 폐쇄되었다.

소련 시대의 정보요원 잔존세력의 지도자는 블라디미르 푸틴으로, 그는 1999년 말부터 러시아 연방을 통치해왔다. 그가 통치한 20년 동안 그의 측근 무리는 점점 줄어드는 인재들 가운데서 차출되었고, 1990년대 혼돈의 시기에 국가를 약탈해먹은 올리가르히(oligarch) 가운데서도 충원했다. 두 세력 모두 역량에 한계가 있는 재원들이고 푸틴도 이를 알고 있다.

푸틴은 분명히 러시아를 안정시키는 데 성공했고 이는 찬사를 받을 만하다. 무엇보다도 푸틴의 정부는 얼추 의료 체계 비슷한 것을 재건했고, 사망률을 누그러뜨리고 출생률은 약간 밀어 올렸다. 그러나 이를 과대평가해서는

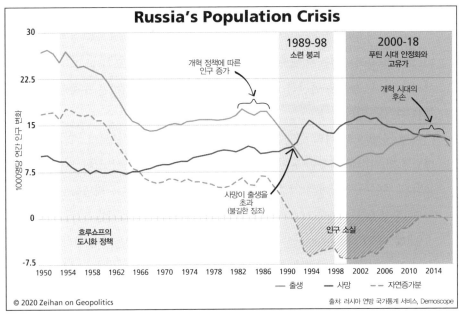

Russia's Population Crisis

1989-98
소련 붕괴

2000-18
푸틴 시대 안정화와
고유가

개혁 정책에 따른
인구 증가

개혁 시대의
후손

사망이 출생을
초과
(불길한 징조)

인구 소실

흐루쇼프의
도시화 정책

1000명당 연간 인구 변화

── 출생   ── 사망   --- 자연증가분

© 2020 Zeihan on Geopolitics

출처: 러시아 연방 국가통계 서비스, Demoscope

러시아의 인구 위기

안 된다.

첫째, 최근 회복세를 보인 출생률은 푸틴과는 아무 관련이 없고 일시적인 현상에 불과하다. 1980년대 말 소련은 정치적, 경제적으로 개방하는 실험을 했다. 그 희망의 시기에 미약한 베이비붐이 일었다. 그 붐의 결과가 2010년 중엽에 나타났다—개혁(perestroika)과 개방(glasnost)의 후손들이다. 1991년 이후로 처음으로 출생자 수가 사망자 수를 넘어섰다.

1988년 무렵 개혁과 개방은 소비에트 사회주의 공화국연방을 회생시키는 데 실패했다는 게 명백해졌다. 붕괴가 임박했고, 예상대로 인구에 영향을 미쳤다. 연간 출생률은 겨우 5년 만에 반토막 났다. 소련 붕괴 직전에 태어나 붕괴 후 자란 세대가 이제 러시아의 젊은 부모 세대가 되고 있다. 따라서 현재의 "긍정적인" 인구 추세는 러시아 민족이 인구 구조와 관련해 접하게 될 마지막 회소식이다. 앞으로는 희소식은 없다.

둘째, 러시아가 제한적이나마 끌어올린 기대수명은 오로지 정부의 공공서비스가 다시 복원되었기 때문에 일어난 현상일 뿐이다. 규모가 큰 도시 지역에서 말이다. 농촌은 여전히 계속해서 거의 지구 종말에 가까운 수준의 사망률을 보이고 있다.

셋째, 현재 러시아의 안정은 깨지기 쉽다. 1990년대 대부분의 기간 동안 배럴당 20달러를 밑돌던 유가가 2007-2008년에 배럴당 70달러 이상으로 폭등하고 푸틴이 러시아의 각종 올리가르히들과 번갈아가면서 타협하고 탄압하는 데 성공한 결과다.

넷째, 푸틴 하에서 러시아가 개선되었다는 사실은 새겨들어야 한다. 처참할 정도로 바닥이던 수준에서 개선됐기 때문이다. 15-29세 러시아 남성의 사망률은 미국이 이라크를 점령하고 뒤이어 내전이 발발한 시기—푸틴 하에서 러시아가 "안정기"였던 때와 겹친다—동안 같은 연령대의 이라크 남성의 사망률의 여섯 배가 넘었다. 어제 젊은이가 사망하면 내일 젊은 부모가 될 사람들이 없다는 뜻이다.

푸틴이 총리에 취임한 후 초창기에 그의 정부는 부가가치가 창출되는 이러저러한 부문을 염두에 두고 러시아 산업을 재가동하려는 시도를 수없이 했다. 그런데 되는 일이 하나도 없었다. 러시아의 교육 체제는 소련이 붕괴되기 전에 이미 붕괴되었다. 2020년 "정규" 대학졸업 학력을 갖춘 사람들 가운데 가장 어린 연령대가 50대 중반이고, 러시아 남성의 평균 사망 연령은 아마 60세 이하지 싶다.[4] 소련에서 가장 우수한 인재는—특히 공학, 에너지, 우주항공학 등 학계 인사들, 아마 러시아 인구의 1퍼센트에 해당하는 이들—1990년대에 소련이 붕괴하면서 미국이나 유럽으로 이주했다.[5]

러시아의 산업은 그 절정기에 너무 비효율적이고 어설퍼서 국내 소비를 활성화시키는 데 필요한 소득을 창출한 적이 없다. 그리고 인재들이 빠져나가고 인구 구조가 궤멸하면서, 러시아는 새로운 산업역군이 될 인력이 부족하다. 러시아가 그들을 단련시키고 관리할 만한 역량을 갖춘 지도자를 배출한다고 해도 말이다.

외부의 도움도 끊겼다. 2015년 무렵, 러시아는 이웃나라들을 대상으로 여러 차례 공격을 한 데 대한 처벌로 서구진영으로부터 기술이전 제한을 비롯해 여러 가지 경제 제재를 당했다. 지금부터 수명을 다할 때까지 러시아 경제가 의지할 데라고는 금속과 에너지에서 뜻하지 않게 창출되는 부가가치와 원자재 채굴밖에 없다. 그게 거의 다다.

그런데 진짜 심각한 문제는 따로 있다

러시아가 지닌 가장 심각하고 가장 고질적인 문제는 전략적인 문제다.

크기가 문제다. 러시아는 배가 다닐 수 있는 물길이 거의 없고 11개의 서로 다른 시간대에 걸쳐 펼쳐져 있으며, 생산성이 낮은 수준에서 중간 수준인 광활한 땅으로 구성되어 있다. 사람과 화물과 군대를 그런 광활한 영토를 가로질러 운송하기란 한결같이 어렵고 비용이 많이 든다. 산업화 이전 시대에 러시아는 크기 때문에 기술적, 경제적으로뿐만 아니라 군사적으로도 낙후되어 있었다. 조직화된 그 어떤 나라도 러시아보다 규모가 작고 선진화된 군사력으로 러시아를 무찌를 수 있었다. 러시아가 승리의 희망을 걸어볼 방법은 징집한 군인들을 이용해 적을 인해전술로 제압하는 한편 날씨가 궂기만을 기도하는 길뿐이었다.

산업화로 인해 이러한 계산법이 조금 바뀌었다. 러시아는 여전히 (한참) 낙후되어 있지만, 1904년에 러시아는 최초로 대륙횡단 철도를 완공해 독일 제국과의 서쪽 국경에서부터 일본과의 동쪽 국경으로 군인들을 몇 주 만에 실어 날랐다. 그 이전 같았으면 그러한 군 병참 업무와 관련된 위업은 1년 넘게 걸렸을지 모른다.

여기서도 소련의 산업화를 한 단계 격상시킨 인물은 스탈린이었다. 이번에는 군 관련 업무에서였다. 역사를 통틀어 독일군은 월등한 조직화와 기술로 매번 러시아군을 압도했다. 그리 힘든 싸움도 아니었다. 제1차 세계 대전이 발발한 직후 일부 전투에서 러시아는 징집한 군인의 3분의 1에게 겨우 지원할 정도의 무기밖에 없었다. 러시아의 전투 전략은 비무장한 군인 3분의 2를 무기를 배급받은 운 좋은 병사들과 함께 전투에 몰아넣어 옆에서 쓰러지는 군인들의 총을 집어 들고 계속 싸우게 하는 방법이었다. 두말할 필요 없이 이런 멍청한 전략은 먹히지 않았다. 제1차 세계대전에서 러시아는 독일에게 처참하게 참패했고 그 결과 우크라이나와 벨로루시 영토를 잃었다. 그로부터 1년 후 연합군이 승리하고 나서야 이 영토들은 현재의 소비에트 모스크바로 반환되었다.

그러나 제2차 세계대전에서 상황이 변했다. 독일의 군사기술과 조직화와 병참과 전술교본은 여전히 월등했지만, 스탈린은 군사기술 발전을 강력히 밀어붙여 보병은 모두 총을 한 자루씩 쥐게 되었다. 이제 더 이상 산업화된 군대와 산업화 이전의 군대 간의 대결이 아니었다. 이제 선진 산업화 군대와 초기 산업화 군대 간의 대결이었다. 독일 보병 한 명이 무기도 없고 병참 지원도 받지 못하는 러시아 군인 다섯 명을 상대해야 한다면, 독일 입장에서는 해볼 만하다. 그러나 독일 보병 한 명이 나치의 전투기 작전 범위를 한참 벗어나 있는, 철도로 이어지는 군사화 산업생산 시설이 있는 마을로부터 병참 지원을 받는 무장한 러시아 군인 다섯 명을 상대해야 한다면 상황은 완전히 딴판이 된다.

러시아가 스탈린그라드 전투에서 이긴 까닭은 전술이나 기술 덕분이 아니라 쪽수 덕분이었다. 뒤이은 쿠르스크와 미우스와 벨고로드와 카르코프와 스몰렌스크와 드네프르와 키에프와 크리미아와 나르바와 데브레센 전투에서도 마찬가지였다. 각 전투마다 러시아는 군인들을 1회용품처럼 폐기처분하면서 인해전술로 밀어붙였다. 대부분의 전투에서 소련은 두 번째 시도에서 이겼다. 네 차례 시도 끝에 이기는 경우도 있었다. 사망률은 소련이 적군에 비해 다섯 배 높았지만 소련군은 끊임없이 밀려왔다. 유목민의 땅에서는 삶의 첫 번째 규칙을 절대로 잊어서는 안 된다. 떼 지어 싸워라. 소비에트 러시아는 그 규칙을 지킬 수 있었다. 나치 독일은 불가능했다.

독일이 소련을 침공하고 34개월 만에 소련의 붉은 군대는 독일의 최후의 항전을 말끔히 일소하고 베를린에 입성했다.

스탈린은 소련의 역대 최대의 전쟁에서 승리했는데 단순히 이기는 데서 그치지 않았다. 그는 러시아의 고질적인 난관을 해소했다. 바로 국경이었다.

러시아 내륙은 지형물이 없고 건조하고 평평하고 광활한 땅이 끝없이 펼쳐져 있다. 그 많은 인구에도 불구하고 러시아 제국과 뒤이은 소련은 국경을 지킬 인력이 부족했고 소극적인 방어 외에 달리 병참 지원을 할 역량도 부족했다. 처음부터 러시아 지도자들의 전략적 정책은 팽창해서 영토를 차례로 흡수하고 흡수한 땅은 완충지대로 삼은 다음 팽창을 거듭하다가 결국—바라건대—지리적인 장애물에 도달하면 그 뒤에 숨는 게 목표였다.

산업화와 함께 스탈린은 병참 문제를 해결했다. 소련 정부는 정적인 전진 방어를 하는 대신 군대를 왕복으로 실어 나를 수 있게 되었고, 따라서 전략을 개발하게 되었다. 독일이 패배하면서 소련군은 도나우 계곡, 북유럽 대평원, 발트해 연안 국가들에 자리를 잡았다. 이로써 접근 문제는 해소되었다. 보다 합리적인 국경과 개선된 사회간접자본을 보유하게 된 러시아는 더할 나위 없이 안전해졌다.

이제는 이 모두가 소용없게 되었다.

현재 러시아가 직면한 전략적 위기는 서로 맞물린 다섯 가지 문제들로 구성된다:

1. **동맹**: 소련이 해체되면서 모스크바는 중부 유럽의 위성국가들을 잃었을 뿐만 아니라 소련을 구성하던 공화국들까지도 잃었다. 20년 안에 소비에트

제국을 구성하는 서쪽 국가들—에스토니아, 라트비아, 리투아니아, 폴란드, 체코공화국, 슬로바키아, 헝가리, 루마니아, 불가리아—이 몽땅 유럽연합과 북대서양조약기구(NATO)에 합류했다. 이 나라들의 군사 자산은 이제 러시아가 아니라 엉뚱한 쪽에 소속되어 있다.

2. **국경**: 러시아는 소련보다 땅 크기는 3분의 1 작고 인구는 절반이지만, 국경이 불규칙적이고 소련의 국경보다 약간 더 길다.

3. **접근**: 러시아의 국경은 방어하기가 훨씬 어렵기도 하다. 특히 서쪽으로부터 방어하기가 어렵다. 러시아는 발트해 전면을 대부분 에스토니아, 라트비아, 리투아니아에게 잃었는데, 이 세 나라는 지금 NATO 회원국이다. 그리고 카르파티아산맥은 이제 국경에서 700마일 바깥에 있다.

4. **인력**: 러시아는 인구가 줄어들고 구소련의 영토를 잃었을 뿐만 아니라 질병과 마약중독 비율이 증가하고 있어서 러시아 국방에 필요한 사람의 수는 이미 1989년 수준의 5분의 1 이하로 줄었다. 2022년 무렵이면 러시아군은 2016년 규모의 절반으로 줄면서 구소련 때보다도 더 길어진 훨씬 취약한 국경은 물론이고 구소련 국경을 방어하기도 불가능해진다.

5. **기술**: 러시아는 노동력이 부족해 우선적으로 유지할 필요가 있는 부문부터 순위를 정해 인력을 공급하고 있다. 모스크바 당국은 새로운 군사기술을 개발하는 동시에 흡족할 만한 품질의 군수품을 생산하는 게 불가능하다는 사실을 알고 있다. 러시아 당국은 중국이 러시아 대신 불가능을 가능케 해주기를 기대했었다. 즉, 첨단무기를 중국에 팔아 얻은 수익을 자국의 제조업에 투입하는 방법 말이다. 그런데 중국은 다른 모든 나라에게 써먹은 방식을 러시아에게도 써먹었다. 전시된 견본품을 사들여, 분해한 다음 모방 제조하고, 도

용한 기술을 약간 곁들인 다음, 알아낸 정보를 바탕으로 국내 생산을 시작했다. 러시아는 가까스로 5세대 전투기—머리카락이 쭈뼛해질 정도로 멋진, 레이더망에 포착되지 않는 Su-57기—를 개발했지만 모스크바 당국은 달랑 한 개 편대밖에 생산하지 못했다. 이와 비슷한 병목현상이 러시아 군수산업 전체에 만연해있다.

종합해보면, 이러한 문제들 때문에 러시아는 정적인 방어 체제로 돌아갈 수밖에 없는데, 이 전략이 제대로 작동하려면 밑 빠진 독에 물 붓듯이 인력이 충원되어야 한다. 그런데 러시아는 더 이상 그럴 만한 인력이 없다.

러시아의 미래는 암울하다. 인구 구조로 볼 때 러시아는 붕괴를 모면하기가 불가능하다. 붕괴는 천천히 진행되고 있지만 이미 상당히 진척된 상황이고, 러시아가 어느 방향에서든 대규모 침공에 직면하면 유일하게 가능성 있는 방어 수단은 핵무기뿐이다.

여기서부터 상황은 점입가경이다.

소원을 성취하면 골치 아파지는 러시아

소련 붕괴 후 러시아의 외교정책—가장 두드러지게는, 미국이 못마땅하게 여기는 분자들, 즉 아프가니스탄, 세르비아, 이란, 북한, 시리아, 베네수엘라 내에 있는 분자들에게 경제적, 군사적 지원을 하는 정책—은 미국을 지엽적인 문제에 발이 묶이게 하고 미국이 주도하는 세계질서를 훼손하려는 목적에서 설계된 노골적인 외교정책이다.

미국 주도 세계질서의 일차적인 목적은 순순히 협조하지 않을 나라들을 다독여서 소련에 맞설 동맹국 체제를 구축하고 유지하는 일이었다는 사실을 기억하라. 1940년대 말과 1950년대에 이 세계질서는 그 목적을 달성했다. 그러나 1960년대 말 무렵 유럽과 일본의 경제가 안정되고 나서, 제국들 간에 경쟁 수위가 오르내리기를 반복한 예전의 행태로 되돌아갈 수도 있었다.

그러나 미국은 그렇게 되도록 내버려두지 않았다. 이 세계질서에 합류하려면 미국이 동맹의 안보정책을 관리하고 운용하는 데 합의해야 했다. 소련에 대항하는 활동까지 포함해서 말이다. 미국은 이 세계질서를 통해 동맹국들이 제멋대로 행동하지 못하게 함으로써 소련을 봉쇄하는 데 성공했을지는 모르지만, 상당히 뻔한 경로를 따라 압박을 집중했다. 이 세계질서는 러시아의 전통적인 경쟁국들을 대부분 묶어놨기 때문에 소련은 러시아가 오랜 세월 동안 가져보지 못한 것을 얻게 되었다. 바로 지속성이었다. 10세기에 슬라브 민족의 정체성이 확립된 이후로, 훗날 소련을 구성하게 되는 영토들은 약탈과 이에 맞서는 약탈과 유목민의 땅 안팎에서 비롯되는 전격적인 침략이 끊임없이 이어지는 바람 잘 날 없는 시절을 견뎌내야 했다. 반면 1946년부터 소련이 붕괴할 때까지, 러시아는 단 한 차례 공격도 받지 않았고 그 덕분에 점령한 영토들을 관리하는 데 집중할 수 있었다.

소련이 지속성을 누리게 된 데는 큰 의미가 있다. 정치적으로 소련은 다민족으로 구성된 제국으로서 자기 민족이 점령당했다는 사실을 뼈저리게 인식하고 있는 비러시아계 민족들이 말썽을 부리지 않도록 다잡아야 했다. 미국이 주도하는 세계질서가 존재하지 않았더라면 소련은 분명히 해외요원들을 대거 파견해 헝가리, 체코 공화국, 폴란드에서 각각 1950년대, 1960년대, 1980년대에 일어난 저항 사태를 악화시켰을 게 틀림없다.

그러나 소련은 반세기 동안 냉전 속에서 평화를 누리면서 도로와 철도망을 구축하고 소련 사회를 산업화했다. 불완전하고 어설프고 비효율적이었다는 주장도 일리는 있지만, 그래도 소련이 그리 했다는 사실만은 변하지 않는다.[6] 현재의 세계질서가 없었다면 소련은 1930년대와 1940년대에 스탈린이 기울인 노력을 넘어 뭔가를 성취할 만한 여유를 누리지 못했을지 모른다.

물론 지금 일어나고 있는 현상이 훨씬 흥미롭다. 미국이 현재의 세계질서를 포기한다면 오늘날 러시아에게는 재앙에 다름 아니다.

인구 구조가 무너지고 있고 교육 체계도 와해되었기 때문에 러시아 경제는 원자재 생산국이자 수출국이라는 현재 지위에 영원히 묶이게 된다. 여기서 수출국이라는 단어가 핵심이다.

현재의 세계질서 하에서 소득을 창출하는 러시아의 수출 품목들—원유, 천연가스, 석탄, 밀, 강철, 반가공 철, 비가공 알루미늄, 다이아몬드, 목재, 구리, 백금, 비료, 냉동생선—은 대부분 바다를 건너든가 제3국을 경유한다. 이러한 수출품들이 안전하게 최종 소비자에게까지 도달하는 이유는 오로지 현재의 세계질서가 안보를 보장하기 때문이다. 그런 미국이 사라지면 러시아 경제가 자본을 창출하는 역량도 사라진다.

그뿐만 아니라 러시아의 현재 이웃나라들은 1939년 이전보다 결코 우호적이지 않다. 여기서 러시아는 이중고에 직면한다. 우선 가장 뻔한 난관은 역사적으로 러시아가 예의 주시해온 나라들—일본, 중국, 우즈베키스탄, 이란, 터키, 프랑스, 폴란드, 독일, 영국, 덴마크, 스웨덴, 핀란드—이 모두 그대로 있다는 사실이다. 이 가운데 대부분은 오래전에 미국의 안보 동맹의 품속에 안겼고, 따라서 모스크바에 직접 대항하는 행동을 자제해왔다. 그러나 미국이 사라지면 이 나라들은 자체적으로 국력을 키울 첩보 수단과 군사적 수단을 마련하고 이를 적절히 이용하지 않을 도리가 없다.

현재의 세계질서는 소련 제국을 에워싸고 붕괴시켰을지 모르지만, 이제 러시아는 앞으로 생존하기 위해서 무너져가는 현재의 세계질서에 가장 의존하고 있는 나라로 손꼽히게 되었다.

그리고 러시아의 문제는 이뿐만이 아니다.

러시아의 출생률 하락은 지역에 따라 천차만별이다. 러시아에서 기후가 온화하다고 할 만한 지역은 없지만, 남쪽으로 갈수록 덜 추워진다. 비교적 온화한 지역이 비교적 출생률이 높고 비교적 도시화가 덜 진행되었지만, 이런 지역들은 딱히 전통적으로 러시아 민족이 거주하는 지역은 아니라는 점을 주목

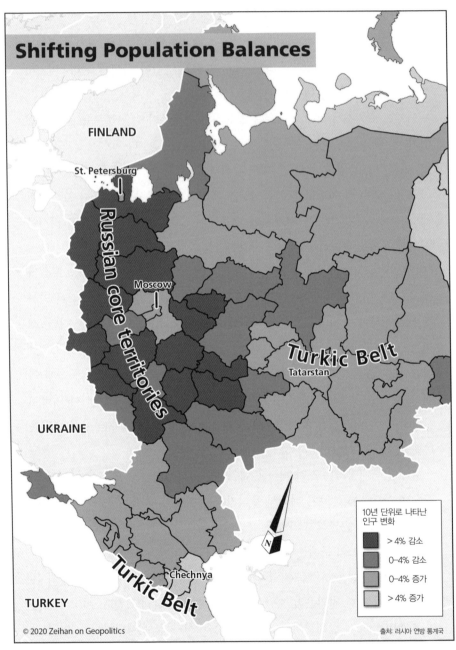

인구 균형의 변화

해야 한다. 이런 지역들은 마르마라해에 정착한 투르크족 이주민들의 후손들이 살고 있다. 체첸, 잉구시, 다게스탄, 타타르, 바슈키르를 비롯한 여러 민족들은 인구 대체율 이하로 출생률이 떨어져본 적이 없고, 러시아 민족이 점점 더 도시화된 지역에 살게 됨과 동시에 이러한 여러 민족들은 2000년대와 2010년에 정세가 안정되고 의료 체계가 어느 정도 개선되는 여건에서 혜택을 보았다.

이 두 상황이 복합적으로 작용하면 치명적인 사태가 발생할 가능성이 있다. 러시아는 자국 영토 전역에 걸쳐서 온갖 소수민족들이 민족적 정체성을 바탕으로 자치나 독립을 주장하는 상황에 직면할 가능성이 있을 뿐만 아니라, 온갖 외부 세력이 그러한 선동을 지원하기 위해 러시아 영토 내로 손을 뻗을 게 거의 확실시된다. 1990년대에 체첸 민족이 일으킨 저항은—16만에서 20만 명이 사망했다—인구 구조의 변화와 민족 정체성이 복합적으로 작용하면 정세가 얼마나 혹독하게 불안정해질지 보여주는 수많은 사례들 가운데 하나일 뿐이다.

참으로 고통스러울 정도로 모순된 상황이다. 1940년대 말 이후로 러시아인들은 현재의 세계질서를 무너뜨려 자국을 에워싼 경쟁자들을 패배시키기 위해서 고군분투해왔다. 그 축복받은 날이 마침내 도래하게 되면 오늘날 러시아에서 그나마 이정도라도 안보와 안정, 부(富)가 가능했던 것은 오로지 미국이 관여했기 때문이라는 사실을 깨닫게 되리라고는 구소련 당국은 꿈에도 생각하지 못했다.

러시아의 주변 지역 살펴보기: 현재의 러시아 국경

이러한 미래가 닥치지 못하게 막으려면 경제가 문제가 아니다. 러시아는 여전히 안보에 집착하는데, 이는 이해할 만하다. 러시아군은 나날이 줄어들고 있다. 러시아 내에서 인구가 증가하는 소수민족들과 인구가 줄어드는 러시아 민족에다가 러시아의 국가 경제가 전반적으로 쇠락하는 상황까지 겹치면, 러시아는 국내 안보 체계를 유지할 인력이 더 많이 필요해진다. 여기에 인력을 돌리려면 재앙 수준으로 방어가 불가능한 국경을 보다 일관성 있게 만드는 방법뿐이다.

국경이라고 해서 어디든 똑같지는 않다.

단도직입적으로 말하면, 중국과 마주한 시베리아 국경은 러시아가 어쩔 도리가 없다. 극동 지역의 러시아 인구는 시베리아 대륙횡단 철도를 따라 난 아주 좁은 회랑에 몰려 있고, 국경 맞은편에 거주하는 중국의 인구는 적어도 그 10배다. 아직 소련이 건재했던 시대에조차도 재래식 전쟁으로 중국과 맞붙는 행동은 어리석은 짓이었기 때문에 소련은 핵무기로 중국을 위협했다. 두 나라가 국경에서 충돌했던 1969년에 그랬다. 오늘날도 마찬가지다. 이 방향에서 중국이 접근해오면 러시아가 취할 수 있는 조치라고는 러시아가 이미 취하고 있는 조치뿐이다. 이 방향에서 러시아를 위협하면 오직 섬멸당하는 결과를 맞게 될 뿐이라는 점을 분명히 인식시키는 방법뿐이다.

중앙아시아와 접한 러시아 국경도 마찬가지로 방어가 불가능하다. 중앙아시아 국가들의 인구와 러시아 인구의 차이—3 대 1이다—보다 더 위협적인 문제는 러시아 쪽 국경 지역에 거주하는 대부분의 러시아 국민들이 러시아 민족이 아니라 러시아 내 투르크 계열의 일부라는 사실이다. 운송수단이 시베리아 대륙횡단 철도 하나뿐인 상황에서 중앙아시아에서 북쪽으로 진출하는 적대적인 세력이 철도상의 단 한 구역만 차단해버려도 러시아는 시베리아를 완전히 잃게 된다.

여기서 러시아에게 그나마 유리한 점은 거리다. 카자흐스탄과 우즈베키스탄의 중심부는 거의가 사람이 살 수 없는 사막과 가까운 지역이다. 이 지역을 넘어서면 중앙아시아 남부 지역은 우즈베크, 카자흐, 투르크, 키르기스,

타지크 민족들이 서로 반목하고 있다. 러시아는 이 가운데 그 어느 민족도 신뢰하지 않지만, 중앙아시아의 서로 다른 민족들이 서로에 대해 반감을 품고 있다는 사실은 모스크바에게는 축복이다.

이 지역에서 이렇다 할 군사적 역량을 갖춘 나라는 단 하나다. 공개적으로 싸움이 붙으면, 우즈베크인들은 이웃하고 있는 투르크메니스탄, 키르기스스탄, 타지키스탄의 알짜배기 지역 대부분을 힘들이지 않고 정복하고, 이 지역의 우즈베크 민족 공동체와 수자원을 확보해 광역 우즈베키스탄을 구축할 수 있다. 그렇게 되면 우즈베키스탄은 졸지에 만만치 않은 역내 세력으로 부상하게 된다. 러시아가 염원하는 미래는 절대로 아니다. 그러나 중앙아시아 불모지 남쪽으로 러시아가 힘을 투사하지 못하게 제약하는 바로 그 지리적 여건이 광역 우즈베키스탄이 북쪽으로 힘을 투사하지 못하게 막는다.

시간도 러시아 편이다. 우즈베크인들이 대대적으로 팽창해 영토를 통합하려면 20년은 걸리고, 그제야 비로소 이론적으로나마 러시아 본토에 직접적인 군사적인 위협이 된다. 러시아는 그보다 시간적으로 훨씬 급박하고 물리적으로도 훨씬 가깝게 닥친 더 심각한 문제들을 안고 있다.

러시아의 남쪽 국경에서 마지막 남은 부분인, 코카서스 지역은 다른 지역과 비교가 되지 않을 정도로 복잡하고 엉망진창이다. 국경 자체는 크게 문제가 아니다—대코카서스산맥은 험준하고 깎아지른 봉우리들이 우뚝 솟아 있고, 그 양쪽 모두 통행로가 거의 없고 해안을 따라 아주 협소한 길뿐이라 국경으로서 제격이다. 게다가 이 지역 남쪽에 있는 세 나라들 가운데 아르메니아와 조지아는 현재의 세계질서 하에서도 여차하면 무너질 취약한 나라들이고 아제르바이잔은 자국을 그냥 내버려 두길 원한다. 이 지역 내에서 그 자체로는 러시아에게 심각한 위협이 되는 나라는 없고, 산맥의 반대편에서 러시아를 위협해온 나라들—터키와 이란—은 적어도 앞으로 한 세대 동안은 자국과 가까운 지역에서 일어나는 문제에 발이 묶일 가능성이 높다.

이 지역에서 러시아에 실제로 위협을 가하는 세력은 산맥의 북쪽 기슭, 즉

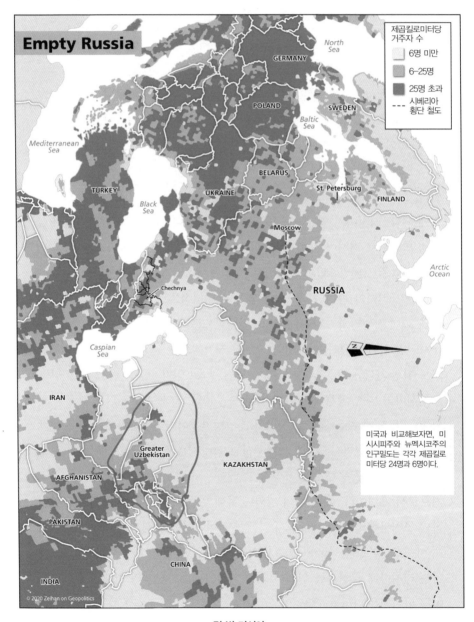

텅 빈 러시아

국제적 국경의 러시아 쪽에 있다. 이 지역은 온통 러시아에 한결같이 적대적인 투르크 소수민족들이 집중적으로 거주한다. 이 가운데 가장 소란스럽고 규모가 큰 집단은 그 악명 높은 체첸 민족인데, 이들은 1990년대와 2000년대에 발발한 두어 차례 전쟁에서 러시아와 전투를 벌여 명성을 떨쳤고, 그 이전에도 족히 2세기 동안 그리 자랑할 거리가 못 되는 전쟁을 치렀다. 최근의 전쟁이 절정에 달했을 때 체첸은 코카서스 북부 전역에서 공격을 감행하기 일쑤였고, 북쪽으로는 멀리 모스크바까지 진출해 테러공격을 감행함으로써 많은 사망자를 내기도 했다.

2000년대 내내 체첸이 얌전하게 군 게 흔히 푸틴의 가장 큰 공으로 거론된다. 그런데 이와는 달리 실상은 추악하다. 러시아군은 이 지역에 시간과 피와 무기를 쏟아부었지만, 결정적인 승리 요인은 푸틴이 직접 손수 체첸 민족 가운데 한 파벌을 설득해 러시아 편에 서서 나머지 체첸 민족과 싸우게 한 것이었다.

오늘날 체첸 공화국은 러시아 연방의 일부로 기능하지 않는다. 지구상에서 가장 병적일 정도로 폭력적인 사람으로 손꼽히는 람잔 카디로프(Ramzan Kadyrov)의 개인 영지다. 람잔은 아크마드 카디로프의 아들로서 푸틴은 본래 아버지 카디로프와 거래를 했다. 아들 카디로프는 자신이 러시아 내의 다른 지역에 살고 있는 수십만 명의 체첸 민족, 특히 체첸 공화국 바깥에 있는 지역 가운데 체첸 민족의 인구밀도가 가장 높은, 다름 아닌 모스크바 내에 거주하는 체첸 민족까지 아우르는, 체첸 민족 전체의 지도자라고 착각하고 있다. 카디로프가 행사하는 영향력은 체첸족 폭도를 통해 러시아 핵심 영토까지 깊이 침투해 있기 때문에 푸틴은 이따금 카디로프에게 이러저러한 말썽꾸러기를 제거해 달라고 요청하기까지 한다.

크렘린 당국은 이에 대해 그다지 망상을 품고 있지는 않다. 러시아의 최고 지도자는 러시아군이 다른 문제에—예컨대 다른 지역에 전쟁이나 폭동이 일어나—정신이 팔리게 되면 카디로프의 군대가 체첸 공화국에서뿐만 아니라 코카서스 북부 전역에서 별 문제 없이 러시아군을 축출하리라는 사실을 잘 알고 있다. 이는 보기보다 실제로 러시아에게 훨씬 위험하다. 코카서스 북부의 인구는 대부분 산맥 북쪽의 아주 비좁은 띠 모양의 평지에서 살지만, 중앙아시아 사막에서 불어오는 건조한 공기와 비 그늘 효과(rain shadow effect, 산맥이 습한 바닷바람을 가로막고 있어 비가 내리지 않는 현상—옮긴이)가 복합적으로 작용해 이 가느다란 평지의 북쪽 지역을 사막에 가까운 기후로 만든다. 코카서스와 모스크바의 거리를 한층 더 멀리 떨어뜨려 놓은 흑해 지류—아조프해—는 모스크바의 남쪽을 감싸는 초승달 모양의 인구밀집 지역을 거의 가로지른다. 코카서스 북부에서 이렇다 할 반란이라도 일어나면 돈강과 볼가강 지역에서 러시아의 영향력은 사라지게 되고, 모스크바 남쪽의 초승달 모양의 지역은 완전히 분리된다.

그러나 러시아가 극동 지역 근처 국경에 대해 우려한다고 하지만 이조차도 러시아가 가장 우려하는 문제는 아니다. 어쨌든 현재로서는 이미 카디로프와 맺은 계약이 효력을 발휘하고 있다. 가능한 조치는 취해놓았다. 정작 러시아가 주목하고 있는 지역은 서부다.

러시아는 서쪽 지평선을 통합된 하나의 공간으로 인식한다. 상트페테르부르크 가까운 북쪽에는 발트해 연안의 소규모 3국, 에스토니아, 라트비아, 리투아니아가 있다. 남쪽으로 이동하면 벨로루시가 러시아와 폴란드 틈새(gap) 사이에 위치하고 있는데, 이 지역을 통과하면 북유럽 대평원에 접근하게 된다. 그 다음으로 거대한 우크라이나가 등장하고 마지막으로 몰도바가 있는데, 구소련과 도나우강 유역을 가르는 베사라비아 협곡의 러시아 쪽에 붙어 있는 조각 땅이다.

러시아는 온 사방으로부터 침략을 당해왔지만, 이 서쪽 접근로가 러시아에게 가장 잊지 못할 기억을 안겨주었다. 스웨덴은 수세기 동안 러시아 영토를 짓밟고 능멸했다. 오스만은 수세기 동안 아무렇지 않게 러시아 영토를 약탈했다. 보다 최근에는 독일이 러시아 황제 시대에 두 차례 전쟁을 일으켰고 스탈린을 거의 제압할 뻔했다.

러시아가 극동 지역에서 직면하는 문제와는 달리 서쪽 국경 문제를 해결하기란 그다지 복잡하지 않다. 적어도 크렘린 당국은 그리 생각한다. 러시아 서쪽 국경과 접하고 있는 모든 나라들(핀란드는 제외)을 점령하고 흡수하면 러시아는 발트해, 카르파티아산맥, 흑해 등 세 개의 장애물 뒤에 숨어서 안보를 확보하게 된다. 여기에다가 폴란드 동쪽 절반까지 차지하면 러시아의 확 트인 전방의 길이는 4분의 3이 줄어들고, 이 경계선이 바로 러시아 군대가 지킬 수 있으면서, 동시에 군의 일부 인력을 러시아의 점증하는 내부 문제를 관리하는 데 투입할 수 있게 하는 선이다.[7]

이러한 서진 정책은 러시아가 직면한, 골치 아픈 많은 문제들을 해결해주지만, 러시아에게 또 다른 문제를 안겨주게 된다.

매우 익숙하고 매우 위험한 문제다.

러시아의 성적표

국경: 러시아 국경은 길고 방어하기가 불가능하기 때문에 러시아는 상당한 지리적인 장애물을 만나거나 군사적 저항에 직면할 때까지 끊임없이 밖으로 팽창하는 경향이 있다.

자원: 러시아는 원유와 천연가스를 대량 생산하는 손꼽히는 생산국이고, 광활한 영토는 대대적인 채굴과 대량 곡물 생산이 가능하다. 이러한 활동은 대부분 특정 계절에 한해 이루어진다. 대부분의 러시아 영토는 계절에 따라 동토와 늪을 오간다.

인구: 구소련이 남긴 후유증과 소련 이후 거의 붕괴된 출생률에 알코올 중

독, 심장병, 폭력, 결핵, HIV로 폭등한 사망률까지 겹쳤다. 러시아는 여러 가지 원인으로 인해 제동이 불가능한 철저한 인구 붕괴에 직면하고 있다.

군사력: 러시아는 여전히 국방에 대대적으로 투자를 하고 있지만 군 장비가 낡은 티가 난다. 30년 이상 된 잠수함과 항공모함은 툭하면 화재가 나지만, 탱크와 전투기와 세계 최대의 핵무기는 무시 못 할 군사장비다. 러시아의 군 장비는 낡았을지 모르지만 그래도 여전히 상당한 위력을 보유하고 있다.

경제: 서방의 경제 제제와 원자재 수출에 지나치게 의존하는 경제 구조인 러시아는 소련이 붕괴된 이후로 고군분투하고 있지만, 러시아의 지리적 여건은 성공적인 산업화 경제 체제를 뒷받침한 적이 결코 없다.

전망: 러시아는 고령화하고 있고, 자신감을 상실한 예전의 강대국으로서 그나마 남은 역량을 잃기 전에 마지막으로 한판 승부를 걸겠다는 결의에 차 있다. 마침 미국이 세계 무대에서 손을 떼게 되는 호기가 왔지만, 하필 이때 러시아의 전통적인 적국들이 재무장에 나서고 있다.

한마디로: 공황 상태다.

독일:
초강대국, 역풍을 맞다

Germany:
Superpower, Backfired

예리함, 효율성, 정밀, 속도, 효과, 정확도.

우리는 독일 하면 이러한 특징을 떠올린다. 그 밖에도 많은 특징이 있다.

또 다른 특징도 있다. 죽음.

유럽은 미국이 유럽의 안보와 경제 문제에서 손을 떼는 상황보다 훨씬 심각한 문제에 직면하고 있다. 유럽연합과 유로존의 해체보다도 훨씬 심각한 문제다. 유럽은 생존조차도 자국의 역량으로는 어쩔 수 없는 여건에 놓인 채 전후에 얻은 것을 지켜야 하는 절박한 상황에 처한 독일이라는 문제에 다시 직면하고 있다.

완벽의 저주

끔찍한 지리적 여건이 야기하는 만성적인 문제에 직면한 러시아와는 달리, 독일이 직면한 문제는 정반대 이유에서 비롯된다. 경제적 관점에서 독일의 지리적 여건은 지나치게 좋다.

미국의 수로 운송망이 미국을 세계 최대의 자본 창출 체계로 만들었다면, 독일의 운송망은 훨씬 한 곳에 집중되어 있다. 라인, 엘베, 오데르, 도나우, 그리고 여남은 개의 소규모 강들이 흐르는 독일은 미국 몬태나주보다 작은 땅덩어리에 2,000마일 정도의 천혜의 물길을 자랑한다. 독일의 강들은 미국의 강들보다도 훨씬 역내로 흐른다. 라인과 엘베 강은 북해로 흘러들어가고 오데르는 발트해로, 도나우는 굽이쳐 흑해로, 거기서 다시 지중해로 흘러들어간다. 독일의 강이 지나가는 경로들을 보면 유럽에서 그 어떤 지역보다도 뛰어난 경제적 접근성을 누린다. 어쩌면 세계 그 어떤 영토보다도 접근성이 뛰어날지 모른다.

그러나 경제적으로 바람직하다고 해서 다른 측면에서도 반드시 바람직하

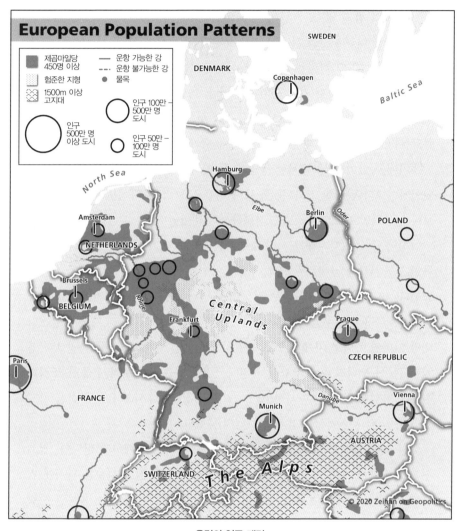

유럽의 인구 패턴

지는 않다.

  엘베, 라인, 도나우 상류 한복판에는 독일의 중부 고산지대―험준하고 나무가 빽빽이 들어선 산이라 21세기에 사회간접자본의 접근이 불가능한 지형—가 자리 잡고 있다. 독일은 중부 고산지대를 감싸고돌아 흐르는 라인강과 엘베강을 따라 V자를 뒤집어 놓은 모양의 땅에 모여 산다. 큰 강들과 중부 고산지대가 독일의 어설픈 뼈대를 형성한다. 독일의 땅은 전통적으로 유럽에서 가장 비옥한 땅이자 가장 분열된 땅이다. 독일 가장자리에 있는 땅이 핵심 영토다. 역사적으로 내부적으로 힘을 규합하는 데 성공한 유럽 국가들이 독일로부터 원하는 것을 빼앗기란 순풍에 돛단배 가듯 쉬웠다.

초기에 독일이 이에 대처할 방법은 한 가지뿐이었다. 그들보다 월등한 무엇인가—보다 탄탄한 교육 체계, 보다 나은 노동력, 보다 신뢰할 만한 금융, 보다 생산적인 제조업체—로 조직화하는 길뿐이었다.

그러나 중부 고산지대가 지리적으로 분리되어 있기 때문에 산업화 이전의 독일은 독일인들 전체를 동원해 국가적 차원에서 이 과업을 이행하기가 불가능했다. 따라서 보통 중앙정부 당국의 몫인 금융과 사회간접자본과 교육과 외교정책들을 시정부들이 떠맡게 되었다. 독일은 지리적 여건 때문에 뭐든지 대박 아니면 쪽박을 차게 되므로 독일의 독립적인 도시국가들은 독일보다 덩치가 큰 이웃 나라들이 국가적 차원에서 발휘하는 역량보다 월등한 조직화 역량을 발휘했다. 탁월한 시정부는 독일인의 정체성에서 중요한 부분을 차지했다. 전국적 차원에서의 통치는 그렇지 못했다.

독일 역사 대부분의 기간 동안 독일이라는 국가는 존재하지 않았다. 정체성과 역량은 철저히 지역적인 문제였다. 거의 모든 독일 도시들은 과거에 기나긴 역사에 걸쳐 작은 독일 왕국의 핵심을 구성했다—이 모두가 독일 사람들이 통일되어서 오늘날 우리가 독일이라고 알고 있는 하나의 정체성으로 통합되기 훨씬 전으로 거슬러 올라간다. 각 도시는 신성로마제국의 요동치며 변하는 1,000년의 역사 속에서 독자적인 정치적 권위를 지녔고, 서로 다른 도시들과, 또는 독일 외의 세력과 합종연횡으로 동맹을 맺으면서 적대적인 세력에 맞섰다. 이러한 독일의 작은 도시국가들 가운데 가장 성공한 나라—독일 북동부에서 비롯된 중무장한 도시국가, 프로이센—만이 규모의 경제에 도달할 만큼 몸집이 커졌다.

이러한 도시국가들의 발전과 독립은 독일의 발전 양상을 크게 변모시켰다. 1840년대와 1850년대에 독일 땅에 산업기술이 도래하면서 이 모든 기술을 동시에 응용할 역량을 갖춘 수십 개의 발달한 도시들은 날개를 달았다. 독일의 이러한 도시 지역들이 가장 먼저 착수한 과업이 도시들 간에 산업도로와 철도망을 구축하는 일이었다. 독일의 산업화로 독일 통일은 가능해졌을 뿐만 아니라 필연적이 되었다.

그러나 한결같이 순탄하지만은 않았다. 독일의 일부 지역 공동체들―독자적인 세력으로 기능하는 데 익숙해진 공동체들―은 저항했다. 독일의 이웃나라들도 모두 저항했다. 곁에 사분오열되고 착취하기 쉬운 이웃이 있는 게 편했기 때문이다. 그러나 새로 도로와 철도가 깔리고 독일 내부에서 서로 상업적 교류와 문화적 융합이 가능해지는 현실을 이웃나라들은 부정하고 있었다. 1864년부터 1871년 사이에 독일의 도시국가들은 세 차례 굵직한 전쟁에서 서로 다른 쪽에 서서 싸웠고, 자기들끼리 그리고 이웃한 세력들과 수많은 협상을 치렀다. 1871년 말 무렵 이런 상황은 끝났다. 통일된 독일이 마침내 탄생했다.

독일의 산업화와 통일 과정이 융합하면서 오늘날 독일이 직면한 역경을 만들어냈을 뿐만 아니라 그 이후 수십 년 동안 유럽의 면모를 결정했다.

마지막 하나 남은 독일인, 꺼질 때 불 좀 끄고 꺼지지?

오늘날 독일의 가장 큰 문제는 인구다. 독일은 산업화 당시에 나라 전체가 동시에 산업화했다. 나라 전체가 동시에 도시화되었다는 뜻이다. 독일의 출생률이 독일 전역에서 동시에 하락하기 시작했다는 뜻이기도 하다. 그리고 하락하는 출생률은 멈출 줄 몰랐다. 경제가 활황일 때 잠시 출생률이 반짝 오르긴 했지만, 대부분의 독일인들이 비좁은 주거 환경에서 살았기 때문에 둘째까지는 몰라도 셋째를 낳으려면 마음을 단단히 먹어야 했다.

사람들로 하여금 자녀를 많이 두도록 하는 데는 넉넉한 공간만큼 영향을 미치는 요소가 없다. 독일이 거론하기를 꺼리는 시기에 반짝 베이비붐이 실제로 일어난 이유다. 바로 1930년대 말 레벤스트라움(Lebenstraum) 시대, 독일이 정신없이 이웃나라들을 합병하고 몸집을 키우던 시기다.

작용은 반작용을 낳는다.

독일이 제2차 세계대전에서 패하면서 단순히 경제적, 문화적, 군사적으로 타격을 받는 데 그치지 않았다. 전후 독일의 몸집도 4분의 1 정도가 줄어들었다. 전후에 독일 이웃나라의 정부들은 과거에 독일 영토였던 지역에 거주하는 독일인들을 강제로 추방했다. 전후 독일 정부당국은 추방당한 독일인들—동서독 합한 인구의 약 18퍼센트에 해당—을 자녀를 두기는커녕 본인이 살기에도 공간이 비좁은 도시 아파트에 정착시켰다.

그건 그때고 지금은 지금이다.

오늘날 독일의 사회적 안정은 요람에서 무덤까지 국민의 삶을 책임지는 정부의 후하고 철통같은 복지 체계를 토대로 한다. 독일이 그동안 이러한 복지 서비스를 감당할 수 있었던 까닭은 인구 구조에서 세 차례 독특한 현상이 일어났기 때문이다.

1. 동독과 서독 모두 1955년부터 1965년 사이에 반짝 베이비붐이 일었다. 이 세대가 수십 년 동안 일을 하고 세금을 납부해왔고, 2010년대에 소득과 세수가 절정기에 이르렀다. 독일은 재정이 흘러넘쳤다.

2. 독일의 베이비붐 세대는 자녀를 많이 두지 않았고, 따라서 초등교육과 육아 서비스 같은 데 비용이 들지 않았다. 독일 국가는 대신 재정을 고등교육과 사회간접자본 같은 부가가치 창출 목록으로 돌렸다.

3. 두 차례 세계대전에서 800만여 명의 독일인들이 사망하면서, 만약 살아

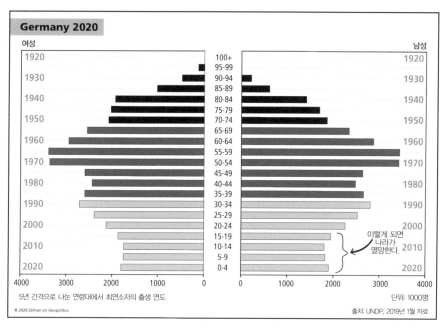

© 2020 Zeihan on Geopolitics

독일 2020

있었다면 1970년대, 1980년대 1990년대, 2000년대에 은퇴했을 인구가 거덜 났다.

부양가족이 별로 없는 고액 납세자들 덕분에 정부의 곳간은 풍요로워졌지 만, 높은 세수와 낮은 정부 지출의 황금시대는 끝나가고 있다.

레벤스라움 시대와 현재의 세계질서가 구축된 초기를 제외하고, 독일의 출생률은 160년 동안 꾸준히 하락해왔으며 이미 시한부 판정을 받았다는 게 피할 수 없는 사실이다. 독일에서는 25년 전부터 출산이 견인하는 인구 성장 은 불가능했다. 여기서부터 문제는 훨씬 심각해진다. 훨씬 더.

자녀를 거의 두지 않은 독일 베이비붐 세대는 2020년대에 대거 은퇴연령 에 접어들면서 생산 역량, 납세 역량, 소비 역량이 붕괴되고 연금과 의료비 관련 정부 지출은 폭증하게 된다. 빠르면 2030년, 노동 연령에 진입하는 젊은 세대의 수는 은퇴하는 베이비붐 세대 수의 절반에 채 못 미치게 된다. 정상적인 나라라면 이런 상황은 경제적, 사회적 참상을 초래한다.

그것도 독일의 경제 추세가 긍정적일 때의 얘기다. 그런데 경제도 긍정적이지 않다.

효율성과 품질의 추구가 독일의 정체성에서 중심적인 자리를 차지했지만 여기에는 대가가 따른다. 최상의 교육, 산업, 사회간접자본 체제를 구축하려면 엄청난 비용이 든다. 독일의 지역과 지방 정부들은 하나같이 민간 저축을 확보해 지역 공동체의 목표를 추구하는 데 사용하므로 소비 중심의 문화를 발달시키는 데 쓸 재정적 여유가 거의 없다. 높은 생산에 낮은 소비가 결합하면 잉여 생산분을 수출하는 방법밖에 없다.[1]

1800년대 말, 독일 제국은 산출재를 흡수할 수 있었다. 당시에는 독일이— 1990년대 중국과 마찬가지로—산업화하고 있었기 때문이다. 그러나 1990년 무렵 인구의 절반 이상이 농촌을 떠나 도시로 이주하면서 세계에서 가장 도시화된 나라가 되었다. 이는 큰 성과임에는 틀림없지만, 잉여생산물이 갈 곳은 나라 바깥밖에 없었다. 과잉생산과 뒤이어 제국의 무역장벽에 부딪히면서 경기 침체가 이어지고, 가격은 폭락했으며, 경제 전체가 삐걱거렸다. 유럽 국가들 간에 이미 진행되고 있던 정치적 경쟁은 경제적 전쟁이 더해지면서 더욱 깊어졌다. 전략적 경쟁으로 변하는 건 시간 문제였다.

최초의 이러한 전략적 경쟁—제1차 세계대전—은 독일의 패배로 끝났고 대공황을 촉발했는데, 다른 어떤 나라보다도 대공황이 시작된 나라에 큰 타격을 주었다. 바로 독일이다. 미국은 대공황 당시 가장 혹독했던 시기에 도시를 떠나 농촌으로 이주해 농사를 지은 사람들 얘기를 하곤 한다. 미국에서 인구밀도가 낮은 지역에서는 농장 생활을 벗어난 지 한 세대가 채 못 되는 사람들이 대부분이었으므로 그런 선택지가 있었다. 독일은 그렇지 않았다. 대부분의 독일인들은 수십 년 전부터 도시에 거주해왔다. 그러니 독일인들이 허리띠를 졸라매기 위해 할 수 있는 일은 자녀를 두지 않는 방법뿐이었다.

냉전 후 독일 통일은 놀라운 국가적 업적—또 그렇게 기억되고 찬사를 받을 만하다—이지만, 그렇다고 해서 부작용이 없다는 뜻은 아니다. 새 독일 정부는 통합 정신에 입각해 서독의 화폐와 동독의 화폐 가치를 동등하게 만든다고 선언했다. 동독의 산업 체계가 서독보다 훨씬 낙후되어 있었는데도 말이다. 이러한 화폐가치 동등화 정책은 구 동독인들의 개인 저축을 보존하기 위해서였지만—저축 주도 경제 체제인 독일에서는 정치적으로 필요했다—그 이후로 동독 경제의 경쟁력은 거덜이 났다. 이 때문에 독일에는 대공황 당시에 겪었던 실업과 경제파탄의 망령이 다시 출몰했을 뿐만 아니라 가족을 꾸리고 자녀를 낳는 이들도 줄어들고 이 때문에 출생률도 급락했으며, 구동독의 경제는 추락했고 다시는 회복하지 못했다.

인구 구조가 시한부 선고를 받아도 상관없는 시기란 결코 없지만, 오늘날과 같은 유럽의 경제 추세에서 인구 구조의 붕괴를 맞는 상황은 그야말로 최악이다. 점점 늘어나는 은퇴 인구를 부양하기 위해 더 많은 세금을 내야 할 근로연령 인구가 급격히 줄어들면서, 안 그래도 자체적인 생산을 다 흡수하지 못하는 독일의 소비 역량은 더 떨어지게 된다. 독일은 그 어느 때보다도 독일 상품을 수출할 곳이 절실히 필요하다. 액수로 따질 때 독일의 최대 수출품은 자동차로서 독일이 국내에서 생산하는 자동차의 80퍼센트는 해외에서 판매된다.

유럽연합은 더 이상 독일 자동차 최대 판매 지역이 아니다. 독일만큼 인구 구조가 엉망인 나라는 별로 없지만, 그런 추세에 있는 나라들 대부분이 유럽연합 내에 있다. 독일 말고 나머지 유럽 국가들도 독일의 잉여상품을 처분할 수출지 역할을 하기는 너무 나이가 들었다.

게다가 유럽은 인구 구조가 건전해도 그 역할을 할 경제적 역량이 부족하다. 기술적 이유든 정부가 야기한 보다 고통스러운 이유든, 유럽 대륙의 일부는 2006년부터 2015년 사이에 경기침체에 빠졌다. 이는 독일의 잘못이기도

하다. 첫째, 독일은 그리스 같은 나라의 통화정책을 자국의 통화정책과 단단히 융합해버렸다. 그렇게 하면 그리스 같은 나라들의 경제가 피폐해지리라는 고려를 하지 않았다. 둘째, 독일은 유럽연합의 몰락하는 회원국들을 구제하는 데 필요한 금융지원을 대부분 떠맡았지만, 독일 정부는 여기에 예산삭감이라는 조건을 달았다. 유럽에서 비교적 취약한 나라들이 취약한 까닭은 독일처럼 경제적으로 명당자리를 차지하지 못했기 때문이다. 이러한 취약한 나라들은 정부 지출로 독일 같은 나라와의 격차를 메운다. 독일이 강요한 긴축정책으로 취약한 나라들의 성장 잠재력이 거덜 났고 이 때문에 유럽이 독일의 상품을 소화할 역량이 사라졌다.

사상누각

드넓은 평원이 펼쳐져 있고 바닷길과 접한 북유럽은 늘 모두가 모두에게 방해가 되고, 서로 치고받으며 바람 잘 날이 없는 땅이다. 북유럽 한복판에 자리 잡은 독일은 군사 문제도 다른 문제와 똑같이 해결하는 수밖에 달리 선택의 여지가 없다. 바로 이웃나라들보다 월등해지는 방법이다. 독일처럼 효율적인 나라가 독일처럼 커지고 독일처럼 정서가 불안해지면 그 불안감은 확산되는 경향이 있다. 독일의 힘은 공포에 빠진 나라의 도전을 부른다. 흥망에 흥망을 거듭한 독일의 역사는 유럽의 역사이기도 하다.

유럽은 이러한 전쟁의 악순환을 끊을 유일한 해법은 게임 자체를 바꾸는 길뿐이라는 결론에 도달했다. 유럽의 모든 나라에게 안보를 보장해주고 억지로 같은 편에 서게 만들게 할 외부 세력을 끌어들이는 방법이었다. 모든 유럽 국가를 대신해 모든 주요 전략적 결정을 내려줄 주체 말이다. 전쟁을 일으키지 않고도 원자재를 확보하게 해줄 주체, 과잉생산으로 경제를 불안정하게 만드는 독일의 공산품을 유럽 바깥의 어딘가로 대량으로 수출하도록 해주는 주체.

그 주체는 미국이다. 그게 바로 미국이 주도하는 세계질서다.

유럽에서 미국 주도의 세계질서를 작동시키는 기구는 북대서양조약기구(이하 NATO로 표기)다. NATO 동맹은 독일을 포함해서 회원국들의 모든 군대를 미국의 전략과 작전권 하에 두어 단일한 명령 체계와 병참 체계로 통합했다. NATO가 추구하는 두 가지 목표는 서유럽 내부의 평화를 유지하는 한편, 서유럽을 소련의 침략으로부터 보호하는 일이었다. NATO의 초대 사무총장 헤이스팅스 이즈메이(Hastings Ismay)는 NATO 동맹의 존재 이유는 "미국을 끌어들여 러시아를 막고 독일의 기를 꺾는 일"이라는 유명한 말을 했다.

냉전이 끝나고 독일은 양손에 떡을 쥐었다. NATO는 구소련 제국으로 확장되어 동맹국들이 독일을 에워쌌다. 독일의 군대는 유명무실해졌다. 거의 존재하지 않게 되었다. 되풀이해서 국방 예산이 삭감되면서 사실상 독일의 육해공군과 무기 배치 역량이 모조리 제거되었다. 어느 모로 보나 독일은 더 이상 군대가 없다.

1990년부터 2020년까지는 그래도 아무 문제가 없었다. 유럽은 중요한 안보 위협에 직면하지 않았으니까 말이다.

따라서 관심의 초점은 NATO에서 유럽인들이 스스로 구축한 유럽 기구인 유럽연합으로 옮겨갔다. 분명한 건립 목표가 있고 기구를 책임진 거대한 지도자가 이끄는 NATO와는 달리, 유럽연합은 그 속성이 애매모호했다. 경제연합인가? 금융연합인가? 아니면 정치연합인가? 미국을 견제하는 기구인가? 자유무역지대인가? 2020년 초 현재 유럽연합은 28개 회원국(2020년 1월 31일 브렉시트는 기정사실화됨―옮긴이)이 있고, 이 기구의 집단지도체제 지도부에 유럽연합의 속성이 뭔지 물어보면 저마다 대답이 제각각이다. 그것도 금융구제나 부채수위나 협상당국이나 정치적 규범이나 투표대상 범위 등 아주 구체적인 사안들을 거론하기도 전에 이미 그렇게 대답이 나온다는 뜻이다. 비교적 크게 논란이 되지 않는 사안에 대해서도 국가원수들이 정상회담을 열어 몇날 며칠을 밤을 새가며 구체적인 내용을 타결해야 한다.

정말로 중요한 문제—예컨대, 회원국의 부채 위기나 불법 이주 같은 문제—를 논하려면 10년 이상의 기간 동안 지도부가 그 문제에 골몰해야 한다. 누가 수장을 맡을지 같은 그다지 사소하지 않은 문제도 있다. 공식적으로는 유럽연합의 의장은 여섯 달 간격으로 모든 회원국들이 돌아가면서 맡는다. 그런데 의장이 몰타의 차례가 되면, 유럽 외부에서는 유럽을 진지하게 받아들이기가 어렵다. 유럽 내에서조차도 그렇다.[2]

현재의 세계질서 하에서는 이와 같이 천천히 부드럽게 유유자적하면서 통합의 길을 밟는 게 별 문제가 없었다. 미국은 유럽 전체가 자국 편에 줄을 서게 만들었을 뿐만 아니라 NATO를 통해 안보 전선에서, 미 해군을 통해 세계 안보 전선에서, 페르시아만에 주둔한 군사력을 통해 에너지 전선에서, 서반구에서 미국의 탁월한 입지와 오스트레일리아와의 동맹을 통해 원자재 전선에서, 세계무역기구를 통해 무역 전선에서 미국이 궂은일을 도맡아 했기 때문이다. 유럽은 치즈 제조와 관련된 정책을 놓고 며칠이고 노닥거리면서 세월아 네월아 갑론을박하면서 토닥거릴 여유가 있었다.[3]

독일의 입장에서 보면 이 모든 역기능은 오늘날 유럽의 아름다운 면모의 일환이었다. NATO는 유럽 열강들 간의 안보 경쟁을 금했다. 유럽연합이 아무리 엉망진창이고 어설프고 근시안적이어도, 경쟁의 장을 순전히 경제 부문으로 국한하면 독일은 영토를 온전히 보존하고 산업의 역동성을 유지할 수 있다. 독일에게는 그게 중요하다. 오로지 그것만이 중요하다.

부가 축적되고 안보가 보장되고 독일이 온순해지면서 대부분의 유럽인들은 허황된 꿈을 믿게 되었다. 세계에서 가장 유혈이 낭자한 땅에서 수세기를 살아남은 끝에 마침내 피의 역사를 탈출할 동력을 얻었다고 믿었다. 아름다운 꿈이다. 나도 믿고 싶을 만큼.

그러나 미국이 지금까지 맡아온 책임을 방기하면 그 꿈은 물거품이 된다.

유럽은 군사적 난관에 직면한 올망졸망한 국가들이 옹기종기 모여 사는 지역이다. 인구 구조의 붕괴를 목전에 두고 이민을 소화하지 못해 고군분투하는 지역이다. 자기 국경을 통제할 역량이 없고 외부인 공포증에 시달리는 이들이 수두룩한 지역이다. 친환경 발전을 할 역량이 없는 환경보호주의자들이 큰소리치는 지역이다. 문제를 풀기는커녕 문제가 뭔지 제대로 규명할 방법도 없는 금융위기에 직면한 지역이다. 가장 가까이 위치한 비중 있는 이웃나라들, 즉 터키와 러시아와의 관계를 이제 이 지역을 떠나려 하는 외부 세력인 미국에게 맡겨놓은 지역이다. 경제적, 재정적, 군사적으로 가장 탄탄한 나라인 영국으로부터 이별 통지를 받은 지역이다.

유럽은 이제 서로 맞물린 여러 가지 위기가 한꺼번에 닥쳤다. 화폐, 금융, 은행, 통화정책, 공급사슬, 불평등, 이주, 석유, 천연가스, 전기, 인구 구조, 소비, 수출, 수입, 리비아, 시리아, 터키, 러시아 위기. (어쩌면 미국도 유럽에게는 위기를 야기하는 나라일지도?) 위기는 여기서 끝이 아니다. 설상가상으로 어떤 대처를 하더라도 유럽의 모든 나라들이 각 문제의 우선순위를 정하고 대처 방안을 마련하는 데 만장일치로 합의해야 한다. 독일의 입장에서는 거의 최악의 사태를 맞게 된다는 뜻이다:

- 독일은 작열하는 햇빛도 내리쬐지 않고 거세게 휘몰아치는 바람도 불지 않는 나라다. 대체에너지 기간시설과 친환경 기술 부문을 우대하는 전방위적인 규제 구조를 구축하는 데 거의 2조 유로를 쏟아부었지만, 전기료가 2000년의 수준(이미 미국 평균 전기료의 두 배가 넘는 수준)에서 두 배로 인상되었고, 친환경 발전에서 얻는 전기는 전기 수요의 10퍼센트가 채 안 된다. 독일은 친환경 기술 이용이 폭증하기 시작하기 전보다 오히려 지금 수입한 화석연료 의존도가 훨씬 높아졌다.
- 독일은 수출의 절반과 수입하는 에너지 전량을 유럽연합 바깥에 있는 나라들에 의존한다. 독일의 최대 소비재 수출 시장이 미국이다. 중국은 3위다.

- 독일 제조업 공급사슬은 거의 모두 유럽연합 내의 나라들에 의존한다.
- 독일의 (그리고 유럽의) 인구 구조 붕괴는 소비 문제와 생산 문제를 한층 더 악화시킨다.
- 미국이 유럽을 떠나면 안보 경쟁이 다시 등장한다.

중국과 마찬가지로 독일의 경제성장도 환상적이었다. 중국과 마찬가지로 독일의 경제성장도 오로지 역내 안보환경이 변하고 세계질서를 통해 보다 넓은 세계와 아무런 위험 없이 무역으로 연결되어 있었기에 가능했다. 중국과 마찬가지로 독일도 현재의 세계질서가 종언을 고하면서 엄청난 고통을 겪게 된다.

독일은 이제 독일의 역사를 규정했던 흥망을 되풀이하는 역사로 되돌아가고 있지만, 중국과는 달리 독일은 비무장을 환영했고 그렇게 함으로써 자국을 지키게 해줄 수단들을 자발적으로 포기했다.

독일은 이제 선택의 여지가 별로 없다:

- 북해는 원유와 천연가스가 풍부하지만 북해 연안의 다른 나라들, 특히 영국이 이미 기존의 사회기간 시설을 이용해 대부분을 흡수하고 있다. 북해의 자원은 독일에게까지 차례가 오지 않는다. 중동은 물량이 남아돌아가지만 이 지역은 유럽 대륙과 터키의 맞은편 엉뚱한 곳에 위치해 있다. 항로의 안전이 보장되지 않는 세상에서 독일은 다른 행성으로 이사하는 게 차라리 나을지도 모른다.
- 노동 비용과 관련한 선택지도 상당히 제한되어 있다. 유럽 내에서 스칸디나비아반도, 영국, 프랑스 모두 비용 구조가 비슷하기 때문에 시너지 효과를 낼만한 여지가 별로 없다.
- 대부분의 유럽 국가들은 지리적인 이유(영국, 스웨덴)나 상업적인 이유(프랑스, 스페인) 때문에 제조업 공급사슬을 대부분 자국 내에 보유하고 있다.

- 단순히 취향의 문제이기도 하다. 이탈리아는 제조업 운영방식이 다르다. 이탈리아는 독일처럼 조립공정과 대량생산 접근방식을 취하지 않고 산업을—장인이 손으로 한 땀 한 땀 정성들여 만드는—예술로 취급한다.[4]
- 고객의 경우, 유럽 역내 최대 소비 기반은 프랑스와 영국이다. 현재의 세계 질서가 절정에 달했을 때조차도 프랑스는 시장을 외부에 개방하지 않는 편을 선호했다. 영국은 프랑스보다 개방적이었지만 브렉시트를 겪고 나면 영국 시장에 대한 접근은 물 건너간다. 네덜란드는 독일과의 무역을 계속하겠지만 네덜란드는 거대한 최종 소비지라기보다 상품이 경유하는 나라에 가깝다. 네덜란드의 1,700만 인구가 독일의 수출품을 흡수하는 데는 한계가 있다.

그래서 독일은 동쪽에서 기회를 본다. 폴란드, 체코공화국, 슬로바키아, 헝가리 등 구소련 위성국가들은 지리적으로도 가까울 뿐만 아니라 독일과 이 나라들 사이에 지리적인 장애물이 거의 없다.

- 수입 에너지를 장거리 운송하기가 여의치 않다면 러시아가 있다. (비교적) 운송 거리가 짧은 러시아는 다양한 운송 방법이 있고, 대부분이 이미 매설된 가스관을 통해서 수입된다.
- 중부 유럽 국가들의 임금은 독일 임금의 3분의 1이다(이보다 낮은 경우도 있다). 제조업 체계를 이 나라들과 통합하는 게 경제적으로도 합리적일 뿐만 아니라 독일이 독자적으로는 절대로 달성할 수 없는 규모의 경제를 얻게 된다.
- 폴란드를 비롯해 중부 유럽 국가들은 경제 수준이 독일의 절반 정도밖에 안 되지만 인구 규모는 거의 독일 인구 규모에 맞먹는다. 이 나라들은 제조업에 필요한 노동력과 소비 기반을 독일에게 모두 제공한다.
- 중부 유럽 지대를 벗어나자마자 4,400만 명 인구의 우크라이나와 1억

4,000만 인구의 러시아가 위치하고 있는데, 러시아의 경우 어느 시기에도 자국이 필요한 제조업 수요를 충족시킨 적이 없다.

독일의 필요를 충족시키면서 손에 닿을 만한 거리에 있고 확보할 가치가 있는 것은 독일의 동쪽에 있다. 따라서 독일과 러시아는 충돌할 가능성이 있다. 독일이 동쪽에 위치한 국가들과 제조업 체계를 통합하는 데 성공하면 독일은 이 나라들을 안보에 필수적인 지대로 여기는 러시아 바로 옆에 위치하게 된다. 러시아에게는 완충지대가 사라지게 된다. 현재의 세계질서가 사라진 세계에서 모든 나라가 다시 불안해하게 되고 독일 제조업은 폭스바겐보다는 장갑차를 닮게 된다. 독일은 거의 무장해제된 상태에서 다시 재무장을 하게 되므로 독일의 국방력이 신장되는 속도를 보면 과거에 독일과 칼을 맞대거나 포탄을 주고받은 경험이 있는 그 누구라도(1,500마일 이내에 위치한 모든 나라) 공포에 질리게 된다. 그 반대로, 러시아가 중부 유럽 국가들을 아우르는 데 성공하면 교통량이 그리 많지 않은 날 자동차로 4시간이면 베를린에 도달할 거리에 러시아 점령군이 주둔하게 된다. 그렇다면 세상은 어떻게 될까?

마지막 시도

원자재 확보와 수출시장 접근은 새로울 게 없다. 독일이 고질적으로 겪는 핵심적 문제다. 국경과 내부 반란에 대한 러시아의 우려도 마찬가지다. 두 나라의 이해가 중첩되어 서로에 대해 적대적인 관계가 되는 상황을 처음 겪어보는 것도 아니다.

역사적으로 볼 때 이런 상황이 연출되면 두 나라 지도자들은 숨을 크게 들이마시고 두 나라 사이에 놓인 영토들에 대해 치밀한 대화를 나눈다. 그러고 나서 두 나라는 유혈사태를 피하기 위해 대화 주제를 따라 지도 위에 선을 그어 영토를 나누기로 한다. 문제는 항상 똑같다. 각자 영향권에 둘 영토를 분할하기는 쉽다. 그러나 합의 사항을 이행하는 순간, 두 나라 사이의 완충지대는 두 나라에 먹히고 사라진다. 독일과 러시아가 이 시점에 도달할 때마다 결국 서로에게 총부리를 겨누고 말았다. 두 나라 간의 밀월 기간이 얼마나 지속될지가 유일한 관건이다. 한 세대? 10년? 아니면 그보다 짧을까?

이런 상황이 가장 최근에 연출되었을 때, 두 나라 간의 협정은 겨우 22개월 동안 지켜졌다.

이번에는 덧없이 짧은 기간이나마 두 나라의 공존을 요하는 네 가지 이슈가 있다.

첫째, 군사기술이 또다시 진화하고 있다. 가장 최근에 일어난 독일과 러시아 간의 전쟁은 대포와 비행기로 시작되었다. 이제는 크루즈미사일과 제트기가 있다. 보통 속도와 도달범위와 치명성이 증가하면 결판이 나기까지 걸리는 기간이 압축된다.

둘째, 독일과 러시아의 이웃나라들에만 변화가 일어나는 게 아니라 독일과 러시아에도 변화가 일어난다. 다가오는 세계질서의 와해에서 살아남기 위해 두 나라에서는 정치적, 사회적, 경제적 혁명이 양산된다. 가장 최근에 이 두 나라 국민이 그처럼 급격하게 변하는 운명을 겪은 결과 나치즘과 레닌주의가 탄생했다. 독일은 파시즘으로, 러시아는 또 다른 이름의 파시즘으로 회귀하리라는 게 요점이 아니라 지난번 두 나라에서 혹독할 정도로 부정적이고 철저한 정부 교체를 야기한 압력이 오늘날 두 나라가 받고 있는 압력과 비슷하다는 사실이 중요하다는 뜻이다.

예컨대, 1930년대 독일에서 바이마르 공화국 시기에 파시스트가 부상하게 된 이유를 생각해보라. 인력의 수요를 제한하는 새로운 산업 기술 덕분에 대거 삶의 터전을 잃었고, 수출시장이 붕괴되면서 대거 경제적 터전을 잃었으며, 대대적인 경제적 불평등이 야기되었고, 대대적인 인구 불균형과 이주 불균형이 초래되었고, 정치지도자들은 이러한 문제들을 외면했다기보다는 자신들 힘으로는 어쩔 수 없는 상황에 갇혀버렸다. 바이마르 체제는 결국 독일을 서슴지 않고 위험한 새로운 방향으로 내몬 포퓰리스트들이 전복시켰다. 어디서 많이 들어본 얘기 같지 않은가? 미국이 유럽을 관리하고 유럽 대륙의 경제적 필요와 안보 요건들을 충족시키지 않게 되면 독일은 다시 정상적인 국가처럼 행동해야 한다. 제5공화국이 어떤 형태를 취하든 제4공화국만큼 평화를 사랑하고 예의 바른 나라는 아닐 가능성이 높다.

러시아의 경우 급격한 체제 전복의 가능성은 독일보다 훨씬 가까이 다가와 있다. 정보요원이 압도적으로 높은 비율을 차지하는 러시아 정치 엘리트 계층은 200명이 채 되지 않는다. 러시아는 이제 단 한 차례 비행기 격추 사고가 나거나 암살 시도가 일어나거나 악성 독감이 유행하기만 하면 정부가 해체되거나 쿠데타가 일어날 상황에 놓여 있다.

두 나라가 급속히 대결 국면에 빠지게 되리라고 보는 세 번째 이유는 이 두 나라에게 시간이 얼마 남지 않았다는 점이다. 두 나라 모두 인구 구조가 너무나도 취약하기 때문에 인구 문제만으로도 나라가 멸망할 수 있다. 남은 시간이 너무 빠듯해서 현재의 독일인과 러시아인들은 살아있는 동안 그 끝을 보게 된다.

그 끝은 두 나라의 암울한 인구 구조가 암시하는 시기보다 더 빨리 올지 모른다. 혁명이라고 해서 다 성공하지는 못하기 때문이다. 정치적, 경제적 혹은 문화적 체제가 급격한 전환을 겪게 되면, 구체제가 씻겨 내려가지만 신체제는 아직 완전히 구체제를 대체하지 못한 상태인 재설정 시기를 수년 거치게 된다. 가장 최근에 독일이 그러한 시기를 겪은 때가 제2차 세계대전에 패배했을 때이다. 러시아의 경우는 냉전 후 소련이 붕괴했을 때이다. 각 사례에서 새로 기반을 마련하는 데만도 적어도 5년이 걸렸다.

정치적, 사회적, 경제적 전환에 실패하면 독일이나 러시아나 얼마 남지 않은 소중한 시간을 낭비해 절대로 회복하지 못하게 될 가능성이 높다. 그나마도 두 나라 간의 경쟁을 고려하기 전의 얘기다. 성공적으로 변신한 러시아는 실패한 독일을 어떻게 이용할까? 그 반대의 경우라면 어떻게 될까? 독일이 중부 유럽 국가들을 자국의 경제 궤도에 진입시키는 데 실패하거나 러시아가 관리 가능한 국경을 확보하는 데 실패한다면 이번에는 그야말로 끝장이다. 이 경쟁이 지닌 전부(全部) 아니면 전무(全無)라는 속성 때문에 두 나라는 한층 강력한 압력을 받게 되고 판돈은 올라가며—다시 한 번—남은 시간은 압축된다. 두 나라는 말 그대로 꺼져가는 불빛을 살리려고 안간힘을 쓰고 있다.

여기서 우리는 독일과 러시아 간의 이 갈등이 중부 유럽과 동부 유럽에 대한 평화로운 공동지배로 끝나지 않을 가능성이 높은 네 번째와 마지막 다섯 번째 이유에 도달하게 된다. 유럽에서 힘깨나 쓰는 나라는 독일과 러시아뿐만이 아니라는 사실이다.

주목해야 할 나라들의 가운데 1순위는 미국이다. 미국이 독일과 러시아 간의 관계가 협력에서 대결로 바뀌는 데 대해 특별히 관심을 둘 만한 이유가 있어서라기보다, 독일이나 러시아의 행동이 뜻하지 않게 미국의 심기를 거스르면 미국이 행동에 나서게 된다는 뜻이다.

유럽에서의 미국의 국익이 NATO와 세계질서를 토대로 하지 않는 세계에서는 미국의 개입이 기업적인 속성을 띠게 될 가능성이 높다는 뜻이다. 독일의 가장 우선적인 동기유발 요인은 경제적 영향권의 확보이고, 미국과 독일은 이러저러한 시장이나 원자재의 유통을 두고 서로 엮일 가능성이 높다. 독일이 미국과 엮인 이러한 관계를 효과적으로 관리하는 데 실패한다면 더 넓은 세계에서 독일이 유지했을 뻔한 몇 안 되는 관계를 단절하게 된다. 미국은 유럽 바깥에서도 (쉽게) 헤쳐 나갈 수 있지만 독일은 불가능하다.

미국과 러시아의 사이가 틀어지면 훨씬 심각한 결과가 야기될 가능성이 높다. 미국의 국방과 정보 당국은 러시아와 관련된 것이라면 무엇이든 상쇄시키는 데 수십 년의 경험을 쌓았다. 이 경험—그리고 이에 따른 정보와 무기 체계—은 러시아에게 회복 불가능한 해를 끼칠 수 있는 국가나 민족 집단과 쉽게 공유할 수 있다.

영국의 개입은 개입할지 여부보다는 어떻게 개입할지가 관건이다. 지난 3세기 대부분의 기간 동안 영국(그리고 그 이전의 대영제국)은 독일과 러시아 양국과 10여 차례 전쟁과 전쟁에 준하는 경쟁을 치렀다. 때로는 두 나라와 동시에 대결하기도 했다. 대영제국의 힘이 절정에 다다랐을 때 영국은 모든 나라와 싸우고 있었던 셈이기 때문이기도 하다. 그러나 그 후 영국이 싸우는 동기는 두 가지 명분을 따르게 된다.

첫째, 그냥 좋은 전략이기 때문이다. 처음부터 영국의 정책은 대브리튼섬을 위협할 유럽 해상력의 부상을 막는 일이었다. 이 목표를 달성하는 가장 쉬운 방법은 예방조치를 취해서 그 어떤 나라도 유럽 대륙 전체를 지배하지 못하게 하는 일이다. 완전히 통일된 유럽은 영국이 아니라 미국과 어깨를 겨루는 수준이 되고, 통일된 유럽이 바다에 띄울 해상력은 영국을 바다에서 퇴출시킬지 모르기 때문이다. 유럽의 맹주가 부상하지 못하게 선제적인 조치를 취하는 정책은 진 토닉이나 내구성 강한 비옷과 장비만큼이나 영국의 정체성을 형성하는 핵심적인 요소다.

1850년 이후로 유럽을 지배하는 목표 달성에 가장 가까이 갔던 두 나라는 독일과 러시아다. 영국이 보기에 독일과 러시아 둘 다 유럽 무대에서 영원히 사라질 가능성이 손에 잡힐 듯 가까워진다면 결코 그 기회를 놓칠 리 없다.

둘째, 복수심도 분명히 작용하게 된다.

러시아는 사이버 도구로 미국 정치에 개입해 뜨거운 논란을 야기했는데, 바로 그 도구를 영국에서도 스코틀랜드 독립 찬반과 브렉시트 찬반과 보수당과 노동당의 흥망 양쪽 모두에 이용해왔다. 영국은 러시아의 이런 야비한 짓이 중단되기를 앙망하고 있다. 영원히.

독일에 대한 영국의 태도는 훨씬 직관적이다. 영국인들 사이에서는 독일이 유럽연합을 탈퇴하려는 영국의 입장을 지금보다 훨씬 잘 이해했어야 한다는 정서가 강하다. 이 글을 쓰는 현재, 브렉시트 드라마는 여전히 진행 중이지만

(2020년 1월 31일 공식화됨—옮긴이) 이미 엉망진창이고, 영국의 경제는 오랜 세월 동안 계속된 경기침체로 고꾸라지고 있다. 그러나 영국은 관록 있는 해상국가로서 보복당할 두려움 없이 원하는 곳이면 어디서든 외교적, 경제적, 재정적, 군사적 압박을 가할 수 있다. 그리고 그러한 압박을 유럽에 가하는 경험을 수세기 동안 쌓아왔다. 앙갚음은 뼈아픈 법이다.

그 다음은 한 가족 같은 나라들, 바로 스칸디나비아반도 국가들이다. 이 지역은 지리적으로 수많은 특징들이 절충되어 있다는 점에서 극을 달린다. 노르웨이는 바다와 면한 전면이 어처구니없을 정도로 긴 사실상의 도시국가다. 핀란드는 제2차 세계대전에서 알짜배기 땅을 소련에게 잃었고 이따금 군대 훈련막사 같다. 덴마크는 영국과 거의 비슷한 세계관을 지닌 섬나라다. 발트해 3국은 소련이 점령했었다. 스웨덴은 이 지역에 있는 거의 모든 나라와 여러 차례 전쟁을 치렀다. 미국이 떠나면 이들을 위해 나서줄 이가 아무도 없다. 서로 상부상조하는 도리밖에 없다. 덴마크와 스웨덴 바이킹의 후예인 이들은 모두 말 그대로 가족이나 다름없다.

독일이 기지개를 켜고 행동을 개시하면 딱히 이를 환영할 나라는 하나도 없지만, 스칸디나비아 지도자들이 밤잠을 설치게 만드는 원흉은 결국은 러시아다. 러시아가 사실상 안전을 확보하려면 발트해 3국을 다시 한 번 러시아에 종속시키는 길뿐이다. 그렇게 되기만 해도 스칸디나비아 국가들은 똘똘 뭉치게 되고, 어쩌면 독일을 응원하게 될지 모른다(비록 마지못해서긴 하지만).

마지막으로, 독일과 러시아의 밀월이 재현되는 그 어떤 상황도 더할 나위 없이 끔찍하게 받아들일 나라가 하나 있다. 폴란드다. 폴란드는 그 어떤 유럽 국가보다도 독일과 러시아 두 나라와 전쟁을 많이 치렀고, 두 차례에 걸쳐 이 두 거대한 이웃나라들에 의해 분할되고 먹혔다.

맞대결하면 폴란드는 이길 승산이 없다. 폴란드의 인구는 독일 인구의 절반이고 경제발전 수준은 러시아의 수준보다 그다지 나을 게 없다. 폴란드는 인구 규모, 경제 수준, 기술 역량 어느 부문에서도 독일과 러시아 둘을 동시에 상대하기는커녕 독일이나 러시아와 일대일로 붙을 역량도 되지 않는다. 여기서 세 가지 짚어볼 사항이 있다.

첫째, 제2차 세계대전 당시에 분할되었던 폴란드와는 달리 지금의 폴란드는 산업화되어 있다. 그래도 싸우면 여전히 폴란드가 지겠지만, 소련과 독일이 3주 만에 폴란드의 명줄을 끊어놓은 1939년과는 달리 이번에 폴란드는 훨씬 치열하게 싸울 게 틀림없다.

둘째, 폴란드는 엄청난 지원을 받게 된다. 독일과 러시아가 다른 대륙 국가에 골몰하게 되면 해양 국가인 영국과 스칸디나비아 국가들은 압박을 덜게 된다. 결국 이 해양 국가들은—훨씬 다변화된 경제 구조, 훨씬 용이한 공급선, 훨씬 나은 인구 구조, 지리적으로 격리되어 우월한 전략적 위치 등을 지녔다—시간을 벌기만 하면 된다. 폴란드가 이 나라들을 위해 시간을 어느 정도 벌어줄 수 있지만, 그러려면 폴란드가 깔아뭉개지지 않아야 한다. 따라서 이 해양 국가들은 해군, 공군, 병참지원, 물자지원, 정보를 폴란드에 대대적으로 지원해주고, 만약 공개되면 시치미 떼고 부인할 수 있는 특수군 활동도 지원해주리라 기대된다.

셋째, 핵무기도 고려 대상이 될지 모른다.

현재의 세계질서 하에서 국가들은 보통 재래식 전쟁에서 자국이 물리치기 불가능한 나라들을 억제하기 위해서 핵무기를 확보하려고 했다. 이스라엘은 아랍 국가들을 억제하기 위해서, 파키스탄은 인도를 억제하기 위해서다. 북한과 이란은 미국을 억제하기 위해서다. 그러나 미국이 여기서 빠지면 핵 억지력이 쓸모 있다고 생각할 국가들이 확대된다. 일본과 대만은 중국을 억제하기 위해, 한국은 북한과 일본을 억제하기 위해, 사우디아라비아는 이란을 억제하기 위해 핵무기를 개발하게 된다.

핀란드, 스웨덴, 독일—특히 폴란드—은 러시아를 억제하기 위해 핵무기를 개발하게 된다.

원자폭탄 제조 방법은 비밀이랄 게 없다. 관련 기술은 1940년대 이후로 계속 존재해왔다. 당시에 미국은 오늘날 달러 가치로 250억 달러도 안 되는 예산으로 제조에 착수한 지 약 4년 만에 완성했고, 그 예산의 90퍼센트는 핵분열 물질—오늘날 원자력 발전소만 있다면 어디서든 나오는 폐기물로 입수 가능한 물질—생산에 투입되었다. 핵무기는—지구상 먼 지역으로 쏘아 보내지 않고 바로 이웃나라에 투척하는 게 목적이라면—만들기가 어렵지 않다. 그리고 미국이 손을 뗀 후 독일과 러시아가 중부 유럽 주변을 어슬렁거리며 군침을 흘리고 입맛을 다시게 되는 상황에서 폴란드만큼 핵무기가 절실한 나라는 없다.

독일, 폴란드, 러시아 간의 대결에 핵무기가 개입되면 안보를 확보하기 위한 러시아의 팽창정책과 독일의 경제적 생존 계획에 차질이 생기는 한편 폴란드의 생존은 보장된다. 이 모두가 총 한 발 쏘지 않고도 해결된다. 모두에게 누이 좋고 매부 좋은 일이다. 독일과 러시아만 빼고. 그렇지만 폴란드가 억지력을 지닌 핵을 개발하려 한다면, 폴란드는 그 핵으로라도 억제하고자 하는 바로 그런 종류의 공격에 직면하게 될 가능성이 높다.

독일과 러시아는 경제와 안보가 훼손되어가는 이런 상황에서 그들이 직면한 난관을 극복할 수 있을까? 서로 충돌하는 상황을 어떻게든 모면한다고 해도? 솔직히 말하면 극복할 확률은 낮다. 두 나라 중 어느 한 나라도 이 경쟁을 너끈히 돌파할 지구력을 지니지 못했고, 이 두 나라 모두 실패해야 이득을 보는, 역량 있는 많은 나라들이 너무 가까이 위치하고 있다.

분명한 사실은 독일과 러시아의 관계가 협력의 형태를 취하든 대결의 양상을 보이든, 두 나라가 단말마의 고통으로 몸부림치게 되면 두 나라의 시선은 서로에게, 그리고 두 나라의 시야에 잡히는 운 나쁜 나라들에게 고정될 것이다. 이와 같이 거대한 전략적 혼란 상황은 많은 나라들에게는 절호의 기회가 되는데, 다름 아니라 다음 세기 동안 유럽을 규정할 나라에게 특히 절호의 기회가 된다.

독일의 성적표

국경: 독일과 독일의 서쪽, 동쪽, 북쪽 이웃나라들 사이에 이렇다 할 완충지대는 거의 없다.

자원: 부를 창출하는, 운항 가능한 물길의 밀도가 세계 최고이고, 세계에서 가장 효율적인 제조업과 생산 체제를 갖추고 있으며, 세계 최고의 고숙련 노동력을 보유하고 있다. 하지만 물리적인 자원은 쥐뿔도 없다.

인구: 늙어도 너무 늙었다. 세계에서 가장 고령화되었고, 가장 빨리 고령화하고 있는 인구로 손꼽히는 독일 인구는 너무 나이가 많아서 국내 산업이 생산하는 상품들을 다 소비하지 못하기 때문에 수출에 의존한다.

군사력: 독일은 탁월한 탱크, 디젤 잠수함, 전자 감시 장비를 만든다. (독일에게는) 불행히도 (그러나 폴란드나 벨기에나 그 밖에 그 어떤 나라에게도 다행스럽게도) 수십 년 동안 NATO에 의존하고 제2차 세계대전과 냉전으로 손발이 묶여 있었기 때문에 종이 장갑차가 되었다.

경제: 독일 경제는 제조업 분야가 고품질 상품을 전 세계 소비자들에게 판매하는 데 의존하고 있다. 세계질서가 무너진 후에는 이 방법이 먹히지 않는다.

전망: 미국이 주도하는 세계질서에 독일만큼 의존하는 나라는 거의 없다. 독일의 차선책—유럽연합—은 이미 붕괴되고 있다. 독일은 새로운 방법을 모색해야 한다. 아니면, 옛날 방법으로 돌아가든가.

한마디로: 한물갔다.

프랑스:
맹주가 되고자 몸부림치다

France:
Desperately Seeking Dominance

프랑스는 아주 오랜 세월 동안 세계 2위의 강대국이었다.

샤를마뉴 대제의 제국이 쪼개지면서 등장한 프랑스는 늘 1등의 발꿈치만 따라가는 상황에 놓였다. 아랍 다음, 이탈리아 다음, 스페인 다음, 영국 다음, 독일 다음, 미국 다음. 정치 추세와 기술 추세가 바뀔 때마다 프랑스는 따라가기에 급급했다. 미국이 세계 체제를 구축하고 지정학적 경쟁을 동결시키자 프랑스는 거대한 기계의 부품으로 전락했다.

프랑스는 현재의 세계질서가 부여한 경제적 혜택에 편승하지 않았다. 프랑스는 대부분의 생산을 국내에서 소비했고 국내시장을 철저하게 보호하는 국가주의적 성향을 보였다. 프랑스 경제는 유럽과도 그다지 연결되어 있지 않다. 프랑스의 외교는 유럽연합의 입장과는 의도적으로 거리를 두어왔다. 유럽연합의 입장을 프랑스가 주도해서 결정할 때만 빼고. 프랑스 군대는 독자적으로 작전을 실행할 역량을 유지하고 있다. 현재의 세계질서 하에서 프랑스의 이러한 자세는 대단히 비효율적이고 대체로 성공적이지 않았으며, 엄청난 실기(失機)였다.

반면, 현재 독일 체제는 현재 세계질서의 범위 내에서 작동하게끔 맞춤형으로 구축되었다. 세계적인 규모의 경제, 자원과 시장에 대한 무한한 접근, 안보 책임 전무, 지금까지 전례가 없는 유럽의 지속성. 독일은 활짝 피었다. 프랑스는 정체되었다.

그러나 현재의 세계질서가 종언을 고하게 되면 얼어붙었던 역사의 물길이 다시 출렁이게 된다. 현재의 세계질서가 사라지면 독일은 자국의 다당제 사회복지 민주주의 체제를 가능케 했던 모든 경제적 특징들이 사라지는 상황에 처하게 되거나, 시장 접근에서 원자재 접근까지 뭐든지 싸워서 쟁취해야 하고, 게다가 자국의 영향권을 보호하고 어쩌면 국경도 보호하기 위해 싸워야 한다. 러시아와의 사이에 위치한 나라들을 두고 러시아와 경쟁해야 한다. 참사로 이어질 가능성이 있다고? 물론이다. 그러나 독일이 경제적 쇠락과 지정학적, 전략적 경쟁에 골몰하게 되면 프랑스에게는 한 번도 찾아오지 않았던 기회의 창이 활짝 열리게 된다.

현재의 세계질서 없이도 현재 자국의 경제 모델이 여전히 작동할 나라는 거의 없다. 그런데 프랑스가 바로 작동할 나라 가운데 하나다. 프랑스는 미국, 영국, 네덜란드, 스페인, 이탈리아, 독일과—심지어 러시아와도— 비교적 우호적인 실무적 관계를 유지하고 있다. 프랑스의 정치 역사는 변하는 지정학적 환경에서 상황을 관리하고 극대화하고 조종한 사례들로 점철되어 있다. 입지 확보와 상황 대처를 혼용한다는 사실이 애초에 수많은 유럽의 조약들이 프랑스에서 서명된 이유의 절반이기도 하고, 이러한 요인들은 그 어느 것도 미국의 속셈과 무관하다.

프랑스는 국내 체제가 지속가능하고 전략적으로 복잡하게 얽혀 있지 않기 때문에 유럽에서 유일하게 비중 있는 국가로 부상하게 되고, 유럽을 프랑스의 모습을 본떠 만들어갈 여유를 얻게 된다. 그리고 유럽 바깥에서도 똑같은 시도를 하게 될지도 모른다.

2인자에 머문 사례들로 점철된 역사를 뒤로하고 마침내 프랑스가 각광받을 때가 도래했다.

프랑스의 힘

가장 기본적인 요소들만 추려내면, 프랑스의 힘은 특정한 지역 덕분이다. 보스(Beauce)라는 지역이다. 석회암이 풍부한 토양 덕분에 세계에서 가장 비옥한 농지로 손꼽히고, 여기서 생산되는 농작물은 수세기 동안 프랑스 북부 주민들을 모두 먹여 살리기에 충분했다. 하지만 이는 시작에 불과하다. 보스는 브리 치즈, 버터, 바게트 원료 공급지 이상의 가치, 그보다 훨씬 높은 가치를 지닌 땅이다.

이온(Yonne)강은 남쪽에서 북쪽으로 흐르면서 보스를 관통하는데 보스의 동쪽 절반은 성공할 요소들을 모두 갖춘 비옥한 농지에 저렴한 운송수단에서 비롯되는 통상적인 혜택들을 모두 부여해준다. 그러나 이온은 평범한 강이 아니다. 오세르(Auxerre)에 위치한 물목에서 67마일을 흘러 파리 도시 지역 바로 위에 위치한 센(Seine)강 체계로 흘러들어간다. 프랑스 북부의 돌출한 지역을 굽이치는 센강 수로망은 280마일에 달하는데, 보스 지역의 풍요로운 농작물을 수도 파리를 비롯해 몇 개의 핵심적인 인구밀집 지역과 연결해준다.

그러고 나서 센강은 영국해협으로 빠져나가는데, 이 해협의 대륙 쪽 프랑스 지역은 북유럽 대평원에서 가장 북적거린다. 북유럽 대평원은 프랑스뿐만 아니라 벨기에, 네덜란드, 독일, 덴마크, 폴란드, 리투아니아, 라트비아, 에스토니아, 벨로루시의 고향이기도 하며, 이런 나라들을 지나면 막힘없이 탁 트인 광활한 유라시아 유목민 지역이 펼쳐지는데 이 지역은 우크라이나, 러시아, 카자흐스탄을 비롯해 여러 나라의 고향이기도 하다. 세계 그 어디에도 그토록 여러 민족이 그토록 많은 나라들을 구성하고, 그토록 많은 나라들이 단일한 땅덩어리에 집중적으로 몰려 있는 지역이 없다. 센강을 따라 위치한 파리—북유럽 대평원의 서쪽 끝 근처—의 지리적 여건 덕분에 프랑스는 유럽에서 펼쳐지는 어떤 협상 테이블에도 숟가락을 얹는다.

보스-센이 연결되는 지리적 여건으로 인해 프랑스는 명실상부한 북유럽 국가로서 그에 상응하는 부와 역량을 갖추게 된다. 그러나 파리와 센강이 프랑스의 정체성을 구성하는 핵심적인 요소라고 해도 그것만으로는 부족하다. 운 좋게도 그보다 훨씬 많은 것들을 프랑스는 갖추고 있다.

센강 덕분에 프랑스가 북유럽의 강국이듯이, 론(Rhone)강 덕분에 프랑스는 남유럽의 강국이기도 하다. 그러나 북적거리는 북유럽과 달리 남쪽에서는 그다지 경쟁이 치열하지 않다. 지중해 연안의 매우 건조한 기후 때문에 문명이 뿌리내리기가 쉽지 않기 때문이다. 지나가는 건조한 바람에서 비라도 쥐어짜낼 만큼 높이 솟구친 대지 같은 지형도 거의 없다. 높이 솟구친 그런 지역들은 번성하기는 하나, 깎아지른 지형 때문에 역내의 강들이 잔잔하게 평

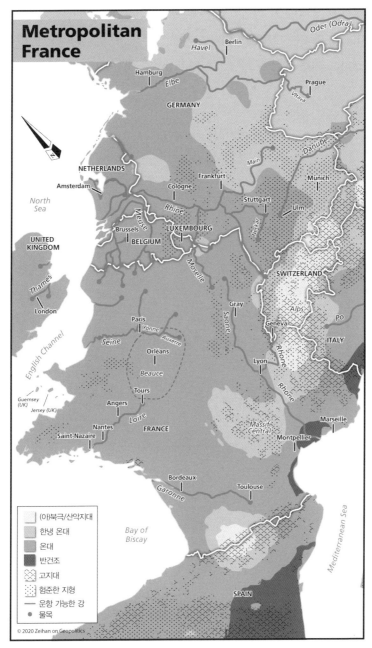

Metropolitan France

Oder (Odra)

Havel

Berlin

Hamburg

Elbe

GERMANY

Prague

Vltava

NETHERLANDS

Frankfurt

Main

Danube

Munich

Amsterdam

Cologne

North
Sea

Rhine

Stuttgart

Ulm

Neckar

**UNITED
KINGDOM**

Meuse

Brussels

LUXEMBOURG

BELGIUM

Moselle

SWITZERLAND

Thames

Alps

Po

London

Gray

Geneva

Paris

Yonne

Seine

Auxerre

Saône

Rhône

ITALY

Orléans

Lyon

English Channel

Beauce

Rhône

Guernsey
(UK)
Jersey (UK)

Tours

Angers

Massif
Central

Marseille

Nantes

Loire

FRANCE

Saint-Nazaire

Montpellier

Bordeaux

Toulouse

Garonne

Mediterranean Sea

Bay of
Biscay

SPAIN

| | (아)북극/산악지대 |
| 한냉 온대 |
| 온대 |
| 반건조 |
| 고지대 |
| 험준한 지형 |
| 운항 가능한 강 |
| ● 물목 |

© 2020 Zeihan on Geopolitics

프랑스 대도시 지역

지를 흐르지 못해 배가 다니기는 불가능하다. 그리고 여기서 국가의 역량이 비롯된다. 프랑스는 지중해에 면한 나라들 가운데 유일한 예외다. 보스-론 강을 연결하는 지형 덕분에 프랑스는 명실상부한 지중해 국가이며, 그 지위에 걸맞은 부와 역량을 모두 갖추고 있다.

보스의 남쪽 끝을 간질이면서 흐르는 강이 또 하나 있다. 왕들의 강이라고 불리는 루아르(Loire)강이다.[1] 루아르강은 엄밀히 따지면 북유럽 강이긴 하지만, 실제로 서쪽으로 흘러 프랑스를 상징하는 도시들—오를레앙, 투르, 앙제, 낭트—을 연결하고 비스케이만으로 빠져나간다.

홍수에 취약하고 급류가 흐르는 루아르강은 오늘날 컨테이너 화물선을 기준으로 보면 더 이상 상선이 오갈 만한 물길은 아닐지 모르지만, 프랑스 역사를 통틀어 파리의 영향력을 전파하는 핏줄이 되어왔다. 그리고 프랑스 내부에서뿐만이 아니다. 생나제르(Saint-Nazaire)—오늘날에도 프랑스 최대의 조선소가 있다—의 루아르 항구는 스칸디나비아, 대브리튼섬, 북유럽 대평원에 위치한 프랑스의 전통적인 경쟁자들로부터 멀리 떨어져 있다. 여러모로 루아르 연안은 프랑스가 구세계로 진출하는 관문으로서 "한낱" 유럽보다 훨씬 더 넓은 무대에서 비중 있는 역할을 하는 나라로 프랑스를 자리매김시킨다.

프랑스를 흐르는 강은 이게 다가 아니다. 뫼즈(Meuse)강 덕분에 프랑스는 벨기에 대부분을 지배한다. 모젤(Moselle)강은 국경을 흐르는 강(라인강, Rhine)의 지류로서 프랑스가 독일과 네덜란드에 영향을 미치도록 해준다. 론 강을 따라 상류로 거슬러 올라가면 유럽의 이른바 중립국이라는 스위스의 중심부로 거침없이 도달 가능하다. 가론(Garonne)강은 상류인 툴루즈까지 전역이 배가 다닐 수 있는데, 툴루즈는 지중해 연안에서 겨우 100마일 거리에 있으므로 남유럽 국가들에 대한 프랑스의 영향력을 강화해주는 한편, 이베리아반도를 에둘러 가는 긴 항해를 할 필요 없이 강과 도로를 연결하는 지름길을 조성해준다.

프랑스를 흐르는 강들이 배치된 지형만 봐도 바깥으로의 진출을 부추긴다.

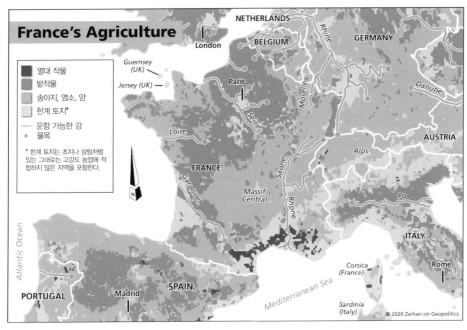

프랑스의 농업

배가 다닐 수 있는 센강과 루아르강은 함께 프랑스 북서부 전체를 감싸 안으며 흐른다. 감싼다는 표현보다 아마 숨 막히게 한다는 게 적합한 표현일지 모른다. 노르망디나 브리타니처럼 비교적 험준한 지역은 강이 흐르는 지역에서 너무 멀기 때문에 쉽게 동화되지 않고 반란을 일으킬 가능성이 높다. 이 두 강이 배치된 모양 덕분에 파리의 영향력이 이 두 지역 모두에 직접 미칠 수 있다. 어느 모로 보나, 이 덕분에 프랑스 북서부 전체가 확장된 핵심 영토의 일부가 된다. 론강도 알프스산맥과 리비에라 지역에 비슷한 영향을 미치는 한편, 가론강은 보르도 지방을 연결한다. 프랑스에서 가장 험준한 고지대인 마시프 상트랄(Massif Central)조차도 핵심부의 영향권에서 벗어나지 못한다. 이 지역은 지형이 너무나도 가팔라서 2000년대에 가서야 처음으로 다차선 도로가 생겼지만, 동쪽으로는 론강이 서쪽으로는 가론강이 감싸고 있기 때문에 이 지역조차도 프랑스의 문화적 힘이 수세기 전에 존재한 분리주의 성향을 잠식했다.

유럽 반도의 끝에 달린 손잡이 모양인 프랑스의 땅 모양조차도 도움이 된다. 프랑스의 전면에 위치한 영국해협, 비스케이만, 지중해 덕분에 전형적인 섬 기후에 가까운 온화한 해양성 기후를 보인다. 유럽 대부분 지역과 비교하면 프랑스는 훨씬 따뜻하고 비가 많이 내리는 반면 계절의 극심한 변화는 훨씬 덜 하다. 마시프 상트랄 고지대를 제외하고 프랑스 전역은 전형적인 온대 기후를 보인다.

프랑스는 국경도 아주 그럴싸하다. 프랑스 남쪽과 남동쪽 국경으로 피레네 산맥과 알프스산맥이 우뚝 치솟고, 이 두 산맥은 깎아지른 봉우리들이 우뚝 우뚝 솟아 있어서 인간이 역사를 기록한 이래로 이베리아반도와 아펜니노반도와 육로를 통해 직접 접촉한 적이 거의 없다.

침략이 밥 먹듯이 일어나는 북유럽 대평원 통로 쪽의 프랑스 국경조차도 어느 정도 침략을 모면하는 지형이다. 프랑스의 북동쪽은 알프스산맥에서부터 북해 해안까지 나무가 빽빽이 들어선 일련의 산기슭이 이어지면서 이 지역을 관통하게 해주는 벨기에 틈새(gap)를 만들어내지만, 이는 북유럽 대평원에서 가장 너비가 협소한 지점이다. 당연히 이 협소한 관문은 유럽 역사를 통틀어 여러 차례 가장 치열한 싸움이 벌어진 장소로 손꼽힌다.[2]

프랑스를 흐르는 많은 강들을 통해 보스에서 생산된 풍부한 농산물들이 프랑스 전역으로 널리 유통된다. 이 강들은 상업적 이익을 창출하는 핏줄 역할을 한다. 프랑스의 국가 정체성을 확립하고 공고히 하는 역할도 한다. 이 강들은 전혀 다른 세 개의 방향을 향해 전혀 다른 세 지역들로 흘러들어가 프랑스가 힘을 투사하도록 부추긴다. 영국해협과 북해, 지중해와 중동, 그리고 비스케이 만과 신세계가 바로 그 세 지역이다. 이 강들은 북유럽 대평원에서 가장 방어가 튼튼한 위치에서 프랑스를 안전하게 보호하면서도 북유럽 대평원이 베푸는 모든 기회를 프랑스가 이용하도록 해준다.

게다가 지리적 여건은 바뀌지 않으므로 그러한 기회는 오랜 세월 동안 존재해왔다.

로마제국이 멸망하고 라틴의 영향이 지역의 규범을 덮어쓰거나 삭제하는 대신 지역의 규범과 융합되었다. 그 결과 일찍이 5세기에 일관된 프랑스 정체성이 확립되었다. 영국보다 족히 500년은 앞섰고 독일보다는 1,000년이 앞섰다. 보스에 있는 프랑스 핵심지에서부터 이 정체성은 변방 지역으로 스며들어갔다. 노르망디에 남아 있던 켈트족, 동쪽으로는 게르만족, 남서쪽에 있는 바스크족, 심지어 마시프 상트랄 고지대에 고립되어 사는 이들에게까지 말이다. 프랑스는 지구상에서 프랑스의 지리적 위치에 맞먹는 지역에 사는 그 어떤 민족보다도 결속력 있는 문화를 누려온 가장 오랜 전통을 자랑한다.

독특한 특징들이 조합된, 프랑스의 지리적 여건은 특별하다고만 표현하기에는 너무 부족하다. 프랑스 영토의 지형은 프랑스를 문화적으로 정교하고 경제적으로 풍요롭고, 기술적으로 발전하고 정치적으로 활력 있고, 외교적으로 필수적인 존재로 만든다. 프랑스의 지형은 한적한 시골이든 빛의 도시 파리든 프랑스의 어느 지역이든 풍요롭게 만든다. 프랑스의 지형은 프랑스를 베른과 브뤼셀 같이 가까운 지역뿐만 아니라 몬트리올과 사이공 같이 머나먼 지역에까지도 개입하게 해준다. 프랑스의 지형은 프랑스로 하여금 흩어진 조각들을 어떻게 짜 맞춰야 하고 어느 장치를 잡아당겨야 이러저러한 원하는 결과를 얻을 수 있는지에 대해 심층적으로 이해하도록 해준다. 프랑스의 지형은 프랑스를 초강대국으로 만든다. 그것도 내구성이 강한 초강대국으로. 그러나 그렇다고 해서 그게 항상 쉬운 길이었다는 뜻은 아니다.

한계의 지정학 1부: 민족주의

18세기 말 프랑스는 제멋대로인 불평불만 분자들이 뒤섞여 있는 위태로운 온상이었다. 초기 산업화 기술이 전통적인 장인들의 활동영역을 훼손시키고 있었다. 인쇄기 덕분에 매체의 파급력이 멀리까지 확대되었지만, 아직 보도의 정확성이나 공공선에 이바지할 의무 등과 같은 기준은 아직 확립되지 않은 상태였다.[3] 빚이 점점 쌓이면서 정부는 운신의 폭이 제한되었다. 군림하는 군주—루이 15세—는 멍청했다.

한마디로 이 나라는 폭발하기 직전이었다. 미국의 민주주의라는 바이러스가 체제 파괴자가 아니라 절박한 상황에서 매달릴 지푸라기 구실을 한다고 생각해보라.

상황은 매우 험악해졌다. 프랑스혁명은 단순히 왕족을 단두대에 처형한 사건이 아니다. 뒤이은 공포정치는 서구 문명을 가장 흉측한 종류의 포퓰리즘으로 인도했다—크고 작은 폭도들이 말 그대로 절대군주 정체인 앙시앵레짐을 불태우고, 즉결 처형 심판이 너무나도 만연해서 잘려나가는 머리를 담을 바구니가 부족할 정도였다. 화석화된 문화적, 군사적, 경제적 규범이 단 몇 달 만에 씻겨 내려갈 때 이런 일이 일어난다.[4] 프랑스가 쌓아올린 공포정치의 후유증 더미에서 부상한 체제는 다시 태어난 프랑스가 아니라 뭔가 근본적으로 새로운 체제였다.

민족주의 프랑스였다.

지정학적 관점에서 보면, 민족주의의 특징은 국력을 동원하는 역량이다. 중세 봉건주의는 왕족, 귀족, 농노들 간에 역량이 분산되었고 이 세 집단 각각의 내부에서, 또 세 집단 사이에 뇌물과 협박으로 의리를 담보하는 체제였다. 그럭저럭 작동하기는 하는 체제이나 매우 비효율적이다. 반면 민족주의는 민족의 정체성을 중앙집권화된 통치 체제에 직접 융합해, 중개자를 없애고 충성을 통치 명분의 일환으로 삼는다. 이와 같이 조직이 간소화되면 더 많은 재원—특히 노동력과 재정—이 모두를 통치하는 정부로 흘러들어간다.

민족주의는 빠르게 뿌리를 내렸는데, 프랑스의 강들이 이념을 신속히 전파하는 데 상당히 큰 역할을 했다. 단 한 차례 끔찍한 유혈 사태로 중세 질서의 경제적, 정치적 계급들을 섬멸하고 나자 프랑스는 내달리기 시작했다.

이제 정부에 집중된 이 모든 재원을 가지고 무엇을 할지가 관건이었다. 민족 국가는 민족이 뿌리이므로 누구나 "국민" 자격이 있는 것은 아니다. 20세기를 뒤로하고 이제 21세기를 사는 당신은 이 이야기가 어디로 흘러갈지 알고 좌불안석일지도 모르겠다. 민족주의는 봉건주의보다 훨씬 막강하고 역량 있고 포용적이고 책임 소재가 분명한 국가를 만들지 모르지만, 전쟁에 돌입하기도 너무나 쉽다.

민족주의라는 사회적 기법에 힘을 얻은 프랑스는 1800년대 초에 가장 결집되고 안정적이고 동원 가능하며 힘센 나라가 되었다. 반면 나머지 유럽은 정치적으로 분열되고 감정적으로 사기가 저하되어 있고, 대개의 경우 군사적으로 무능했다. 나폴레옹 보나파르트는 축구 관람하는 난동꾼에게 화염방사기를 쏘듯, 자신이 공격받으리라고 꿈에도 생각지 않던 적들을 상대로 민족적 이익과 정부의 이익의 결합에서 나오는 위력을 휘둘렀다. 단 몇 년 만에 프랑스의 시민군은 이탈리아와 이베리아반도뿐만 아니라 북유럽 대평원에 위치한 나라는 하나도 남김없이 정복하든가 강제로 동맹을 맺고 모스크바의 관문에 떡 버티고 서게 되었다.

그러나 프랑스의 승부수는 그냥 실패하는 데 그치지 않고 참담하게 실패했다. 여기서 프랑스의 힘이 주는 첫 번째 교훈을 얻게 된다. 프랑스가 모든 계획을 일사분란하게 세우고 다른 모든 나라들이 한눈을 팔고 있을 때조차도, 유럽의 지리적 여건—끝없이 이어지는 북유럽 대평원, 다채로운 고지대와 반도와 섬들—을 보면 프랑스는 절대로 이길 수가 없다.

한계의 지정학 2부: 산업화

민족주의로 프랑스가 경쟁에서 우위를 점했다면 산업화에서는 프랑스의 경쟁자들이 우위를 점했다.

19세기 초 독일 영토는 지도상으로 보면 독립적이고 때로는 서로 적대적인 10여 개의 도시국가들로 구성되어 엉망진창이었고 산업혁명이 야기하는 난관에 대단히 취약했다. 화학비료는 농촌의 노동력 수요를 줄여 봉건영주들을 피폐하게 만들었고, 농부들을 자기 농지에서 몰아냈다. 수입한 제조품들은 독일의 정교한 길드 체계(즉, 당시의 중산층)를 붕괴시켰다. 이러한 압박이 점점 강해져서 1848년 사회불안이 극에 달했고, 많은 도시국가들이 붕괴하거나 내전이 일어나거나 둘 다 일어날 위기에 처했다.

그러나 산업혁명은 독일의 고질적인 문제를 해결할 수단도 마련해주었다. 독일의 영토들이 서로 단절되어 있는 지리적 여건 말이다. 새로운 도로와 철도 구축 기술로 독일 도시들을 서로 단절시키는 물리적 장벽을 극복했다. 이와 동시에 독일은 민족주의가 활력을 불어넣는 역량이 있다는 사실을 프랑스로부터 배웠다.

이러한 두 가지 혁명—기술 혁명과 사회 혁명—은 독일 도시국가들 가운데 가장 크고 가장 막강한 프로이센에 깊은 영향을 미쳤다. 프로이센은 화술(rhetoric)과 철도를 통해서 인접한 도시국가들로 자국의 지배권을 확장하면서 팽창할 때마다 점점 더 권위주의적이고 공격적으로 변모했다. 1848년 폭동이 일어난 지 단 16년 만에 프로이센은 게르만계 이웃들을 흡수하고 전쟁에서 덴마크를 패배시켰다. 2년 후, 프로이센은 오스트리아를 상대로 이 과정을 되풀이했다. 그로부터 단 4년 후에 프로이센은 프랑스를 덮쳤다.

프랑스는 산업화된 전쟁에 전혀 대비가 되어 있지 않았다. 단순히 겉치레와 열정으로 총과 대포에 맞대응할 수 없기 때문만은 아니었다. 산업화된 전쟁은 단순히 군인의 손에 새로운 무기만 쥐어주는 게 아니다. 본국에서 군대를 지원해줄 만반의 태세가 갖추어져 있어야 한다.

산업화된 의약품은 사망률을 급격히 낮췄다. 산업화된 농업과 비료는 여분의 식량을 생산해내면서 군사기획에 부과되는 많은 제약들을 제거했다. 기아와 질병—산업화 이전의 전쟁에서 군인을 죽음으로 내몰 가능성이 총알보다 훨씬 높은 요인들—은 보다 관리가 가능해졌다. 철도 덕분에 군 배치에 필요한 시간은 몇 달에서 며칠로 줄었고 수백 마일 떨어진 곳에서부터 물자의 재보급이 가능해졌다. 군사기획 담당자들은 전신(電信)으로 공격을 조정하고 후퇴를 명령하고 포위된 부대에 지원 병력을 보내거나, 몇 시간 안에 적의 대오에서 생긴 틈새를 이용했다.

초기에 독일이 승리하면서 독일군은 6주 만에 파리에 도달했고, 독일군은 파리를 포위하고 도시가 굶주리기를 기다렸다. 독일의 신형 장거리 대포를 보면 탈출 시도는 자살행위와 다름없다는 생각을 할 수밖에 없었다. 각설하고, 프랑스는 독일이 잃은 군대의 다섯 배를 잃었다.

프랑스는 두 차례 세계대전에서 마찬가지로 독일의 상대가 되지 않았다. 여기서 프랑스가 지닌 힘에 대한 두 번째 교훈이 나온다. 서로 연결되어 있는 유럽의 지리적 속성은 다른 유럽 국가들이 그들의 힘이 절정에 달했을 때가 아니라도 프랑스를 패배시킬 수 있음을 의미한다.

프랑스의 흥망에 가장 중요한 역할을 하는 나라는 항상 독일이다.

독일은 힘이 있다. 보스라는 지역은 정말 멋지지만, 미국의 켄터키주보다 크지 않다. 독일의 핵심부는 크기가 그 여섯 배에 달하며, 독일을 흐르는 강들은 프랑스 강들보다 자본창출 역량이 약 두 배다.

독일은 근접성이 뛰어나다. 파리에서 독일 국경까지 250마일이 채 되지 않는데, 대략 워싱턴 DC에서 뉴욕시까지의 거리다.

독일은 집중도도 있다. 프랑스는 많은 지역에서 힘을 행사할 수 있을지 모르지만, 독일은 오직 북유럽 대평원에만 집중한다.

독일이 서로 분리된 지역들을 통일하면, 프랑스가 독일과 맞대결에서 할 수 있는 행동이라고는 흰 천을 구해서 사각형으로 오려 머리 위로 번쩍 치켜들고 흔드는 일뿐이다. 항복.

독일 문제를 관리하는 게 프랑스의 최우선 과제다.

현재의 세계질서 하의 프랑스 1부: 호시절이었다

독일을 "관리"하는 최선의 방법은 판을 뒤집어 프랑스가 두 나라 관계를 주도하도록 못 박는 일이다.

직접적인 점령은 솔깃하긴 하나 비생산적이다. 프랑스군은 벨기에 틈새를 통해 진격하고 나면 뒤에 숨을 엄호물이 전혀 없다. 라인강 기슭은 독일 북부 해안으로 이어지고 이는 다시 엘베강과 오데르강 체계를 거쳐 폴란드 평원을 지나 유목민의 땅에 도달한다. 나폴레옹이 모스크바로 진군한 까닭은 그곳 음식이 맛있어서가 아니었다. 일단 알자스 지방을 통과하면 북유럽 대평원에 위치한 모든 나라들을 격파해야 하기 때문이다.

훨씬 영리하고 총체적인 방식이 필요하다. 비결은 독일을 묶어두고 프랑스가 독일의 경제력으로부터 혜택을 누리는 한편, 독일을 비틀거리게 만들어서 독일이 자국의 힘을 이용해 프랑스에게 피해를 입히지 못하도록 만들 방법을 찾는 일이다. 이렇게 독일을 꼭두각시처럼 조종하려면 유럽의 환경 자체를 수정해야 한다.

미국이 흠잡을 데 없는 동맹 체제를 구축하자 프랑스는 더할 나위 없이 짜증이 났다. 미국은 브레튼우즈 체제를 토대로 한 세계질서를 시행하면서 안보를 협상에서 완전히 배제시켰다—군사강국으로서의 독일의 날카로운 송곳니를 뽑아버렸다. 정치적으로 보면, 미국과 그 동맹국인 영국(그리고 프랑스까지도!)은 독일에 새 헌법을 강요해 독일이 절대로 이 세계질서를 위협하지 못하게 만들었다.

유럽의 변화한 여건에서 이러한 독일의 거세는 일부분에 불과했다. 제2차 세계대전 후 포르투갈과 스페인은 독재 정권이 들어서면서 스스로를 고립시켰다. 영국은 전략적으로 기진맥진해서 더 이상 유럽 대륙에서 일어나는 일들을 자국에게 유리하게 조종하지 못했다. 철의 장막 때문에 유럽의 동쪽 3분의 1은 고려 대상에서 완전히 제외되었다. 승전국들은 세르비아를 소련 진영에도, 서구 진영에도 속하지 않은 통일된 유고슬라비아와 합병시켰다. 여전히 독립국인 터키는 소련이 점령한 발칸반도에서 한참 떨어진 맞은편에 있었고, 따라서 더 이상 동유럽 문제에 관여할 수 없었다. 핀란드와 스웨덴은 소련이 공격할 명분을 제한하기 위해 중립국으로 무장하고 몸을 움츠렸다.

네덜란드, 벨기에, 룩셈부르크—5년 동안 나치의 군홧발에 짓밟혔던 세 나라—는 자국의 경제적, 정치적 재활을 촉진시키기 위해 누구하고든 손을 잡아야 했다. 패전한 추축국 이탈리아는 외교 문제에서 완전히 손을 떼고 제3자가 하라는 대로 했다. 독일은 점령당하는 데 그치지 않고 분할되었다. 엘베강과 오데르강 사이에 위치한 본래 독일의 심장부는 잘려나가 소련의 영향권에 들어갔다. 서독에 남은 가장 중요한 지역은? 프랑스와 국경을 접한 라인란트였다.

프랑스는 유럽의 대격전에서 승리할 수 없었다. 상황이 프랑스에게 유리할 때조차 말이다. 그러나 유럽이 본래 크기에서 3분의 1밖에 남지 않으면, 북유럽 대평원은 더 이상 끝이 안 보이는 길이 아니고, 독일이 경제적, 전략적, 정치적으로 거세당하면 경쟁의 양상이 완전히 바뀐다.

완전히 딴판인 유럽의 지리적 여건에 직면한 프랑스는 프랑스가 주도하는 유럽 질서를 구축하는 데 필요한 세부사항을 작성했다. 그 결과 독일에 채찍질을 가해 프랑스가 추구하는 목표들을 추구하게 할 일련의 기구들을 창설했다. 유럽석탄철강공동체, 유럽원자력공동체, 유럽경제공동체—이 모두가 시간이 흐르면서 유럽연합으로 진화하게 된다. 엄밀히 말해서 이러한 기구들은 모두 프랑스와 독일의 합작품이지만, 미국이 독일의 의사결정을 묵살했고 프랑스는 독일의 견해를 들어볼 의무감도 느끼지 않았다.

자금도 풍부했다. 새로운 유럽 기구들은 독일의 예산에서 정기적으로 기금을 뽑아내 프랑스의 욕구를 충족시켰다. 이를 착취라고 부르든, 전쟁 배상금이라고 하든, 농업 보조금이라 하든, 개발기금이라 하든 이름이야 어떻든 상관없었다. 프랑스에게는 한결같이 이게 웬 떡이었다. 프랑스가 수세기 전부터 염원해온 목표, 유럽의 최고가 되는 목표를 마침내 달성했다.

그러나 젖과 꿀만 흐르는 것은 아니었다.

현재의 세계질서 하의 프랑스 2부: 최악의 시절

프랑스가 주도하는 새로운 유럽 체제가 가능했던 까닭은 오로지 미국이 제 2차 세계대전을 주도하고, 프랑스는 미국이 주도하는 새로운 세계질서를 억지로 따르게 되었기 때문이었다. 유럽의 정치와 경제 문제에 관한 한 프랑스가 주도했지만, 세계 정세의 전반적인 영역과 군사영역에서는 미국이 주도했다. 프랑스는 유럽에서는 부상하고 있었는지는 몰라도, 다른 모든 제국 체제와 마찬가지로 다른 모든 지역에서는 퇴각하고 있었다.

- 베트남에서는 1954년 디엔비엔푸에서 지역 반란세력이 프랑스군을 거덜 내면서, 프랑스 정부가 붕괴되었고 프랑스는 인도차이나에서 철수했다.
- 같은 해 말에 알제리혁명이 일어나자 미국은 대체로 수수방관했고, 프랑스는 점점 힘겨워지는 전쟁에서 싸우다가 상황이 너무나도 악화되는 바람에 샤를 드골이 군사반란을 주도해 프랑스의 헌정질서를 뒤엎는 데 성공했다.
- 1956년 수에즈 운하를 장악하기 위해 영국, 이스라엘과 손잡고 한판 붙으려다가 미국이 공개적으로 분노를 표하며 이에 반대하고 나섰다. 프랑스의 시도는 실패하는 데서 끝나지 않고 세계적으로 모욕을 당하면서 주요 국가로서의 프랑스 위상에 먹칠을 했고, 당시 아직 프랑스 식민지로 남아 있던 지역 전역에서 확산된 독립운동이 성공을 거두었다.

지난 1,000년 동안 인류가 축적한 경험의 최고봉에 혹은 그 근처에 있었던 나라로서 미국의 힘이 전 세계를 휩쓰는 상황에 처하니—유럽에서 프랑스가 최근에 거둔 성공은 오직 미국 주도의 세계질서 덕분에 가능했다는 사실을 생각해보니—프랑스는 이따금 속에서 열불이 났다.

미국 주도의 세계질서는 프랑스에 유리한 방향으로 유럽의 지정학을 바꿔놓았지만, 프랑스가 지닌 지리적인 이점도 사라졌다. 벨기에 틈새에 의해 보호되는 이점은 독일이 NATO 내에서 통제를 받으면 크게 의미가 없었다. 미국이 전 세계적으로 제국의 포식자적 행위를 금지해 중국처럼 사분오열된 체제가 통일되도록 해주면 프랑스가 정치적으로 통일된 체제를 갖추어도 별 의미가 없었다. 프랑스를 특별한 존재로 만드는 요인은 프랑스를 통일되고 부유하고 안정적이고 안전하게 만든 지리적 여건이었다. 미국이 세계에 부여한 체제는 모든 나라를 통일되고 부유하고 안정적이고 안전하게 만들었다.

현재의 세계질서가 지리적인 약점이 작동하지 않게 만들면서 프랑스가 가장 우려하게 된 대상은 독일이었다.

독일의 지리적 여건 가운데 가장 긍정적인 특징은 운항 가능한 강들이 촘촘히 거미줄처럼 연결되어 있어서 경제개발을 하기에는 지구상에서 최적의 지형이라는 사실이다. 가장 부정적인 특징은 바로 그 강들이 독일 영토의 중심부가 아니라 가장자리에 위치하기 때문에 독일의 이웃나라들이 독일의 통일을 방해하기가 쉽다는 점이다. 현재의 세계질서는 긍정적인 특징의 혜택을 극대화하는 한편 부정적인 특징의 약점을 제거했다. 군사정책을 세우지 못하도록 금지당한 독일은 경제성장과 부의 축적에 온 힘을 쏟아부었다. 그 어떤 상황에서도 프랑스는 독일을 따라잡기가 불가능했다. 프랑스가—제 기능을 하는 핵 억지력까지 갖추고—NATO와 미국으로부터 독립적인 군사역량을 유지하면서 독일의 경제를 따라잡기란 어처구니없었다. 독일을 다그쳐 프랑스의 말에 고분고분 따르게 만들지 않았다면 프랑스가 끔찍하게 두려워할 정도로 경제력 격차가 났을지도 모른다.

그런데 곧 그 끔찍한 상황이 현실이 되었다. 1989년 소련 제국에 금이 가기 시작했고 11월 9일 동서독을 막론하고 독일인들이 대거 베를린장벽으로 몰려가 벽 위에 올라섰다. 한 세대에 한 번 올까 말까 한, 소련을 끝장낼 기회임을 감지한 미국은 직접 공개적으로 막 싹트기 시작하던 독일 통일 논의를 지지했다. 독일은 자발적으로 알아서 계획을 세웠기 때문에 굳이 옆에서 훈수를 둘 필요도 없었다. 1년이 채 안 돼 독일은 분단된 나라를 법적으로 통일했다. 소련의 위성국가들로 구성된 서쪽 변방지역은 이제 소련에 거침없이 적대적이었고, 소련은 그로부터 겨우 2년 후에 해체되었다.

통일이 되던 바로 그날 독일은 인구 규모와 경제 규모가 프랑스보다 월등해졌다. 설상가상으로 독일의 경제적 연계는 서독에서 동독으로뿐만 아니라 구소련의 위성국가들 전체에 급속히 확산되기 시작했다. 이와 병행해 독일 정부는 구 유고슬라비아에서 정치적 영향력을 발휘하면서 외교에서 독자적인 노선을 실험하기 시작했다. 헉! 프랑스는 한마디로 경악했다.

이러한 유감스러운 현실에 대처하기 위한 프랑스의 전략은 크게 세 가지로 구성된다.

첫째, 프랑스는 새로운 유럽의 지정학적 맥락에서 독일을 에워싸고 묻어버리려는 의도로 반독일 동맹을 구축할 방법을 모색했다. 냉전에서 방관자 역할을 한 나라들, 상대편에 있던 나라들, 독일의 정치력과 경제력을 상쇄할 만 한 나라라면 가리지 않고 닥치는 대로 열렬하게 구애를 했다. 그럴 때마다 프랑스는 여전히 프랑스가 장악하고 있던 기구인 유럽연합 가입을 강력하게 밀어붙였다. 1995년부터 2008년까지의 기간 동안 유럽연합은 15개국을 새로 회원국으로 받아들였다. 모두가 구 바르샤바조약 회원국이었다.

둘째, 프랑스는 유럽의 외교를 공동 논의하는 영역으로 전환시켰다. 프랑스가 유럽연합 전체를 대변한다고 주장하지 않고, 프랑스 지도층은 우선 독일 지도층을 꼬드긴 다음 유럽연합 명의로 세계를 상대로 공동 선언문을 발표한다. 순전히 의례적인(두 나라 각료들이 모여 사전에 잘 짜인 각본대로 서로에게 덕담을 퍼붓는 연례 합동회의) 행사에서부터 실체가 있는 진지한 논의(러시아 지도부와 공모해 미국이 이라크에서 수행하는 작전에 반대하는 일)에 이르기까지 이러한 조율이 이루어졌다.

셋째, 프랑스는 독일에 대한 정치적 속박을 보완하기 위해 독일을 경제적 그물망에 엮어둘 방법을 모색했다. 프랑스는 공통화폐를 노골적으로 지지했다. 프랑스는 1992년 마스트리히트 조약과 더불어 탄생한 경제통화연합의 창립 회원국이 되었고, 유로는 세기가 바뀌면서 현실이 되었다.

프랑스에게는 유감스럽게도, 프랑스는 이러한 세 가지 목표에 도달함으로써 독일을 확고히 틀어쥐기는커녕 오히려 독일이 유럽 전체를 장악하게 되었다.

첫째, 프랑스가 구축한 반독일 동맹은 구상한 대로 현실화되지 않았다.

프랑스의 긴 역사를 통틀어 프랑스는 동맹이 될 뻔한 국가들을 하나도 빠짐없이 버리거나, 배반하거나, 버리고 배반할 구실을 댄 전력이 있다. 그런 행동은 프랑스의 힘에서 파생되었다. 유럽의 다른 국가들과는 달리, 프랑스는 식량을 자급자족하고 자기들끼리 교역하고 자기들끼리 통일할 수 있었다. 프랑스인들—특히 파리 시민들—은 자신들이 영원하리라고 본다. 우월하다고 본다. 중국이 자국을 세계의 중심이라고 생각하듯이, 여러모로 프랑스인들은 유럽의 중국인 셈이다. 중국과 마찬가지로 프랑스도 자기 이웃나라들을 열등하다고 생각하는 경향이 있다. 쓰고 버려도 된다고 생각한다. 한 나라가 더 이상 동맹으로서 쓸모가 없다고 판단하는 순간, 그 나라는 교환가치가 없는 무용지물로 전락한다.

사람들은 이런 행태를 잊지 않고 기억한다. 유럽연합의 새 회원국들은 대부분 제2차 세계대전에서 자국이 나치에게 함락당하고, 그 연장선상에서 뒤이은 반세기 동안 소련의 지배를 받게 된 데는 프랑스의 잘못도 일정 부분 있다고 생각한다. 그들은 프랑스의 정치적 욕구를 충족시키는 데 고분고분 따르기는커녕 고집불통이었다. 이제 유럽연합에 가입한 이상 그들은 프랑스가 세운 계획에 초를 칠 수단과 명분과 기회를 얻었다.

둘째, 프랑스는 강대국 외교에 독일을 끌어들이기 위해 부단히 노력했지만, 독일은 프랑스의 국익과는 아무 상관없는 온갖 사안에 대해 성명을 발표하느라고 부산을 떨었다. 프랑스는 코소보 전쟁에서 미국이 세르비아를 폭격한 후 도나우강에 쌓인 교각 파편을 제거하는 데 아무 관심이 없었지만, 독일은 연안국가로서 지대한 관심이 있었다. 프랑스는 수에즈 위기 후 홧김에 NATO의 군사 부문에서 이탈했고, 따라서 독일과는 달리 미국과 영국의 군사회담에 참석하지 않았다. 그리고 NATO가 유럽연합과 더불어 확대되면서 통일된 독일은 지역안보 기구에서 목소리를 냈지만, 프랑스는 그러지 않았다. 프랑스는 이러저러한 중부 유럽 국가 지도자나 발칸반도 국가 지도자가 제2차 세계대전 당시의 독일의 만행을 거론할 때 이와 연루된 공범자 취급을 받고 싶지 않았다. 결국 프랑스는 각고의 노력 끝에 독일이 다시 한 번 각광을 받게 만들었을 뿐이다. 죽 쒀서 개 준 셈이었다.

이는 프랑스가 독일을 봉쇄하려는 노력의 일환인 세 번째 기둥이 부러지면서 특히 문제가 되었다. 유로는 프랑스가 생각했던 대로 독일을 옭아매지 못했다. 공통화폐가 도입된 초창기에 모든 유럽 국가들은 독일 경제 체제에 적합한 이자율로 융자를 받게 되었다. 독일 경제 체제는 치밀한 기획, 절제된 성장, 재정 건전성을 토대로 한다. 이러한 조건들은 보통 이탈리아 같은 나라와는 연관이 없다. 비교적 가난한 유럽연합 회원국들은 새 화폐를 확보하게 되자마자 대대적인 지출 정책을 수립해 저렴한 이자율에 융자를 받아 비용을 충당했다. 회원국 정부들이 국민들을 대상으로, 또 공공사업 프로젝트에 현금을 뿌리면서 사회복지 지출이 폭증하고, 은퇴연령이 급락했으며, 연금수령액은 늘어났다. 첫 7년 동안 유로존 국가들의 경제성장률은 중국에 버금갔다. 그러다가 빚을 갚아야 할 때가 되었다. 인스타그램에 사진 올리는 데 여념이 없는 사우디 왕자처럼 돈을 물 쓰듯 한 그리스 같은 나라들에게 엄혹한 현실이 닥쳤다. 그리고 계산서를 받았다.

처음에 프랑스는 유로 위기를 별일 아니라고 생각했다. 프랑스는 과거에도 독일의 팔을 비틀어 유럽 통합 비용을 대게 한 적이 있다. 우선 제2차 세계대전 후 배상금을 물게 했고, 두 번째로 1970년대와 1980년대에 유럽의 취약한 국가들을 양호한 상태로 끌어올리기 위해 이전지급(transfer payments)을 하도록 했으며, 세 번째로 1990년대와 2000년대에 온갖 신규 회원국들을 끌어들여 유럽연합을 확대할 때도 독일이 비용을 대게 했다. 물가상승률을 감안한 지수를 기준으로 보면 이는 약 3조 달러에 달했다(프랑스가 이 가운데 상당한 부분을 자기 몫으로 뜯어갔다). 그러니 프랑스는 이런 생각을 한다. 네 번째로 뜯어먹지 못할 게 뭐야? 그런데 생각지도 않은 일이 벌어졌다.

독일이 일언지하에 거절했다.

독일 정부는 더 이상 구제융자는 없다고 못을 박았다. 구제융자를 받으려는 나라들이 일련의 엄격한 예산 통제 조치에 합의하고 자국 정부의 지출 체계를 독일 모델에 준하는 형태로 재구성하겠다고 하지 않는 한 말이다. 독일이 이 협상을 주도했다. 독일이 협상 조건을 정했다. 독일이 수표에 날인을 했다. 독일이 타결안을 집행했다.

독일을 다잡기 위해 새로운 동맹국들을 끌어들인 프랑스 덕분에 독일은 이제 중부 유럽 전체를 경제적으로 지배하게 되었다. 유럽을 프랑스-독일 쌍두마차가 이끄는 체제로 만들려는 프랑스의 노력 덕분에 독일은 주저 없이 공식 입장을 표명하게 되었다. 독일을 새로운 유럽 기구에 묶어놓으려는 프랑스의 노력 덕분에 독일은 유로존 전체를 지배하게 되었다. 프랑스는 단순히 독일을 통제하는 데 실패한 게 아니다. 단순히 유럽을 통제하는 데 실패한 게 아니다. 프랑스가 유럽연합을 구축해 제어하려 한 나라가 이제 유럽연합을 주도하게 되었다. 2016년 무렵, 독일은 나치의 힘이 절정에 달했을 때보다 훨씬 막강한 힘을 정치적, 경제적 장악력을 통해 유럽에서 휘두르게 되었다. 그것도 총 한 발 쏘지 않고. 이 모두가 프랑스가 연달아 오판했기 때문이다.

자존심을 굽히고 대륙 크기의 기구에 대한 장악력을 독일에게 빼앗겼다고 인정해야 하는 프랑스의 입장에서는 현재의 세계질서라는 생지옥에서 빨리 벗어날수록 좋다.

다행히도(이게 적절한 표현인지는 모르겠지만), 실제로 그 생지옥이 끝나고 있다. 유럽연합은 내부적으로 수많은 역경에 직면해 있다. 인구, 수출, 화폐, 이주, 금융, 재정, 소비 등 어느 한 가지 역경만 닥쳐도 이 질서에 종지부를 찍기에 충분하다. 세계적인 격동기에 한꺼번에 이러한 역경에 부딪히면, 유럽연합은 감당할 역량이 없다. 유럽연합이 근근이 버틸 일말의 가능성이라도 생기려면 독일이 양보하고 거의 모든 유럽연합 회원국들에게 대대적인 금융 지원을 하겠다고 동의하는 길뿐이다. 그나마도 독일이 2026년 무렵 상당한 비율의 인구가 대거 은퇴하기 전까지만 가능하다.

그러나 유럽연합을 벗어난 세상에서는 프랑스가 변화에 적응할 상당한 역량을 지니고 있다. 프랑스는 국가주의적 편향성이 있기 때문에 독일이나 중국처럼 다국적 공급사슬을 구축하지 않았고, 이는 다시 유럽의 비슷한 나라들과 비교해볼 때 프랑스가 세계시장에 훨씬 덜 노출되도록 해준다. 유로존 국가들 가운데 바깥 세계와의 무역에 대한 의존도가 프랑스보다 낮은 나라는 포르투갈과 룩셈부르크밖에 없다. 유럽연합 회원국들에 대한 무역 의존도가 프랑스보다 낮은 나라는 그리스밖에 없다. 반면 독일은 상대적으로 보면 거의 상위에 가깝고 절대적으로 보면 압도적인 1위다. 현재의 세계질서가 무너진 후 프랑스는 가장 고통을 덜 받고, 가장 제대로 회복할 나라다.

금상첨화로, 프랑스는 전략적 자유와 역량을 지녔기 때문에 독일이 살아남으려면 프랑스가 반드시 필요하다.

프랑스의 원정군은 리비아, 알제리, 나이지리아, 차드, 적도기니, 가봉, 콩고(브라자빌), 앙골라 같은 지역까지 너끈히 도달 가능하다. 이 나라들은 대부분 과거에 프랑스 식민지였다. 모두가 원유 수출국이고, 현재의 세계질서가 무너진 후 외부에서 이 나라들의 안전을 보장해줄 나라가 없다. 프랑스는 이 나라들의 상업활동에 대한 안전을 보장해주고 에너지 부문에 대한 기술적 지원도 제공할 수 있다. 에너지가 부족한 독일은 프랑스가 그러한 중재활동을 할 가능성을 생각하면 암울하겠지만 독일이 버텨내는 데 성공하느냐 참담하게 실패하느냐를 가를 요인임이 입증될 가능성이 높다.

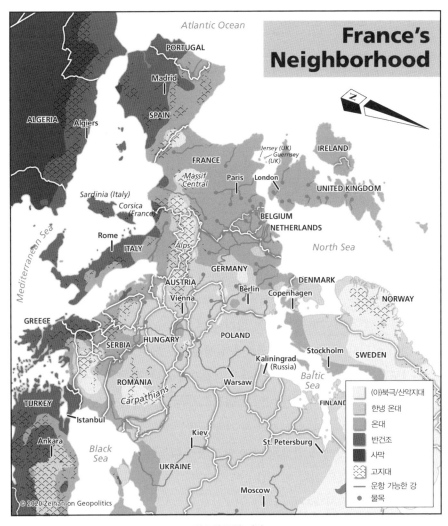

프랑스의 주변 지역

    그리고 독일의 인구 구조가 망각의 심연으로 빨려 들어간다는 점을 고려할 때, 다가올 무질서 시대에 독일 문제를 "해결"한다 함은 사실상 독일 문제가 영원히 해결되는 셈일지도 모른다. 그렇게 되면 프랑스는 유럽 대륙 너머에서 벌어지는 일에 집중한 여유가 생긴다.

문제 1: 영국을 멀리하기

어느 시대든 프랑스 정치가 어떤 모습을 하든, 영국에서 누가 실권을 쥐고 있든 상관없이 프랑스는 영국을 늘 골칫거리로 여겨왔다. 프랑스의 지리적 여건은 정치적 통일과 경제력을 창출할 역량이 있다는 점에서 분명히 영국보다 훨씬 우월하다. 대브리튼섬은 프랑스 땅의 3분의 1에 불과하고, 이 섬의 대략 절반은 대체로 쓸모가 없으며, 스코틀랜드의 고지대는 마시프 상트랄보다 족히 세 배는 정치적 통합을 어렵게 만든다.[5] 대브리튼섬은 곳곳에 강이 있지만 그 가운데 이렇다 할 경제적 중심지를 창출해낼 정도로 길게 펼쳐진, 운항이 가능한 강은 템스강뿐이다. 위치도 불리하다. 템스강은 북유럽과 마주하는 북해로 흘러들어가므로 유럽 대륙의 국가가 이렇다 할 해군이라도 구축할 역량을 입증하게 되면 영국의 생존 자체가 불투명해진다.

이는 유럽 북서부가 안고 있는 지리적 여건의 문제다. 대브리튼섬은 단순히 섬이 아니다. 이 섬의 남남서쪽에서 시계 방향으로 동남동쪽까지 약 300도 각도를 그려보면 그 주변에 전략적 경쟁자가 하나도 없다. 유럽 대륙에 관한 한 덴마크와 노르웨이의 이익은 대체로 영국의 이익과 일치하고, 아일랜드섬은 위성국가, 보호국가, 조용히 기죽어 있는 국가를 오간다. 영국의 해군 함정은 위기 상황에서 귀향해 자매 함정들과 더불어 대대적인 단일 대오를 형성해 무력 위협을 가할 때 맞대응에 직면할 가능성이 거의 없다.

프랑스는 그런 선택지가 없다.

첫째, 프랑스 해군은 보통 규모가 훨씬 작다. 프랑스는 대륙의 이웃나라들로부터 지리적으로 격리되어 있긴 하지만, 그래도 여전히 육지에 국경이 있는 대륙 국가다. 일단 영국이 그놈의 스코틀랜드를 정복하고 나면 다시는 절대로 국경을 방어할 지상군이 필요하지 않다.

둘째, 프랑스는 연안이 하나가 아니라 둘이다. 비스케이만과 영국해협 쪽으로 난 대서양 연안과 지중해 쪽으로 난 두 번째 연안이 있다. 프랑스와 스페인의 국경은 겨우 375마일이지만 프랑스-스페인 국경에서 대서양 연안 지점과 지중해 지점 사이의 항해 거리는 그 여섯 배가 넘는다. 프랑스가 타격을 극대화하기 위해 해군 전체가 한 장소에 집결해야 하는 전략적 위기 상황에서, 영국이 프랑스 함대를 남김없이 전멸시키기는 누워서 떡 먹기보다도 쉬웠다. 설상가상으로 오래전부터 영국은 무슨 수를 써서든 포르투갈을 자국의 동맹으로 삼아서—포르투갈은 영국의 가장 오랜 동맹이라는 사실 말고는 이베리아반도의 남서쪽 끝에 자리한 대서양과 면한 별 볼일 없는 나라다—프랑스가 영국을 건드릴 꿈도 꾸지 못하게 했다.

셋째, 영국은 국방과 무역을 위해 막강한 역내 해군을 보유해야 하는데, 원양항해 시대에 영국 해군 덕분에 대영제국은 전 세계를 주름잡는 해군이 될 뻔 했었다. 영국의 해군력은 유럽 근해와 유럽을 한참 벗어난 해상에서 프랑스 해군을 능가할 뿐만 아니라, 영국에게 세계적 규모의 권력과 부를 안겨준다—그러면서도 다른 나라들의 부와 힘은 제약한다. 대영제국의 힘이 절정에 달했을 때 바다를 장악한 영국은 무역을 위해 바다를 이용하려는 나라라면 어떤 나라에게도 영국이 원하는 조건을 받아들이게 할 수 있었다. 심지어 해당 국가는 자국의 영해 내에서도 영국이 제시한 조건을 받아들였다. 영국의 해군력은 프랑스 영해를 비롯해 유럽 근해에서는 몇 배는 더 막강했다. 받아들이는 나라 입장에서는 괴롭고 짜증났다.

프랑스는 유럽 대륙에서 최상의 지속성을 자랑할지 모르지만, 그런 프랑스조차도 혁명을 겪고, 전쟁에서 패하고, 한 세대마다 쿠데타가 일어난다. 이 글을 쓰는 현재, 프랑스의 통치 체제는 1789년 프랑스 혁명 이후 다섯 번째의 헌법이 반복되고 있는데, 따라서 프랑스의 공식 명칭은 프랑스 제5공화국이다. 반면, 영국은 1215년 존 왕이 대헌장(Magna Carta)에 서명한 이후로 헌정 중단을 겨우 두 차례밖에 안 겪었다. 장미전쟁과 찰스 1세가 처형되고 올리버 크롬웰이 통치했던 호국경 시대(잉글랜드, 스코틀랜드, 아일랜드 연방) 등 두 차례다. 영국도 역사적으로 굴곡이 없지는 않았으나, 프랑스가 아무리

하루, 일 년, 또는 한 세기의 태평성대를 구가한다고 해도 영국은 프랑스보다 장기간 지속성을 누려왔고, 늘 프랑스 면전에 떡 버티고 있다는 게 문제다.

앞으로 영국은 기분이 상하게 된다. 프랑스는 브렉시트 절차를 가능한 한 고통스럽게 만들고 징벌 수위를 높이려고 수단과 방법을 가리지 않았으니, 누가 다우닝가 10번지(영국 총리 관저)의 주인이 되든지 프랑스에 복수하고 싶어 몸이 근질근질할 것이다. 현재의 세계질서 하에서 미국은 직관적으로 그러한 활동을 억눌러 동맹의 결속력을 유지하려 하겠지만, 그런 시절은 이미 물 건너갔다. 무질서의 시대에 영국은 오랫동안 제국을 경영했던 경험을 되살려 요긴하게 쓰게 된다. 경제적, 정치적, 전략적 압박을 가하는 방법을 보여주는 풍부한 사례들을 바탕으로 말이다. 네덜란드와 무역협정을 맺어 프랑스의 경제적 우위를 훼방 놓는다. 그리스에 군사지원을 해 발칸반도에서 프랑스가 지닌 야심을 제약한다. 터키나 덴마크와 동반자 관계를 맺어 지중해와 북해에서 프랑스의 활동을 복잡하게 만든다. 이탈리아나 스페인의 왕위 승계에 관여해 프랑스가 아펜니노반도나 이베리아반도에 침투하지 못하게 막는다. 독일과 손을 잡을 듯 말 듯 약을 올려서 프랑스가 한밤중에 악몽을 꾸고 소스라쳐 깨게 만든다.

영국의 전략적 선택지는 늘 훨씬 유연하고 훨씬 멀리까지 도달 가능하며, 영국이 대대적인 지정학적 패배를 겪을 때조차도—예컨대, 아메리카 식민지를 잃은 경우—그런 손실이 영국의 본토에도 영국 권력의 핵심부에도 영향을 미치지 않는다. 프랑스는 국력이 유럽의 위계질서에서의 순위와 침투 정도에 의해 측정되는 대륙 국가이므로 그러한 완충역(緩衝域)이 없다.

그러나 이제 세계질서가 무질서로 바뀌면서 1,000년 만에 처음으로 영국의 그러한 과거가 재현되지 않을지도 모른다. 영국 해군은 냉전 종식 이후로 상당히 규모가 축소되어왔고, 동시에 영국은 최초로 초대형 항공모함 두 척을 진수하려 하고 있다. 여기에 최근 금융위기까지 가세하고 브렉시트 소동으로 큰 비용을 치르면서 영국 해군력은 축소될 대로 축소돼 새로 진수할 항공모함을 호위할 함정도 없다. 영국이 이 항공모함들을 안전하게 현장에 배치할 길은 미국과 긴밀하게 협조하는 방법뿐이고, 미국은 브렉시트와 관련해 유럽에 조성된 불안감을 달래려면 영국의 항공모함이 미국의 증강된 항공모함 전단보다 위압적이지 않을 필요가 있다고 생각할 게 틀림없다.

20년이면 영국은 힘을 키워 호송함대를 자체적으로 띄울 수 있게 되고, 프랑스는 그때까지 시간을 벌 수 있다. 프랑스는 미국과 자국 사이에 쌓인 앙금이 서로에게 무력을 행사하는 수위까지 높아지지 않게만 하면 된다. 미국과 프랑스는 미국 체제가 유지된 역사 전체를 통틀어 전쟁에서 서로 반대편에 섰던 적이 없다는 사실을 고려해볼 때, 기존 세계가 종말을 고하게 되면 아마도 그보다 더 안전한 선택은 없지 싶다.

문제 2: 정체성 문제

독일의 격동과 영국의 일시적인 불능 모두 프랑스에게는 역사적으로 전례 없는 기회를 제시한다. 프랑스가 직면한 그 다음 문제는 그렇게 위안이 될 만한 긍정적인 측면이 없다. 지구상의 거의 모든 나라와 마찬가지로 프랑스도 인구 구조가 복잡한 문제다.

첫째, 긍정적인 면이다. 프랑스의 출생률이 하락해왔고 프랑스의 인구는 전체적으로 고령화하고 있지만, 전체적으로 프랑스 인구는 미국의 인구와 매우 유사하다. 비교적 젊고, 비교적 안정적이고, 비교적 고령화 속도가 느리고, 유럽의 다른 국가들보다 훨씬 더 양호한 상태에 놓여 있다. 현재의 세계 질서가 무너진 후 프랑스는 유럽 대륙에서 유일하게 상당한 소비 기반을 유지한 나라가 되는데, 이는 유럽연합 이후의 프랑스는 자국의 소비시장을 외부에 개방하지 않을 가능성이 매우 높다는 뜻이다. 프랑스 기업들에게는 더할 나위 없는 희소식일지 모르지만 이웃나라들에게는 재앙이 따로 없다.

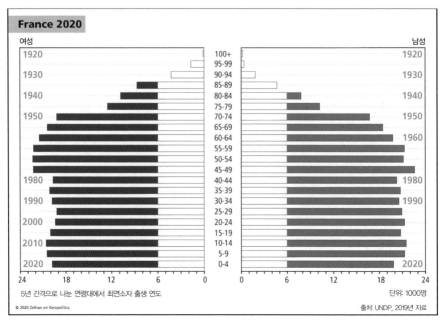

프랑스 2020

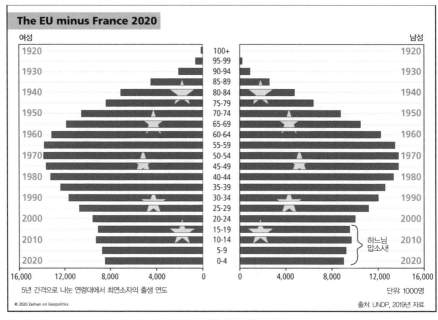

프랑스를 제외한 유럽연합 2020

자, 이번에는 부정적인 면이다. 프랑스의 인구 문제는 매체 표제기사를 장식하는 데이터 문제가 아니라 프랑스 국민의 의식에 깊숙이 자리 잡고 있는 차원의 문제다. 1700년대 말 브리타니, 바스크, 알자스, 카탈루냐 등 서로 다른 지역 사람들은 자연스럽게 프랑스 정서에 용해되지 않았다. 프랑스 제1공화국은 통합을 촉진하기 위해 "자유, 평등, 박애"라는 좌우명을 채택했다. 미국 독립선언문의 "모든 인간은 평등하다."라는 문구와 비슷한 선언이다.

이 두 문구의 차이는 확연하다. 미국의 문구는 모든 인간은 법 앞에 평등하다고 주장하는 반면, 프랑스 문구는 민족성의 선언이다—프랑스 국경 내에 있는 모든 사람들이 프랑스라는 가족의 일부이고, 가족은 상부상조해야 한다. 공포정치 시대의 광기가 아직 기억에 생생한 상황에서 제1공화국 창건의 주역들은 박애의 가치를 최우선으로 하고 이를 영구화하는 데 매진했다.

오늘날 프랑스에서는 이게 문제가 되고 있다. 프랑스 내에는 프랑스인으로 간주되지 않는 사람들이 많이 있다. 초대받지도 않은 사람이 남의 집에 들이닥쳐 가족이라고 우길 수는 없다. 상대방이 먼저 초대를 해야 한다. 외부인이 환영을 받는 경우는 드물다. 속을 들춰보면 참으로 흉측한 내막이 드러난다.

프랑스는 구제국의 하나였고, 수십 년이 아니라 수세기 동안 통치한 식민지들도 있다. 제국주의적 사고와 자유, 평등, 박애 사상이 융합하면서 프랑스는 해외 영토를 식민지라기보다는 본국이 확장된 영토로 보았다. 그렇다면 가이아나, 뉴칼레도니아, 타히티, 베트남, 세네갈, 알제리 같은 프랑스의 해외 영토가 어떤 국기를 휘날리든 확대된 가족으로서 프랑스와 경제적, 정치적으로 통합되어야 한다는 뜻이다. 프랑스 제국이 붕괴되자 수많은 이들—대부분이 이러한 나라 국민들—은 제국의 중심지로 이주했다. 몇 년이 지나고 다시 몇십 년이 흘렀지만, 예전의 식민지들 가운데 딱히 잘된 나라가 없다. 프랑스가 과거에 제국일 때 한 약속을 십분 활용해 첫 세대 이주자들이 프랑스로 흘러들어갔다.

대부분의 프랑스인들은 이러한 제국주의 하에서 유입된 이주민과 그들의 후손을 (마지못해) 합법적인 국민으로 인정하지만, 그들이 프랑스인이 될 수 있다는 견해에 대해 알레르기 반응을 일으킬 정도로 완강하게 거부한다. 이 주자들의 조부모가 프랑스에서 태어났다고 해도 말이다. 서로 다른 인종 간의 반목과 원한의 골이 깊다.

무질서한 세계에서 프랑스 체제에 박힌 이러한 불화의 쐐기는 프랑스가 지닌 가장 큰 약점이다. 백인 혈통인 프랑스인과 식민지 이주자들이 서로 다른 사회적 계층을 형성한다. 이 때문에 프랑스가 아프리카 국가들에게 주는 호소력이 약해진다. 외부 세력이 이용할 제5열(the fifth column)이 된다. 희소한 재원을 공공 안녕을 유지하는 데 전환해야 한다. 프랑스의 주요 도시마다 소외된 공동체들이 생겨난다. 민족주의—국가와 민족은 불가분의 관계라는 개념—를 생각해낸 나라에서 정체성에 대한 국민적 합의가 없으면 재앙이 초래될 가능성이 있다.

이러한 불화가 지닌 가장 중요한 측면은, 프랑스인들은 이 문제가 얼마나 만연해 있는지 그저 막연히 인식하고 있을 뿐이라는 사실이다. 자유, 평등, 박애는 프랑스의 정치 문화에 너무나도 깊이 침투해 있기 때문에 사람들의 인종적 배경에 대한 데이터를 수집하는 것도 위헌이다. 1700년대 말에 이주한 온갖 다양한 민족들을 프랑스의 동질적인 체제에 융합시키기 위해 시행된 정책이다. 그러나 이러한 정책 때문에 현재 프랑스는 이 가운데 얼마나 많은 이들이 2등 시민인지 파악할 길이 없다. 대략 약 600만 명으로 인구의 10퍼센트 정도로 추정되고, 인구 구조로 볼 때 연령이 젊은 사람들의 비율이 높을 것이다. 그러나 자세한 내막은 아무도 모른다.

프랑스가 이 문제를 어떻게 다룰지가 가까운 장래에 프랑스라는 국가를 어떻게 규정할지를 좌우하게 된다. 한 가지 선택지는 프랑스가 문화의 핵심을 어떻게 규정할지 다시 타협안을 내놓고 1700년대 말에 했던 사회적 실험을 되풀이하고, 자유주의자가 꿈꾸는 이상향인 명실상부한 다문화주의를 채택함으로써 다시 한 번 "프랑스인"이라는 정의를 폭넓게 규정하는 방법이다.

(과거 프랑스 식민지인) 시리아 난민 유입을 봉쇄하고 폴란드 노동자(같은 북유럽 국가에서 온 백인)도 기를 쓰고 홀대하는 나라에서 다문화주의 접근방식을 채택하리라고 보는 것은 무리다. 프랑스가 마음의 문을 연 대상은 대체로 과거 제국의 식민지에서 그리스도교도들, 특히 프랑스어를 (완벽하게) 구사하는 이들에게 국한되어 있다. 동남아시아인들과 특히 알제리인들은 확실히 자신들이 환영받지 못한다고 느낀다.

두 번째 선택지는 포퓰리스트 접근방식이다. "프랑스인"의 정의를 확대하는 대신 오히려 축소해서 프랑스 백인과 프랑스에 대해서라면 무조건 열광하는 극소수 다른 백인들만 포함시키는 방법이다. 그러려면 억지스러운 모순을 해결해야 한다. 사회적 중재자 역할을 하는 국가가 프랑스인이라는 합격 판정을 받을 만한 생김새와 말투를 갖추지 못한 수백만 명의 시민권을 박탈할 수 있는가? 1700년대 말, 바로 이런 종류의 끔찍한 숙청을 단행하고 스스로에게 경악한 프랑스가 애초에 자유, 평등, 박애라는 꿈을 품게 된 이유가 바로 이러한 모순 때문이었다.

이 양극단의 선택지 가운데 어느 쪽을 선택할지 몰라 프랑스는 우왕좌왕하고 있다. 프랑스인이 아닌 민족들은 시민권을 취득할 수는 있지만, 사실상 프랑스 정부와 프랑스 문화는 그들을 그 악명 높은 교외 빈민가로 내몬다.[6]

여러모로 프랑스 체제는 미국에서 가장 만연한 두 가지 형태의 인종차별을 최악의 방식으로 적용하고 있다. 미국 남부에서 인종차별은 "섞여 살기는 하겠지만 우리가 동등하지는 않다."라는 형태를 띤다. 미국 북부에서는 "우리는 동등하지만 섞여 살지는 않겠다."에 가깝다. 프랑스에서 인종차별의 대상은 눈에 보이지도 않고 안중에도 없다. 그들을 빈민가에 몰아넣고 공공서비스를 받는 순서도 맨 뒤다.

이는 폭발성이 강하고 지속되기 불가능한 상황에 이른다. 자국 국민 가운데 상당한 비율을 점령통치하는 셈이다. 민주주의 국가에서는, 최상의 시나리오 상에서조차도, 많은 사람들이 목숨을 잃게 될 상황이다.

자유, 평등, 박애가 낳은 한 가지 결과는 프랑스가 단순히 소외된 주민이 아니라 영원히 불우한 시민에 머무르는 아랍인 비율이 가장 높은 유럽 국가가 되었다는 사실이다. 빈민가가 생기면서 프랑스 전역에서 테러집단이 활개를 치는 지역공동체가 생기고 있고, 이러한 공동체는 사법당국의 눈을 피해 테러리스트들이 잠입해 원기를 회복하고 테러리스트를 모집하고 테러 계획을 세우는 온상으로 변질된다. 게다가 중동이 와해되고, 유입되는 이주자가 늘어나고, 유럽의 결속도 해체되면서 프랑스—이미 그 어떤 유럽 국가보다도 테러공격으로 인한 사망자 수가 많다—의 정체성 위기의 한복판으로 테러리즘이 잠입한다.

문제 3: 남쪽 인접지역

무질서의 세계에서 북유럽은 분명히 북적거리게 된다. 독일과 러시아는 대격전에 돌입해 (둘 다?) 기억에서 사라질 때까지 싸우게 된다. 한편 영국은 다시 한 번 예전처럼 언제든 기회만 오면 유럽의 정세와 추세를 조작하고 이간질하게 된다.

반면, 남부 유럽은 그야말로 무기력해진다. 대체로 역량의 문제다. 스페인과 이탈리아는 해안선이 길기 때문에 해군이 필요하지만, 두 나라 모두 안보 문제에 관한 한 대체로 미국에 일임했다. 현재 이 나라들의 해군력은 거의 바닥에 가깝다. 해군력이 사실상 바닥에 있는 나라들이 북아프리카의 올망졸망한 나라들이다. 이 나라들의 해군력을 다 합해도 바다에서 스페인을 당해내지 못한다. 프랑스에게는, 무질서 시대 초창기에 지중해 서부가 프랑스의 내해처럼 된다.

그렇다고 해서 할 일이 없다든가 경쟁상대가 없다는 뜻은 아니다. 프랑스는 지중해에서 세 차례 난관의 물결이 밀려오게 되고 회를 거듭할수록 파고

그런데 그럴 가능성은 별로 없다. 북아프리카와 서아프리카 산 원유는 프랑스의 영향권에 들어갈 지역의 수요를 가까스로 충족시킬 정도이고, 북해의 원유는 앞으로 영국과 한 가족이 될 스칸디나비아 반도국들의 수요를 가까스로 충족시킬 정도다. 영국은 예비책으로 서아프리카 원유를 확보해야 한다. 따라서 애시당초 프랑스가 무슨 행동을 하든 고질적인 갈등 관계인 프랑스와 독일, 그리고 이를 더욱 복잡하게 만드는 영국이 한데 뒤엉키게 되어 있다.

실수할 여유가 거의 없는 프랑스는 남쪽 인접지역에 한 겹을 덧대는 수밖에 없다. 프랑스는 북아프리카와 서아프리카의 정치에 깊이 관여해야만 안정을 유지할 수 있다.

나이지리아는 8대 주요 종족과 250개 소수 종족이 있는데 이 때문에 나이지리아는 인종 폭력의 온상이 되고 있다. 2013년 이후로 한 해에 적어도 4,000명이 죽음을 당했는데 2014년에 사망자가 거의 16,000명으로 정점을 찍었다. 앙골라는 말 그대로 인종 학살을 자행한 가문이 통치하고 외부의 도움이 없으면 해상 에너지 시설을 가동할 역량도 없다. 앙골라처럼 석유 수출에 영향을 미치는 가봉이나 적도기니, 혹은 차드에서 리비아 식의 내전이 발생할 가능성이 있다고 생각하는 데는 대단한 상상력이 필요하지 않다.

프랑스 입장에서 보면 이는 정치적, 기술적 지원을 뜻한다. 그러려면 인도주의적 지원과 무역이 필요하다. 그러려면 뇌물을 먹여야 한다. 그러려면 해상 호송 체제를 구축하고 군대를 파견해 원유 생산과 운송이 순조롭게 이루어지도록 만전을 기해야 한다. 그러려면 달갑지 않은 이들을 상대하든가 제거해야 한다. 그러려면 다른 방법이 실패할 경우 직접 점령할 각오도 해야 한다. 이런 신제국주의적인 접근방식조차도 영국과의 경쟁이 당장 며칠 후에 필요할 휘발유를 누가 차지할지를 두고 치고 박고 한판 벌이는 형태가 아니라 점잖은 말투와 접근방식으로 서로를 존중하는 형식을 취할 때 가능하다.

이런 일이 일어나려면 추가적인 원유공급이 먼 서유럽까지 도달할 수 있게 해야 한다. 그러려면 관심을 동쪽 제3의 전선으로 옮겨야 한다.

미국이 해상 안전을 보장하지 않는 세상에서는 수에즈 운하가 유럽과 아시아 사이를 오가는 상품과 사람들을 이동시키는 데 최선의 방법이다. 아프리카 대륙 근처로 둔하고 굼뜬 선박을 보내면 해적, 사략선(私掠船, 전시에 적의 상선을 나포할 수 있는 허가를 받은 민간 무장선—옮긴이), 아니면 아프리카 국가들의 실제 해군들한테 와서 약탈해가라고 부추기는 셈이나 마찬가지다. 누구든 수에즈 운하를 장악한 나라가 통행료로 엄청난 수익을 올리는 동시에 사우디아라비아의 홍해 지역 원유 수출 물량에 직접 접근하게 된다—그리고 그렇게 함으로써 수에즈 운하 양쪽에 위치한 나라들에 영향을 미치게 된다. 이에 성공하면 프랑스는 유럽의 중개자가 된다. 게다가 지중해의 중개자, 중동의 중개자까지도 된다. 그렇게 되면 프랑스는 남아시아와 동아시아에서도 협상 테이블에 숟가락을 얹게 된다. 프랑스가 원하는 것—프랑스가 늘 원해온 것—은 수에즈를 독점적으로 장악하는 일이다.

그러나 프랑스가 잃어버릴 염려가 없는 지중해 서부와는 달리, 지중해 동부는 공사다망한 지역이다. 레바논과 시리아는 독재와 무정부상태를 번갈아 오간다. 이스라엘은 안보 문제에 대한 견해가 변함없이 확고하다. 키프로스에는 큰 영국 해군기지가 두 군데 있다. 터키는 노골적으로 결연히 부상하고 있다. 늘 불안정한 이집트는 늘 불안정하다. 그리고 물론 서로 이해가 얽히고설킨 사우디아라비아와 이란의 관계는 8세기부터 엉망진창이었다.

간단히 말하면, 프랑스는 수에즈 운하를 장악하고 운하 양쪽에 이렇다 할 완충지대를 확보해야 프랑스군이 원유수송 작전을 순조롭게 진행할 수 있다. 다행스럽게도 중동을 침략하는 계획은 틀어진 적이 없다.

프랑스의 성적표

국경: 프랑스는 북유럽 평원에서 의미 있는 지리적 경계를 지닌 유일한 나라

다. 피레네산맥, 알프스산맥, 북해와 지중해, 벨기에 틈새가 그 경계들이다.

자원: 프랑스는 독일 못지않게 강을 따라 운송망이 잘 구축되어 있지만, 프랑스가 진정으로 독보적으로 빛나는 부문은 농업이다. 다양한 미세 기후 덕분에 프랑스는 세계적인 농업 생산국이자 수출국이다.

인구: 프랑스는 산업화된 유럽 국가들 가운데 가장 건전한 인구 구조를 자랑하지만, 사하라사막 이남 아프리카 지역과 아랍에서 프랑스로 이주해 프랑스 사회에 동화되지 못한 이들의 수가 곧 임계점에 도달하면서 점점 심각한 문제를 야기하게 된다.

군사력: 프랑스는 두 차례 세계대전을 통해 아무도 믿으면 안 된다는 교훈을 얻었다. 프랑스는 NATO와는 별도로 독자적 군대를 유지하고 있고, 경제 체제는 유럽연합과 분리되어 있으며, 자체적인 핵 억지력을 보유하고 있다.

경제: 프랑스는 상당히 비중 있는 농산품과 공산품 생산국으로서 아마 유럽연합 회원국들 가운데 가장 까다로운 무역협상 상대국이다. 독일과 견줄 만한 산업 생산국은 아니지만(어느 나란들 독일과 견주겠는가?), 자국 내에서 필요한 것은 거의 무엇이든 만들거나 재배할 수 있다.

전망: 프랑스는 넘버원인 부문은 거의 없지만 거의 대부분의 부문에서 상위 5위 안에 든다. 프랑스의 이웃나라들이 고군분투하게 되면—지금 그렇다—프랑스의 힘은 자연히 부상한다.

한마디로: 마침내 1등할 때가 왔다.

09

이란:
고대의 초강대국

Iran:
The Ancient Superpower

중 동만큼 오랫동안 강렬하게 세계를 어리둥절하게 만들고 혼란에 빠뜨리고 사로잡아온 지역은 별로 없다. 수천 년 동안 유라시아 무역로의 요충지에 자리 잡은 페르시아는 고대 그리스에게 실존적인 위협이었다. 카르타고와 페니키아는 로마를 상대로 무역도 하고 습격도 하고 전쟁도 했다. 무어인은 스페인을 정복했다. 십자군 전쟁이 일어났다. 비단길이 개척되었다. 향신료 교역이 활발했다. 오스만 제국이 건설되었다. 제국의 시대가 도래했다. 에너지를 확보하려는 각축전이 벌어졌다. 테러와의 전쟁이 일어났다.

중동이 서구의 의식 속에 그토록 두드러진 자리를 차지하는 까닭은 지리적인 위치 때문이기도 하다. 아테네와 로마는 베를린, 파리 혹은 런던보다는 지중해 동부—레반트(Levant)라고도 불린다—지역과 훨씬 접촉이 잦았고 공통점도 훨씬 많다. 과거에도 그랬고 앞으로도 그럴 것이다. 좋든 싫든 이 지역은 서구의 집단적 문화와 역사에서 중심적인 위치를 차지한다.

중동이 서구의 의식에서 중요한 자리를 차지하는 또 다른 까닭은 돈이다. 원양항해 기술이 등장하기 전에 유럽과 아시아 간의 교역은 주로 중동을 거치는 육로를 통해서 이루어졌다. 역사적으로 볼 때 비교적 짧은 기간 동안 증기기관이 발명되고 석탄을 이용한 운송수단이 쓰이면서 이 지역은 시들어갔다. 그러다가 원유가 발견되었다. 제국이 해체되고 말 그대로 사상누각인 나라들로 엄청난 부가 쏟아져 들어가면서 화석연료에 의존하는 나라는 어떤 나라든지 때로는 아주 독특하고 툭하면 일어나는 폭력적 갈등에 엮이게 되었고, 독특함과 폭력적 갈등은 오늘날까지도 이 지역을 규정한다.

믿기 어려울지 모르겠지만, 미국이 주도하는 세계질서 하에서 이러한 갈등은 대부분 진압되어 불씨만 살아있었다. 미국이 세계 무대에서 발을 떼기 시작하자 중동은 가장 먼저 무질서에 빠졌고, 이 지역에서 안정을 바라는 게 사치가 되었다.

중동이 늘 혼돈에 빠져 있는 듯이 보이는 까닭은 지속성을 구축하기가 거의 불가능하기 때문이기도 하다. 그 이유는 물 문제로 귀결된다. 아니, 보다 정확히 말한다면 물이 없기 때문이다.

이 지역에서 비는 손에 꼽을 정도의 고지대에 우기에만 내리는데, 대부분이 너무 가팔라서 거주공간으로는 딱히 쓸모가 없다. 그 결과 개울과 강은 아주 좁은 물길을 따라 하류로 흘러내려 가는데 그 양은 미미하다. 그리고 이마저 놓치면 수원(水源)으로는 오아시스밖에 남지 않는다. 이 지역의 거의 모든 농사는 관개시설로 물을 대야 하고 인구 대부분은 어디든 물이 확보 가능한 곳 주변에 모여 산다. 레반트 해안 지역, 메소포타미아, 나일강 유역, 메카, 다마스쿠스 등이 그러한 지역이다.

가장 필수적인 수자원에 의해 결정되는 이러한 정착 유형 때문에 이 지역에서는 가장 근본적이고 처절한 경쟁을 해야만 한다. 위태로운 수자원 공급이 한 계절만이라도 이상이 생기면 지역의 문명들은 서로 약탈하는 소용돌이 속으로 휘말린다. 그러면 문명은 붕괴된다.

이 지역의 지형이 지닌 속성도 도움이 되지 않는다. 중동의 거의 모든 지역이 평평하고 탁 트인 건조지대이거나 메마른 사막이다. 한 문화가 뒤에 몸을 숨길 만한 지리적 장애물이 눈을 씻고 봐도 없다. 사막 공동체들은 단 한 차례 약탈만으로도 무너질 수 있다. 해안 지역 공동체들은 단 한 척의 외국 함정에도 무릎을 꿇거나 몰살당할 수 있다. 오아시스 도시들은 포위당하고 굶어죽을 수 있다. 메소포타미아의 평원을 가로질러 게양된 국기를 강제로 바꾸는 데 대규모 집단이 필요하지 않다. 알레포나 수에즈 같은 병목지점은 해상이나 육지의 분기점에 위치하고 있고 많은 관심을 모으며 때때로 주인이 바뀌는 경향이 있다.

물의 위력

이란은 어느 모로 보나 색다르지만, 결국 한 가지 요인으로 귀결된다. 이란에서 사람이 거주하는 지역은 하나로 연결된, 높낮이가 들쭉날쭉한 산악지대다. 이란의 자그로스산맥이 이란 남서부 전체의 3분의 1을 뒤덮고 있고, 엘부르즈산맥은 북부의 3분의 1을 차지한다. 현재 수도 테헤란은 이 두 산맥이 만나는 고원에 자리 잡고 있다. 평균 높이가 해발 1만 피트인 이 두 산맥은 대기 중에서 상당히 규칙적으로 습기를 짜내 비가 내리게 할 뿐 아니라 기슭의 바닥도 해발 3,000피트 이상이다. 이 지역의 거의 모든 곳과는 달리 이란에서 사람이 거주하는 곳에는 실제로 비가 내린다. 그리고 그 덕에 상황은 완전히 바뀐다.

자연 강우 덕분에 관개시설이 없어도 농사를 지을 수 있다. 따라서 농사에 필요한 인력이 줄어들면 다른 일을 할 여력이 생긴다. 학교에 다니든가, 무역업을 하든가, 시를 짓든가, 전쟁을 할 수 있다. 이곳 문화는 그 뿌리가 5,000년 전으로 거슬러 올라간다.

산악지대에 살면 다른 이점도 있다. 이란을 침략하려면 가파른 산기슭을 오르면서 싸워서 페르시아 핵심부에 도달한 다음 마주치는 산맥마다 헤쳐 나가야 한다. 이러한 방어 역량이 페르시아가 국제정세에 참여하는 방식을 결정한다. 이란은 목적지가 아니라 아시아나 유럽에서 상대방과 서로 교역을 하고자 하는 사람들이 경유해야 하는 험난한 영토다. 페르시아를 관통하기가 너무 어려워서 모든 지역에서 교역은 가능하면 페르시아를 에둘러 가는 경향이 있다. 해적이 들끓는 위험한 페르시아만 해역과 홍해를 지나거나, 산적 떼가 들끓는 중앙아시아를 관통하는 평지의 육로를 통해야 한다.

유일한 예외가 비단길이다. 페르시아는 주요 육로 하나를 보유하고 있었다. 무역상들은 중앙아시아 초원과 사막 북동부에서 페르시아로 진입해 카스피해 남쪽 해안에 있는 페르시아의 해안으로 빠져나간다.[1] 이러한 교역은 페르시아의 영향권으로 들어오게 되었지만—여기서 페르시아는 큰 몫을 차지했다—지역 문화를 지나치게 훼손하지도 않고 경제적 의존성이나 전략적 취약성을 조성하지도 않았다.

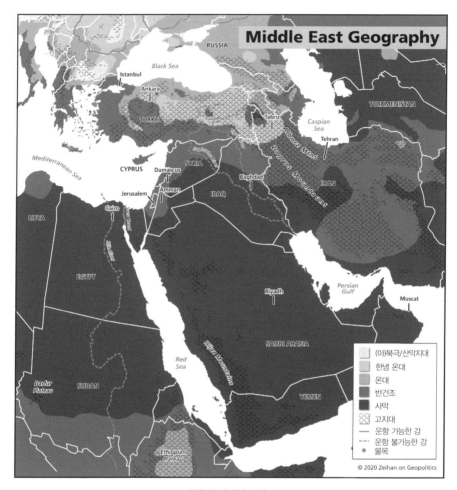

중동의 지리적 여건

　　중동에서 등장했다가 사라져간 수십여 개 도시국가와 제국들과는 달리, 페르시아의 예술과 역사와 문화는 생명이 짧지도, 우발적으로 생성되지도, 외국의 관행과 섞이지도 않고 수천 년 동안 지속되었다. 페르시아어와 페르시아 관습은—박하게 쳐도—수백 세대 전으로 거슬러 올라간다. 페르시아의 지속성 덕분에 지역 경제는 페르시아만 남서부 해안의 진주 채취꾼이나 시리아 내륙의 상인 마을이나 나일강이나 메소포타미아에서 투덜거리며 농사를 짓는 농부들보다 훨씬 정교한 체제였다. 페르시아 경제 체제는 작고 보잘것없는 마을이 아니라 문해력과 기술력을 자랑하는 다채로운 체제였다.

고지대에 거주한 페르시아인들은 말 그대로 이웃나라들을 내려다보는 위치에 있었고 비유적으로 말하자면 깔보았을 뿐만 아니라, 때때로 페르시아인들은 이웃들을 모조리 정복하기도 했다. 과거에 페르시아 제국은 트라키아, 북부 코카서스, 아랄해, 힌두쿠시, 인더스, 나일, 키레나이카까지 확장되었다.[2] 페르시아도 여느 나라와 마찬가지로 부침을 겪었지만, 가장 두드러지는 점은 역내 경쟁세력이 없기 때문에 과거의 페르시아 제국은 흥망을 겪는다기보다 확장과 수축을 반복했다. 페르시아의 핵심부가 함락되는 경우는 거의 없었다. 오늘날 페르시아는 아케메네스 제국 이후로 통치 체제가 겨우 일곱 번 바뀌었다. 미국—아직 첫 번째 통치 체제 하에 놓여 있다—은 이런 얘기를 들으면 우쭐해할지 모르지만, 아케메네스 제국은 26세기 전에 최초로 수립되었다. 이란 사람들은 무서운 내구력을 지니고 있다.

페르시아의 세련됨과 정교함의 원동력은 페르시아 인구의 이질적인 속성을 잘 다뤄야 할 필요에서 비롯되었다. 이란 말고는 세계 어디에서도 사해동포적이고 성공적인 문화가 산악지대에서 부상해 활짝 꽃피었던 적은 없다. 페르시아는 그게 가능한 특이한 사례다. 주변 지역 땅은 여건이 훨씬 열악하기 때문이다. 북쪽으로는 코카서스 지역 산봉우리와 산봉우리 사이사이로 쓸모 있는 작은 땅이 흩어져 있고, 북동쪽과 동쪽으로는 메마른 사막이 펼쳐지며, 서쪽으로는 메소포타미아 침략 통로가 뚫려 있고, 북서쪽으로는 아나톨리아 내륙의 메마른 협곡이 있다. 경쟁이 될 만한 세력이 들어설 여건이 되지 않는다. 예외적인 여건에 처한 덕분에 페르시아는 천여 개의 산기슭이 저마다 각기 다른 문화적 정체성을 지니고 있다는 현실을 완화할 수단을 개발해야 했다:

- 초기 페르시아는 다문화주의의 원조였다. "페르시아인"을 비교적 느슨하게 규정해 이웃 집단들이 온전히 페르시아에 융화되도록 했다는 의미에서 그렇다.[3] 페르시아는 주변의 사막 공동체들과 비교해서 비교적 성공한 땅이라는 매력도 추가되었다.
- 페르시아인은 자기들이 장악한 산기슭들 간의 소통을 적극적으로 추진했다. 내부 교역을 활성화하고, 경제적으로 의존적인 관계를 만들고, 서로 혼인하는 정책을 펼친 이유는 다양한 산기슭 공동체들 간의 차이를 희석시켜 유연한 페르시아 규범에 통합시키려고 의도적으로 펼친 정책들이었고 이는 성공했다.
- 페르시아는 시아 무슬림, 수니 무슬림, 발루치, 아제리, 아랍, 유대인, 투르코만 등 온갖 부족들의 동향을 감시하는 게 주요 임무인 거대한 정보조직을 유지하고 있다. 이들 모두 페르시아 내의 어딘가에 살고 있다. 그 외에도 더 많은 집단들이 페르시아 제국이 확장될 때 페르시아의 통치를 받았다. 정보 당국의 주요 목적은 내부 교역로, 뇌물 수수, 중매결혼 등 국가통합에 유용할 만한 정보를 파악하는 일이다.
- 수집한 정보를 바탕으로 페르시아의 관점으로 세상을 바라보려하지 않는 집단들을 복날 개 패듯 패야 할 때도 있다. 고대 시대부터 페르시아는 인구에 비해 규모가 엄청나게 큰 군대를 유지해왔다. 본질적으로 페르시아 군대는 국가통합의 이상을 보존하기 위해서 페르시아 자체를 점령하고 있는 셈이다. 그런 군대를 다른 용도로도 이용할 수 있기에 페르시아는 인간이 역사를 기록한 이래로 여러 차례 세계 최대로 손꼽히는 제국을 구축했다.

이러한 정책은 대단한 성공을 거두어왔다. 페르시아는 고전 시대를 거쳐 탈고전 시대에도 이렇다 할 지속성을 유지한 채 고대 세계에서 살아남아 오늘날에 이른 유일한 나라다.

그러나 현대에 들어오면서 고통스러울 정도로 순식간에 모두 허사가 되었다.

그 정도만으로는 부족해

페르시아의 지리적 여건은 중동 지역에서는 최상일지 모르지만, 세계적인 기준으로 볼 때는 그저 온통 산이다. 생명을 지탱해주는 물을 공급하고 상당한 보호막이 되어줄지는 모르지만, 경제적 관점에서 보면 가장 큰 단점이 내부 운송수단이 열악하다는 점이다. 이 나라는 운항 가능한 강도 없고 평지도 거의 없다—그나마 여기저기 흩어져 있는 평지들도 서로 연결되어 있지 않다. 이러한 지리적 여건에서 사회간접자본을 구축하고 유지하기란 특히나 어렵다. 페르시아는 모든 왕래와 소통이 지역에 국한되어 있는 세상에서는 지리적인 단점들을 상당히 순조롭게 관리할 수 있다.

그러나 세월이 흘러 세상이 변했다.

원양항해 기술 혁명과 산업화 기술 혁명으로 인간이 서로 왕래하고 소통하는 방법이 변했다. 더불어 페르시아가 바깥세상과 왕래하고 소통하는 방법도 변했다. 군사적인 변화도 있다. 산업화된 서구의 육군과 해군은 여태껏 상상이 불가능했던 방식으로 도달범위가 확장되어 누구에게나 영향을 미치게 되었다. 그러나 그보다 훨씬 심오한 변화는 경제 부문에서 일어났다.

산업화에 성공하려면 자본이 많이 필요하다. 그래야 산업 개발에 필요한 자금을 댈 수 있기 때문이다. 자본은 주로 운항이 가능한 수로에서 창출되고, 저렴한 운송비용을 유지하려면 영토가 평지여야 한다. 페르시아는 둘 다 못 갖췄다. 페르시아는 서로 간헐적으로 교역을 하는 지역 장인들에게 크게 의존하고 산기슭마다 따로 분열되어 있는 경제 체제다. 산업화 이전의 중동 지역에서는 어떤 나라와 비교해도 훨씬 발달한 경제 체제이지만, 강이 많아서 자본이 많이 창출되고 산업화된 유럽에서 끊임없이 쏟아져 들어오는 품질 좋은 저렴한 상품들은 따라갈 재간이 없었다.

일본은 산업화 시대가 열리면서 막부 시대 체제가 갑자기 막을 내렸고, 아시아의 으뜸이 되기 위해 산업화 기술을 십분 활용하면서 인구의 대이동이 일어났다. 이란은 나라를 하나로 통합하는 데는 성공했지만 예전의 영화를 회복하는 데 필요한 인구집중 지역과 해상력이 없었다. 이란은 유럽 상품을 구매하기 위해 외자를 빌리는 등, 곧 외부에 모든 것을 의존하게 되었다. 단 몇십 년 만에 페르시아인은 역내에서 가장 정교하고 가장 부유한 경제 체제에서 삶의 모든 측면이 서구 진영의 영향을 받는 나라로—역내의 다른 모든 나라들과 마찬가지로—전락했다. 산업혁명은 페르시아의 위용과 정신을 꺾어버렸다. 전쟁도 하지 못한 일을 산업혁명이 한 셈이다.

실제로는 보기보다 훨씬 심각했다. 산업화 시대가 오면서 페르시아는 자국을 성공적이고 부유하고 독특한 나라로 만들어 주었던 모든 여건들을 빼앗겼다. 그러나 험준한 산악지대에 뿔뿔이 흩어져서 사는 이들을 하나로 추슬러야 하는 복잡한 정치 체제가 낳은 결과와 여전히 씨름해야 했다. 그 거대한 군대는 감축할 수가 없었지만 더 이상 군대 유지비용을 감당할 수가 없었다. 페르시아는 사해동포적인 부와 안보가 보장되는 땅에서 시선을 내부로 돌리는 빈곤한 경찰국가로 변질되었다. 1600년에 페르시아는 세계에서 가장 풍요로운 문화로 손꼽혔지만, 발견의 시대와 산업혁명을 거치면서 바깥세상이 그동안의 제약에서 해방되던 시기에 페르시아는 정체되었다.

그러다가 석유가 발견되었다.

석유는 지금까지 경험해보지 못한 정도의 소득을 페르시아에게 보장해주었다. 석유 시대가 오기 전에 페르시아는 이미 파산했었다. 더 이상 번창하는 제국이 아니었다. 자국의 경제도 장악하지 못했다. 교육 체제는 비틀거렸다. 유럽의 식민지들에 둘러싸여 있었다. 설상가상으로 이란은 석유를 상업적으로 생산할 수 있는 최초의 지역으로 손꼽히는 불이익을 겪었다. 제1차 세계대전 이전에 석유가 발견되었어도 이란은 세계적으로 주목해야 할 나라가 되었을지 모르지만, 이란 석유의 상업성이 증명된 시기는 최악이었다. 이란을 공격 목표물로 만들었기 때문이다.

영국과 미국은 페르시아 석유 생산에서 큰손이었고, 20세기 초 이란인들이 자국의 천연자원에 대해 더 많은 권한을 행사하고 민주주의 체제 실험을 하려고 하자 영국과 미국은 총리를 축출하고 마지막 왕이 이끄는 절대왕정을 부활시켰다. 이란이 영국, 미국, 소련에 맞서서 나치에 협력하다가 발각된 것도 도움이 되지 않았다. 루즈벨트, 스탈린, 처칠이 함께 찍은 사진으로 유명해진 테헤란 회의는 일부 이란인들 사이에서는 악명이 높았다. 이란이 자국의 주권이나 천연자원에 대한 권한을 행사하는 시대에 종지부를 찍는 회의로 말이다. 더할 나위 없이 공교롭게도 세계에서 가장 값진 자원에 대한 접근권을 확보하면서 이란의 지속성이 파괴되었다.

제2차 세계대전과 뒤이은 세계질서 덕분에 이란은 새 출발을 했다. 새로운 세계질서는 페르시아만 지역에서 강제로 식민통치 세력들을 축출했고, 미국은 석유가 풍부한 이란을 동맹세력에 합류시켰다. 미국은 세계 경제가 제 기능을 하고 세계적인 동맹 체제를 유지하고 결국 미국의 안보를 유지하는 데 이란의 존속이 필수적이라고 여겼다.

이란은 활짝 피었다. 단순히 석유 수출의 안전을 보장하는 이상의 의미가 있었다. 미국이 주도하는 세계질서의 경제적 측면은 동맹국들이 경제적으로 발전하도록 해주는 일이었다. 그리고 많은 나라들이 역사상 처음으로 경제개발을 이루었다. 그러려면 산업화가 필요했고, 산업화를 하려면 에너지를 확보해야 했다. 세계적인 산업화가 이루어지려면 중동 석유에 안전하고 쉽게 접근해야 했다. 석유 수요는 그냥 증가한 게 아니라 폭발적으로 솟구쳤고 석유 생산자는 모조리 혜택을 입었다. 그러나 이는 미국이 중동 정세의 부침에 깊숙이 관여하는 수밖에 선택의 여지가 없다는 뜻이기도 하다.

미국 주도 세계질서 하에서 미국과 이란의 관계는 처음부터 짜증나는 관계였다. 이란의 정계, 재계, 종교계 엘리트 계층은 하나의 가문이나 하나의 도시나 하나의 지역으로 대표되지 않았다. 이란은 서로 다른 권력의 중심지와 이념들이 경쟁하는 복잡하고 사해동포적인 나라였다. 미국이 특정 사안에 대한 책임자를 제대로 물색해 소통한다고 해도 이는 문제 해결 절차의 시작에 불과하다. 미국은 초창기에 동맹인 이란을 관리하는 데 서툴러서 애를 먹었다. 이는 1953년 미국이 지원한 쿠데타로 나타났다. 1979년에는 미국이 지원하는 이란 지도자에 대한 민중 혁명의 형태를 띠었다. 왕이 축출되고 종교 지도자 아야툴라가 집권했으며, 미국 대사관 직원들은 444일 동안 인질로 잡혀 있었다.

그 즉시 두 나라는 원수지간이 되었다.

이란의 혁명정부인 종교지도자에게 문제는 단순했다. 왕은 미국의 꼭두각시였고, 왕은 철저히 부패하고 대단히 폭력적이었다. 따라서 미국이 뒷받침하는 세계질서가 이란이 겪는 모든 곤경의 원인이었다. 미국이 중개하거나, 미국이 지원하거나, 미국이 강요하는 안정에 해를 끼칠 수 있는 것이라면 무엇이든 이란을 옭아매어온 세계질서를 약화시킨다고 여겼다.

미국에게도 문제는 단순했다. 세계질서를 유지하려면 전 세계가 페르시아만 석유에 접근해야 했다. 이 접근을 위협하는 것은 무엇이든 세계질서와 미국의 안보를 위협했다. 따라서 미국은 힘을 이용해 석유 생산이나 페르시아만 역내 안정에 대한 위협을 봉쇄하고 궁극적으로 제거해야 했다.

미국이 세계질서 유지에 대한 확고한 자세를 견지하는 한—질서를 유지하려는 이유나 논리가 무엇이든 상관없이—이란은 적이었다. 이란이 자국을 전략적으로 옥죄는 상황에서 벗어나려고 발버둥을 치는 한—그 이유나 논리가 뭐든 상관없이—미국은 적이었다.

1989년 이후로 상황은 악화일로를 걸었다. 이라크에서 미국이 실행한 정책 때문이었다. 이라크는 페르시아만 지역에서 유일하게 이란과 대등한 수준의 군사력을 보유한 나라였다. 1991년 미군은 쿠웨이트에서 이라크군을 축출해 이라크의 날개를 꺾어버렸다. 2003년 미국은 다시 이라크를 찾아 이라크의 집권당 바트(Baath) 체제를 청산했다. 미국은 10년 동안 직접 이라크를 점령했고, 이라크를 위스콘신주처럼 고분고분하게 만들기 불가능하다는 결론을 내리게 되자 미군을 철수시켰다. 역내에서 유일하게 이란을 견제할 세력이 제거되자 이란은 과거의 제국을 현 시대에 재현하기 위해 팽창하기 시작했다.

그런데 이란 입장에서는 상황이 너무 순탄하게 흘러갔다.

세계질서 전복하기

세계질서를 무너뜨리는 게 목적이라면 이란은 대비를 철저히 한 셈이다. 오늘날 이란은 고대 페르시아의 후손답게 서로 다른 온갖 부족과 민족들을 관리하기 위해 설계된 정보 체제를 자랑한다. 인구 규모에 비해 비대한 이란 군이 국내 필요뿐만 아니라 해외에서의 필요에 부응하듯이, 정보전문조직도 넓은 지역에 걸쳐 흩어져 사는 사람들의 반목에 불을 지피고 이를 이용하는 데 (그러면서도 그 역풍으로부터 이란 본토를 보호하는 데는) 섬뜩할 정도로 도가 텄다.

이란 왕이 축출되고 몇 달 만에 이란은 정보자산을 중동 전역에 급파해 분할 후 정복(divide and conquer)하는 게임에 착수했다. 대단히 기발한 발명이 요구되는 일도 아니었다. 이란은 이 게임을 하는 곳마다 승승장구했다.

레바논이 이 모든 사태의 출발점이다. 레반트 지역에 있는 작은 나라 레바논은 1970년대에 그리스도교도와 수니파 아랍인들이 서로 죽일 듯이 싸우면서—다시 한 번—내전에 빠졌다. 그런데 여기에는 제3의 세력이 개입했다. 수니파와 같은 이슬람교도인, 이란의 시아파는 중동 지역 전역에 포진해 있고, 이들의 최고 밀집지역으로 손꼽히는 지역이 레바논 남부다. 이 지역의 시아파는 이란과 종교가 같을 뿐만 아니라 레바논 전체 인구의 30퍼센트 정도를 차지하지만, 이들은 1982년 이스라엘이 레바논 남부를 점령한 이후로 이에 저항하기 위해서 민병대를 이미 조직하고 있었다. 페르시아처럼 오랜 문화는 절호의 기회를 포착하는 능력이 뛰어나고, 따라서 이란은 무기와 자금과 기술지원과 지도력을 쏟아부었다. 그리하여 탄생했다! 중동에서 가장 첨단무기로 무장하고, 가장 훈련이 잘 되어 있고, 가장 역량이 뛰어나고, 가장 유명한(악명 높은) 무장 조직이 말이다. 바로 헤즈볼라다.

해가 갈수록 헤즈볼라는 이스라엘군을 대상으로 도발하는 데 중심적인 역할을 수행하면서 레바논 내에서 정치적 중재자가 되었고, 심지어 뒤이어 일어난 시리아 내전에서 가장 막강한 외국 군대가 되었다. 헤즈볼라가 시아파와 연계되어 있으므로 그들이 성공하면 이란이 성공하는 셈이었지만, 가장 큰 선물은 헤즈볼라 무장조직이 이스라엘과 지리적으로 아주 가깝다는 점이었다. 레바논의 시아파는 국경의 양쪽에서 이스라엘을 직접 위협할 입지적 조건과 도달 범위에 놓여 있었다. 이란이 이스라엘에 대해 반감을 지닌 이유는 유대인 국가이기 때문이라기보다(물론 그 점도 작용하기는 했지만), 이스라엘이 페르시아만 지역에서 세계 패권국의 가장 명명백백한 동맹국의 지위를 누리고 있었기 때문이다. 그 덕에, 이란은 그렇지 않았다면 언감생심 꿈도 꾸지 못할 만한 전략적 지렛대를 미국을 대상으로 휘두르게 되었다.

시리아 아랍공화국은 이란 아야툴라 지도자의 가장 초창기 동맹으로 손꼽혔다. 프랑스가 시리아를 식민 통치하던 시대에, 프랑스는 시리아에서 수니파 아랍이 압도적 다수라는 사실이 너무 신경에 거슬렸다. 프랑스는 소수인 알라위파를 지도자로 등극시키는 해법을 생각해냈다. 알라위파는 툭하면 수니파 아랍의 탄압 대상이 되어왔으므로, 알라위파는 열광적으로 그 역할을 수행했다. 프랑스가 떠나고 나서도 알라위파는 여전히 집권하면서 시리아를 세계에서 가장 억압적인 지역 내에서 가장 억압적인 나라로 변질시켰다. 수니파 다수의 완고하고 도도한 태도에 겁을 먹은 통치자 아사드 가문은 이란의 아야툴라가 부상하자 기회는 이때다 하고 이란을 동맹으로 확보했다.

그 이후로 아사드 가문에 대한 이란의 지지는 시리아 안보의 중심축이 되었지만, 그에 합당한 대가를 지불해야 했다. 시리아는 레바논과 이스라엘에 대한 이란의 정책을 지원하는 데 그치지 않고 직접 실행해야 한다. 군사력과 자금을 상당히 투입해야 하는 정책일 경우가 흔하다. 대체로 이는 시리아의 알라위파에게는 보상이 된다. 이란이 군사력과 헤즈볼라 투사들로써 직접 지원하지 않았다면 알라위파는 오래전에 시리아 내전에서 패했을지 모른다.

이란은 이라크에 관한 한 천국과 지옥을 동시에 맛보았다. 1980년 이라크가 이란을 침공해 8년 동안 계속된 긴 전쟁으로 이란인 사상자 수가 100만여 명에 이르렀다는 점에서 지옥이었다. 2003년 미국이 궂은일을 도맡아 하면서 1980년 전쟁을 일으킨 이라크 정권을 축출했다는 점에서 천국이었다. 이라크 정부가 산산조각 나고 미국의 점령 정부가 이라크를 미국의 형상을 본떠 다시 만들려는 데 골몰하는 동안, 이란은 지체 없이 자국의 영향력을 이라크 시아파 세력 심장부 내로 확장했다. 미국이 침공한 지 2년 만에 이라크의 시아파는 이란을 정복에 성공한 영웅처럼 취급하면서 이란과 적극적으로 협력해 이라크 체제 전체에 인맥을 구축하고 심화시켰다. 이란은 대단한 성공을 거둔 나머지 이라크의 수니 세력이 훗날 이슬람국가(ISIS)로 변신하게 되는 알카에다와 동맹을 맺자, 미국은 이라크 내의 친이란 세력인 시아파와 비공식적으로 동맹을 구축하는 수밖에 없었다. 2012년 무렵 미국조차도 이라크 시아파 중에 적어도 부분적으로라도 이란에 발목 잡혀 있지 않아서 총리에 앉힐 만한 사람을 찾지 못했다고 인정해야 했다.

예멘의 정치적 분열은 레바논의 정치적 분열을 무색케 했다. 험준한 산악지형인 예멘은 산기슭마다 서로 경쟁관계인 여러 개의 왕국이 들어섰고, 소수종교인들의 집단 거주지도 있었으며, 마르크스주의 반란세력이 준동한 적도 있고, 사회주의 정부가 들어선 적도 있으며, 외세에 점령당한 적도 있다. 그리고 앞서 언급한 다양한 사태들이 동시에 일어나는 경우도 종종 있었다. 또한 레바논과는 달리 예멘에서 이란은 명실상부한 종파 동맹세력이 없다. 이란은 기껏해야 예멘의 후티 세력을 찾아냈다. 시아파에 가까운 집단으로서 대부분의 이란인들이 거의 이단에 가깝다고 보는 종파다.[4] 예멘은 이란에서 거리도 멀고 이념적으로도 단절되어 있으므로, 이란은 예멘을 장악하기가 어럽다는 사실을 알고 있지만, 별 문제는 되지 않는다. 예멘의 힘의 균형을 깨는 것이라면 무엇이든 역내 이란의 경쟁자인 사우디아라비아에게 불리하다. 사우디아라비아의 뒷마당에서 예멘이 국지전을 벌이도록 부추기기만 해도 충분한 보상이 된다.

역내 경쟁의 온상인 또 다른 산악국가, **아프가니스탄**은 예멘보다 낙후되고, 빈곤하고, 내륙 국가로서 구소련이 점령한 파키스탄이라고 보면 된다. 대략 인구의 절반이 페르시아어를 쓰는데(파르시(페르시아 민족)와 사촌지간, 어쩌면 이복형제라고 할 다리(Dari)족이다), 인구의 15-20퍼센트가 시아파이므로이 나라 안에 이란의 안정적인 지지기반이 있다. 유감스러운 현실은, 이란이 추진하는 프로젝트에 총알받이들을 던져 넣고 유럽으로 헤로인을 밀반입시키는 일 외에 아프가니스탄은 이란에게 크게 가치가 없다. 미국이 아프가니스탄 전체를 순찰하면서 10년을 보내는 동안 미군에 대한 공격을 감행할 근거지로서는 손색이 없었지만, 2014년 미국이 대거 철수하면서 아프가니스탄의 험준하고 메마른 전형적인 지형은 이란이 레바논이나 이라크에서 누렸던 직접적인 장악력을 행사하는 데 걸림돌이 되었다.

그런데 보다 폭넓은 역내 지정학이 이란을 성공 가도에 올려놓았다:

- 냉전 후기 미국은 소련에 대한 전략을 통해 이란의 북부 지역에서 러시아의 영향력을 분쇄하는 한편 아프가니스탄에서 소련군을 축출했다.
- 뒤이어 이 지역에서 미국이 벌인 전쟁으로 역내에서 역사적으로 이란에 대한 가장 막강한 견제 세력이었던 이라크가 박살났다.
- 미국이 페르시아만 지역의 아랍 국가들을 전략적으로 지원하면서 페르시아만 국가들은 국방에 대한 투자나 이렇다 할 군사전문성의 확보를 게을리했다. 미국이 이 지역을 떠나면 역내 모든 나라들이 취약해진다.

여건이 잘 조성되었고 이란이 종파들 간에 이간질하는 전략은 큰 보상을 받았다.

- 이라크는 거의 이란의 속국이나 다름없다. 이라크는 이란에 대한 서방의 경제 제재를 무시하고 몰래 이란의 원유를 밀반입하기까지 한다.
- 시리아는 너무 약하고 의존적이어서 이란의 명령을 거부하지 못한다.
- 헤즈볼라는 레바논에서 단연 가장 막강한 군사적, 정치적 파벌이고 시리아와 이스라엘에서 쓸모 있는 원정군임을 입증하고도 남는 성과를 올렸다.
- 아프가니스탄은 총알받이로 쓸 인력을 시리아에 꾸준히 제공해준다.
- 이란이 예멘에서 영향력을 행사하면서 사우디아라비아는 전략적으로 한눈을 계속 팔게 되었다.

이란이 중동에서 승승장구한 가장 큰 이유는 미국이 역내 안보를 보장해줬기 때문이다. 이제 미국이 떠나면 이란은 한바탕 청소를 해야 지역 맹주로서 입지를 다질 수 있다.

그런데 성급한 결론은 금물이다. 여기는 중동이다.

방심은 절대 금물이다.

이란의 성적표

국경: 이란은 건조한 산악국가로서 사막과 산맥으로 둘러싸여 있다. 따라서 이란을 침략하기란 대단히 어렵지만 이란을 보호해주는 바로 이 지리적 여건이 이란의 팽창을 방해하기도 한다.

자원: 이란의 산맥은 광물이 매장되어 있을 가능성이 높지만 한 세기 넘게 그저 죽어라 석유에만 의존해왔다.

인구: 이란의 인구는 페르시아만에서 최대 규모를 자랑하지만, 1979년 혁명 이후 출생률이 급락하면서 이란의 인구는 같은 페르시아만 아랍 국가 인구보다 훨씬 나이가 많다.

군사력: 이란은 군대가 하나도 아니고 둘이나 있다. 둘 다 국가 통치 엘리트 계층에게 충성을 다하며, 주로 개조한 구소련 군수물자로 무장하고 있고, 외국 군대뿐만 아니라 국내 선동세력에게도 기꺼이 발포할 가능성이 높다.

경제: 석유 수출이 이란의 수출 기반을 형성하고 전체 수출에서 압도적인 비율을 차지하며 그 뒤를 값싼 강철, 대추, 피스타치오, 카펫 같은 저급한 산업생산품이나 농산물이 따른다. 이 모든 수출품이 역사상 가장 강력한 경제 제재 대상이다. 경제적으로 고군분투하고 있다.

전망: 40년 동안 말썽을 부려온 이란은 최근 자국의 적을 교란시키는 데 엄청난 성공을 거두었다. 이제 이란은 지역 맹주 지위를 거의 확보한 셈인데, 확보한 것을 지킬 대비를 전혀 갖추지 못하고 있다.

한마디로: 과연 승자가 될까?

10

사우디아라비아:
이란에 맞서 중동을
파괴하다

Saudi Arabia:
The Anti-Power and the Destruction
of the Middle East

20 세기 초 몇십 년까지만 해도 오늘날 사우디아라비아의 영토는 개발이 불가능했다. 아라비아반도는 세계에서 인간이 거주하기에 가장 부적합한 지역으로 손꼽혔다. 기온은 툭하면 섭씨 43도까지 올라갔다. 겨우 명목상 겨울이라고 할 계절에도 말이다. 아라비아반도의 내륙은 거의 암석과 모래뿐이다. 사우디아라비아의 사막은 사하라사막처럼 지하 대수층(帶水層)의 혜택도 받지 못하고 중앙아시아에 있는 카라쿰처럼 도처에 오아시스가 산재해 있지도 않다.

역사적으로 볼 때, 이 지역 인구는 대부분이 반도의 남동쪽과 서쪽 측면을 따라 늘어선 산맥 근처에 모여 살았다. 고지대라 대기 중 수분을 짜낼 수 있기 때문이다.

이처럼 다소 덜 건조한 지역도 나무가 전혀 없어서 야릇한 부조화를 창출해낸다. 거의 봉쇄되다시피 한 페르시아만의 특성 덕분에 항해하기에는 더할 나위 없이 제격이지만, 반도 어디에도 나무가 자라지 않아 지역 주민들이 해상 문화를 개발할 역량은 전무하다. 페르시아만에 도달할 수 있는 외부 세력은 누구든지 대부분의 역내 주민들을 상대로 이래라저래라 할 수 있다.

오늘날 사우디아라비아는 한층 열악하다. 아라비아반도의 알짜배기 땅을 확보하지 못했기 때문이다. 이 지역에서 가장 녹음이 우거진 땅은 반도 남쪽 측면인데, 이 지역은 오만(수세기 동안 교역 경유지로서의 전문성을 확보한 나라)과 예멘(수세기 동안 실패한 나라로서의 전문성을 축적한 나라)에 속해 있다. 페르시아만 항구들은 대부분 처음에는 대영제국이 차지했다가 1970년대에 역내 왕당파 부족들에게 이양하면서 아랍에미리트, 카타르, 쿠웨이트가 되었다. 그나마 쓸모가 조금이라도 있는 영토에서 결국 오늘날 사우디 왕국으로 편입된 지역은 헤자즈의 서쪽 산악지대 협소한 땅으로, 오아시스 몇 군데가 있어서 이 지역의 역사적인 중심지이자 이슬람의 성지인 메카와 메디나가 있는 곳이기도 하다. 이 도시들의 관할권이 어느 나라에 있는지 모르는 사람은 없다. 엄청나게 부유하고, 무자비하게 폭력적이며, 주체 못할 정도로 석유가 풍부한 사우디아라비아 왕국이다.

그러나 석유가 나오기 전에, 사우디아라비아가 존재하기 전에는 사막뿐이었다. 사우디아라비아의 미래를 탐색하기 전에(그리고 이를 바탕으로 나머지 중동의 미래를 점쳐보기 전에), 우선 사우디 왕가가 어떻게 변신해왔는지 살펴볼 필요가 있다. 그러려면 사전 정지작업으로 역사를 살펴보아야 한다.

믿기지 않는 기원

약 한 세기 전까지만 해도 아라비아 왕가는 사우디 가문이 아니라 하심 가문이었다. 하심 가문은 가계가 선지자 마호메트 직계로 거슬러 올라가는 아랍 부족이다. 하심 가문은 아라비아 반도에서 문화적으로, 경제적으로 중요한 영토를 대부분 장악했다. 반도의 홍해 연안에 있는 헤자즈, 아라비아 반도의 도시들, 사회간접자본, 농업 역량, 교역 기회가 대부분 집중되어 있는 지역이다.

당대의 하심 가문은 화려하고 사해동포적인 사람들이었다. 헤자즈는 단순히 무역지대가 아니었다. 관광의 중심지이기도 했다. 물론 무슬림 성지인 메카와 메디나는 순례자들의 최종 목적지이지만, 왕래하는 발길이 잦은 지역이라 이 도시들은 서로 상품과 아이디어를 교환하고 신체 분비물도 교환하는 명당자리로 알려져 있었다. 마치 예루살렘과 라스베이거스를 합해놓은 도시 같았다.

하심 가문의 동맹이자 후원자이자 통치자는 오스만 투르크였다. 18세기 중엽부터 아라비아반도의 북동부와 서부 연안—즉, 쓸 만한 땅은 전부—은 쇠락해가던 오스만 제국의 남쪽 끝 영토였다. 헤자즈에서 얻는 수익과 하심 가문의 충성서약을 받는 대가로 오스만은 지역 주민들에게 자치를 허용했고, 안보를 유지하는 데 필요한 정도의 제국군만 주둔했다.

이에 대해 일부 부족들이 불만을 품었다. 우선 사우디 가문이 그 가운데 한 부족이었다. 아라비아반도 내륙 깊숙한 곳에 위치한 불모지 네지드를 할당받은 그들은 헤자즈 변방에 거주하는 훨씬 부유한 집단들을 약탈하면서 근근이 연명했다. 본질적으로 사우드 가문은 하심 가문의 부와 권력을 시기했으며 그들을 괴롭히면서 희열을 느꼈다. 두 번째 부족은 다름 아닌 무함마드 이븐 아브드 알 와하브가 속한 부족이다. 그는 이슬람을 7세기에 존재했던 그대로 엄격하게 해석해야 한다고 주장한 한물간 신학자였다. 7세기 이후 1,000년 동안의 사회적, 기술적 진보는 저주를 받았다.

천생연분이었다. 사우드 가문은 속세의 권력을 탐했다. 알-와하브 종파는 종교 교리를 재설정해서 내세를 거머쥘 방법을 모색했다. 질투심 많은 사우디 가문은 속세의 금은보화 속에 뒹굴고 싶었고 하심 가문을 보호해주는 오스만에 원한을 품었다. 극도로 폭력적이고 약탈에서 희열을 느끼며 낙타 타고 다니는 광신도 와하브 종파는 하심 가문을 죄인으로 간주했고 오스만은 두 성지를 유린하는 세력으로 간주했다.

동맹을 결성하기 위해 두 가문은 연달아서 혼인관계를 맺는 데 합의했는데, 이 사연을 넷플릭스 연속물로 제작하면 대박난다고 장담한다. 그들의 공동의 적에게 대항할 현대무기와 전술정보, 약간의 병참 지원을 제공할 사람만 있으면 됐다. 운 좋게도 그러한 무기와 정보와 지원을 주체하기 어려울 정도로 넘치게 지니고 있는 누군가가 그러한 폭력단을 모집하려고 염탐하고 돌아다니고 있었다.

1900년대 초 무렵, 중동 전역은 갈등이 무르익었다. 오스만은 이미 북아프리카와 발칸반도에서 실패했고, 러시아가 휘저어놓은, 항구적으로 준동하는 코카서스 전역 못지않게 아라비아도 들썩대기 시작했다. 오스만은 홍해와 페르시아만을 회유할 힘이 있었고 따라서 역내 교역을 장악한 반면, 영국은 아라비아해의 넓은 공해를 지배했으며 대륙 간 교역을 장악했다. 이 두 대제국이 제1차 세계대전에서 격돌하자 아라비아반도에서의 삶은 순식간에 엄청나게 활기를 띠게 되었다.

영국은 아라비아의 로렌스를 아라비아반도에 급파해 군을 모집하고 오스만에 맞설 작전을 꾸렸다. 로렌스는 무기와 정보와 때로는 자동차를 제공해 사우드 가문과 와하브 종파를 한데 모아 어설프나마 구색을 갖춘 투쟁 세력으로 변모시켰다.

세계적인 기준으로 보면—에라, 지역 기준이라고 치자—이러한 정략적인 삼각관계는 군사적으로는 기발할 게 없었다. 그럴 필요가 없었다. 독특하지 않았기 때문이다. 영국의 무모한 아라비아 전략은 1회성이 아니라 인력이 딸리는 영국이 대륙 세력과 한판 붙게 될 때마다 써먹은 전략의 한 사례에 불과했다. 영국은 메소포타미아, 페르시아만, 쿠르디스탄, 유대인 영토, 트란스요르단, 레반트 북부 지역에서 말썽꾸러기들을 선동해 이와 비슷한 교란을 야기하는 데 써먹고 폐기처분했다. 투르크는 발칸반도 전선에 위치한 세르비아, 루마니아, 그리스로부터, 그리고 코카서스 지역에서는 러시아로부터 재래식 군사압박을 받게 됨과 동시에 남부 영토 전역에서 영국이 교사한 반란을 억압해야 했다.

큰 전쟁을 하나 치른 후 오스만 제국은 역사의 잿더미가 되었다. 영국은 아라비아에 올 때만큼 급하게 아라비아를 떠났지만, 떠나기 전 역내 동맹세력들에게 세계에서 가장 쓸모 없는 영토 가운데—아라비아의 기준으로 볼 때도—가장 쓸모 없는 일부 영토의 통치를 맡겼다. 사우디 부족은 지체 없이 자기 부족을 통치하는 사우드 가문으로 문패를 바꿔 달았고, 그들의 사돈—와하브 종파—은 무슬림 세계의 바티칸 시를 장악했다.

오늘날 사우디아라비아는 1932년 오스만 제국의 잔해에서 비롯되었고, 그로부터 6년 후 새로 탄생한 사우디아라비아 왕국을 들쑤시고 돌아다니던 미국인들은 석유를 발견했다.[1]

그 결과 탄생한 나라는 딱히 인류에 대한 믿음을 회복시켜주는 나라는 아니었다.

잔혹의 정치

사우디아라비아라는 나라는 무엇보다도 우선 중세 시대 군주제 국가다—
폭군인 왕이 여러 명의 왕비를 거느리고, 왕족 내부에 살인이 횡행하고, 농부
들을 억압하고, 빈익빈부익부가 만연하고, 자칫하면 머리가 댕강 날아가는
군주제다. 권력은 오로지 통치하는 왕가에 집중된다. 정치적 반체제 인사는
고문 끝에 처형당하는 경우가 다반사다.

오늘날 사우디아라비아는 말 그대로 (북미 원주민) 코만치족 약탈의 역사에
준하는 사우드 부족의 역사와 제7안식일 재림파 겸 아미시가 지닌 기술에 관
한 세계관에 준하는 와하브 종파의 세계관을 결합한 다음, 세속에서의 죄는
마피아 식으로 처벌해야 한다는 두 부족(사우드 부족과 와하브가 속한 부족)의
견해를 곁들인 나라다. 정치적으로는 그처럼 경직되어 있고 경제적 불평등을
의도적으로 조장하고 유지하는 체제에, 가장 억압적이고 성차별적이고 가학
적인 종교적 해석을 곁들인, 개인의 인권 억압이 국가 정체성의 초석인 나라
다.[2] 그런 잔혹성이 사우디 국가를 떠받치는 가장 일차적인 기둥이다.

그 결과 정말 증오로 가득한 규범들이 구축되었다.

자국민의 삶은 억압 그 자체다. 최근에 정치적, 경제적 개혁을 하겠다고 전
혀 진정성 없는 미사여구를 남발했지만, 반체제적인 언행을 했다가는 여지없
이 곤봉과 총알이 날아온다. 왕가 내에서 반체제적인 발언을 하는 구성원에
대한 대우는 아주 조금 낫다. 그런 왕족은 리야드 포시즌스 호텔에 가택연금
당하고, 자기 주장을 철회하고 왕에 대한 충성을 다시 다짐하고 자산의 대부
분을 국가에 헌납하는 서류에 서명을 하고 난 다음 풀려난다. 물론 그것도 8
월의 어느 화창한 날 사막으로 소풍 나들이에 끌려 나가서 처단 당해 돌아오
지 못하는 비운을 맞지 않는다는 가정 하에서나 맞는 얘기다.

사우디의 잔혹함은 무심코 행해지거나 우발적으로 행해지는 게 아니다. 철
저하게 의도한 바다.

사우디아라비아의 척박한 지리적 여건은 경제적, 정치적 발전에 대한 국민의 희망을 여지없이 무너뜨린다. 사회적 안정이란 깨지기 쉽기 때문에 통치 왕가는 대학교육을 받은 국민을 원하지 않는다. 기술 관련 학위가 있는 사람은 누구든 이 나라에 남아있을 이유가 없다.

애써 큰 비용을 들여 사우디 국민들을 교육시키는 위험을 감수하느니 필요할 때마다 외국인 근로자 수백만 명을 수입한다. 고숙련 기술 인력은 미국과 유럽에서, 중간 정도 숙련 기술이나 저숙련 기술 인력은 동아시아, 필리핀, 인도네시아에서 들여온다. 사우디아라비아의 제조업 기반은 정유와 석유화학 같은 석유 관련 산업 외에는 미미하다.

이런 상황이 사우디의 노동력을 얼마나 왜곡하는지 감을 잡으려면 다음 상황을 한번 생각해보라. 하지(hajj) 성지순례는 사우디 경제에서 대목이다. 종교 관광으로 100만 개의 일자리가 창출되고 연간 1,700만 명이 방문한다. 미국에서 디즈니월드를 찾는 방문객이 한 해에 5,500만 명이지만 고용창출은 7만 명을 넘어가지 않는다.

마찬가지로, 사우디 왕가는 제 기능을 하는 명실상부한 군대를 구축하기 꺼린다. 〈왕좌의 게임Games of Thrones〉과 〈비벌리 힐빌리즈The Beverly Hillbillies〉, 두 드라마를 섞어놓은 듯한 왕가가 통치하는 나라에 무기를 쓸 줄 아는, 조직화된 대규모 남성 집단이 생기면 쿠데타는 따 놓은 당상이다.

결국 사우디아라비아의 "군대"는 통상적인 군대와는 사뭇 다르다. 실제 군사적인 목적을 달성하기 위해서 사우디는 해외 용병을 둔다. 공군은 주로 파키스탄에서, 육군은 이집트에서, 훈련교관은 영국에서, 그리고 장비는 미국에서 들여온다. 이러한 군사 모델은 두 가지 문제점이 있다. 첫째, 외국인 용병은 더 할 나위 없이 유능한 반면 그 아래 일반 사우디 군인들은 그지없이 무능하다. 사우디 군대는 심층적인 기술이 없다. 둘째, 외국인 용병이 일단 출동하게 되면 사우디아라비아를 위해서 싸울지 분명치 않다. 파키스탄, 이집트, 그리고 영국은 하나같이 최근 예멘, 카타르, 이라크, 시리아, 이집트,

이란에 대한 사우디의 정책을 신랄하게 비판했고, 미국은 그 지역 전체의 지도를 불태울 핑계거리를 찾고 있다.

이러한 군대와 병행해 존재하는 조직—혹은 당시의 사우디 왕가와 정치적 알력이 어떤 양상을 보이는지에 따라 군대와 경쟁관계에 있게 될 조직—이 사우디아라비아 방위군이다. 미국 방위군 체제와는 달리 사우디 방위군의 임무는 국가 수호가 아니라 사우디 왕가 수호다. 그 임무를 수행하려면 장갑차와 제트기를 조종하는 기술이 필요한 게 아니라 곤봉을 휘두르고 물고문 장비를 작동시키는 기술이 필요하다.

방위군은 정치적 목적을 수행하는 데 동원되기도 한다. 대부분의 방위군은 사우디 왕가가 격상시킨 부족들로부터 차출된 이들로서 사우디 국가에 대한 지분을 확보해 놓으려는 시도다. 적을 가까이 두는 한편 산업화 이전의 부족 사회 경영 체계가 지닌 폭력적인 성향을 사우디 왕가가 생각하기에 유용한 경로로 배출시키도록 유도한다. 특히 사우디 왕가가 시키는 대로 하지 않는 자는 누구든 그 사람에게 린치를 가하는 일을 국가가 뒷받침하고 있다.

사회 경영은 단순한 절차를 따른다. 공짜 식량과 주거시설을 이용해 국민의 입을 막고 누구든 규칙을 어기면 쥐어팬다. 국민 가운데 그 누구도 통치 왕가에게 실제로 아무런 경제적인 가치가 없으므로 국민 전체가 소모품이다.

국민을 소모품 취급하는 그러한 태도는 내치뿐만 아니라 바깥세상과 관련된 전략의 절반을 구성한다.

사우디 국민이 전부 양처럼 순하지는 않다. 낙타를 타고 사막을 달리던 약탈자에서 진화한 문화 엘리트 계층답게 사우디 남성 인구 중 무시 못 할 비율이 공격적이고, 냉방이 잘 된 실내에 오래 있으면 안절부절못한다. 가정폭력을 휘두른 정도의 전과가 있는 이들은 선발대상에서 탈락된다. 가정 바깥으로 폭력성이 새어나오는 이들은 보통 수감되고 두들겨 맞은 후 온순해진다. 그보다 좀 더 폭력적인 이들은 공안요원으로 선발돼 같은 국민을 두들겨 패는 임무를 맡게 된다. 보다 강렬하고 지속적인 폭력을 행사하려는 경향을 보이는 특별한 남성들에게는 특별한 미래가 기다리고 있다.

사우디 정부는 이런 소시오패스에게 무기 다루는 훈련을 시키고 석유 팔아 번 돈을 지갑에 두둑하게 채워주고 주머니에 쿠란을 찔러 넣어 준 다음 등에 폭탄을 묶어준 후 해외로 내보내 이슬람의 위대한 영광을 위해 싸우게 하지만, 사실 이들은 사우디 왕가를 위해 싸운다. 이러한 불만분자들을 외부로 반출하면 사우디 내치에서 발생하는 압력을 해소하는 역할을 하는 한편 사우디아라비아가 당장 적으로 규정한 이들에게 끊임없이 골칫거리를 양산해낸다. 이란, 이라크, 시리아, 리비아, 레바논, 아프가니스탄, 파키스탄, 러시아는 뜻하지 않게 사우디 무장 세력을 수입하게 된다.

사우디 국가를 떠받치는 두 번째 기둥은 당연히 석유다. 사우디아라비아는 세계 "최대"라는 기록을 몇 가지 보유하고 있다. 최대의 전통적 석유매장량(2,980억 배럴), 생산량이 최대인 유전(가와르), 최대 석유처리시설(아브카이크), 최장 송유관(페트로라인), 최대 석유 선적대(라스 타누라)가 사우디에 있다. 그리고 탈냉전 시대를 통틀어 세계 최대 석유생산국이자 수출국이다.[3]

그러한 엄청난 자산과 그 자산에서 창출되는 소득이 있으면 어떤 나라든 필요한 건 뭐든지 돈 주고 살 수 있게 된다. 국영 항공사, 현대적인 도시, 영향력, 세계 전역에서 자본 차입, 뭐든 가능하고 너무 뚱뚱해져서 반란을 일으킬 생각조차 하지 않는 국민까지도 얻게 된다.

그러나 이는 "단순히" 산더미 같은 돈에서 끝나지 않는다. 사우디 왕가의 소득은 석유에서 비롯된다. 석유는 오늘날 경제의 심장을 뛰게 하는 물질이다. 석유는 세계 운송연료의 95퍼센트, 세계의 다양한 석유화학 제품의 85퍼센트의 원료다. 후자의 경우 벽지에서부터 타이어, 아스팔트, 안전유리, 나일론, 단열제, 제초제까지 온갖 제품들을 망라한다. 이러한 방법을 통해 부를 얻기 때문에, 사우디 왕가는 20달러짜리 화폐를 찍어내는 인쇄기를 손에 넣었다면 휘둘렀을 영향력보다 훨씬 막강한 영향력을 행사한다. 석유는 사우디 왕가를 부자로 만들어주는 데 그치지 않는다. 그들을 없어서는 안 될 존재로 만든다. 모두에게.

　여기서 우리는 사우디 왕가의 성공을 뒷받침하는 세 번째 기둥에 다다른다. 해외의 후원이다.

　과거와 현재를 통틀어 세계에 존재했고 존재하는 나라들 가운데 사우디아라비아는 아주 독특한 돌연변이다. 군대가 국가전복 세력으로 변할까 두려워서 통상적인 군대를 두지도 않고 전문 직종을 육성하지도 않는다. 계약직으로 노동력을 대거 수입해 경제를 운영하게 하고 저숙련 기술 근로자들에게는 매를 아끼지 않음으로써, 고숙련 기술 근로자들에게는 지속적으로 뇌물을 먹임으로써, 외국인 근로자들이 대오를 이탈하지 못하게 만든다. 이 나라에 가치가 있다고 할 만한 경제적 자산이 있는데 대부분의 나라들이 무슨 수를 써서라도 이것을 확보하려 한다는 점이다. 그리고 사우디아라비아의 지리적 여건은 역외 세력을 막아줄 천혜의 방어막이 전무하다. 접근이 용이하고 가치가 높은 목표물인데 스스로를 방어할 능력은커녕 경제를 운영할 역량도 전무하다면? 사우디아라비아로부터 독립을 박탈하려는, 보다 역량 있는 나라들이 줄을 서게 된다.

그러나... 세계질서가 떡 버티고 있다

　제2차 세계대전 이후 사우디아라비아는 아무도 관심을 갖지 않는 나라에서 누구나 관심을 갖는 나라로 바뀌었다. 특히 자국이 구축한 전략적 동맹에 세계 경제성장이 달려 있는 어떤 초강대국에게는 그러했다. 미국이 사우디 왕가의 탐욕이나 와하브 극단주의 종파나 언론인의 사지를 절단해 언론매체를 길들이는 방식에 대해 어떻게 생각하든 상관없이, 미국은 세계에서 가장 무능하고 가장 억압적인 정권으로 둘째가라면 서러울 정권과 동맹을 맺는 수밖에 선택의 여지가 없었다. 사우디의 석유가 세계 경제성장에 동력을 제공하고 세계무역을 가능케 했으며, 미국의 동맹을 굳건히 하고 미국의 안보를 보장해주었다.

사우디아라비아가 아무리 경제가 왜곡되고 군사적으로 무능하고 정치적으로 증오가 넘쳐도 미국은 사우디를 자국 편으로 두어야 한다. 운 좋게도 사우디는 자국의 절대적인 안보가 유럽의 안보와 동아시아 안보와 미국 안보의 전제조건인 세계에 살게 되었다. 미국이 기울이는 노력이 낳은 철저한 부산물인 사우디아라비아—내부의 부조화를 보면 어느 모로 보나 존재조차 해서는 안 되는 나라—는 역내 정치적, 경제적 맹주의 지위로 격상되었다.

미국이 주도하는 세계질서 덕분에 그 어떤 지정학적 추세의 영향으로부터도 완전히 자유롭게 된 사우디 왕가에 대해 거의 누구든—사우디와 동맹인지 여부와 관계없이—사우디 왕가를 증오할 만한 타당하고 지속적인 이유들을 지니게 되었다.

- 1960년 석유수출국기구(OPEC)를 결성하고 뒤이어 1973년 아랍-이스라엘 전쟁의 여파로 석유수출 금지조치가 내려지면서 유가가 네 배로 급등했고 세계 경제 불황이 촉발되었다.
- 공개(그리고 비공개) 참수, 여성에 대한 억압, 세계 성노예 인신매매에서 최종 소비자로서의 적극적인 참여 등으로 사우디는 인간으로서 양심을 지닌 모든 이들이 예의 주시하는 나라다.
- 사우디의 용병-수출 전략은 아프가니스탄, 체첸공화국, 이라크, 리비아, 시리아 같은 지역에서 갈등을 일으키는 데 긴요한 역할을 했다. 즉 사우디 왕가는 의도적으로 군사자산을 파견해 러시아, NATO 동맹의 주요 국가들뿐만 아니라 중동 국가들과도 모조리 싸우게 했다. 사실상 사우디의 안보를 보장하는 미국도 그 대상이었다.
- 사우디가 엉뚱한 곳에 파견한 용병들은 탈레반, 알카에다, 아이시스(ISIS) 같은 조직들을 결성했고 미국, 러시아, 이란, 파키스탄, 인도, 나이지리아, 수단, 이스라엘, 프랑스, 영국, 독일, 모로코, 모리타니, 리비아, 말레이시

아, 태국, 오스트레일리아, 필리핀 등등의 이익을 겨냥하는 공격을 감행했다. 이만하면 감이 잡히는가.

미국은 탈냉전 시대에도 석유의 원활한 공급을 보장해야 한다는 생각에 너무 얽매여 있었다. 사우디 왕가가 통제력을 상실한 테러리스트 집단이 민항기들을 몰고 미국의 상징적인 마천루에 들이박아 미국 국민 3,000명이 목숨을 잃었을 때조차도. 그때조차 미국은 감히 사우디와의 동맹관계를 정리할 엄두를 내지 못했다.

사우디아라비아는 잔혹하고 독재적인 군주제로서, 사우디아라비아를 통치하는 소수 폭력적인 남성들은 중세 폭군 통치를 버젓이 자국 정부 모델로 삼고 이에 대한 반대를 용납치 않으며, 지구 반대편에 사는 사람들의 인명살상을 그저 살면서 당연히 치러야 하는 비용으로 여긴다.

오늘날 사우디를 상대하는 이는 누구든 오직 두 가지 이유에서 그리 한다. 석유와 형식상의 예의. 이제 셰일 혁명이 일어나고 세계경영에서 물러나게 되는 미국은 더 이상 사우디아라비아에 관심을 두지 않게 된다. 그리고 군사적으로 나약하고 경제적으로 기형이며 전략적으로 취약한 사우디 왕가가 자기의 안보를 보장해준 나라가 자기들을 버리게 된다는 현실을 깨닫는 순간, 사우디아라비아는 무용지물이 된다.

사우디가 쓰고 있던 가면은 금방 벗겨지고 흉측한 민낯이 드러났다. 2018년 10월, 사우디 정부는 반체제 언론인—다름 아닌 자말 카쇼기—을 이스탄불에 있는 사우디 총영사관을 방문해 달라고 유인해 고문하고 뒷방에서 목졸라 죽인 다음, 시신을 조각내 총영사 자택으로 몰래 반출해 맞춤형 바비큐 화덕에다가 화장시켜 제거해버렸다. 그러고 나서 사우디 총영사는 거창한 파티를 열어 그 화덕에 수백 파운드의 고기를 구워 남아있을 만한 법의학적 증거를 인멸했다. 사우디아라비아에서 이런 일은 새로울 게 없다. 새로운 점은 암살이 해외에서 일어났고 외교면책특권을 방패 삼아 자행되었다는 점이다.

사우디 왕가가 예전보다 더 대담해져서 이런 짓을 저지른다기 보다는 미국이 사우디아라비아 내에서 사우디 왕가를 보호해주지도 않고 해외에 있는 사우디 왕가의 자산을 보호해주지도 않는 세계에 적응하고 있는 중이다. 그들은 자기 손으로 문제를 해결하고 있다.

사우디의 보다 폭넓은 전략도 진화하고 있다. 사우디 왕가와 그들의 와하브 종파 동맹 세력이 살아남으려면 새로운 작전을 구상해야만 한다.

선택지 1: 안보를 보장해줄 나라를 새로 물색하라

이는 보기보다 어렵다.

사우디의 안보를 보장해줄 나라는 여러 가지 까다로운 조건들을 충족시켜야 한다. 사우디의 주변 국가들에게 힘을 투사할 역량이 있을 정도로 막강해야 하고, 사우디아라비아가 국가로서 독립을 유지하도록 해야 할 절실한 전략적 필요를 느껴야 하되, 그러나 사우디가 자기 뒷마당에서 무슨 짓을 하든 상관하지 않을 정도로 지리적으로 멀리 떨어져 있어야 한다. 이런 점에서 미국은 완벽한 조건을 갖추고 있다. 초대형 항공모함 덕분에 미국은 페르시아만의 군사 문제에서 마음먹은 대로 결론을 낼 수 있었지만, 미국은 지구 반대편에 위치하고 있으므로 사우디가 석유공급만 원활하게 해주면 자국 내에서 무슨 짓을 하든지 내정에 간섭하지 않았다. 이런 환상의 조합은 재현하기가 불가능하다.

유럽 국가들 가운데 오로지 영국과 프랑스만이 멀리 홍해와 페르시아만까지 힘을 투사할 역량을 이론적으로나마 갖추고 있다. 영국은 자국에서 훨씬 가까운 지역에서 에너지를 들여오므로 이 역할을 맡을 가능성이 희박하다. 프랑스는 사우디와의 동반자 관계가 자국의 이익에 부합한다고 간주할지 모르지만, 이란처럼 크고 결연한 나라를 제어할 필요가 있는 사우디로서는 프랑스가 충분히 믿을 만하고 역량이 있는 동반자인지는 전혀 분명치 않다. 결국은 지상군 애기를 꺼내지 않을 수 없다. 러시아—사우디가 러시아로부터 보호를 받을 방법을 모색할 가능성은 희박하지만—는 이란과 터키를 사이에 두고 사우디아라비아의 반대편 엉뚱한 곳에 위치하고 있다.

중국은 사우디 왕가를 보호하는 역할을 기꺼이 떠맡으려 할 테고, 중국 또한 사우디 석유가 절실히 필요하며 사우디 왕가가 자국 국민들을 어떻게 취급하든 전혀 개의치 않지만, 중국은 동아시아를 벗어나 힘을 투사할 만한 해상력은 고사하고 싱가포르, 인도네시아, 인도 근해를 무사히 통과할 역량도 부족하다. 일본은 힘을 투사할 역량이 훨씬 높지만, 자국 근처에서 일어나는 일에 신경을 써야 하므로 자기 코가 석자고, 사우디 경계를 방어하는 데 필요한 육군 병력이 부족하기도 하다.

그러면 사우디를 도울 역량이 있을지도 모르는 잠재적인 나라는 두 나라뿐이다.

첫째는 터키다. 터키는 NATO 전역에서 최대 지상군을 거느리고 있고 역내 해상력으로 치면 영국과 프랑스에 이어 세 번째다.[4] 그러나 사우디는 역내 힘의 균형을 구축하기 위한 경우가 아니라면 터키의 지원을 절대로 요청하지 않을 것이다. 그 이유는 다음 장에서 훨씬 심층적으로 다루겠지만, 사우디는 터키를 구세주라기보다는 떠오르는 골칫거리로 여긴다.

그러면 오로지 이스라엘밖에 남지 않는다. 얼핏 보면 어처구니없는 생각처럼 보인다. 이슬람 성지의 수호자가 제국주의 시온주의자의 보호를 받는다? 웃기지 마라!

다른 각도에서 바라보자.

이스라엘은 다양한 무슬림 국가들을 서로 반목하게 만든 오랜 역사를 자랑한다. 이스라엘은 한때 아랍 세계의 "지도자"였던 이집트와 사실상 동맹을 맺었다. 요르단을 사실상 위성국가로 만들었다. 여러 차례 시리아의 내정에 몰래 끼어들어 내전의 불길이 계속 활활 타오르게 불을 지폈다. 아주 오래전에 이스라엘과 이란은 상당히 굳건하고 적극적인 동맹관계를 맺었다. 이스라엘 입장에서 보면 군사력은 쥐뿔도 없는 사우디아라비아 같은 나라를 입맛대로 휘두르는 게 오래전부터 유지해온 전략을 지속하는 일이다.

사우디 입장에서 보면 전략적 계산은 훨씬 간단하다. 사우디 왕가가 이슬람의 가르침을 고수하는 태도는 어느 정도 유동적이다. 와하브 종파 식으로 이슬람 율법을 해석하면 이슬람의 적을 패배시키는 데 도움이 된다면 윤리적, 도덕적 의무에서 면제된다. 사우디아라비아의 문화적, 경제적, 정치적, 전략적 숙적은 이란이고, 이란은 이슬람 시아파—와하브 종파를 이단이라고 여기는 종파—이므로 이교도와 동맹을 맺어도 정당하다.[5] 이스라엘 또한—이집트, 요르단, 이라크, 리비아, 사우디는 거세됐다고 생각하고—관심을 이란으로 돌리고 있다.

따라서 이스라엘은 사우디에게 미국 무기 체계 다루는 법을 훈련시키고 유용한 정보와 무기를 지속적으로 공급하고 있다. 그리고 사우디는 이스라엘의 어느 항구 근처에 원유나 정유제품 화물을 엉뚱한 장소에 잘못 떨궈놓는다. 서로 정치적, 군사적 정보 교환까지 곁들이면 사실상 시쳇말로 상호합의 하에 잠자리만 같이하는 친구관계가 성립된다. 유일하게 껄끄러운 점은 이스라엘이 사우디아라비아의 원유를 공급받으면 안 되는 나라들을 지목하면서 훈수를 둘 게 확실하다는 점이다. 사우드 왕가가 정치적 목적을 달성하기 위해 기꺼이 에너지 부문을 이용한다는 점을 고려해볼 때, 너도나도 확보하고 싶어서 안달인 석유를 수출할 고객이 줄어들면 사우디 왕이 펄펄 뛰리라는 점은 불 보듯 뻔하다.

그러나 이스라엘과의 동맹관계가 아무리 깔끔하다고 해도, 미국과의 동맹을 대체하지는 못한다. 이스라엘은 페르시아만에서 이란군을 몰아낼 만큼 해군력의 도달범위가 넓지 않을 뿐만 아니라 사우디아라비아의 북쪽 국경을 지키기에 충분한 군대를 파견할 역량이 부족하다. 사우디아라비아는 그 이상의 조치가 필요하다.

선택지 2: (보다) 자생적인 국방 역량을 구축하라

사우드 왕가가 쿠데타를 일으킬 잠재력이 있는 군대를 구축하기 껄끄러워하는 이유들은 사라지지 않았다. 현재 왕을 추종하는 이들은 이를 본능적으로 안다. 1932년부터 쭉 사우디아라비아의 궁극적인 지도자는 왕이었다. 아버지에서 아들로, 그리고 그 아들들 가운데 맏이에서부터 막내로 계승되는 직위다. 단, 누군가가 이 체제를 파괴하지 않는다는 전제 하에.

현재의 왕, 살만 빈 압둘아지즈 알 사우드는 왕세자가 되기 전에 국가 공안 조직을 장악했다. 그 덕분에 그는 서열을 파괴하고 두 형을 제치고 왕세자가 될 수 있었다. 2015년 왕위에 오르면서 살만은 나이로 치면 손위인 70여 명의 다른 왕자들을 제치고 자기 아들 무함마드 빈 살만 알 사우드를 격상시키기 시작했다. 무함마드 빈 살만 알 사우드는 아버지가 왕위에 오른 직후 왕세자가 되었고, 그의 교활한 아버지는 이미 나이도 지긋하고 여러 가지 건강 문제도[6] 있기 때문에 그는 서른셋이라는 젊은 나이에 사실상 군주가 되었다. 병에 걸리지 않고, 뜻하지 않게 자객의 칼날을 맞거나 샤워하다가 미끄러지거나 총알이 관통하지 않는 한 무함마드는 앞으로 반세기 동안 사우디에서 매사에 최고 결정권자로 군림하게 된다.

이 때문에 우리는 께름칙한 상황에 놓이게 된다.

무함마드는 그 아버지의 그 아들답게 왕이 아닌 누군가가 총기를 다루는 남성들을 장악하면 어떤 일이 벌어지는지 잘 알고 있으므로 (자기 부친이 왕위에 오르기 전까지는 사우디의 관행이었던 것처럼) 국방부와 내무부를 잠재적인 승계자와 나누지 않고 직접 장악해왔다.

무함마드는 왕족의 상당수를 쳐냈다. 왕족의 상당수가—이전 군주들의 지원을 받은 이들도 있고 사우디 체제의 가장자리를 맴돌던 이들도 있다—2018년 중반 대거 체포되었다. 그들은 a) 재산을 상당 부분 국가에 이전하고, b) 공개적으로 무함마드 개인에 대한 충성을 서약하고 나서야 비로소 석방되었다. 그 직후 분명히 무함마드의 지령에 따라 카쇼기는 고문당하고 질식사하고 사지가 절단되고 화장당했다. 해외에서 많은 이들이 이 두 행동을 나라 위상에 먹칠하는 행위라고 비판했다.

그런 비판은 논점을 비껴간다. 좋든 싫든 무함마드 빈 "전기 톱" 살만은 나라의 절대통치자이고 그는 자기 지위에 걸맞게 행동할 뿐이다. 사우디아라비아에서는 아무도—왕족이든 아니든 상관없이—감히 그를 거역하지 않으며, 카쇼기의 암살은 무함마드의 그림자가 사우디아라비아 국경 너머에까지 드리운다는 사실을 생생하게 보여준다. 그리고 그 그림자는 점점 길어지고 있다. 2017년 무함마드는 사실상 레바논 총리 사드 하리리를 납치해 12일 동안 억류했다. 사우디의 뜻대로 따르지 않는다는 이유에서였다. 가택연금시키는 동안 하리리에게 공식적으로 사임하라고 강요하기까지 했다. 수니 아랍 세계에서는 이를 비판한 찍소리도 나오지 않았다. 결국 프랑스 대통령이 직접 사우디아라비아까지 날아가 억지로 레바논 지도자를 석방하게 했다(그는 석방되자 그 즉시 사임을 철회했다).

이 젊은 왕은 사우디아라비아가 국가로서 얼마나 나약한지 십분 이해하고 있고, 따라서 그는 실전에 대비해 국가안보 체제를 강화하려고 애쓰고 있다. 2015년 무함마드의 지시로 사우디군은 예멘을 침공했다. 공식적으로는 후티 부족의 반란에 직면한 압드라부 만수르 하디 대통령의 축출을 방지하기 위해서라나 뭐라나 말도 되지 않는 핑계를 댔다.

무함마드는 두 가지 목표를 염두에 두고 있다. 첫째, 후티족 같이 이란을 대리해 전쟁을 수행하는 이들을 상대로 사우디 사령관과 외교관들에게 다국적 아랍 군사 합동작전을 통해 실전 경험을 (제한적이나마) 축적하도록 하는 일이었다. 둘째, 사우디 공군에게 목표물 명중 훈련을 최대한 습득하도록 하는 일이었다. 사우디아라비아가 직면할 가능성이 가장 높은 두 가지 전쟁 시나리오는 이란 보병이 사우디아라비아의 북동부 사막을 가로질러 서서히 진격하는 상황과 페르시아만 항구들을 통해 해군이 침략하는 상황이다. 어느 쪽이든 가와르 지역 유전들이 목표물이다. 어느 쪽이든 강력한 공군이 습격을 퇴치하는 데 가장 유용한 수단이다. 육군과는 달리 공군은 왕궁에 들이닥치는 데 유용한 지상군이 없으므로 무함마드를 쿠데타 가능성으로부터 보호해준다.

그러나 이것만으로는 충분치 않다.

사우디아라비아는 안보를 보장해주는 상대를 잃었고 이를 대체할 가능성이 있는 후보들은 기껏해야 하자가 있다. 무함마드는 전쟁뿐만 아니라 훨씬 안정적이고 막강한 적과 포괄적인 경쟁을 할 상황에 국가를 대비시켜야 한다. 성공하려면 그는 대담해야 한다. 무모해야 한다. 위협이 되어야 한다. 대이란 방어선을 구축하기 위해 그가 어떤 공동체와 나라들을 목표물로 삼느냐에 따라 앞으로 수십 년 동안 그가 통치하는 나라와 보다 폭넓게 중동과 세계에너지 시장의 운명을 결정하게 된다.

게다가 사우디가 존속하려면 제3의 지지대가 필요하다.

선택지 3: 태워버려라

이란이 종파 간의 반목과 분열을 이용하는 데 탁월한 만큼, 사우디아라비아는 종파 간의 분열을 소각시키는 데 도가 텄다. 그 이유는 여섯 가지다.

첫째, 이란이 불화의 씨를 심고 지역 질서를 무너뜨리려고 시도한 지역 가운데 이란의 동맹이 "당연한" 통치자인 지역은 하나도 없다.

- 레바논에서는 시아파가 인구의 30퍼센트를 차지해 당연한 통치자 자격에 가장 근접하지만, 레바논은 이 지역에서 (그 어떤 나라보다도) 중요도가 떨어지는 나라다.[7]
- 시리아의 알라위파는 프랑스가 식민통치 시절 협력 집단으로 이용했는데,

(기껏해야) 인구의 15퍼센트를 차지한다. 시리아 내전은 그들의 역량이 얼마나 한계가 있는지를 뼈저리게 보여주었고, 이란과 러시아의 전폭적인 지원이 아니었다면 알라위파의 군사 역량만으로 임무를 수행하는 데 부족했을지 모른다. (시아파에서 갈라져 나온) 드루즈 교인과 그리스도교 동맹세력을 합해도 알라위파는 인구의 30퍼센트에 못 미친다.

• 예멘은 수니파가 60퍼센트인 데다가 수니파가 아닌 인구는 여러 집단으로 쪼개져 있고, 이들과 이란의 연결고리는 사우디를 그다지 좋아하지 않는다는 점뿐이다. 이란이 이들을 동맹으로 삼아봤자 휘두를 수 있는 영향력은 어설프기만 하고, 이들은 보상이 충분해야만 이란의 구체적인 지시를 따른다.

• 이란은 언어적으로, 문화적으로 규모는 작지만 활력 있는 종파적 연계를 아프가니스탄과 맺고 있다. 아프가니스탄은 이란이 믿을 만한 전력(track record)이 없다. 1990년대에 탈레반은 아프가니스탄 시아파를 공개처형함으로써 수니의 지배를 과시하곤 했다. 때로는 수십 명을 한꺼번에 처형하기도 했다. 때로는 경기장에서 처형을 했다. 이란은 그런 만행을 중지시킬 군사적 역량이 전혀 없지만, 아프가니스탄 시아파를 난민으로 받아들이기를 꺼린다. 그들은 페르시아 민족이 아니기 때문이다.[8] 따라서 이란은 2001-2002년 미국이 탈레반을 축출할 때까지 속만 끓이면서 가만히 손 놓고 있어야 했다. 사우디는 탈레반을 결성하도록 도왔고 미국과 명목상 동맹관계를 유지하면서도 아프가니스탄 곳곳에 강력한 종교적, 정보적, 군사적 연결고리를 유지하고 있다.

• 종파적 관점에서 보면, 이라크의 시아파는 이 모든 집단들 가운데 이란과 가장 가깝지만, 미국이 떠난 후의 중동에서 자구책을 마련할 역량이 가장 높고 가장 기득권 세력이기 때문에 이란의 야심에 굴복하는 상황을 가장 역겨워한다. 거기다가 어느 시아파가 주도권을 잡는지 결정하기 위해 마지막 한 사람의 시아파가 죽을 때까지 서로 싸우는 유구한 역사를 자랑한다고 볼

는 더욱더 높아진다.

첫째, 이웃나라들과의 문제다. 프랑스와 마찬가지로 스페인과 이탈리아 두 나라도 유럽 대륙 바깥에서 수입하는 원유와 천연가스가 대략 90퍼센트에 달한다. 과거 소련 영향권에서 갈등이 일어나면 유럽 대륙의 3대 에너지 수입원 가운데 하나가 사라지게 된다. 궁지에 몰린 영국은 북해산 원유를 나누지 않으려 할 가능성이 높고, 노르웨이의 팔을 비틀어서라도 북해산 원유의 역외 반출을 못하게 막게 된다.

그렇다면 북아프리카밖에 남지 않는다. 리비아는 수년 동안 내전으로 초토화되었고, 이집트는 시설이 파괴되고 산업이 제대로 관리되지 않았기 때문에 유럽에 돌아갈 몫이 태부족이다. 알제리가 유일한 대규모 원유 생산국이지만 남유럽 3개국 모두는 고사하고 한 나라의 수요도 충족시키지 못한다. 프랑스는 어떤 대결에서도 이 두 유럽 이웃나라들을 물리칠 게 분명하지만—프랑스는 이 두 나라보다 재정도 풍부하고 시장도 넓고 제조업 기반도 탄탄하고, 무기도 많고 해군력도 우월하다—그래봤자 무슨 소용인가? 스페인과 이탈리아 체제가 훼손되면 난민이 양산되는 데다가 프랑스 편으로 만들기 쉬운 전략적 자산이 훼손되는데 말이다.

그러니 에너지를 공급해주는 편이 훨씬 낫다.

이를 위해 프랑스는 서아프리카로 시선을 돌려야 한다. 데이터를 보면 수치는 긍정적이다. 리비아에서 앙골라에 이르기까지 여러 나라들은 하루에 약 670만 배럴의 원유와 생산품을 서유럽에 공급할 수 있는데, 이탈리아, 프랑스, 스페인, 독일의 소비량을 합한 수치와 거의 정확히 일치한다.

프랑스가 이러한 원유 수급이 이루어지게 하고 유럽에 집중시킬 수 있다면, 프랑스는 다른 유럽 국가들이 넘보지 못할 1등 국가가 된다. 스페인과 이탈리아는 위성국가가 되고 독일은 동부전선에 계속 집중할 수 있다. 제대로 먹혀들 가능성이 있다. 서로 나눠 갖기에 충분할 수 있다. 단, 아무 일도—절대로 아무 일도—일어나서는 안 된다.

때, 이라크 시아파는 미국의 직접적인 후원 없이는 이라크를 절대로 지배하지 못했다. 2015년 미군이 철수하자마자 시아파는 다시 서로 싸우던 과거로 되돌아갔고, 수니와 쿠르드가 이라크 국가 내에서 자기 부족의 입지를 확장할 여지를 만들어주었다.

반면, 사우디아라비아는 대체로 평화롭게 사는 소수민족들을 건드리지 않는다. 대신 이란이 성공을 경험했던 지역에서 씁쓸함을 떨쳐버리지 못하는 소수민족들을 과격하게 선동했다. 레바논을 제외하고 이 모든 지역에서 지배 세력은 수니파 아랍인들이었다—사우디와 민족적, 종교적 특성이 비슷한 집단이다. 삼지창을 든 폭도는 소수 집단에게 린치를 가하는 주체가 다수 집단일 때 훨씬 효과적인 법이다.

둘째, 테러리스트 수출은 사우디의 내치 체제의 일환이다. 사우디가 단일 종교를 유지하고 문화적 성장이 부진하고 경제적으로 낙후된 폭정을 선호하는 체제를 유지하는 한, 그들은 끊임없이 성난 젊은이들을 이러저러한 싸움에 총알받이로 던져 넣게 된다.

셋째, 사우디는 이란이 꿈도 못 꿀 만큼 많은 돈을 흥청망청 쓸 여유가 있다. 평상시에 사우디아라비아는 이란보다 25배 많은 석유를 생산하는데, 이 석유는 품질도 이란의 원유보다 훨씬 높기 때문에 배럴당 훨씬 높은 가격을 부른다. 사우디아라비아는 정유 역량이 엄청나게 남아돌기 때문에 품질이 낮은 원유보다 고품질 연료를 수출할 수 있다. 게다가 사우디 인구는 이란의 절반이 채 되지 않으므로, 사우디아라비아의 1인당 수출 소득은 경쟁국인 이란의 일곱 배에 달한다. 다른 사람에게 뇌물을 주고 사우디가 원하는 결과를 얻는 방식은 궁극적으로 뿌릴 돈이 얼마나 되는지 여부에 달려 있다. 이란은 절대로 그 싸움에서 이기지 못한다.

넷째, 사우디는 일일이 꼬치꼬치 따지면서 간섭하지 않는다. 반면 이란은 역내의 전략적, 정치적 체제를 바꾸려고 할 때 결과물이 어떤 모습이어야 할지에 대해 분명한 생각을 지니고 있다. 이란이 결정의 주체여야 한다. 이 지역에서 농담 반 진담 반으로 하는 우스갯소리가 있는데, 레바논의 헤즈볼라를 "이란이 소유하고 시리아가 관리하는" 집단이라고 일컫는다. 시리아 내전이 돌아가는 상황이 딱 이런 식이었다. 이란혁명수비대 장군들이 직접 헤즈볼라 자산을 이끌고 시리아 내에서 전투에 참가했다. 직접 조종하는 방식은 앙심을 품게 만들기도 한다. 이란의 보호 하에 기꺼이 목숨을 내놓을 사람들의 명단이 줄어들게 한다. 이란이 찝쩍거리는 나라마다 이런 경험을 했듯이 말이다.

이란은 자국이—결국 다시 한 번—중동 전체를 장악해야 한다고 믿고 있지만, 사우디는 그런 망상을 일축하고 움직인다. 사우디는 이란에 맞서는 각종 집단을 모집하고, 현금을 풀고, 무기와 폭약과 정보를 제공해 한바탕 휘저어 놓은 다음 한 발 물러서서 어떻게 되나 지켜보는 것만으로도 만족한다. 어찌 보면 이 때문에 이란에게 유리하게 작용하는지도 모른다. 이란의 동맹국들과 대리자들은 훨씬 일관성 있게 작전을 펼치지만, 사우디의 대전략은 간접적인 접근방식을 최대한 활용한다. 여기서 우리는 다섯 번째 요인에 다다른다.

사우디는 자국이 중동을 얻는 데는 관심이 없다. 오로지 이란이 중동을 잃기만 하면 된다.

사우디는 이 지역의 인구를 억지로 자기편으로 만들려고 하지 않는다. 사우디는 문화적 흡인력을 발동해 보다 넓은 지역을 손에 넣는다고 해도 그 지역을 통치할 제도적 기반과 전문성이 없다는 사실을 잘 알고 있다. 사우디는 페르시아만 전역에서 자기들이 아무렇게나 대충 결성해 마구 양산한 수많은 극단주의자 집단들을 통제하지도 못한다.

사우디는 딴생각을 품고 있다. 이란이 이 지역을 성공적으로 장악한다는 건 요새 같은 산악지대인 이란의 국경 너머 멀리까지 대리자와 동맹국들을 지원하고 있다는 뜻이다. 그러면 이란은 과도하게 팽창하게 된다. 그러면 취약해진다. 사우디는 이 지역을 장악하려 하지도, 전쟁에서 이기려고 하지도 않는다. 사우디가 추구하는 목표는 이 지역을 초토화시키는 일이다. 철저하게 남김없이 불태워버리는 일이다.

수백 마일에 달하는 광활한 사막을 사이에 두고 한쪽에는 인구가 밀집한 레반트 지역, 시리아 내륙, 메소포타미아가 있고, 다른 한쪽에는 인구가 밀집한 사우디아라비아 지역이 있다. 이란군이 아이시스(ISIS) 같은 조직에서 떨어져 나온 세력과 어쩔 수 없이 전투를 벌이거나 이들을 저지해야 할지라도, 이 완충지대를 가로질러 남쪽으로 진군하지 않을 것이다. 사우디는 시리아의 일부가 겪은 문명의 완전한 붕괴를 더할 나위 없는 호재로 여기기까지 한다. 이란의 보호국이 붕괴되면 이란은 그 나라를 앞으로 자국의 발판으로 삼지 못하게 되고, 난민이 발생한다면 그들은 북쪽을 향해 터키로 들어가거나 유럽으로 향하지 남쪽을 향해 가다가 아라비아사막에서 처참한 죽음을 맞이하지는 않는다. 사우디는 전쟁의 여파를 통제할 필요가 없다. 그 여파가 붕괴인한 말이다.

이는 보기보다 실제로는 훨씬 끔찍할 가능성이 높다. 석유혁명 덕분에 중동지역에 엄청난 부가 주입되었고 그 부의 상당한 부분은 지금까지 상상도 못했던 분량의 고급 음식들을 수입하는 데 쓰였다. 제2차 세계대전 이후로 중동의 인구는 일곱 배로 늘어 이 지역의 볼품없는 인구수용 역량을 훨씬 넘어서게 되었다. 석유의 원활한 유통을 방해하는 것은 무엇이든 소득 창출을 방해하고 이는 다시 식량공급에 차질을 야기한다. 일부 국가들은 이제—말 그대로—전쟁, 기아, 전염병, 죽음이 뒤섞인 종말적 상황에 직면해 있다. 사우드 왕가는 이러한 위협을 잘 인식하고 있다. 자원을 확보하려는 경쟁은 이 경쟁에서 지면 굶어죽게 된다는 사실을 깨달으면 순식간에 참혹하게 변한다. 사우디아라비아가 이웃나라들과 다른 점은, 사우디는 그 지역 전체에 걸친 대규모 기아를 피해야 할 위협이라기보다 부추겨야 할 사건으로 본다는 점이다. 결국 사우디는 여전히 식량을 수입할 경제적 여유가 있을 테니까.

이게 다가 아니다. 설상가상으로 여섯 번째 마지막 요인은 이란과 연관된다. 종파분열 전술의 성공으로 최근 이란이 재미를 톡톡히 보기는 했지만, 이란이라고 그 전술의 피해를 보지 말란 법은 없다. 사우디도 이란 내부에서 종파 간의 이간질 전술을 쓸 수 있다. 이란처럼 다문화적인 토대가 강한 나라에서 제5열 역할을 할 잠재력이 있는 후보군은 줄줄이 있다. 북서부 지역에 거주하는 투르크 후손인 아제리인, 북서부의 쿠르드족, 남동부의 발루치족, 남서부의 아흐와지 아랍, 북부의 마잔다라니족 등 이란 전역 도처에 소수민족 집단들이 산재해 있다.

이러저러한 집단이 이탈해 떨어져나가는 데 성공하리라는 게 요지(要旨)가 아니다(아와지 아랍인은 이란의 석유 생산지를 깔고 앉아서 살고 있으므로 내가 예의주시하고 있기는 하지만 말이다). 요지는 사우디아라비아처럼 이란과 맞서는 나라의 입장에서 보면 표적이 될 만한 시설이 넘치는 여건에 놓여 있다는 뜻이다.

역내 정세불안에 대처할 임무를 맡는 이란 군인은 단 한 사람도 사우드 왕가를 상대로 작전을 펼치는 데 투입될 수 없다. 이란은 지금 미국이 베트남, 아프가니스탄, 이라크에서 첫 전투에서 전광석화같이 승리하고 난 후 직면한 문제와 똑같은 문제와 씨름하고 있다. 기존의 정부를 끌어내리는 일은 신바람 나고 쉬운 일이다. 그 이후에 영토를 통치하기란 그다지 보람이 있는 일이 아니다. 영토를 점령하려면 많은 군인이 필요하고 서로 다른 여러 군소 파벌들을 기용해 지역 통치기반을 구축하려면 비용이 많이 든다.

보통 전략적으로 과도하게 팽창하면 수확물들을 통합해 공고히 한다. 정부를 구축한다. 민간사회의 참여를 유도한다. 사회간접자본을 구축한다. 교육 수준을 향상시킨다. 보건 사회안전망을 구축한다. 사람들의 마음을 사려고 애쓴다. 국가정체성을 구축한다.

국가정체성을 구축하려면 욕 나온다. 어렵기 때문이다. 겁나게 어렵다. 역사상 국가정체성을 구축하는 데 발군의 실력을 보인 나라를 단 하나라도 떠올리기가 어렵다. 국가정체성을 구축하려는 주체가 이전 정부가 붕괴한 원인이었을 뿐만 아니라, 종교적 민족적 반목과 분열을 부추긴 결과 정부가 붕괴되었고, 노골적으로 특정한 집단의 편을 들기까지 했다면, 국가정체성을 구축하기란 더더욱 어렵다. 미국이 국가정체성을 구축하려고 노력한 시기는 스페인-미국 전쟁 당시로 거슬러 올라가는데, 별 성과를 거두지 못했다. 이란—고대 페르시아제국까지 거슬러 올라간다—은 본격적으로 시도해본 적도 없다. 이란/페르시아 자체가 수천 년 전부터 지금까지도 진행되고 있는 국가정체성을 구축하는 과정이다. 그런데도 이란 국민들 가운데 겨우 절반만이 자신을 민족적으로 페르시아인이라고 여긴다. 고대 페르시아 제국은 자기들이 정복한 아랍인들의 마음을 절대로 얻지 못한다는 사실을 뼈저리게 인식했다. 따라서 그들은 정복한 영토를 있는 그대로 대했다. 즉, 페르시아가 행정적으로 관리하는 정복지로 대했다.

이란은 이제 원하던 바를 이루게 되었는데, 앞으로 어떻게 해야 할지를 알지 못하고 있다. 설상가상으로 이란은 자국이 야기한 붕괴보다 훨씬 어마어마하고 폭력적인 추락을 직접 겪게 될 상황을 스스로 만들고 있다. 이번에는 미국이 유지하는 세계질서에 맞서는 소수의 반란이 아니라 이란이 강제한 질서에 맞서 다수가 반란을 일으키게 된다. 자금이 풍부한 사우디와 민족적으로, 종교적으로 연계된 다수 말이다. 그런 반란은 이란이 막을 재간이 없다.

이란은 또 다른 엄청난 문제에 직면하고 있다.

이란은 오래전부터 중동에서의 미국의 이익에 맞서는 데 너무 집착해왔기 때문에 이 지역에서 미군이 철수하면 이란의 완전한 승리라고 여기게 된다. 그러나 실제로는 철저한 재앙이다. 이란이 유조선에 싣고 수출하는 원유는 한 방울도 남김없이 호르무즈 해협을 통과한다. 역사적으로 볼 때, 이라크, 쿠웨이트, 사우디아라비아, 카타르, 바레인, 아랍에미리트연합에서 나오는 원유도 마찬가지였다.

그런데 상황이 변했다. 이라크는 이제 북쪽에서 터키로 들어가는 송유관을 통해서 수출하고 지중해로도 송유관을 통해 수출한다. 사우디아라비아와 아

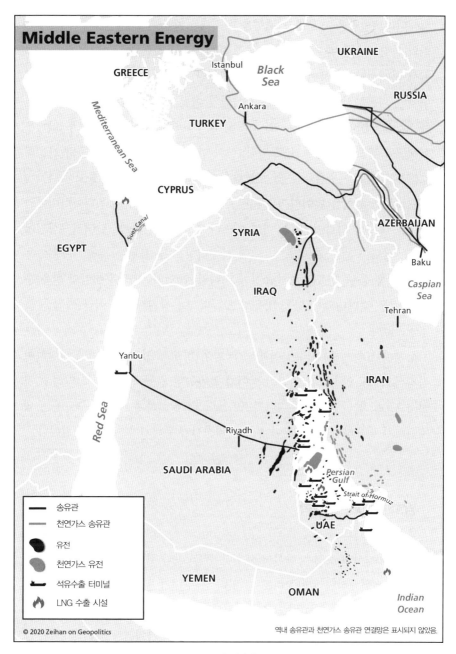

Middle Eastern Energy

GREECE

Istanbul

Black Sea

UKRAINE

RUSSIA

Ankara

Mediterranean Sea

TURKEY

Suez Canal

CYPRUS

SYRIA

AZERBAIJAN

Baku

EGYPT

IRAQ

Caspian Sea

Tehran

Yanbu

Red Sea

IRAN

Riyadh

SAUDI ARABIA

Persian Gulf

Strait of Hormuz

UAE

송유관
천연가스 송유관
유전
천연가스 유전
석유수출 터미널
LNG 수출 시설

YEMEN

OMAN

Indian Ocean

© 2020 Zeihan on Geopolitics

역내 송유관과 천연가스 송유관 연결망은 표시되지 않았음.

중동의 에너지

랍에미리트연합은 호르무즈 해협을 우회하는 송유관을 건설했다. 페르시아만의 아랍 국가들이 여전히 호르무즈 해협을 이용하는 까닭은—현재의 세계질서 하에서는—비용이 덜 들기 때문이지만, 더 이상 전적으로 호르무즈 해협에만 의존하지는 않는다. 페르시아만의 아랍 국가들이 2018년 수출한 원유 1,230만 bpd(barrels per day) 가운데 족히 660만 bpd는 호르무즈를 우회해 송유관으로 운송될 수도 있다. 이와 마찬가지로 이란 수출 물량 가운데 호르무즈 해협을 우회할 수 있는 물량은 얼마나 될까? 단 한 방울도 없다.

호르무즈 해협을 벗어나서도 이란은 운신의 폭이 좁다. 사우디아라비아는 친구를 매수할 역량이 있다. 이미 이스라엘, 이집트, 파키스탄에서—심지어 인도에서도!—해온 일이다. 그 덕에 사우디의 수출 물량은 홍해, 수에즈 운하, 지중해 동부, 인도양을 순조롭게 지나갈 수 있다. 그러나 이란의 원유 수출 물량은 정반대의 상황을 맞을지 모른다. 이 장기판에서 이란은 잡을 졸(卒)도 없다.

상황이 묘하게 역전되어 이제는, 국방이 비교적 쉽고 군사력도 상당하며 정치적으로도 안정적인 이란이 방어가 불가능한 지형에 군사력도 약하고 정치적으로도 불안정한 사우디아라비아보다 더 절실하게 미국이 주도하는 세계질서가 필요하다. 그것도 이제 그 세계질서가 무너져가는 시점에 말이다.

방화(放火)의 지정학

이 싸움에서 주도권은 확실히 사우디아라비아가 쥐고 있다. 사우디가 돈도 훨씬 많고 현대적인 군사장비도 더 많다. 사우디가 훨씬 공격적인 태세를 취할 수 있고 불안을 조성하는 전략을 정부 차원에서 제도화했다. 세계 운송에 차질이 생기는 시대에 사우디의 주요 수출 품목의 가치는 급등하게 된다. 해외 국가들은 사우디와 동반자 관계를 맺으려고 하게 된다. 냉전 시대에 많은 나라들이 미국과 동반자 관계를 맺으려 했듯이 말이다.

그렇다고 사우디의 입장에서 위험요소가 없다는 뜻은 전혀 아니다. 명실상부한 지상전에서는 공상과학 드라마 〈기묘한 이야기Strange Things〉와 공포영화 〈그것It〉에 등장하듯이 꼬마들이 합심해 사우디를 갈기갈기 찢어놓을 가능성도 있다. 사우디의 국방 전략은 실제로 전쟁을 해야 할 상황을 피하고, 대신 이란이 건드리는 지역은 어디든 문명을 불살라버리는 방법이다. 이란이 전 방위적으로 포위되면 사막을 가로질러 사우드 왕가 면전에까지 들이닥치지 못한다는 그럴싸한 판단을 바탕으로 한 전략이다.

자기 이웃나라의 문명을 불살라버리는 전략을 긍정적으로 여기는 적과 마주해서 이란은 질질 끄는 장기전을 할 역량이 되지 않는다. 그러나 패배한다고 해서 멸망하는 건 아니다. 이란의 적들이 대부분 외면하는 달갑지 않은 진실은 제3차 세계대전 같은 대대적인 핵공격 말고는 이란을 파멸시키기가 불가능하다는 점이다. 페르시아는 거의 인류 문명이 동트기 시작할 때부터 존재해왔고, 세계질서가 무너지면 이란이 처한 상황은 악화되겠지만 그래도 살아남기는 할 것이다.

가장 가능성이 높은 결과는 끔찍한 교착상태다. 중동 전역에서 문명의 토대가 화염에 휩싸이고, 기아가 만연하고, 시민사회가 붕괴되고, 대대적인 난민이 발생하고, 전례 없는 인구절멸 사태가 일어난다. 특히 아프가니스탄, 이라크, 요르단, 레바논, 시리아, 예멘에서 말이다. 팔레스타인은 이 재앙을 피해갈지 모르는데, 그 이유는 오로지 역내 정치와 정신적인 상처로부터 대체로 자유롭고 제대로 기능하는 나라가 팔레스타인을 먹여 살릴 책임을 맡고 있기 때문이다. 평균적으로 이 지역 전체는 자국이 소비하는 곡물과 대두의 절반 이상을 수입하고, 역내에서 생산되는 식량도 대부분 오로지 수입되는 농업 투입재들과 산업화된 관개시설 덕분에 가능하다. 강풍만 불어도 이런 지역들이 초토화되는데 사우디 폭풍까지 닥치면 그야말로 끔찍한 사태가 발생한다.

사우디는 소기의 목적을 달성하게 된다. 중동의 대부분 지역에서 이란의 영향력을 대대적으로 뿌리 뽑게 된다. 그 대가—비교적 안정을 유지해준 세계질서가 무너지면서 이 지역 전체의 문명이 붕괴되는 사태—를 사우디는 기꺼이 다른 이들이 치르게 한다.

매우 소란스럽고 엉망진창이 되겠지만, 이 지역 전체가 화염에 휩싸이거나 뭉근히 타오르게 돼도 전체적으로 이 지역은 놀라울 정도로 전혀 역동성을 보이지 않게 된다. 사우디아라비아와 이란은 앞으로 한동안 서로에게만 온 신경을 집중하게 되는데, 이는 두 나라 중 어느 나라도 명실상부한 힘의 중재자가 아니라는 뜻이다.

그 역할을 이어받을 나라는 따로 있다.

사우디아라비아의 성적표

국경: 끝없이 펼쳐지는 광활한 사막, 볼품없는 나무 몇 그루가 듬성듬성 서 있는 산악지대, 그리고 얕은 영해. 그러나 거의 대부분 그냥 모래밭이다. 탱크나 군인이나 병참물자를 아라비아반도에 들여오고 내가는 일은 한마디로 사람이 할 짓이 아니다.

자원: 석유, 지하드, 모래. 그것도 세 가지 다 너무나도 풍부하다.

인구: 페르시아만 지역 대부분이 그러하듯이, 20세기 하반기에 석유 수출로 벌어들인 소득이 폭증하면서 국민들에 대한 대대적인 보조금 지원이 가능해졌고 국민들 대신 일할 외국인 근로자들이 홍수처럼 밀려들어왔으며, 사우디 국민들은 냉방이 잘 된 실내에서 마음껏 번식행위를 하고 순풍순풍 출산만 했다. 그러나 지난 20년 동안 경제가 침체되었고 출생률도 덩달아

정체되었다.

군사력: 사우디아라비아는 세계에서 군사장비를 가장 많이 구매하지만, 이런 장비는 대부분 파키스탄과 이집트 등에서 모집한, 퇴역한 외국 군인들이 작동시킨다.

경제: 석유 의존도가 매우 높다. 석유판매 수익이 국가 수익의 70퍼센트를 차지한다.

전망: 사우디아라비아는 오랜 세월 동안 미국이 (잘못) 관리해온 지역에서 이란에 대한 합법적인 대항마로서의 입지를 다질 자금력과 군사장비와 의지를 갖춘, 흔치 않은 입장에 놓여 있다.

한마디로: 방화범.

11

터키:
잠에서 깨어나는
초강대국

Turkey:
The Awakening Superpower

동 쪽과 서쪽이 만나는 지점, 터키는 그 입지 덕분에 세계를 잇는 가교 역할을 한다. 미국이 주도하는 세계질서가 구축되기 전의 세계가 아니라 그보다 훨씬 전의 세계 말이다. 원양항해 시대 전, 비단길이 국가 간 도로, 철도, 화물선, 민간항공기 역할을 모두 하던 시절 말이다. 그 시대를 풍미한 터키는 부를 축적했고 영토를 있는 대로 확장해 비단길 시대가 막을 내리기 전까지 족히 4세기 동안 주요 강대국으로 군림했다. 터키는 기억에서 사라진, 살아있는 유물이다.

그러나 터키는 곧 포효하며 깨어나게 된다.

터키는 적어도 6세기로 거슬러 올라가는 오래된 나라다. 중동과 유럽에서 정체성을 통합하고 굳힌 지 가장 오래된 나라로 손꼽힌다. 그러나 그렇다고 해서 그들이 그 지역에 국한된 이들이라는 뜻은 아니다. 본래 투르크족은 말을 타고 생활한 유목민으로 중국 북부와 유라시아 유목민의 땅 전역을 누비며 방랑생활을 했다. 투르크족은 마주치는 지역공동체를 대상으로 때에 따라 약탈하고 파괴하고 통치하고 교역도 했다. 해당 지역공동체의 특성에 따라, 계절에 따라, 기회가 있으면, 그리고 그냥 불쑥 그런 마음이 들면.

기원후 1000년경 투르크에 속한 한 부족—셀주크—이 멀리까지 진출해 코카서스산맥을 관통해 아나톨리아반도까지 밀고 들어갔다. 뒤이어 비잔티움 제국이 약화되고, 연달아 십자군전쟁이 일어나고, 몽골이 대륙을 휩쓸었다. 그로부터 3세기 반이 지나서야 셀주크 부족을 계승한 오스만이 콘스탄티노폴리스 입구에 도착해 말에서 내렸다. 오스만은 로마 제국의 자취와 그리스도교가 지배하는 유럽의 안정감을 단번에 종식시켰다. 터키는 콘스탄티노폴리스를 이스탄불로 이름을 바꿨다. 한 세기 만에 터키는 지구상에서 가장 막강한 나라가 되었다.

뭍의 마르마라, 물의 마르마라

콜럼버스가 신대륙을 발견하기 이전 시대에 항해는 위험하고 제한적이었다. 아직 배에 돛이 달리지 않았기 때문에 장정 여러 명이 죽어라 노를 저어야 했다. 선박은 짐을 많이 싣지 못했고 한 번에 멀리까지 가지 못했다. 사실 선박은 해안과 가까운 거리를 유지하면서 항해하다가 밤이 되면 배를 멈추고 무사하기를 빌어야 했다. 해적, 폭풍, 수단 좋은 지역주민들, 실제 풍향의 변화와 지정학적 풍향의 변화 모두가 목숨을 앗아갈 수 있었다. 그저 포도주 적재만 잘못해도 배가 기울어 침몰할 수 있었다. 무역상과 선원들은 툭하면 위험을 감수해야 했고 은퇴 잔치까지 할 만큼 오래 사는 선원도 많지 않았다. 그러니 비단옷이 황제나 누리는 특권인 데는 그만한 이유가 있었다.

안보도 되고 안식처도 되는 명당자리에 위치하면 교차로 역할을 하게 된다. 그리고 이스탄불은 안전한 교차로의 궁극적인 사례다.

이스탄불은 마르마라해 동쪽 끝에 있다. 마르마라해는 엄밀히 말하면 강이 아니지만, 그 공간이 아주 고요하고 거의 육지로 둘러싸여 있어서 강이라 해도 무방하다. 이게 얘기의 끝이 아니라 시작이다. 마르마라에서 동쪽으로 항해하면 보스포루스 해협을 통과해 흑해로 빠져나가게 되고 흑해를 가로지르면 발칸반도 동쪽과 북유럽 대평원, 그리고 끝없이 펼쳐지는 광활한 슬라브족 땅에 도달하게 된다. 서쪽으로 항해해 다르다넬스해협을 통과하면 에게해, 지중해, 나일강, 아드리아해, 그리고 궁극적으로 대서양에 도달하게 된다.

이는 단순한 해로가 아니었다. 국가의 지속성이 중요한 시대에 이스탄불은 안전했고 아프리카, 유럽, 아시아 사이에 놓은 중심지였다. 비단길을 오가는 상인들은 대부분 목적지까지 오가는 도중에 아나톨리아반도와 이스탄불을 거쳐 갔다.

지구상 어디에도 역내 교역과 대륙 간 교역이 이처럼 총집결하는 지점은

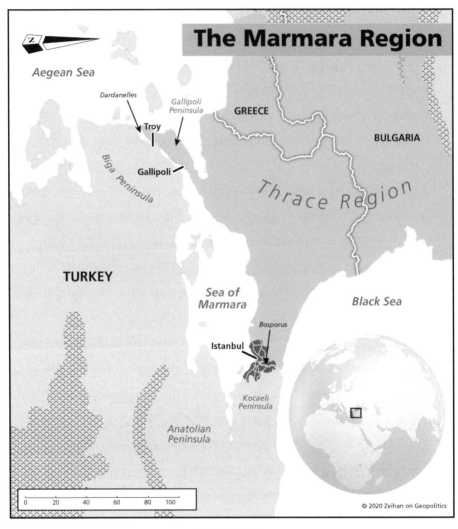

The Marmara Region

Aegean Sea

Dardanelles

Gallipoli
Peninsula

Troy

GREECE

BULGARIA

Biga Peninsula

Gallipoli

Thrace Region

TURKEY

Sea of
Marmara

Black Sea

Bosporus

Istanbul

Kocaeli
Peninsula

Anatolian
Peninsula

0   20   40   60   80   100

© 2020 Zeihan on Geopolitics

마르마라해 지역

역사상 찾아보기 힘들다. 그리고 그처럼 총집결지에 적합한 지리적 여건을
갖추고 있으면서도 방어하기가 너무나도 쉬운 지역도 찾기 힘들다. 마르마라
해의 동쪽으로는 아나톨리아반도 동부가 튼튼한 장애물을 형성하는데 투르

크족이나 페르시아 민족처럼 결연한 의지를 지닌 이들 말고는 통과한 적이 없다. 북서쪽으로는 트라키아의 비옥한 땅이 펼쳐지고 이는 발칸산맥으로 이어진다. 트라키아 도시는 지난 1,000년 동안 겨우 두 번 적대세력에게 함락되었다—1204년 십자군이 약탈했을 때 한 번, 그리고 비교적 근래인 1452년 투르크족이 정복했을 때 한 번이다.

마르마라해에서 터키는 사통팔달에 가장 쓸모 있고 막강한 위력을 지닌 지리적 위치를 점유한다. 마르마라의 온화한 기후, 비옥한 토지, 반도와 산악지대로 둘러싸인 지형으로서 도시국가로서 대단한 성공을 거두기에 안성맞춤인 위치다. 그뿐만이 아니다. 구세계 전역으로 이어지는 사통팔달의 교역로를 더하면 이 도시국가는 거의 제국으로 군림할 운명을 타고났다.

터키는 이러한 지리적 이점을 이용해 1,000마일 내에 있는 모든 것을 지배했다. 당연한 결과였다. 물리적인 장벽을 확보하고 그 장벽이 보호하는 땅을 잘 이용하고, 장벽 너머에 있는 비옥한 땅을 점령하고, 이를 반복한다. 이런 식으로 터키는 마르마라에서 트라키아, 도나우 하류, 판노니아 평원, 크리미아 반도까지, 하떠이에서부터 베이루트, 예루살렘, 나일강, 시라크 지방, 홍해, 헤자즈까지, 폰토스 연안에서부터 장게주르, 메소포타미아, 페르시아만, 카스피 해 연안까지 점령했다.

팽창하던 제국은 당대에 세계 최대의 제국이 되었고 16-17세기에 오스만이 확장일로에 있을 때 유럽이 힘을 합해 투르크족을 비엔나 관문에서 막아내지 못했다면, 한 제국이 유럽 전체와 중동 전체를 지배했을지도 모른다. 그렇게 되었다면 역사는 매우 달라졌을지 모른다.

그러나 투르크족은 실패했다. 어쩌다가 그리됐을까?

한마디로, 기술 때문이다.

투르크족이 비엔나를 최초로 공격하기 위해 사전정지작업을 하고 있던 바로 그 때, 원양항해를 가로막고 있던 기술적 제약이 사라졌다. 서유럽 끝자락에서 선원과 학자와 기술자들은 망망대해를 견뎌낼 수 있는, 더 크고 더 튼튼한 배를 건조할 방법을 터득했다. 그들은 바람이 부는 방향으로 항해하는 방법뿐만 아니라 바람이 부는 방향과 반대 방향으로 항해하는 방법도 개발했다. 그들은 낮이든 밤이든 상관없이 배가 떠있는 위치를 식별할 방법을 터득했다—따라서 밤에도 항해할 수 있게 되었다. 바야흐로 원양항해 시대가 개막되었다.

투르크족에게 이는 철저한 재앙이었다.

오스만 제국 영토를 세계에서 가장 막강한 땅으로 만들어주었던 운송의 제약—오스만에게 사실상 세계무역을 독점하게 해주었던 제약—이 2세기 만에 사라져버렸다. 이제 투르크족에게는 지리적 여건이 힘이 되기는커녕 오히려 족쇄가 되었다. 수세기 동안 투르크족은 국경을 끊임없이 확장시켰고—지리적이든, 정치적이든—장벽에 부딪히고 나서야 잠시 숨을 돌렸다. 그리고 나서 그들은 다시 우월한 경제적 지위를 이용해 그 장벽을 무너뜨리고 조금씩 팽창했다. 투르크족에게는 유감스러운 일이지만 이러한 방식은 역으로도 작용했다. 획득한 것을 유지하려면 무역으로 올린 소득으로 지탱되는 투르크의 우월한 경제적 지위가 지속되어야 했다.

오스만 제국은 강과 뭍을 아우르는 제국이었으므로 새로운 해양 기술은 하나도 도움이 되지 않았다. 원양항해가 가능한 국가들이 부상하면서 투르크족에게는 새로운 위협이 되는 한편 교역을 토대로 한 투르크족의 소득은 거덜이 났다. 스페인 합스부르크 왕가의 휘황찬란한 새 함대는 지중해 전 해역뿐만 아니라 아드리아해와 에게해에서도 투르크족에게 도전했다. 손바닥만 한 포르투갈이라는 나라는 아시아의 상품을 유럽으로 운송할 해상수단을 확보해 오스만 제국의 육로를 완전히 우회했을 뿐만 아니라, 아시아에서 아시아 상품 생산을 떠맡으면서 포르투갈 제국이 전체 공급사슬을 완전히 장악했다. 그리고 이러한 상황 속에서 유럽에서 육로를 기반으로 한, 투르크족의 경쟁자들은 계속 압박을 가했다.

오스만 제국을 특별한 존재로 만든 장점들을 박탈당하고, 맞서야 할 적은 점점 늘어나는 한편, 소득은 줄어들고 적에 대한 노출은 점점 더 커져갔으니, 오스만 제국의 멸망은 불가피했다. 한 시대를 풍미한 위대한 오스만 제국은 3세기에 걸쳐 고통스럽게 천천히 붕괴되었다. 북유럽 국가들은 판노니아 평원에서 투르크족을 거덜 냈고, 이베리아 반도국들과 영국은 투르크족의 무역소득을 거덜 냈으며, 러시아는 흑해와 코카서스 지역에서 투르크족을 괴롭혔다. 20세기 초 무렵 투르크족은 도나우 강 유역, 아프리카 영토, 코카서스 영토를 모두 잃었다. 투르크족은 제1차 세계대전에서 패하면서 아나톨리아와 마르마라를 제외하고 모든 영토를 잃었다.

그러나 역사는 거기서 끝나지 않았다. 더 많은 치욕이 기다리고 있었다.

첫째, 제1차 세계대전 보상 조건으로 마르마라와 터키 해협을 개방해 세계가 통행하도록 해야 했다. 원양항해 운송이 제공하는 보다 나은 물류 덕분에 아시아와 유럽 간의 육로를 통한 세계교역이 증발했을 뿐만 아니라, 이제 투르크족은 보스포루스 해협과 다르다넬스 해협을 통과하는 역내 교역에 관세를 부과하지도 못하게 되었다. 이 모든 물품들이 이스탄불 시내를 거쳐 가는 경우조차 말이다.

둘째, 1920년대에 소비에트가 부상해 제2차 세계대전 끝 무렵 중부 유럽을 지배하게 되면서 터키는 한때 자국의 가장 비옥한 영토였던 곳들에서 완전히 쫓겨났을 뿐만 아니라 한때 흑해 연안에서 가장 수입이 짭짤했던 시장도 잃게 되었다. 도나우, 드네스트르, 드네프르, 돈, 볼가 강 수로망은 이제 새로 부상한 소련 제국의 내부 수로가 되었다. 게다가 소련이 표방하는 정치적 이념은 외부와의 교역을 백안시했다.

셋째, 이스라엘이 건국되고 뒤이어 아랍-이스라엘 대결로 이전 오스만 제국의 영토 중에서 경제적으로 활력 있는 마지막 부분, 즉 레반트 지역 내에서의 거의 모든 교역—경유하는 교역은 물론이고—이 끝장났다.

네 번째로 가장 큰 타격을 준 사건은 미국이 구축한 새로운 세계질서였다. 미국은 제국들을 해체하고 바닷길을 누구든 안전하게 다니도록 하면서 터키가 세계무역의 요충지로서 지니고 있던 마지막 남은 희망의 불씨를 완전히 꺼버렸다. 미국은 세계의 모든 물길을 세계 공유지의 일부로 만들어버렸다. 공해상에서 안전이 보장되고 근처의 까칠한 해상국가들을 걱정할 필요가 없이 상품이 한 항구에서 다른 항구로 이동할 수 있으면, 이러저러한 특정 항구나 해안의 위치는 그다지 중요하지 않다. 무역상들은 화물들을 거점이 되는 육상에 집결했다가 다시 목적지들로 보내는 체제가 필요하지 않다. 터키를 특별한 존재—필수적인 존재—로 만들었던 장점들이 증발해버렸다.

마르마라는 여전히 쓸모 있고 터키가 주변 지역에서 가장 막강한 나라의 지위를(급격하게 훨씬 줄어들기는 했지만) 유지하도록 해주지만, 더 이상 제국의 핵심은 아니다. 세계적으로 원거리 수송 화물이 이제 강과 도로가 아니라 바닷길로 오가게 되면서 우주의 중심이었던 마르마라는 기억에서 사라진 낙후지역으로 바뀌었다. 사통팔달의 가교에서 아무 데로도 이어지지 않는 쓸모없는 다리로 바뀌었다.

그러나 미국이 떠나고 현재의 세계질서가 종말을 고하면 터키는 번성할 수밖에 없다.

역사 재설정하기

많은 이들—특히 유럽인들—이 터키인들이 짐승 같고 따라서 무시해도 되는 이유를 제시하기 위해 터키를 선진국 경제와 비교하곤 한다. 터키 경제는 북유럽의 표준과 비교해보면 수준 이하이고 섬유와 기초적인 제조업 같은 저숙련기술을 요하는 산업들에 크게 집중되어 있다는 것이다.

사실이긴 하나 멍청한 주장이다. 터키는 유럽적인 성향이 강하고 유럽의 영향도 많이 받지만 북유럽 대평원의 일부가 아니다. 터키를 제대로 비교하려면 그 주변 지역의 나라들과 비교해야 한다. 흑해 연안, 발칸반도 동부, 지중해 서부, 중동 같은 지역들과 비교해야 한다는 뜻이다. 이 지역에서—고립되고 외져 있는—터키는 이미 지역의 맹주다.

세계질서가 붕괴되면 초래할 여러 가지 결과를 생각해보자. 모두가 터키에게는 유리하다.

안전한 바다와 세계 상거래의 종말. 현재의 세계질서가 사라지면 통합된 세계무역 체제도 더 이상 존재하지 않게 된다. 그러면 세상은 일련의 국가 체제, 운이 좋은 일부 지역에서는 지역 체제로 퇴화한다. 터키는 이미 새로운 현실에 적응해 있는 나라로 손꼽힌다. 터키 경제는 세계 기준으로 볼 때 역내에 크게 집중되어 있고 대부분의 무역관계는 유럽과 인접 국가들에게 국한되어 있어서 세계시장에의 노출도가 제한적이다. 금상첨화는 터키가 다시 해협을 직접 군사적으로 장악하게 되면 두 해협을 통과하는 무역품에 대해 통행료를 부과할 수 있다. 터키는 주변의 여러 지역들을 연결하는 중심축이므로 돈을 어마어마하게 긁어모을 가능성이 농후하다.

육로를 통한 무역의 귀환. 현재의 세계질서가 부여한 부, 투자자본, 안정으로 인해 많은 나라들이 사회간접자본을 구축하고 역내 경제개발을 촉진할 수 있었다는 사실은 부인할 수 없다. 그러나 무역과 관련해서 대부분의 나라들은 항구를 확장하는 데 집중했다. 그러지 않을 이유가 뭔가? 세계질서 하에서는 어떤 나라든 전 세계 어디든 가 닿을 수 있다.

세계질서의 종언은 해상 운송 잠재력과 물동량을 거덜 내는 결과를 낳게 된다. 그 뿐만 아니라 각 지역에서 육상의 지리적 여건들이 훨씬 중요해진다. 몇 십 마일을 육로로 이동하는 무역보다 바다를 건너야 하는 무역이 차질을 빚을 가능성이 더 높아진다. 세계 해상 운송이 제약을 받는 체제에서 육로 기반 운송이 더 타당성을 갖게 된다. 특히 어느 특정한 정치적 권력이 장악하고 있는 국경 내에서는 더더욱 그러하다. 터키는 지리적 위치 덕분에 유럽과 중동을 연결하는 육로기반 운송 지점이 된다. 굽이치는 도로와 철도가 사방으로 연결되어 있는 터키는 이미 이러한 전환에 대비하고 있다.

세계 에너지 위기. 터키 에너지 수요는 하루에 석유 100만 배럴에 천연가스 460억 큐빅피트 정도로, 그 정도 규모와 경제구조의 나라로 치면 평균이다. 터키와 비슷한 수준의 나라들과 마찬가지로 터키도 거의 전량을 수입한다. 그러나 그 나라들과는 달리 터키는 에너지를 확보하기 위해 수단과 방법을 가리지 말아야 할 필요까지는 없다. 세계에서 가장 중요하다고 손꼽히는 송유관 중 두 개가 터키의 제이한 항구와 아제르바이잔과 이라크 쿠르디스탄에 있는 유전 지대를 연결한다. 둘 중 한 송유관만도 터키가 필요한 전량을 공급하기에 충분한 용량을 갖추었고, 터키가 넌지시 언질을 주면 둘 중 어느 송유관도 큰 무리 없이 적절한 양을 공급할 수 있다. 터키가 자국의 긴 해안선을 따라 어디든 중간 정도 규모의 정제시설을 하나 더 구축하면, 석유제품 수급 문제는 완전히 해결된다. 러시아나 사우디아라비아의 원유(터키가 앞으로도 계속 원유를 구입할 수 있는 산유국이다)를 한 방울도 사지 않고도 말이다. 천연가스는 좀 더 복잡한데, 터키는 러시아에서 수입하는 천연가스에 크게 의존한다. 그러나 아제르바이잔까지 새로 가스관이 매설되고, 가까운 이라크로부터 가스관을 통해 끌어오는 물량도 있는데다가, 러시아가 스웨덴, 폴란드, 영국, 독일과 한판 붙는 동안 터키를 열 받게 하고 싶지 않은 러시아의 뜨거운 욕망 덕분에 손톱 밑의 가시 같은 문제가 해결된다.

여차하면 터키는 지정학적으로 보다 의지할 만한 (즉, 러시아 말고 다른 나라로부터) 에너지 공급처를 구할 때까지 견디기에 충분한 양의 질 낮은 석탄도 있다.[1]

러시아의 쇠망. 소련은 세계질서에 편입되기를 바라지 않았다. 미국도 세계질서에 소련을 편입시키고 싶지 않았다. 이 두 나라의 이념적, 전략적 갈등이

312

넘쳐흘러 경제 부문에까지 큰 영향을 미치게 되었고 터키는 직격탄을 맞았다(구제국의 영토 대부분이 철의 장막 저편에 위치했다). 그러나 냉전이 끝나고 구소련의 공간이 다시 열리면서 유럽, 발칸반도, 코카서스 유목민의 땅에서 비롯된 교역품이 다시 터키 항구를 거쳐 마르마라를 통과해 지중해까지 도달하고 있다. 터키가 러시아와 무력 충돌하는 불미스러운 여건 하에서조차 흑해와 마르마라를 통과하는 무역은 현재의 세계질서 하에서보다 훨씬 더 증가하게 된다. 미국이 항행의 자유를 강제하지 않게 되면 터키는 다시 보스포루스 해협과 다르다넬스 해협이 지닌 내부 수로로서의 정상적인 지위를 회복하게 된다. 이 두 해협을 통과하려면 누구든 터키에 통행료를 내야 한다. 오스만 제국을 부유하게 만든 소득을 부분적이나마 다시 올리게 된다.

페르시아만에서의 갈등. 중동은 역내 두 나라가 동시에 부상해 충돌하고 상대방이 품은 야심과 기회를 봉쇄하려다 결국 서로를 대단히 약화시키고 마는 사례들로 가득하다. 그리고 나면 제3의 세력이 개입해 상황을 말끔히 정리한다. 사우디아라비아와 이란은 둘 다 자국이 지역의 맹주라고 착각한다. 터키는 이 두 나라를 합한 것보다 훨씬 높은 군사적 역량과 경제적 역량을 갖추었기 때문에 사우디와 이란이 영향력을 두고 티격태격하는 모습을 보면서 '잘 논다' 정도의 반응을 보인다. 터키가 정색하고 심각하게 받아들이는 점은 시리아와 이라크에서의 사우디와 이란의 싸움이 터키의 이익을 해치기 시작한다는 사실이다. 시리아의 무장 세력, 이라크로부터의 에너지 공급 차질, 두 나라에서 몰려오는 난민들. 터키는 사우디와 이란 간의 싸움에 개입해 자국이 원하는 대로 결말을 지을 선택지를 쥐고 있다. 이란과 사우디의 불꽃 튀는 대격돌은 인구가 밀집한 메소포타미아 지역에서 일어나게 된다—터키가 크게 관심을 둔 지역은 아니다. 터키는 이라크로 진입해 두 달 안에 바그다드까지 남쪽으로 밀고 내려갈 수 있다. 마찬가지로 한 주 정도 수고를 하면, 터키는 시리아에서 이란과 사우디의 입지를 완전히 박살내고, 바로 다음 날 철군

한 다음, 멀찌감치 떨어져서 연기가 피어오르는 폐허를 감상할 수도 있다.[2]

제국적 포식행위를 가로막은 빗장이 풀리다. 원양항해 기술이 등장하면서 터키는 낙후 지역으로 바뀌었고 현재의 세계질서 때문에 터키는 지정학적 이점을 박탈당했지만, 무질서의 시대가 오면 터키는 다시 중요해진다. 오스만 제국이 절정에 달했을 때와 똑같은 이유들 때문에. 터키는 아무 힘도 없는 나라에서, 세계의 중심은 아니더라도, 적어도 지역의 중심으로 변신한다. 그리고 터키는 미국이 세계질서를 설계할 때 염두에 둔, 세계를 망라하는 해군력 기반의 대제국이었던 적은 없지만, 한때 제국이었던 것만은 틀림없다. 다시 한 번 터키는 마르마라를 벗어나 영토와 기회를 찾아 팽창하게 된다.

미래로의 귀환

제국의 붕괴를 목격한 제국 중심지의 주민들이 으레 충격을 받듯이, 제1차 세계대전 후 터키의 파멸도 터키인들에게 충격적이었다. 군대는 붕괴되고 경제는 무너지고 정치 체제는 사분오열되고, 터키의 격조 있고 정교한 문화— 관용과 따뜻한 환대가 넘치는 문화— 는 안으로 침잠했다. 개혁가들은 재원만 낭비하고 무위도식하는 관료집단에 대대적인 수술을 가하려고 했다. 경제적으로 불안정해진 소수민족들이 반란을 일으키자 투르크족은 이에 폭력으로 대응해 아르메니아인 대학살을 비롯한 여러 참극을 낳았다. 해외 첩보원들은 그러한 원한을 이용해 군사적 목적을 달성했고, 이를 가장 낭만적으로 묘사한 영화가 바로 〈아라비아의 로렌스Lawrence of Arabia〉다. 사태가 진정되고 나자 제국은 단순히 소멸하는 데서 그치지 않고 혼돈에 빠져들었다. 얼마나 심각해졌던지 아나톨리아반도의 일부를 프랑스와 영국뿐만 아니라 그리스까지 장악한 적도 있었다.

보통 제국이 붕괴되면 (제2차 세계대전 후 독일과 일본처럼) 외부인들이 점령해 재건하거나, (제2차 세계대전 후 대영 제국이 해체된 후의 영국이나 소련이 해체된 후의 러시아처럼) 새로운 현실에 완전히 매몰돼 매우 신속하게 변혁이 일어나고, 종종 본국 국민에게 엄청난 고통을 안겨주게 된다. 철저히 파괴된 제국은 자신의 패배를 속으로 곱씹어보면서 세계로부터 격리된 채 앞으로 나아갈 길을 모색하는 경우가 매우 드물다. .

그러나, 바로 그 상황이 제1차 세계대전 후 터키에게 일어났다. 소련의 부상으로 북서부, 북부, 북동부의 구 제국 영토와의 상거래와 접촉이 금지되었다. 인간에게 적대적이고 메마른 중동의 지리적 여건이 경제 개발이나 무역은 안중에도 없고 서로 적대적이거나 전체주의적이거나 둘 다 갖춘 정부들의 등장과 맞물려 남쪽도 봉쇄되어 버렸다. 터키 국경에서 유일하게 "개방"된 부분은 이란과의 접경 지역뿐이었고, 이 접경 지역들은 물리적인 거리와 문화 두 가지 측면에서 두 나라의 수도권 지역과는 거리가 멀어도 한참 먼 험준한 지역들이다. 터키는 세상을 등지고 홀로 투르크족의 정체성을 파악하는 데 골몰했다.

서로 상충되는 두 가지 미래상이 부상했다.

하나는, 현대 터키는 국제 정치에서 철저히 독립적인 국가가 되어야 한다고 보는 세속주의자들이었다. 그들은 오스만 제국이 투르크의 새로운 민족적 이상으로 내세웠던 사해동포주의를 거부했다. 이슬람은 세속주의자들의 정체성에서 나라 안이든 밖이든 할 역할이 없었다. 세속주의자들은 이스탄불의 부를 포용하고 유럽과의 경제적, 문화적 교류를 권장했지만, 아무도 이러한 수용적 자세를 다문화주의나 "열등한" 민족인 그리스인이나 아르메니아인들에 대한 찬양과 혼동하지 않았다. 터키는 오늘날 자국 인구의 5분의 1을 차지하는 쿠르드족을 애초에 존재하지 않는 민족으로 취급하기까지 했다.

세속주의자들과 맞선 이들은 아나톨리아주의자들로서, 이들은 오스만 제국의 문화 규범―특히 종교적 정체성―을 대부분 고수하고자 했고, 그러한 특성들을 이용해 새로운 터키를 아랍 세계의 같은 이슬람교도들과 탄탄히 결속시키려 했다. 아나톨리아주의자들은 자신들을 오스만 제국의 영광을 계승하는 후계자로 간주했고, 이스탄불보다 열등한 도시 앙카라로의 수도 이전을 외부 세력으로부터 정부를 보호하기 위한 전략적 조치라기보다는 터키의 정치적 삶을 뭔가 시골스럽게 변모시키기 위한 수단으로 간주했다. 유럽과의 경제적 연계는 터키를 유럽에 묶어두는 끈이라기보다는 문화적 목적을 달성하는 수단이었다. 자유주의적인 이스탄불을 문화적으로 보수적인 내륙지방의 연장으로 변모시키려는 집요하고 심층적인 노력이 진행되었다.

500년 전 콘스탄티노폴리스를 정복한 후 떠돌이 유목민 생활을 버리고 정착한 이후로 투르크족이 치른 가장 대대적인 문화 투쟁이었다. 제1차 세계대전 후부터 20세기가 끝날 때까지 "우리는 과연 누구인가"에 대한 치열한 논쟁이 전개되었다. 그러나 역사는 사건을 따라잡는 특징이 있다. 냉전이 종식된 후부터 이제 세계질서의 소멸이 임박한 지금까지 터키가 존재한 맥락은 진화했고 그들의 실존적 정체성 위기도 그와 더불어 진화했다:

- 오사마 빈 라덴이 추구하는 정치나 정책에 동의하지 않더라도 9·11 테러 공격이 세계정세에 이슬람이 얼마나 중요한 자리를 차지하는지 생생히 보여주었다는 사실은 부인하기 어렵다. 과거에 세계 이슬람을 주도했었지만, 3세대 동안 그 세계로부터 유리되어 있었던 터키에게 이 공격은 자국이 집어들기만을 기다리는 역할이 있다는 생각을 갖게 만들었다.
- 소련의 붕괴로 터키의 북부가 탁 트이게 되었다. 무역은 다시 마르마라해를 통과하기 시작했다. 터키는 자국이 준비가 됐든 안 됐든, 세계는 자국과 다시 연결되고 있다는 사실을 깨달았다.
- 소련의 붕괴도 터키가 유럽연합에 합류하려는 부분적인 동기가 되었다. 회원이 되려고 줄을 선 구소련 위성국가와 공화국들 몇 나라가 구 오스만 제국에 속해 있었기 때문이다. 터키의 세속주의자들은 유럽연합의 회원국 자

격을 터키의 현대성을 굳힐 계기로 보았다. 아나톨리아주의자들은 이를 민주주의를 보장하는 수단으로 보았다. 그러나 유럽연합이 터키를 절대로 회원으로 받아들이지 않으리라는 사실이 분명해지자, 터키의 이 두 파벌 모두 자기들이 추구해온 목표를 재고하게 되었다.

- 터키에게 미국의 2003년 이라크 전쟁이 중요한 까닭은 전쟁의 결과나 터키 국경과의 근접성 때문이라기보다, 터키 의회가 미군에게 터키 영토 사용을 거부하기로 표결했기 때문이다. 터키의 민족주의가 급부상했고, 이제 역내 군국주의, 친이슬람주의, 친아랍주의, 반미감정이 뒤섞인 해괴한 정서까지 가미되었다. 세속주의자와 아나톨리아주의자는 양측의 공감대를 찾아냈다.

- 터키가 이라크 전쟁을 방관하기로 하자 미국은 북부 이라크의 쿠르드족을 새로운 동맹으로 맞아들였다. 이는 터키에게는 문제였다. 이라크보다 터키에 쿠르드족이 더 많을 뿐만 아니라 터키는 쿠르드족 분리주의를 둘러싼 30년의 내전을 막 끝낸 참이었다. 설상가상으로 쿠르드족은 때마침 시리아에서도 미국이 선택한 동맹으로 부상했다. (터키가 보기에) 이러한 배신으로 미국과 터키의 동맹관계는 사실상 막을 내렸고, 세속주의자와 아나톨리아주의자 모두 터키가 더욱더 멀어진 초강대국에 포위되었다고 생각하게 만들었다. 2019년 말 미국이 쿠르드족을 버렸지만 미국과 터키의 동맹관계는 회복되지 않았다. 끓어오르는 적대감에서 차가운 불신으로 약간 개선되는 결과를 낳긴 했지만 말이다.

70년 동안의 문화 전쟁을 치른 끝에 두 파벌은 서로 뒤섞였고, 결국 타이이프 에르도안이라는 인물이 대통령으로 당선되면서 하나가 되었다. 에르도안의 수많은 적들은 그를 철저한 아나톨리아주의자로 여긴다. 이슬람을 터키의 정체성과 정책을 떠받치는 기둥으로 삼길 원하고 서구와의 관계를 경멸하는 인물로 말이다. 사실이다. 그러나 에르도안이 세속주의자들의 특징을 대부분 포용한다는 점도 사실이다. 다문화주의를 거부하고 선거 결과가 "예상대로"

나오지 않으면 머리통을 박살낼 의향도 있으며, 터키를 막강하고 독립적인 국가로 여긴다.

새로운 터키는 오스만 제국의 문화적 위용과 군사력, 오만함에 종교적 성향, 세속주의에 대한 경멸, 이슬람주의자들이 지닌 서방세계에 대한 불신, 그리고 세속주의자의 독재적이고 권위주의적이고 민족적인 특징까지 더했다. 추구하는 목표가 평화적이고 다문화적이고 세계에 열린 사회라면 세상에서 최악은 아니지만 그리 다르지도 않다.

무엇보다도 터키는 민족이 국가를 규정하는 민족국가라는 게임에 뒤늦게 합류했다. 이는 더할 나위 없이 위험한 게임이다. 한 집단이 민족의 순수성을 토대로 자기 집단을 규정하기 시작하면 불미스러운 일들이 일어난다. 맨 먼저 민족적 정체성을 국가권력과 융합했던 프랑스는 다양한 부작용을 야기했다. 바로 공포정치와 나폴레옹 전쟁이었다. 독일과 일본이 그 뒤를 따르자 세계대전이 일어났고 나치가 등장했고 홀로코스트, 난징 대학살, 그리고 죽음의 바탄 행진이 일어났다. 정신적으로도, 문화적으로도 오늘날 터키는 1700년대 말과 1800년대 초 프랑스, 그리고 1900년대 초 독일, 일본 등과 아주 비슷한 여건에 놓여 있다. 약물에 취한 십대 청소년처럼 허세 심하고 뻔뻔하고 거리낌없이 민족주의 정체성을 과시한다. 세월이 흐르면 그런 사고방식은 거친 모서리가 다듬어지고 보다 실용적인 형태로 변하지만, 시간이 걸린다는 게 문제다.

에르도안이 이끄는 정의발전당(AKP)이 2002년에 집권하면서, 터키는 미국과의 관계라는 테두리 바깥으로 시선을 돌리기 시작했다. 마침 미국이 자국의 전략적 그림을 새로운 각도에서 검토하기 시작한 시점과 맞물린다. 2020년에 접어들어 미국이 세계에 약속한 전략적 책무에서 손을 떼기 시작한 바로 그때, 터키는 그동안 국제 문제들에 대해 보였던 소극적인 태도를 극복하고 있다.

세계가 제국 모드로 되돌아가는 시점에 터키는 민족국가의 의미를 탐색할 생각에 들떠 있다. 그리고 터키는 그러한 제국 중 하나가 될 완벽한 조건을 갖추고 있다. 이는 터키의 갈등에 내재되어 있다. 전략적으로, 경제적으로, 정치적으로, 그리고 인종적으로도. 유럽은 사분오열되고, 중동은 붕괴되고, 러시아는 절박한 처지에서 전쟁의 길로 나서게 되면서 터키의 주변 지역 전체가 격렬히 요동치고 있고, 터키는 그 폭풍 한가운데로 뛰어들기 직전이다.

여기서 의문이 생긴다. 터키는 어느 방향으로 뛰어들까? 어느 방향으로 뛰어들든 기회가 있다.

앞마당: 불가리아와 루마니아

앞으로 등장할 세계에서 터키의 입장에서 가장 낙관적인 지역이 발칸반도 동부 지역이다. 이유는 많다.

NATO와 유럽연합의 구심점 역할을 하는 미국이 사라지고 한때 제국이었던 나라들이 정치적, 경제적, 문화적, 군사적 문제를 둘러싼 역내 영향력을 두고 경쟁하게 되면 유럽 대륙 대부분에서 쟁탈전이 벌어지게 된다. 그러나 터키와 가장 가까운 유럽 지역—발칸반도 동부—은 그런 경쟁으로부터 동떨어져있다.

유럽연합이 불가리아와 루마니아를 이들보다 부유한 구소련 위성국가들과 동시에 회원으로 받아들이지 않은 데는 그럴 만한 이유가 있다. 두 나라의 사회간접자본은 분명히 열등하다. 조직범죄가 사회 곳곳에 침투해 있다. 부정부패가 공적인 생활 곳곳에 스며들어 있다. 두 나라는 유럽연합에 합류한 다른 위성국가들보다 기업가 정신을 존중하는 문화가 약하다.

그러나 가장 큰 이유는 물리적인 접근성이었다.

도나우 강 하류의 유역은 나머지 유럽으로부터 거의 단절되어 있다. 도나우 강 하류의 서쪽으로는 발칸산맥과 카르파티아산맥이 만나는 지점에 솟아

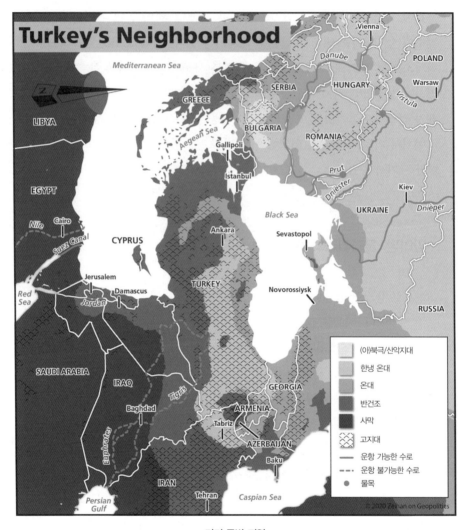

Turkey's Neighborhood

Mediterranean Sea

Vienna

Danube

POLAND

Warsaw

SERBIA

HUNGARY

GREECE

Vistula

LIBYA

BULGARIA

ROMANIA

Aegean Sea

Gallipoli

Prut

Istanbul

Dniester

Kiev

EGYPT

Dnieper

UKRAINE

Nile

Cairo

Black Sea

CYPRUS

Ankara

Sevastopol

Suez Canal

Jerusalem

TURKEY

Novorossiysk

Red Sea

Damascus

Jordan

RUSSIA

SAUDI ARABIA

IRAQ

Tigris

GEORGIA

Baghdad

ARMENIA

Euphrates

Tabriz

AZERBAIJAN

Baku

IRAN

Tehran

Caspian Sea

Persian Gulf

	(아)북극/산악지대
	한냉 온대
	온대
	반건조
	사막
	고지대
—	운항 가능한 수로
---	운항 불가능한 수로
●	물목

© 2020 Zeihan on Geopolitics

터키 주변 지역

오른 일련의 산봉우리들 때문에 도나우강 말고는 거의 모든 운송수단이 이용
불가능하다. 도나우강이 이러한 산봉우리들을 힘겹게 헤쳐 나가는 지점에는
유달리 험준한 절벽이 줄지어 있다. 아주 오래전부터 이 철통같은 관문은 발

칸반도 동부와 서부 사이를 오가는 운송을 철저히 방해했고, 1970년대에 소련이 엄청난 비용을 들여 토목공사를 한 결과 도나우는 연중 안전하게 운항 가능한 강이 되었다. 그러나 그나마도 미국이 코소보 전쟁 때 세르비아에서 도나우강 교각을 파괴하면서 20년 전으로 후퇴했다. 발칸반도 동쪽의 이 두 나라는 유럽연합과 NATO에 가입한 지 10년이 지난 지금도, 폴란드, 라트비아, 헝가리 같은, 더 가까운 나라들이 유럽연합과 NATO에 가입하기 전만큼도 유럽에 통합되어 있지 않다.

비교적 고립되어 있기 때문에 얻는 이점도 있다. 불가리아와 루마니아는 나머지 유럽보다 상대적으로 빈곤하기 때문에 이 두 나라는 비교적 쉽게 동반자를 바꿀 수 있다.[3] 터키 해협은 이 두 나라와 더 넓은 세계를 연결해주는 최상의 연결고리이므로 세계질서가 무너진 후의 세계에서 동반자를 선택할 때 운신의 폭이 그다지 넓지 않다.

이 두 나라는 기여할 게 많다. 불가리아와 루마니아는 비중 있는 농산물 수출국이고 이 두 나라와 터키를 합하면 식량을 생산하는 거의 모든 기후대를 아우른다. 그 결과 이 세 나라를 합하면 인간이 경작 가능한 거의 모든 식재료가 진열된 역내 수퍼마켓이 된다. 터키의 지중해 연안 기후에서는 밀이, 대륙 기후인 불가리아와 루마니아에서는 옥수수와 대두가, 루마니아의 건조한 동부 지역에서는 기름을 짜는 각종 씨앗이, 세 나라의 고지대에서는 각종 과일이, 흑해 연안에서는 감귤류가, 세 나라의 산악지대에서는 포도가 생산된다. 세계무역 체제가 무너지고, 일상적으로 누리는 사치를 이국적인 물품들로 충족시켜야 하는 날이 오면, 터키와 손을 잡은 확대가족은 필요한 것은 무엇이든 가까이 두게 된다. 식량안보를 확보할 완벽한 여건이 조성된다.

무엇보다도 불가리아와 루마니아가 적극적으로 나서게 된다. 두 나라는 자국의 운명을 스스로 개척할 여지는—두 나라가 동맹을 맺는다고 해도—전무하다는 사실을 잘 알고 있다. 발칸반도와 카르파티아산맥이 이 두 나라를 에워싸고 있고, 러시아가 이 두 나라의 북동쪽을 지배하고 있으며, 터키가 남동쪽, 독일이 북서쪽을 지배하고 있으므로, 넓은 세상으로 나가려면 다른 여러 나라들이 의도적이고 지속적으로 허락을 해야 한다. 이 두 나라는 누군가가 현재의 세계질서를 관리하는 구조가 유지되지 않으면 장기적으로 생존할 희망이 없는 나라의 전형적인 사례다.

즉, 그들은 뒷배가 없으면 가망이 없는 나라다. 두 나라는 홀로 있으면 먹잇감일 뿐이지만, 터키와 손을 잡으면 두 나라의 입지는 처참한 처지에서 부러움을 살 처지로 바뀐다. 두 나라는 에너지 안보를 갖춘 나라, 두 나라를 합한 규모의 두 배인 시장, 그리고 지중해 연안에 접근하게 된다—이는 터키와 손을 잡지 않고는 불가능하다. 터키가 보장해주는 안보는 미국이 보장해주는 안보만큼 대단한 가치는 아닐지 모르지만, 터키 군대는 역량 있고 가까이 있다. 그러니 터키와 우호적인 관계에 놓이는 게 최선이다. 특히 무질서의 시대에는 러시아가 다시 러시아답게 행동할 위험이 있기에 더더욱 그러하다.

급소를 겨냥하다: 우크라이나와 그 너머

구소련은 터키에게 여러 가지 위협을 가할 뿐만 아니라 많은 기회도 제공하지만, 러시아의 단말마의 몸부림만큼 눈부신 기회는 없다. 이를 기회로 터키는 자국의 오랜 숙적을 망각 속으로 밀어 넣을 방법을 모색할 가능성이 분명히 있다. 그런 전략에는 위험이 따르지만—러시아는 세계에서 가장 막강하다고 손꼽히는 공군과 엄청난 핵무기를 보유하고 있다—성공했을 경우 얻을 이득도 엄청나다.

우선 이득부터 알아보자.

• 냉전 중 러시아는 터키의 북쪽에 있는 영토를 모조리 장악해 터키가 전략적 무용지물이 되고 경제적으로 별 볼일 없는 나라로 전락하는 데 기여했다.

지금도 러시아의 존재는 이 지역의 경제적 전망을 불투명하게 만든다. 우크라이나 상공을 지나가는 민항기를 격추시키고 우크라이나 내에서 열차를 약탈하는 행태를 서슴지 않기 때문에 무역 상대국으로서의 러시아의 잠재력은 극도로 제한된다. 러시아를 제거하면 드네프르 강과 드니에스테르 강 주변에 사는 사람들이 팔자를 고칠 수 있다. 러시아의 강들과는 달리 드네프르, 드니에스테르 두 강은 북쪽이 아니라 남쪽으로 흐르고 훨씬 온화한 기후대에 위치한다. 댐이 얼어붙을 위험도 없고 거의 연중 배가 다닐 수 있다.

- 오스만 제국 시대에 우크라이나의 강들은 상업 활동이 활발하게 이루어지는 핏줄로서 오스만 제국의 이익을 서쪽 유목민의 땅까지 깊숙이 밀어 넣었지만, 러시아의 지배 하에 들어가면서 두 지역은 무기력하고, 부패하고, 억눌리고, 찢어지게 가난해졌다. 가장 복잡한 문제는 우크라이나와 터키도 비슷한 철강 산업이 있고, 이들은 전통적인 경쟁자라는 점이다. (그러나 뭐든지 부족해지는 세상에서 오늘의 경쟁자는 내일의 과점(寡占)이 될 수도 있다.) 불가리아와 루마니아는 경제적 기회를 모색하는 터키에게 동반자로 삼을 자격이 충분한 나라들이지만, 우크라이나—인구가 더 많고 대규모 금속산업이 있고, 불가리아와 루마니아를 합한 것보다 많은 농산물을 생산한다—는 두 나라보다 별로 뒤처지지 않는 세 번째 선택지가 될 수 있다.

- 아제르바이잔이 네 번째 동반자가 될 가능성이 있다. 코카서스 지역 그 어디에도 경제적 이익이 창출될 만한 곳이 없지만, 한 군데 예외가 있다. 아제르바이잔의 카스피해 유전이다. 아제르바이잔은 자체적으로 하루에 50만 배럴 이상을 수출하고 있고, 조지아를 거쳐 터키로 가는 양의 두 배를 감당하기에 충분한 사회간접자본이 이미 설치되어 있다. 러시아는 분명히 코카서스 지역에서 군사적, 경제적, 문화적으로 지배적인 위치를 점하고 있다. 러시아군이 코카서스산맥의 조지아 쪽에 있는 분리주의자 지역을 관리하는 동안은 아르메니아는 본질적으로 위성국가이다. 그러나 코카서스 지역 전역에 흩어져 있는 투르크족은 여전히 터키가 구제해주기를 바라고 있다. 러

시아를 이 지역에서 제거하면 터키가 코카서스 지역에서 가장 막강한 나라가 될 가능성이 손에 잡힐 듯이 가까워진다.

- 러시아는 그리 점잖은 나라가 아니다. 러시아 국민들과 러시아가 점령한 지역을 얌전하게 길들이는 데 도가 튼 바로 그 정보요원들은 다른 지역들에서 말썽을 일으키는 데도 능력이 뛰어나다. 과거에 러시아는 이란의 호전성을 부추겨서 미국뿐만 아니라 터키와도 맞서게 만들었다. 러시아는 또한 아제르바이잔에서도 분란을 일으켰다. 러시아는 무기와 정보로써 공식적으로 아르메니아를 지원하기도 했다. 러시아는 아제르바이잔의 에너지를 터키로 수송하는 송유관 건설 프로젝트를 막거나 심지어 훼방을 놓기도 했다. 러시아는 시리아에서 일부러 인도주의적 위기가 발생하도록 조장했다. 러시아는 터키 본토에서 쿠르드족의 반란을 조장해 터키의 선택지를 제한하고 터키가 힘을 쓰지 못하게 만들었다. 이런 러시아의 행적을 모두 인정하기가 현재 터키 정부의 이러저러한 파벌에게는 이념적으로 달갑지 않을지 모르지만, 제국주의, 냉전, 그리고 최근의 역사를 알고 있는 이들에게는 러시아를 터키의 친구라고 일컬으려면 창의력을 십분 발휘해야 그럴듯한 핑계를 생각해낼 수 있다.

핵심은, 터키가 애써 이기려고 하지 않아도 러시아는 지게 되어 있다는 점이다. 러시아와 유럽이 벌이게 될 대결을 통해 러시아가 국가로서의 생명을 연장하려면, 러시아군이 베사라비아 틈새, 우크라이나 전체, 몰도바, 그리고 코카서스 지역의 공화국들뿐만 아니라 발트해 연안과 폴란드 틈새까지 확고히 장악해야 한다. 이 가운데 단 한 가지 목표라도 달성하는 데 실패하면 러시아는 중심을 잃고 이길 승산이 없는 수많은 전쟁과 움직임에 엮이게 된다.

철저히 승리하지 않는 한 러시아의 국가 소득도 거덜 난다. 러시아가 유럽과 대결하게 되면 발트해와 북유럽 대평원을 통해 석유와 천연가스를 수출할 길은 막힌다. 대량 수송이 가능한 또 다른 경로는 흑해와 터키 해협을 통해 남서부로 수송하는 방법뿐이다. 터키와 사소한 군사적 갈등만 일어나도 러시아가 서쪽으로 석유와 천연가스를 수출할 길이 완전히 봉쇄되고, 주요 에너지 수출국 명단에서 탈락하게 된다(러시아는 현재 석유, 천연가스, 석유제품을 모두 합해 수출 1위이고, 석유와 천연가스가 러시아 정부 수입의 1, 2위를 차지한다).

아직 시작하지도 않은 전략적 충돌에서 전술적 수를 예측하는 일은 데킬라를 연속해 들이키면서 눈 가리고 다트 던지기 놀이를 하는 것과 같다. 러시아가 북유럽 국가들과의 대결에 온전히 몰입하게 되면 터키가 행동을 개시할 최적의 시기가 된다. 그 시점에 러시아는 남부 전선에 보낼 군대가 줄어들고, 터키가 실행하게 될 상당한 규모의 수륙양동 작전의 성공률이 급격히 높아진다.

최적의 전장은 크리미아 반도다. 터키가 이 지역을 장악하면 흑해에서 이렇다 할 러시아의 해군력이 제거되고, 흑해는 터키의 호수로 변하게 된다. 크리미아 반도와 우크라이나 본토를 연결하는 지역은 너비가 겨우 3마일이므로 본토의 공격으로부터 이 지역을 방어하기는 쉽다. 터키의 공군은 러시아와 일대일로 맞붙으면 승산이 없지만, 러시아군은 이미 발트해와 접해있는 모든 나라를 상대로 전쟁을 벌이고 있을 것이다. 우크라이나 서부와 심지어 벨로루시로 들어가는 러시아 육군의 보급로를 터키가 차단하는 데는 대단한 타격 역량이 필요하지 않다. 게다가 터키는 그 지역에서 원조를 받게 된다. 크리미아 반도에 있는 우크라이나와 타타르 소수민족들은 터키를 러시아의 점령으로부터 자유롭게 해주는 해방군으로 볼 가능성이 높다.

문제는 이 모든 상황이 전부 아니면 전무라는 점이다. 러시아는 다름 아닌 실존적 위기에 직면하고 있고, 자국의 생존 자체를 위해 투쟁하고 있다. 터키가 가장 입맛을 다시고 있는 지역은 러시아가 전략적으로 필수적이라고 간주하는 지역이다. 러시아가 다른 데 정신이 팔려 있고 약간 균형 감각을 잃었다고 해도 여전히 반격할 역량은 있다. 러시아는 이미 크리미아반도뿐만 아니라 아르메니아와 조지아의 분리주의자 지역에 수천 명의 항공병과 군인들을 주둔시켜두고 있다. 터키가 크리미아반도나 아제르바이잔에 진입하면 지상에서의 전투 지형을 바꿔놓기 때문에 러시아는 터키 동부에서 쿠르드족의 준동을 부추기는 방법에서부터 아르메니아의 조지아 공격을 후원하거나 이스탄불을 직접 폭격하는 방법에 이르기까지 가용 수단을 총동원하는 수밖에 선택의 여지가 없다.

높은 수익을 올리려면 큰 위험을 감수해야 한다.

뒷마당: 이라크와 시리아

터키가 최초로 중동을 침략한 때는 그들이 자신들을 투르크족이라고 일컫기 전이다. 셀주크는 메소포타미아와 레반트 지역을 두루 둘러본 다음, 결국 마르마라가 더 낫다고 결론을 내리고 그곳에 정착했다. 훗날 비엔나 습격에 실패한 후 오스만은 수세기 전 조상들이 탐험했던 지역으로 팽창하는 편이 훨씬 쉽다는 사실을 깨달았다. 오스만 제국은 15-16세기에 서양에서 동방으로 방향성을 전환했고, 현재의 이집트, 이스라엘, 레바논, 요르단, 이라크를 아우르는 영토를 얻었다.

현재 터키가 이 지역으로 귀환하는 데 있어서 문제는 어디서 멈추어야 할지가 분명치 않다는 점이다. 터키가 이미 확장한 영토를 소화하기 위해 팽창을 잠시 중단하고 숨을 고를, 크리미아 지협이나 철문(Iron Gates)에 해당하는 지역이 없다. 이 지역에 남아있는 제국주의적 잔재는 대부분 터키 자신의 제국에서 비롯되었고, 터키 지도부 내에서 계획을 세우는 이가 제정신이라면 남쪽으로 시선을 향할 때 걱정스러워서 최소한 움찔하기라도 해야 정상이다. 이 지역은 그냥 원하기만 하면 팽창해 들어가는 지역이 아니다. 팽창해 들어가지 않으면 일어날 일이 두렵기 때문에 할 수 없이 진입하는 지역이다. 바로 이 때문에 터키의 남쪽 지역을 터키 지도부는 예의 주시하고 있다.

결국 이는 안보의 문제다. 오늘날 터키 영토의 대부분은 도나우강 하류의 비옥한 영토가 아니라, 아나톨리아의 건조하고 험준한 고지대다. 아나톨리아 반도에서 동쪽으로 갈수록 지형이 고도가 높아지고, 더 건조해지고, 더 깎아지른 듯 험준해지고, 생산성은 떨어진다. 그러나 이 때문에 터키가 이 지역에 정착하지 않기로 했지만, 침략을 막아주는 탁월한 장애물인 동시에 터키 내에서 반란을 일으킬 만한 성가신 소수민족 집단들을 가두어 두는 데 안성맞춤인 지형의 영토다. 러시아는 체첸족, 레바논은 드루즈족, 스페인은 바스크, 미국은 웨스트버지니아, 터키는 쿠르드족이 성가신 골칫덩이다. 아나톨리아 반도의 남서쪽 전체가 쿠르드족이 다수인 지역으로 쿠르드족 총 인구의 절반이 이 지역에 거주하고, 나머지는 시리아, 이라크, 이란 국경지역에 흩어져 있다.

터키의 쿠르드족은 제1차 세계대전 이후로 터키에 맞서 간헐적으로 반란을 일으켜 왔다. 3만 여 명의 목숨을 앗아간 가장 치열했던 전쟁은 1990년대에 일어났다. 쿠르드족이 이용하는 가장 효과적인 투쟁 방법의 하나가 시리아, 이라크, 이란 내에 거주하는 동족의 원조를 구하고 그들 지역에 기지를 두는 방법이다. 터키, 시리아, 이라크, 이란 정부는 모두 민족, 종교, 언어가 다른 집단들이 이끌기 때문에 서로에 대해 크게 관심도 없고 서로 다른 나라에 있는 쿠르드족이 반란을 일으키도록 부추기기도 해왔다. 이 나라들은 쿠르드족이 자기 나라 국경 맞은편에서 반란을 일으키는 한 문제될 게 없었다.

터키는 달아나는 쿠르드족 무장 세력을 추적하고 쿠르드족의 기지를 초토화시키기 위해 종종 시리아를 전격적으로 침략하고 특히 이라크를 침략하게 된다. 터키가 시리아와 이라크의 북부 영토를 공격해 이 지역을 영구히 장악하게 된다면 쿠르드족 전체 인구의 4분의 3이 터키 체제에 속하게 된다. 여전히 소요사태와 폭력사태가 일어나겠지만 이들을 항구적으로 직접 점령하게 되면 터키가 활용 가능한 수단들이 다양해진다.

이라크의 쿠르드족 거주 지역을 정복하면 얻는 부수적인 이익도 있다. 이라크에서 멀지 않은 지역에 터키군을 영구 주둔시키면 이란과 사우디아라비아는 즉각 생각을 고쳐먹게 된다. 중동지역의 그 어느 나라도 터키의 군사력에 맞설 역량이 없고, 터키 군대가 훨씬 가까이 있게 되면 중동지역에 있는 국가들은 이를 의식해 모두 터키가 원하는 게 뭔지 신경 쓰게 된다.

에너지 문제도 있다. 이라크의 키르쿠크 유전지대는 터키 국경에서 육로로 200마일이 채 못 되는 거리에 있다. 안보환경이 개선되고 여기다 수완 좋은 엔지니어들이 거들어준다면 터키의 수요를 충분히 충족시킬 만한 양의 석유를 땅 밑에서 뽑아낼 수 있다. 키르쿠크 지역에 이미 그 두 배에 달하는 양을 처리할 용량을 갖춘 송유관이 이미 존재한다는 점은 금상첨화다. 엄밀히 말해서 물류 처리 측면에서 본다면, 터키가 남쪽으로 팽창하면 석유 생산시설 전체를 장악할 수 있다. 쿠르드족이 어떤 반응을 보일지가 "유일한" 문제다.

시리아는 훨씬 엉망이다. 시리아는 중동이 제 기능을 하지 못하는 이유들이 총집결되어 있는 땅이다. 상부상조하는 소수민족들이 해안 지역을 따라 자리잡고 있다. 광활한 내륙은 찢어지게 가난한 수니파 아랍인들이 거주한다. 나무가 빽빽한 깎아지른 산악지대는 은신처로 삼을 곳이 천지다. 정치적 불안과 경제적 혼란이 조성되기에 안성맞춤인 지역이다. 그리고 이미 불이 붙었다.

오늘날 시리아인 지역은 세계질서 하에서 크게 고통을 겪었다. 세계질서 이전 시리아 내륙은 고대 오아시스 도시 네 개—알레포, 홈스, 하마, 다마스쿠스—가 군데군데 위치한, 인구가 희박한 지역으로 대상(隊商)이 오가는 경로였다. 그러나 미국이 구축한 세계질서 덕분에 바다를 자유롭게 오가게 되고, 제국들이 붕괴되면서 정치적 이유로 국경을 통과하기가 어려워지고 대상 무역이 막을 내리게 되었다. 시리아 국민은 더 이상 교역을 통해 식량을 구할 수 없게 되었다. 대안을 마련해야 했다.

한편으로 시리아는 원유를 수출하고 벌어들인 외화로 식량을 수입했다. 또 한편으로 시리아는 산업화 시대에만 가능한 방법으로 사막을 변모시켜 유프

라테스 강에서 물을 끌어와 밀을 재배했다. 한동안은 견딜 만했다. 그러나 시리아 인구가 팽창해 원유를 수출할 여력이 사라지고, 2011년 가뭄(그 외에 다른 요인들도 있다)으로 전국적으로 관개시설이 무용지물이 되었다. 무엇보다도 시리아 내전은 국가 차원의 기아에 뿌리를 둔 문명의 붕괴다.

새로 부상하는 터키에게는 호재도 이런 호재가 없다. 시리아 내전이 오늘 끝난다고 해도 시리아 인구에게 필요한 물과 원유와 식량이 충분치 않다. 달리 갈 곳 없는 시리아 난민들이 터키로 밀려들어오는 게 일상이 되었다. 레바논은 이미 인류 역사상 그 어느 나라보다도 1인당 난민을 많이 받아들였다. 이스라엘 국경은 철조망이 설치되어 있고 온 사방에 지뢰가 깔려있다. 요르단은 시리아보다 훨씬 더 건조하다(그리고 이미 난민을 70만 명 이상 수용하고 있는데, 이는 이 가난한 나라의 취약한 정치 체제가 무너지지 않고 지원 가능한 난민의 수보다 40만 명이 많은 수치다). 사우디와 이라크 국경은 전형적인 사막이다. 그러면 터키밖에 남지 않는다. 그리고 터키가 이 상황과 이주민을 제대로 관리할 방법은 시리아에 진입해서 그 지역 전체를 접수하는 길뿐이다.

과거의 재현: 지중해 동부

터키가 성공하려면 육군 못지않게 해군도 필요하고, 터키의 서쪽 지역만큼 해군이 절실히 필요한 지역도 없다. 이는 오스만 제국이 바닷길을 이용해 코카서스 지역보다 유럽, 북아프리카와 쉽게 통합을 이루어냈기 때문이기도 하지만, 무엇보다도 이 나라들이 터키의 귀환에 대해 병적일 정도로 경계하기 때문이다.

에게해와 지중해 북동부를 터키의 멕시코만이라고 생각해보라. 그리스 열도—유럽이 제1차 세계대전에 대한 보상의 일환으로 오스만 제국에게서 빼앗아 그리스에 넘겨준 섬들—는 카리브 해의 각종 섬들과 같다. 키프로스는 쿠바와 비슷하다. 그리스와 그 부속 도서들은 터키가 장악해야 한다. 그렇지 않으면 이 섬들은 늘 터키와 마르마라해를 드나드는 무역을 위협하게 된다. 마찬가지로, 키프로스는 터키가 보기에 너무 크고 지리적으로 너무 가까워서 그 섬에 외세가 들어설 가능성을 그냥 내버려둘 수가 없다. 그래서 1974년 터키는 키프로스를 침공해 키프로스 섬의 북쪽 3분의 1을 정복했고 그 이후로 계속 그곳을 지배해왔다.

그리스를 정복하고 에게해를 확보하면 터키 본토를 주변 해상 세력들로부터 보호할 수 있다. 심지어 영국이나 프랑스처럼 막강한 해상 세력들로부터도 보호할 수 있다. 그리고 이 두 유럽 국가는 자국 가까이에 신경을 써야 할 더 큰 문제가 있기 때문에 터키가 역외로부터 많은 도전에 직면할 가능성은 낮다.

터키가 안고 있는 문제는 군사적 문제가 아니다. 서류상으로 보면 그리스는 터키를 견제할 엄청난 규모의 공군을 유지하지만, 금융위기 때문에 조종사들이 비행연습은커녕 제트기를 제대로 관리하지 않은 지 10년이 넘었다.

그리스와 키프로스 둘 다 터키가 도와주지 않으면 몰락할 가능성이 높다. 두 나라 모두 에너지를 전량, 식량을 거의 전부 수입한다. 둘 다 경제적으로 가망 없고 유럽연합이 제공하는 알량한 재정적 지원에 의존해 겨우 연명하면서도 이에 대해 불만이 가득하다.

문제는 터키가 또 다른 시리아를 책임질 생각이 없다는 점이다. 유럽연합이 붕괴되고 전 세계적으로 해상 경제들이 무너지면, 키프로스와 그리스는 문명이 파괴된다. (바라건대) 시리아처럼 처참하지는 않겠지만.

터키가 서쪽으로 진출한다면 그리스를 쪼개려 할 가능성이 높다. 키프로스 전체와 그리스 열도의 대부분을 장악하되 그리스 본토는 제풀에 시들게 내버려둘 가능성이 높다. 그러면 터키는 1,200만 명이 아니라 점령한 그리스와 그리스의 키프로스 섬에 거주하는 150만 명만 관리하면 된다.

터키의 관점에서 보면, 그 정도 영토의 확보만으로도 서쪽으로 진출할 동기 부여가 충분히 된다. 에게해 열도와 키프로스는 오스만 제국의 가장 오랜 영토에 속한다. 터키가 이 지역에 대한 장악력을 잃은 이유는 단지 유럽—주로 영국, 프랑스, 그리스—이 제1차 세계대전이 끝나고 오스만 제국을 나눠 갖는 데 혈안이 되어 있었기 때문이다.

그러나 단순히 역사적인 원한 이상의 이해가 걸려있다. 현재의 세계질서가 무너진 이후의 세상에서는 해상운송이 훨씬 어려워지고 위험해지므로, 선박은 적재하는 화물을 줄이고 더 빠른 속도로 항해하는 방법밖에 없다. 세계 최대 석유수출 지역—구소련과 페르시아 만—에서 정세가 불안해지고 갈등이 발생하면 석유공급량은 줄고 유가는 급등하고 불안정해진다.

터키는 이런 상황으로부터 자유로운 몇 나라 안에 손꼽힌다. 터키는 구소련과 페르시아 만 양쪽 모두와 송유관으로 연결되어 있기 때문에 수요를 충족시키고도 남는 양을 공급받을 수 있다. 그 밖의 나라들은 거의 대부분 유조선으로 석유를 계속 수입해야 한다. 전통적으로 세계 3대 석유운송 경로로 손꼽히는 게 페르시아 만 국가들에서 홍해를 지나 수에즈 운하를 관통하거나 수에즈를 우회해 지중해 동부와 유럽으로 들어가는 송유관이다. 현재의 세계 질서가 무너진 세상에서 지중해는 안전하고 통합된 유럽의 운송경로가 아니라 분열되고 긴장감이 감도는 해상 환경으로 변하게 된다. 인간이 역사를 기록하기 시작한 때부터 1945년까지 쭉 그래왔듯이.

터키는 장님이 아니다. 터키가 에게해와 키프로스를 다시 장악하는 데 성공하면 사실상 지중해 동부 해상 전체를 장악하게 된다.[4] 호송을 요청하지 않은 유조선을 터키 군함이 호송하는 광경을 앞으로 보게 된다. 옛 비단길의 재현이라고 보면 된다. 터키는 이 경로의 중간 부분을 장악하고 지나가는 유조선으로부터 물량 일부를 취할 수 있다.

터키가 이런 행동을 하면 반응이 나오게 된다. 지중해 동부 해안에서 터키의 해상 활동이 늘어나면 이집트가 수에즈 운하 통행료를 인상할 가능성이 높고, 그렇게 되면 석유를 확보하기가 더 어려워지면서, 많은 유럽 국가들이 수에즈와 이 지역을 통과하는 유조선들에 군침을 흘리게 될 가능성이 높다. 프랑스가 이 상황에 개입할 역량과 가능성이 가장 높다.

그렇게 되면 이집트는 확실히 영구히 터키 편에 서는데, 이를 통해 이스라엘에도 언질을 주게 된다. 이스라엘은 터키와의 정략적인 동맹을 통해 지역 맹주인 터키로부터 안보를 보장받고 필요한 원유를 충족시키게 된다. 유대인 국가가 무슬림의 보호를 받으며 무슬림이 공급하는 석유를 사용한다는 이 공교로운 상황은 이목을 집중시킬 만하다. 또 다른 선택지는 이스라엘이 프랑스와 손을 잡는 방법이다. 그러면 대단한 위험이 뒤따르긴 하지만 이스라엘에게 중동 지역의 맹주인 터키에 맞설 지렛대가 생긴다. 다행스럽게도 이스라엘은 이러한 어려운 선택을 하는 상황에 도가 텄다.

큰 한 방을 노리기: 이란의 아제르바이잔인

코카서스 지역에 숟가락을 얹고 있는 주요 국가는 러시아와 터키뿐만이 아니다. 이 지역에서 터키의 존재감이 강화되면 이란이 적개심을 품게 된다. 이란의 적개심은 러시아가 보일 반감보다 훨씬 노골적이다. 러시아는 코카서스 산맥을 이상적인 국경이자 완충지대로 보지만 이란은 이 지역을 2중의 위협으로 보기 때문이다.

첫째, (남부) 소코카서스는 (북부) 대코카서스보다 지형이 위압적이지 않다. 대코카서스는 그 이름대로 상당히 규모가 크다. 높고, 가파르고, 위압적이고, 카스피해에서 흑해 연안까지 동서로 이어진다.[5] 소코카서스는 규모가 덜 위압적이다. 산맥이라기보다 뭉툭한 고원지대 같다. 소코카서스에는 코카서스 내륙 지역인 조지아와 아제르바이잔을 아나톨리아 고지대와 자그로스 산맥과 연결하는, 상당히 접근하기 쉬운 지점이 몇 군데 있다.

몇 개의 계곡이 이 지역 전역에 걸쳐 서로 연결되어 있지만, 가장 중요한

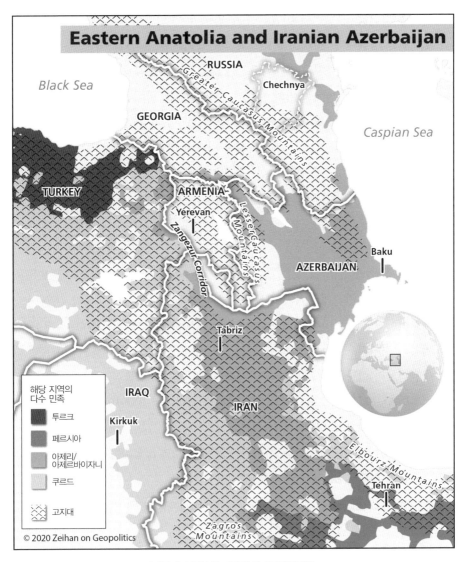

Eastern Anatolia and Iranian Azerbaijan

아나톨리아 동부와 이란의 아제르바이잔인

곳은 장게주르 회랑(Zangezur Corridor)인데, 이 회랑은 터키와 아르메니아
와 아제르바이잔과 이란과 닿아 있다. 한 나라가 장게주르 전체를 완전히 장

악하면 나머지 세 나라로 비교적 쉽게 진군할 수 있다. 따라서 다름 아닌 이 오시프 스탈린이 1920년대에 터키와 아르메니아와 아제르바이잔과 이란 간에 갈등이 일어날 소지를 극대화하려는 노골적인 의도를 가지고 장게주르 지역의 국경을 다시 그려 터키와 아르메니아와 아제르바이잔과 이란 사이에 균등하게 배분했다. 스탈린은 이런 술수를 쓰는데 도가 튼 인물이었다. 터키가 코카서스에 밀고 들어갈 의지가 확실히 있다면 터키군을 장게주르에 파병해야 한다. 장게주르에서 이란 중심부는 엎어지면 코 닿을 정도로 가까울 뿐만 아니라 아르메니아의 수도 예레반도 가깝다.

이란에게는 설상가상으로 두 번째 요인은 첫 번째 요인보다 훨씬 더 불리하다.

이란에서 페르시아인 다음으로 두 번째로 수가 많은 민족은 터키어를 쓰는 이란계 아제리인인데, 이들은 구소련공화국 아제르바이잔과 이름이 같은 아제르바이잔인과 동일한 민족으로서, 거의 대부분 이란과 아제르바이잔과 터키의 접경지역 근처에 집중적으로 거주한다. 아제르바이잔에 사는 아제르바이잔인보다 이란에 사는 이란계 아제리인이 더 많다. 이들이 밀집해 사는 중심지는 타브리즈 시로서 장게주르와 만나는 접점에서 100마일이 채 못 된다.

터키가 이란으로 밀고 들어가기는 결코 간단하지 않다. 이란 북서부를 완전히 점령해야 하는데, 그러면 이란의 직접적이고 끊임없는 군사적 반격을 감수해야 한다. 제트기도 없고 탱크도 없고 낙후되고 경제 제재에 굶주린 이란의 군대는 현대화되고 NATO가 제공한 무기로 무장하고, 점점 자립도를 높여가는 터키의 군산복합체에 비하면 초라하기 그지없지만, 단순히 전투력만으로 비교할 문제가 아니다.

첫째, 산악지대인 이란 북서부는 방어하기가 용이할 뿐만 아니라 보병들이 공군의 지원을 받는 탱크 부대와 전투를 벌이는 데도 유리하다. 그래도 터키가 이길 수는 있겠지만 시간이 많이 걸리거나 상당한 피를 흘릴 수밖에 없다.

둘째, 본국이 공격을 받는 경우 방어하는 입장에서는 "홈그라운드 이점"이 있다. 게다가, 이란의 페르시아화 노력은 말 그대로 천 년의 역사를 가지고 있다. 아제르바이자인들은 이란의 최대 소수민족 집단이기 때문에, 이란은 그들에게서 터키와 관련된 부분들을 최대한 제거하려고 노력해왔다. 이란계 아제르바이잔인들 대부분은 여전히 자신들을 터키계 혈통으로 여기지만, 그들이 스스로를 반페르시아적이거나 완전히 터키계라고 생각한다는 뜻은 아니다. 예를 들어, 이란의 아제르바이잔인들의 지배적인 종교는 페르시아인들과 같은 시아 이슬람이며, 터키가 신봉하는 수니 이슬람이 아니다. 터키는 어떤 침략에서도 분명히 터키와 내통하는 세력의 대규모 지원을 받겠지만, 전적으로 환영받지는 못할 것이다. 많은 저항이 일어나게 되는데, 비단 페르시아인들만 그러는 게 아닐 것이다.

셋째, 이란은 군사력 이외의 도구를 가지고 있다. 이란의 정보 자산은 언제든지 아제르바이잔, 아프가니스탄, 이라크, 사우디아라비아, 요르단, 시리아, 레바논, 팔레스타인 영토, 그리고 터키에서 활약하고 있다. 터키와 이란이 서로를 적대하는 시기에 이란은 터키의 수많은 산악지대 소수 민족들과 정치적 파벌들, 특히 쿠르드족 주민들 사이에 긴장과 호전성을 조성하기 위해 공작을 벌여왔다. 그리고 이란에 대한 어떠한 공격도 터키 자신의 쿠르드족 지역을 통과해야 하기 때문에, 이란은 의심할 여지 없이 그 지역 전체를 불지르는 작업을 하게 된다. 비록 터키가 이란 북서부를 장악할 수 있다 하더라도, 그 상태를 계속 유지하는 일은 완전히 다른 문제다.

이러한 전체 시나리오는 그 가치보다 문제가 더 많아 보이지만, 두 가지 이유로 고려해볼 가치가 있다.

첫째, 터키의 국경지역은 대부분 서로 맞물리는 여러 가지 사안들이 있다. 루마니아로 진입하면 러시아와 맞붙게 되고, 이는 우크라이나에 대한 개입으로 이어지며, 이는 자연히 아제르바이잔에서의 대결로 이어지고, 이는 터키 군이 장게주르에 주둔하게 된다는 뜻이며, 이는 타브리즈가 엮이게 된다는 뜻이다. 누가 마르마라해를 장악하든, 그들의 가장 큰 문제는 한결같이 서로 무관해 보이는 사안들과 전역들이 서로 얽히고설켜 해결 불가능할 정도로 엉망진창이 된다는 사실이다.

둘째, 터키는 여전히 자국이 원하는 게 무엇인지뿐만 아니라 자국의 정체성도 파악하는 중이다. 1995년 터키는 철저한 군사독재 체제였지만 건강한 시민사회가 존재했다. 다만 나라살림은 셈이 흐린 이탈리아인처럼 했다. 2005년 터키는 온건한 이슬람 민주주의 국가로서 독일인이라고 해도 무방할 경제전문가 관료들이 이끌었다. 2020년 터키의 민주주의는 사망했고, 다시 민족을 기반으로 한 독재 포퓰리즘으로 급속히 후퇴하면서 사실상 러시아와 다를 바가 없는 나라가 되었다. 이러한 추이를 고려해볼 때 터키가 민족을 토대로 한 전략적 정책을 추진해 독립 국가인 아제르바이잔과 이란의 아제르바이잔인 지역 모두로 직접 밀고 들어갈 가능성은 지나친 상상이 아니다.

다른 나라들의 발언권

이 가운데 뻔한 선택지는 없다. 경제적으로 보면 발칸반도로 진출하는 게 가장 설득력이 있다. 민족적으로 보면 아제르바이잔을 확보하는 게 최선이라는 데 토를 달 수가 없다. 남동쪽으로 진출하면 에너지 의존과 내부 안보 두 가지 문제가 동시에 해결된다. 키프로스를 점령하면 유럽 전체에 대한 지렛대를 확보하는 전략적 거사를 일으키는 셈이다. 크리미아 반도를 확보하면 역사상 가장 막강한 적수를 해체시킬 수 있다. 분명한 사실은, 터키에게는 여러 가지 선택지가 있고 여기에는 어떤 싸움을 할지 취사선택하는 선택지도 포함된다는 점이다.

이러한 선택지들 때문에 현재 터키의 외교정책이 갈팡질팡하는 듯이 보인다. 지난 10년 동안 터키는 아르메니아에 평화를 제안하고, 침략하겠다고 협박하고, (독립 국가인) 아제르바이잔에 사회간접자본을 구축할 재정적 지원을 하는 한편, 다른 프로젝트들과 관련해 바쿠(Baku)를 압박하고, 경제적으로 러시아에게 친근하게 다가가면서도 러시아 제트기를 격추시키고, 시리아 난민들이 자국의 영토를 지나 유럽으로 가도록 허락하다가 막다가를 번갈아가며 하고, 이슬람 무장 세력을 부추겨 시리아로 진입시키더니 시리아를 침략해 그들을 살해하고, 이라크 쿠르드족을 부추겨 터키 영토를 경유해 석유를 운송하게 하더니 그들을 침략하고, 아제르바이잔과 이라크에서 영향력을 행사하기 위해 이란과 경쟁하는 한편 이란이 미국 경제 제재를 뚫을 수 있게 돕기도 했다.

이런 터키의 행동이 정신분열증처럼 보인다면 맞다. 실제로 그렇다. 터키의 지리적 여건은 매우 복잡하다. 한쪽 국경에서는 효력을 발휘하는 정책이 다른 쪽 국경에서는 먹혀들지 않는다. 냉전 시대에 효과가 있었을지 모르는 정책은 현재의 세계질서가 무너져가는 시대에 적합한 정책과 다르고 이는 무질서의 시대에 먹혀들 정책과도 다르다. 그리고 일단 터키가 갈 길을 선택하고 나면 다시 계산이 바뀐다.

앞으로 점점 더 엉망진창이 된다.

터키에게는 유감스러운 일이지만, 이 문제에 관해 발언권이 있는 나라가 터키 말고 또 있다. 터키는 원하는 방향이면 어느 방향이든 선택할 힘은 있지만 모든 방향을 모조리 선택할 힘은 턱없이 부족하다. 터키는 선택을 해야 하고 다른 나라들은 터키가 결정을 내리는 데 영향을 줄 기회를 얻게 된다.

유럽과 러시아는 터키가 발칸반도 동부로 진입하는 상황을 달가워하지 않는다. 러시아와 이란은 터키가 코카서스 지역으로 진입하는 상황을 달가워하지 않는다. 이란은 당연히 터키가 이란과 접한 아제르바이잔으로 진입할까봐 예의주시하고 있으며, 이란도 사우디도 터키 군대가 이라크에 한 발짝이라도 들여놓는 상황을 절대로 용납하지 못한다. 터키군은 이라크에서 사우디아라비아에 대한 이란의 공격을 하루 만에 차단할 수 있고, 사우디는 자국의 북쪽 국경지역에 제 기능을 하는 국가와 군대가 존재하는 꼴을 절대로 그냥 두고 볼 수 없다.

다소 이상한 점은 하나같이 터키가 시리아에 진입하기를 바란다는 점이다.

터키가 시리아를 안정시키기 위해 10만여 명의 군대를 파견해야 하는 상황에 처하면, 터키는 전략적으로 몇 년 동안 이 지역에 관심을 집중해야 하므로 그리스나 루마니아나 크리미아 반도나 아제르바이잔이나 이란으로 진출하는 데 쓰였을 법한 군사력을 소진하게 된다. 그렇게 되면 러시아, 이란, 그리고 사우디아라비아는 점령지 내에서 폭력사태를 일으켜 터키를 꼼짝 못하게 짓누를 수 있다. (특히 사우디는 시리아가 문명이 해체되는 과정에 돌입하도록 부추기는 데 이해가 걸려있다.) 유럽도 이를 바람직한 사태로 간주할지 모른다. 터키가 어쩔 수 없이 시리아를 점령하게 되면, 시리아인들은 시리아에 머물 가능성이 훨씬 높다.

터키는 이를 잘 알고 있지만, 그렇다고 해서 이런 수에 휘말리지 않는다는 보장은 없다. 터키가 제도적으로 외교와 전략을 수립하고 집행하는 역량은 1922년에 오스만 제국과 더불어 사라졌다. 아주 오랫동안 기술을 활용하지 않아 이제 써먹기에는 너무 녹슬었다. 몇 년 전, 한 세기 동안의 잠에서 깨어난 터키는 끔찍한 실수를 몇 차례 저질렀다.

- 아르메니아와 화해하려고 하다가 코카서스를 통째로 러시아에게 헌납하고 말았다.
- 팔레스타인 문제가 타결 가능하다고 생각하다가 오히려 이스라엘과의 관계뿐만 아니라 거의 모든 아랍 국가들과의 관계를 망쳐놓고 말았다.
- 시리아 내전을 조종하려다가 미국과의 관계만 소원해졌고 러시아, 이란, 사우디에게 공개적으로 국제적인 망신만 당했다.
- 난민 위기를 유럽연합으로부터 양보를 얻어낼 무기로 이용하려다가 모든 유럽 국가들과의 관계를 모든 차원에서 악화시켰다.

이 모든 사례들에서 터키는 초보자가 저지르는 전형적인 실수를 범했다. 터키는 모든 나라가 터키가 말만 하면 뭐든지 들어주리라고 넘겨짚었다. 단지 터키가 멋지다는 이유만으로. 한 세기 동안 바깥 세계와 심층적인 소통을 하지 않고 민족적 정체성을 규정해버리면 당연히 그런 자기도취적인 과대망상을 하게 된다.

터키는 이 지역의 핵심적인 문제로 부상하고 있다. 지금 이 시대를 살아가는 그 어느 나라도 터키가 바깥으로 시선을 돌리는 세계에서 살아본 경험이 없다. 터키가 자국의 이익을 어떻게 규정하는지 아무도 모르고, 따라서 터키가 이익의 우선순위를 어떻게 정할지 아무도 감을 잡지 못한다.

터키 자신을 포함해서.

터키의 성적표

국경: 터키 자체는 경관이 수려한 동네에 있는 흉가(凶家) 같은 험준한 반도다. 터키는 유럽과 아시아를 연결하고 지중해와 중동을 연결하고 러시아와 서방 진영을 연결한다.

자원: 저질 석탄이 나고 중동에서 가장 비옥한 농경지를 보유하고 있지만, 무엇보다도 지중해와 흑해 간의 해상 무역, 유럽과 서남아시아 간의 해상 무역을 장악하는 역량이 있다.

인구: 터키의 인구는 안정적이고 비교적 젊다. 소비주도 성장과 향후 자본과 무역주도로 가치사슬을 상향이동할 잠재력이 크다. 정치적 시위를 활발하게 할 연령대 인구가 많다.

군사력: 터키는 유럽과 중동에서 가장 역량이 뛰어난 군대를 보유하고 있다. 최근에 민간 정부가 들어서면서 군의 정치력이 약화되긴 했지만, 인접한 어떤 이웃나라도 상대할 태세를 갖추었다.

경제: 최근 몇 년 사이 국가 경제 체제에 비전문가의 정치적 개입이 만연하면서 터키 경제는 고전을 면치 못했지만, 터키의 입지와 인구 구조를 보면 이 지역에서 전망이 밝은 나라일 뿐만 아니라 제조업의 중심지로 성장하고 있다.

전망: 터키는 앞으로 항상 모든 것의 한 가운데 위치하게 된다. 외부 세력들과의 관계는 부침이 있겠지만, 역내에서는 항상 경제적, 군사적으로 중량감 있는 나라의 지위를 유지하게 된다.

한마디로: 부활했다.

12

브라질:
해가 저물고 있다

Brazil:
Sunset Approaches

"**미**래의 나라" 같은 비공식적인 좌우명까지 내걸었으니 브라질이 다음과 같은 장담을 해도 놀랍지 않다.

- 브라질의 영토는 남미 대륙에서 가장 크고 세계에서 다섯 번째로 넓다.
- 브라질 경제는 미국을 제외하고 신대륙에서 가장 규모가 크고 세계 10위 안에 너끈히 든다.
- 경제적으로 브라질은 세계를 사로잡았다. 대두, 옥수수, 소고기, 철광석, 커피, 오렌지주스, 설탕 등과 같은 다양한 생산품목에서 3위 안에 든다.
- 브라질의 천혜의 자연환경은 따라올 나라가 없다. 부피로 치면 세계 최대의 강, 세계 최대의 열대우림, 세계 최대의 미개발 농경지를 보유하고 있다.
- 브라질의 제조업은 세계적으로 수준이 뛰어나다고 인정받는다. 국영 석유회사 페트로브라스는 업계의 선두주자 엑손모빌과 견줄 만한 해상 시추 작업을 할 역량을 자랑한다. 항공우주산업에서는 브라질의 지배적인 기업 엠브라에르가 세계 도처에서 제트기를 판매하고 있고 세계 4위 안에 너끈히 든다.[1]

이와 같은 단편적인 사실만도 대단하지만—그리고 브라질 온 국민이 즐기는 칵테일 카이피린하스에 거나하게 취해 이런 얘기를 주고받으면 대화의 열기가 한층 달아오른다—이 모두가 브라질이 지닌 극단적인 지정학적 약점 앞에서는 무색해진다. 이 모두가 브라질 어디서든 마주치게 되는 열대기후에 운송이 어려운 지형으로 귀결된다.

브라질의 지리적 제약

브라질은 배가 다닐 수 있는 강이 없다. 이는 딱히 사실은 아니다. 엄밀히 말하면 아마존 강은 내륙 쪽 1,000마일을 배가 다닐 수 있다. 그러나 아마존 연안은 완연한 열대기후이고 기슭이 진흙이어서 대체로 인간이 거주하기도 개발하기도 불가능하다. 마나우스 같은 내륙 도시처럼 (엄청난) 보조금을 지원해 만든 전초기지 한두 군데 말고는 이 지역 전체, 특히 북동부 연안은 현대 첨단기술을 이용해도 문명의 손길이 닿지 못한다.

뭐든 인공적으로 만든 사회간접자본, 특히 도로를 통해 운반해야 한다. 그것만도 비용이 많이 드는데, 게다가 브라질은 평지도 아니다. 브라질의 인구 분포는 다리 두 개가 없는 탁자를 생각하면 된다. 두 다리가 없는 쪽이 브라질 내륙이다. 인구가 밀집한 브라질 해안 지역은 대부분 단층애(斷層崖, Grand Escarpment)라고 불리는 일련의 절벽이다. 절벽을 타고 기차를 끌어올리려 해본 적 있나?

대부분의 경우 이 단층애는 바다로 직하강하기 때문에 브라질의 도시들은 서로 단절되어 있다. 도시들은 통합되기 불가능하다. 오늘날에도 브라질은 4차선 해안 고속도로가 없다. 브라질에서 규모의 경제는 가뭄에 콩 나듯 한다.

브라질의 도로는 상태가 엉망이다. 재료가 문제이기도 하다. 습도가 높으면 콘크리트가 제대로 굳지 않고, 완공하고 나면 도로가 휜다. 아스팔트는 뜨거운 열기 때문에 다시 녹고, 정상적인 교통량만으로도 도로를 포장한 재료들이 바퀴에 눌려 갓길로 밀려난다.

브라질에서 유일하게 사람이 살 수 있는 영토는 비교적 서늘한 남동부지만, 여기도 제약이 많다. 브라질은 험준한 해안 지형 때문에 남동부 도시들에는 끔찍할 정도로 인구가 밀집해 있다. 팔꿈치도 꼼지락거릴 공간이 없을 정도라는 일본의 도시 지역보다도 훨씬 인구밀도가 높다. 그러나 브라질은 일본처럼 자본이 풍부하지 않고 선진국형 의료 체계도 없으며 열대기후다. 그 결과, 인구가 밀집하고 열대기후인 도시 지역은 세계에서 가장 넓은 빈민가—악명 높은 파벨라(favela)—를 형성하고 전염성 질병의 발병률도 높다.

브라질의 반대쪽, 안데스 산맥의 동쪽 기슭은 이와는 전혀 다른 문제가 있다. 대부분이 열대밀림으로 전 지역이 도로가 전무하고 기후가 코카인을 재배하기에 안성맞춤이다. 그 결과, 브라질 북서부에 있는, 텍사스와 캘리포니아를 합한 것보다 넓은 영토는 브라질의 사법 체계가 미치지 못하고 남미의 수많은 마약 밀매조직의 온상이자 놀이터다.

브라질의 규모의 경제 문제를 극복한 유일한 사례가 수출주도 농업이다. 이 부문도 문제가 한두 가지가 아니다. 우선 토지가 문제다. 브라질 내륙의 드넓은 영토는 세라도(cerrado)라고 알려진 열대사바나 기후인데, 세계의 다른 농지와는 성격이 완전히 다르다. 세라도는 우선 원래 자라던 식물을 다 제거한 다음 몇 년 동안 되풀이해서 석회 처리를 해 토양의 산성을 중화해야 한다. 그래야 비로소 브라질은 해변의 모래 같은 질감과 영양성분을 함유한 "토양"을 얻게 된다. 이 토양을 온대기후 지역에서 필요한 양의 두 배에서 세 배 정도 분량의 비료, 살충제, 제초제, 곰팡이 제거제로 처리해야 한다. 세균 배양용 접시에다가 작물을 재배하는 셈이다. 영양소를 첨가하지 않으면 작물이 자라지 않는다.[2]

축산도 무사통과하지 못한다. 열대기후에 전통적인 축산 방식이 결합해 생산되는 소고기는 한마디로 역겹다. 보통 축산업자들은 이 문제를 해결하기 위해 전통적인 송아지를 사용하지 않고 남아시아 변종인 제부(zebu)를 사용하는데, 이 종은 마블링 지방 함유율이 훨씬 낮다(그리고 이 종도 역겹다). 최고 품질의 소고기는 브라질 산이 아니다. 질병률도 높고 품질이 낮은 브라질산 축산품은 경쟁자들의 축산품에 비해 부가가치가 훨씬 낮고 가격은 훨씬 높다.

게다가 운송 문제를 고려하기도 전에 그렇다는 뜻이다. 내륙에서 생산되는 상품을 수출하려면 절벽을 내려와서 브라질의 남동부 해안에 있는 항구로 운반해야 한다. 도로라고 해도 절벽을 따라 길을 내기가 철도보다 결코 쉽지 않다. 따라서 교통량은 모조리 한 줌밖에 안 되는, 단층애를 연결하는 도로에 몰린다. 교통체증이 어느 정도일지 상상이 가리라. 브라질은 수출용 곡물을

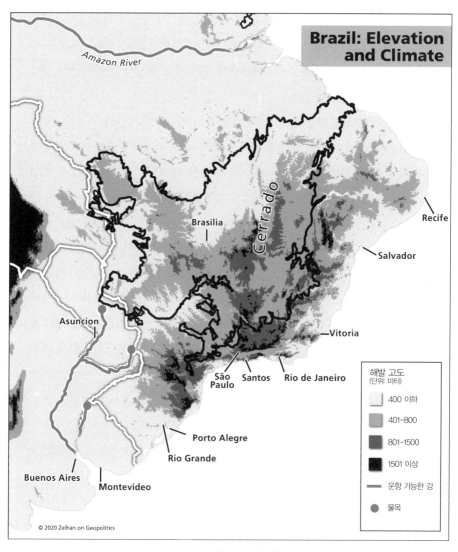

Brazil: Elevation and Climate

Amazon River

Cerrado

Brasilia

Recife

Salvador

Asuncion

Vitoria

São Paulo Santos Rio de Janeiro

해발 고도
(단위: 미터)

400 이하

401–800

801–1500

1501 이상

운항 가능한 강

물목

Porto Alegre

Rio Grande

Buenos Aires

Montevideo

© 2020 Zeihan on Geopolitics

브라질: 해발 고도와 기후

트럭으로 운반하는, 세계에서 유일한 주요 곡물 생산국이다. 수확철에는 자동차가 꼬리에 꼬리를 물고 끝없이 이어지는 교통체증이 흔하다.

사회간접자본을 구축하기에 제약이 많고 그나마 있는 시설도 마모율이 높고, 다양한 투입재가 필요하기 때문에 브라질에서 1마일당 사회간접자본을 구축하는 데 드는 비용은 보통 평지에 경작이 가능한 온대기후의 토지에다 구축하는 비용의 네 배가 든다. 단층애를 관통하는 도로를 건설하려면 추가로 비용이 더 든다.

식민지 시대에 브라질에 정착한 개척자들은 토지를 개간해 부자가 될 수 있는 이들이 아니라 처음부터 부자이고 이미 돈이 많아서 필요한 사회간접자본을 구축할 역량이 있는 이들이었다. 부유한 포르투갈인 정착민들은 기업단지(company town)를 설립해 기업의 특정한 필요를 충족시키고, 경직된 정치 체제와 협소한 경제 체제를 조작해 장악력을 유지했다. 오늘날 브라질의 경제는 사분오열되어 있는데, 각각 쪼개진 몫을 서로 다른 패거리에 소속된 구성원들이 차지하는 과점 체제로서 이들은 대부분 정착민의 후손들이다.

브라질에는 미국의 개척 시대에 상응하는 시대가 없었다. 보통 사람들이 임자 없는 땅을 소유할 수 있었던 시대 말이다. 식민지 시대에 브라질에서 토지를 취득하려면 포르투갈 황제로부터 직접 하사품으로 받는 방법밖에 없었다. 1850년 처음으로 커피 재배 붐이 일면서 비로소 민간인의 토지 매매가 합법화되었다. 오늘날 브라질 인구의 1퍼센트가 국가 부동산의 절반을 소유하고 있고, 가장 부유한 여섯 명이 소유한 부가 브라질 인구 하위 절반이 소유한 부에 맞먹는다. 반면 미국에서는 개척자들이 토지 소유주가 되었고 이들이 중산층이 되었다. 민주주의도 병행해서 발전했는데 이는 경제적 추세에 의해 강화되었다. 반면 브라질의 민주주의는 취약하고 군사정권이 민간인에게 정권을 이양한 1990년대에 와서야 비로소 뿌리를 내리기 시작했다.

브라질의 지리적 여건이 야기하는 난관은 과점지배 경제 체제 외에 정치적인 결과도 야기한다. 브라질 해안 마을들은 서로 교류하기가 어렵고, 대부분의 마을들은 중국 남부 모델처럼 해외 세력들과의 통합이 훨씬 쉽다. 마찬가지로 내륙 도시들—절벽을 뚫지 않아도 운송이 가능한 지역—은 생활비가 더 적게 들고 물리적인 규모도 더 크다. 이처럼 경제적으로 연결되어 있지 않고 지역마다 개발 유형이 서로 다르기 때문에 브라질은 세계에서 정치 체제 통일성이 가장 낮은 나라에 손꼽힌다. 1980년대 말과 1990년대 초 브라질의 정치와 경제 체제를 재정비하기 전까지 브라질은 중앙정부보다 지방들이 훨씬 권력이 막강한 연방제였다.

여기서 야기되는 결과는 여러 가지이지만 우선 부패가 문화 깊이 뿌리내린다. 필요에 의해서. 유럽인이 정착한 초기 이후로 브라질이 경험한 진보는 대부분 경제를 독점하고 있는 과점세력들이 집단으로 투자해서 얻은 직접적인 결실이라는 사실을 과점세력은 제대로 인식하고 있다. 그들은 자신이 투자해서 얻는 결실을 다른 이들과 나누어야 할 이유가 없다고 생각한다. 따라서 그들은 자기가 관할하는 영역에서 삶의 모든 측면을 직접 관장한다. 경제적, 사회적, 문화적, 특히 정치적 측면을. 브라질에서 권력은 지역으로 분산되고 도시 차원—이 차원에서 과점경제 지배 체제가 대체로 장악력을 행사한다—까지 분산되므로 브라질은 과점 지배 체제 권력자들을 매수하지 않고는 국가 차원에서 추진하는 경제적 목표를 달성하기가 불가능하므로 기름칠을 해야 한다. 예컨대, 브라질의 무역협정은 무역 자유화가 목표가 아니다. 이러저러한 과점 체제 권력층의 경제적 이익이 국제 경쟁에 노출되지 않도록 보호해주는 게 목표다.

3세기 전 식민지 시대 초기부터 브라질에서 미래를 개척하려는 부유층과 나머지 국민 간의 분열이 브라질의 경제와 정치를 지배해왔다. 인간이 개미처럼 바글바글한 해안 도시의 생활비와 시화간접자본을 구축하는 데 드는 엄청난 비용을 더하면, 브라질은 세계에서 가장 경제적 불평등이 높은 나라로 손꼽힌다.

경제적 불평등에서 비롯되는 정치적 부작용들은 다른 지역과 마찬가지로 브라질에도 존재하지만 그 정도는 훨씬 혹독하고 처절하다. 브라질은 도시에서 폭력사건 발생률이 세계 최고로 손꼽히고 살인 비율은 총기소지가 허가된 미국의 다섯 배에 달한다.

범죄는 문화 속에 만연해 있을 뿐만 아니라 구조적인 문제이기도 하다. 빈민가는 도시처럼 공공서비스의 혜택을 받지 못한다. 심지어 전기와 수도 서비스도 없다. 따라서 지역 마피아 집단이 사실상 전기와 물을 제공하면서 주민들을 착취한다. 설상가상으로 마피아 집단을 경찰이 운영하기도 한다.

이런 요인들이 복합적으로 작용해 브라질은 만성적으로 고숙련 기술 노동력 부족에 시달린다.

- 지리적인 이유도 있다. 지역들 간에 서로 연결되어 있지 않으므로 규모의 경제에 도달하기 어렵고 교육비와 이주비가 많이 든다.
- 기후 요인도 있다. 1970년대 말까지만 해도 브라질에서 자라는 거의 모든 작물들이 전통적인 열대 농작물이었다. 커피, 바나나, 사탕수수, 파인애플, 고구마 등이었다. 이런 농작물은 심고 돌보고 가꾸고 수확해서 상자에 담아야 한다. 직접 손으로. 열대 농업은 본질적으로 저숙련 기술 노동력이 필요한 산업이고 이러한 농업이 3세기 동안 브라질 경제의 중추였다.
- 구조적인 요인도 있다. 경제적 과점 지배 체제 권력층은 자기 자녀들을 교육시키는 데는 관심이 있지만, 부리는 사람들을 교육시킬 동기가 유발되어 있지 않다. 특히 직원들이 부가하는 가치라고 해봐야 기껏해야 망고를 상자에 담는 일이라면 말이다. 게다가 사람에게 교육을 시키면 생각을 하게 된다.
- 정치적 요인도 있다. 과점 지배 체제의 권력층은 각자 자기가 관할하는 영역을 통치하고 다른 이들의 영역에 재정적으로 기여하기를 꺼린다. 그들은 지역에서의 영향력을 이용해 납세액을 최소화함으로써 전국적인 교육 체제나 사회간접자본을 위해 쓸 가용 재원을 줄인다.
- 인종적인 문제이기도 하다. 가난한 가정 출신인 사람은 자신의 확대가족 구성원들 가운데 고등교육은 고사하고 2차 교육을 마친 학력을 소지한 사람도 찾기 힘들다. 브라질 경제 체제에서 대체로 계층상승의 기회가 결여되어

있으므로 가난의 대물림에서 벗어나기가 어렵다.

노동의 질 문제는 브라질이 안고 있는 다른 모든 문제들과 자연스럽게 연결된다.

- 해충이 죽는 겨울이 없고 벌레가 자라기에 적합하고 딱히 첨단이라고 하기 어려운 경작 관행 때문에, 브라질의 해충과 잡초는 온대기후의 해충과 잡초보다 화학제품에 대한 내성이 두세 배 빨리 생긴다. 이런 해충과 잡초를 제거하려면 변하는 환경에 적응할 기술을 개발할 고숙련 기술 노동력이 필요한데 브라질은 그런 노동력이 부족하다. 농업 관련 통계수치가 늘 신문 표제기사를 장식하는 나라이긴 하지만 농업 투입재를 확보하기 위해 화학제품을 생산하는 외국기업들에 크게 의존하는 나라로 손꼽힌다. 국내에서는 화학제품에 대한 내성이 생기는 데 발맞춰 새로운 화학제품을 내놓을 역량이 부족하기 때문이다.[3]
- 개발에 고비용이 드는 브라질의 만성적인 골칫거리를 해소할 방법으로는 브라질의 기후와 지리적 여건에 보다 적합한 새로운 기술을 자체적으로 개발하는 방법이 있다. 브라질은 이 방면에서 어느 정도 성공을 거두었다. 한 예로 국영 연구기업 엠브라파(Embrapa)는 브라질 열대기후에서도 잘 자라는 씨앗 품종을 개발하는 데 주력하고 있다. 그러나 이 기업은 과학자 직원들을 구하느라 늘 애를 먹는다. 브라질이 당면한 문제를 해결할 정도의 역량을 지닌 사람이라면 정부기관이 아니라 민간 부문에서 똑같은 일을 하면 돈을 주체하지 못할 정도로 쓸어 담을 수 있기 때문이다. 브라질 바깥에서 말이다.[4]
- 이와 같이 만성적인 고숙련 기술 인력의 부족으로 대부분의 현대 민주주의 국가의 중추 역할을 하는 중산층이 거덜 났다. 결과적으로 브라질의 정치 체제는 중앙정부와 권력을 나눌 의향이 없는 지역 토호들, 그 누구와도 권

력을 나누기 꺼리는 경제적 과점 지배 체제, 초급교육이나 가까스로 받은 저숙련, 저임금 근로자 계층으로서 자기들 이익을 대변하지 않는 사람들의 통치를 받는다는 사실에 당연히 분개하는 이들 사이에서 크게 요동친다.[5]

- 고숙련 기술 인력의 부족은 브라질의 발전을 가장 저해하는 요인이다. 세계적인 요인과 국내 요인이 잘 맞아떨어져서 브라질이 경제성장을 할 기회가 찾아와도 얼마 안 되는 고숙련 기술 노동력이 급속도로 소진된다. 그러면 임금은 천정부지로 치솟는다. 그 결과 물가상승이 성장을 방해하고 경제 전체가 실기(失機)하게 된다. "그 넓은 영토"와 "그 많은 인구"와 "그토록 대단한 잠재력"에도 불구하고 20세기와 21세기에 브라질의 경제는 세계 주요 개발도상국들 가운데 가장 저조한 실적을 보여왔다. 성공이 스스로 발목을 잡는 악순환이 계속되기 때문이다.

억지로 작동시키기

이와 같이 혹독한 지리적 여건과 기후 여건을 극복할 방법은 그리 많지 않지만 전혀 없지는 않다. 이러한 혹독한 난관을 없애는 대신—지리적 여건을 바꾸기는 불가능하다—브라질 경제를 주도하는 시장들을 조작해서 보상을 받는 방법이 있다.

제국주의 체제 하에서 이 방법을 쓰기는 상당히 쉬웠다. 식민지 브라질은 열대 농산물을 생산했다. 브라질을 식민지로 둔 포르투갈은 유럽에 있었고 열대기후가 아니었다. 유럽에서 판매된 브라질 생산품은 높은 가격에 팔렸다. 브라질로 유입된 자본으로 부유한 포르투갈 정착민들은 농장을 개발했다.

그러나 이런 생산물은 브라질에서 부작용을 낳았다.

가장 중요한 생산품은 설탕이었다. 드넓은 농지와 허리가 부러질 정도(생명을 위협할 정도)의 중노동이 필요하며, 수익률이 낮고, 중앙 집중화된 협상력이 필요한 작물이다. 산업화 이전의 시대에는 노동 비용을 거의 지출하지 않는 방법밖에 없었다. 노예제도가 필요했다는 뜻이다. 처음에는 원주민을 동원했고, 나중에는 아프리카에 있는 포르투갈 식민지에서 노동력을 차출했다. 설탕과 열대작물들은 경제적, 정치적으로 위계질서가 구축된 규범을 창출해냈고 이를 견고하게 만들었으며, 인종이 흔히 그 토대가 되었다.

일단 열대작물 재배에 노예제도가 도입되자 사람이 하기가 그리 달갑지 않은 다른 일들에도 노예를 동원하기란 어렵지 않았다. 예컨대, 식민지 브라질은 노예 노동을 이용한 금광으로도 유명했다. 식민지 브라질은 신대륙 식민지들 가운데 노예 비율이 가장 높았다. 1822년 제국에서 해방된 후 독립국가가 된 브라질은 이러한 관행을 유지하는 데 그치지 않고 오히려 확대 적용했다. 490만 명의 아프리카인들이 브라질 노예 시장에서 팔렸다. 전 세계에서 팔린 아프리카 노예의 절반 이상이 브라질에서 팔린 셈이다. 브라질은 노예에 크게 의존한 나머지 1888년에 가서야 노예 제도를 불법화하면서 신대륙에서 마지막으로 노예 제도를 폐지한 나라가 되었다.

이러한 역사적 유산은 이미 세계에서 가장 불평등한 사회로 손꼽히는 브라질 사회에 인종적 갈등으로 스며들었다. 미국은 경찰의 인종차별적 관행으로 치자면 타의 모범이 될 만한 나라는 아니다. 인권감시기구에 따르면 날마다 경찰에게 죽음을 당하는 흑인이 3명이라고 추산된다. 미국보다 인구가 3분의 1이 적은 브라질에서 이 수치는 14명이다.[6]

노예 제도가 폐지된 후 독립국가 브라질은 색다른 전략을 생각해냈다. 철저히 국가주의적 통치 정권은 관세 장벽을 높이 세우고 수입을 최소화해서 국내 생산자들이 그 장벽의 보호를 받으며 안전하게 생산하도록 했다. 과점 지배 체제—완전히 포획된 시장을 차지하게 되어 열광한 이들—는 한 술 더 떴다. 그 결과 정부가 비공식적으로 후원하는 독점이 줄을 이었다. 대부분이 전국적인 독점이 아니었다. 전국적으로 자산을 보유한 과점 업체는 거의 없었기 때문이다. 이 정책으로 가뜩이나 사분오열된 브라질 경제는 한층 더 쪼개졌고, 상품마다 족족 물가가 인상되면서 불평등은 더욱 악화되었다. 경제적으로 더 넓은 세상에 접근하기 어려워지면서 중앙정부가 경제를 장악하기가 어느 정도 쉬워졌다는 장점은 있었다.

무자비하게 물가상승의 급류가 요동치면서 이따금 발생하는 경제성장을 삼켜버렸다. 대대적인 경제 불평등은 사회 발전을 극도로 저해했다. 악순환이 계속되면서 브라질 사람들의 희망을 꺾고 또 꺾었다. 사는 게, 완전히, 지옥이었다. 그러더니 갑자기, 권력자 하나 때문에, 모든 게 변했다.

브라질에도 해 뜰 날이 있다

브라질과 미국의 관계는 지난 몇 년에 걸쳐 부침을 겪었다. 1800년대에 브라질은 미국과의 관계가 아주 좋았다. 먼로주의를 표방한 미국은 서반구에 유럽이 발도 들여놓지 못하게 했다. 사분오열되고 구조적으로 취약한 브라질로서는 유럽의 접근을 막는 정책이라면 무엇이든 대환영이었다.

그러나 20세기 초 무렵 브라질의 정서는 변하고 있었다. 그 무렵 미국은 멕시코를 두 차례 침략했고, 시어도어 루즈벨트는 먼로주의를 수정해 보다 공격적인 개입을 정당화했다. 제국주의적 태도에 냉전 시대 초기의 공포심이 더해지면서 미국은 중남미 정부들 가운데 지정학적으로나 이념적으로 소련과 지나치게 가깝게 지내는 정부를 축출하는 데 기꺼이 가담할 의향을 보였다. 1964년에 브라질의 차례가 왔다. 미국은 브라질에서 은밀하게 군사 쿠데타를 지원했다.

이러한 뒷이야기를 알고 나면 브라질이 현재의 세계질서에 대해 미온적인 반응을 보이는 게 놀랄 일이 아니다. 브라질의 군사정부는 미국이 제공하는 안보 보장을 기꺼이 받아들일 의향이 있었지만 경제적인 측면은 받아들이지 않기로 했다. 용 꼬리보다는 뱀 대가리가 낫다고 여기는 과점기업들의 전폭적인 지원을 등에 업은 군사정권은 브라질을 세계로부터 차단하는 높은 벽을 쌓았다.

그러다가 브라질에 운이 찾아왔다. 서로 전혀 관련 없는 두 가지 사건이 동시에 진행되었다.

첫째, 군사정부는 1980년대 초에 민주주의를 회복시키고 1985년에 군대로 복귀했다. 부분적으로 권력을 중앙집권화한 새 헌법이 1988년에 제정되면서 과점 체제의 권력을 줄이고 중앙정부에 과세 권력을 더 부여해서 이렇다 할 투자 재원을 확보하게 되었다. 3년 후 브라질은 역내 무역권인 메르코수르(Mercosur)를 창설해, 제한적이나마 처음으로 현대의 세계 경제 체제를 경험하게 되었다. 브라질은 만성적인 높은 물가상승의 악순환을 깨려는 취지에서 통화정책을 대대적으로 개혁했고, 그 일환으로 1994년 새 화폐를 출범시켰다. 한마디로 브라질은 현대 국가로 거듭났다.

둘째, 소련 지도층 최고 상층부는 셈을 하는 능력이 향상되어서 소련은 가망이 없고 미국과의 대대적인 대결은 재앙을 초래한다는 사실을 깨달을 정도는 되었다. 뒤이은 서기장들은 냉전 종식을 밀어붙였는데, 너무 세게 밀어붙였다. 초강대국 간의 대결만 끝난 게 아니다. 소련의 존재 자체가 사라졌다.

이러한 새로운 사태—하나는 국내, 하나는 세계—가 전개된 시기가 우연히 겹쳤다. 세계 체제 덕분에 브라질이 성공할 가능성이 가장 높아진 바로 그때 브라질은 뭔가 색다른 시도를 할 태세를 갖추고 있었다.

탈냉전 시대에 브라질이 폭발적인 성장을 했다면 과장이겠지만, 분명히 과거보다 훨씬 물가상승률이 낮았고 강력하고 지속적인 성장세를 보였다. 다소 중도적인 기술관료 중심의 정부가 연달아 들어서면서 브라질의 구조적인 결함을 조금씩 고쳐나갔다. 그 결과는 경제성장만큼이나 인상적이었다. 정부 부채가 전혀 늘지 않고 수출이 폭등했다. 브라질은 더 이상 지평선 너머에 있는 아무도 모르는 나라가 아니었다. 농산물과 비농산물 시장이라는 시장은 족족 브라질이 중요한 새로운 공급자로 떠올랐다. 점점 자신감이 붙은 브라질은 마침내 역사의 굴레에서 벗어났다고 생각했다.

1980년대, 1990년대, 2000년대에 브라질 체질을 개선하려고 애쓴 남녀 여러분을 불쾌하게 할 생각은 전혀 없지만, 브라질이 최근에 이룬 성공은 결국 과거에 급격한 성장을 창출했던 과정과 똑같은 과정 덕분이었다. 누군가 시장을 만지작거렸기 때문이다. 이번에는 그 주체가 포르투갈어를 구사하는 이가 아니라는 점만 다를 뿐이었다. 탈냉전 시대에 세계질서를 구축한 미국인이 그 주인공이었다.

시장을 왜곡한 세 가지 요인들이 브라질이 최근에 거둔 성공을 견인했다.

저렴하고 풍부하고 지속적인 자본 공급. 브라질은 지형적 제약과 기후 제약을 극복하려면 엄청난 자본이 필요하다. 단층애 위에 도로를 건설할 돈, 내륙 한가운데에서 해안까지 상품을 운송할 돈, 비좁은 평지에 항구를 건설할 돈, 경사진 땅을 개간하고 평평하게 다질 돈, 대량의 살충제와 비료 등을 사들일 돈 등이 필요하다. 초창기에 그 돈은 부유한 포르투갈 정착민들이 댔는데, 그들은 흔히 네덜란드나 영국계 기관에서 돈을 빌렸다. 오늘날에는 외국 투자자가 대거나 해외 융자로 충당한다. 방대한 열대 사바나 지역의 5분의 1이 외국인 소유라는 사실은 놀랍지 않다(미국에서 외국인이 소유한 농지 비율은 전체 농지의 3퍼센트에 지나지 않는다). 이러한 자본 확보가 가능한 까닭은 고령화하는 세계 베이비붐 세대가 고수익 고위험 투자처를 찾다보니 거품이 생겼기 때문이다.

저렴하고 안전한 해상 운송. 브라질이 생산하는 엄청난 양의 1차 상품은 거의 모두 수출되는데, 브라질처럼 남미에 있는 많은 나라들이 똑같은 상품을 생산하고 수출한다. 브라질은 남미 대륙 바깥으로 생산물을 운송해야 한다. 남미는 세계에서 가장 외진 쪽에 위치한 인구 거주지이고 브라질의 수출품은 대부분 선박으로 14,000마일 떨어진 동북아로 운송되어야 한다. 아시아 대륙과 남미 대륙의 위치로 미루어볼 때 지구를 반 바퀴 이상 도는 거리로 세계에서 가장 긴 수출품 운송경로로 손꼽힌다. 여기서 브라질에게 충족시켜야 하는 마지막 요건이 등장한다.

지속적이고 강력한 외부 수요. 브라질은 저비용 생산자도 아니고 세계적 기준과 비교해볼 때 대부분의 수출품이 고품질도 아니다. 외국인들은 세계 시장 가격이 높고, 세계 공급량이 부족하거나 여분의 공급량을 확보해놓아야 할 필요가 있을 때 브라질의 생산품에 관심을 보이는 경향이 있다. 탈냉전 시대에 세계 경제성장 속도는 역대 최고를 기록했다. 개발도상국들 전 지역에서 총체적인 산업화가 일어나고 생활수준이 향상되면서, 새로운 세계 수요를 충족시키기 위해 생산을 확대할 수 있는 나라는 브라질의 농장과 광산—생산비용이 높지만—뿐이었다.

그러나 브라질이 고비를 넘기기에는 역부족이었다.

추락의 공포

브라질이 비교적 성공을 거두는 데는 탈냉전 시대 세계질서를 통해 추가로 안정과 부가 한 겹 보태어졌다는 점도 한몫했다. 브라질이 성공하려면 강력한 수요 이상의 뭔가가 필요했다. 가격에 민감하지 않고 밑 빠진 독에 물 붓는 격인 중국식 경제 붐이 필요했다. 브라질이 성공하려면 저렴하고 풍부한 자본 이상의 뭔가가 필요했다. 베이비붐 세대가 대거 은퇴하기 전에 자산이 최고치에 도달한 시점에서 넘쳐흐를 정도로 풍부해진 저렴한 자본이 필요했다. 이러한 요인들은 1회성이 아니고 약화될 기미도 보이지 않는다. 이러한 요인들로 인해 브라질은 완전히 뒤바뀌게 되고 비극적인 결과가 초래되게 된다.

- 고비용 생산자인 브라질은 자국의 생산품을 판매하려면 세계적으로 수요가 끝없이 증가해야 한다. 동북아—특히 중국—없이는 브라질 철광석 수요는 붕괴한다. 철광석과 보크사이트 시장에서 브라질의 주요 경쟁자인 오스트레일리아는 브라질보다 최종 소비시장에 가깝고 자본과 개발비용도 낮다.

- 해상에서 직면하는 물리적 위험 때문에 브라질의 철광석 판매는 시장에서 버거운 경쟁에 직면하게 된다. 유럽의 신제국들은 자국의 과거 아프리카 식민지로부터 투입재를 조달하게 되고 미국은 국내 생산자와 이웃 나라 캐나다와 멕시코에서 공급받는 편을 선호하게 된다.

- 앞으로 브라질 농산물은 더 혹독한 조정을 거쳐야 한다. 열대지역에서 생산되는 대두는 단백질 함유량이 높은 장점이 있기 때문에 가축사료로 수요가 높다. 이러한 사실에 안정적인 세계정세에 힘입어 브라질은 2019년 세계 최대 대두 수출국으로 뛰어올랐다. 총체적으로 경제 붕괴가 일어날 세계에서 가축사료용 단백질 수요는 폭락하고 브라질의 수출 소득 1위 품목의 수요도 폭락하게 된다. 반면 대두 수출에서 브라질의 주요 경쟁자인 미국은 셰일 혁명으로 생산비용이 하락하게 된다.

- 마찬가지로, 브라질이 생산하는 대부분의 열대작물들은 이국적인 사치품으로 간주된다. 생산비용과 국내 운송비용이 늘어나면서 이 작물들의 가격도 상당히 인상되면 세계 대부분의 인구가 그 가격을 감당하지 못하게 되고, 브라질 과점 생산자들이 애초에 이러한 작물들을 생산하려는 의지도 시들해지게 된다.

- 세계적으로 베이비붐 세대 인구가 급속히 고령화하고 세계 경제가 혼란을 겪게 되면서 세계적으로 가용자본의 양이 대폭 줄어들게 되는 한편 안전한 도피처로 인식되는 지역(즉, 브라질은 여기 해당되지 않는다)으로 자본이 몰리게 된다. 공급되는 자본이 줄어들면 대부분의 브라질 상품 생산이 어려워질 뿐만 아니라 브라질의 기본적인 사회간접자본을 유지하고 관리하기가 거의 불가능해진다. 이 때문에 생산비용은 증가하는 반면 생산품의 양은 줄

고 질은 낮아진다.

베이비붐 세대의 투자 붕괴만으로도 브라질은 융자 비용이 급등하면서 잃어버린 10년에 직면할 가능성이 높다. 세계 수출시장의 손실은 고통스러운 조정 기간에 적어도 10년을 더 보태게 된다. 그마저도 브라질이 정치를 제대로 한다는 전제 하에서 가능하다.

큰 기대는 하지 마라.

이 글을 쓰는 현재, 브라질에 만연한 부정부패로 정치 체제는 사실상 작동을 멈추었다. 이렇다 할 중요한 문제를 해결하는 데 조금이라도 진전을 보려면 과점 체제 권력자들을 매수해야 하고, 뭐 하나 제대로 업적을 이룬 사람은 하나 같이 뇌물수수 관행에 연루된 과거가 있는 사람이다. 마약 밀매로 번 돈을 세탁한 혐의 수사로 시작된 사건은 전국적인 부패 척결 조사로 확대되었고 이 때문에 국정이 일부 마비되었다. 2013년에 시작된 이래로 이 "세차(Car Wash)" 수사는 어마어마한 규모로 확대되었고 브라질 재계와 정계 최고위 인사들 수백 명이 기소되었다. 1985년 민주화 이후 브라질의 역대 대통령 7명 가운데 두 명이 탄핵되었고 두 명은 수감되었으며, (2020년 2월 현재) 추가로 두 명은 조사를 받고 있다. 정치적으로 볼 때 브라질 민주주의는 세차 사건의 결과를 관리하는 데 필요한 그런 종류의 경제적, 계층적, 헌법적 개혁을 감당해낼 역량이 되지 않는다.

지금도, 그토록 중요한 외부적 안정과 세계 시장의 안정을 보장해온 세계 질서의 자취가 아직 남아있는데도 브라질 체제는 이미 붕괴되고 있다. 브라질은 이미 국내 도시들과 북서부 변경 지역에 대한 장악력을 잃고 있다. 브라질은 이미 인종 폭동을 겪고 있다. 브라질은 이미 전기 공급에 문제가 발생하고 있다. 브라질의 제조업은 이미 차질을 빚고 있다. 브라질은 이미 수출소득이 줄어들고 있다. 브라질은 이미 좌우 양 진영으로부터 포퓰리스트가 부상하고 있다. 브라질은 이미 중앙정부의 장악력이 도전을 받고 있다. 브라질은 나치가 직면한 가장 심각한 문제는 내부의 적에게 너무 관대했다는 점이라고 생각하는 사람을 이미 대통령으로 선출했다. 지방정부의 도시 장악력은 이미 급증하는 범죄 때문에 훼손되고 있다. 이 모든 사태가 비교적 안정적이고 부유한 시기에 일어나고 있다. 세계질서의 붕괴가 화물을 싣고 달리는 기차처럼 브라질과 정면충돌하면 브라질 내부의 "질서"가 위험에 처한다.

앞으로 브라질에게 일어날 가능성이 가장 큰 미래는 두 가지인데, 둘 다 달갑지 않은 미래다.

브라질의 지역들은 중앙정부로부터 이탈할 뿐만 아니라 지역끼리도 서로 단절된다. 과거에 브라질 지역들은 대부분 자치 성향이 강했다. 브라질의 지리적 여건으로 지역 특색이 강했기 때문이기도 하고 과점 체제 권력자들이 정치적, 경제적으로 자기중심적이었기 때문이기도 하다. 브라질의 수출상품 생산에 필요한 투입재의 가격이 상승하면서 브라질 수출은 줄어들게 된다. 이 자체가 야기하는 피해는 지역마다 차이가 있고, 다시 한 번 브라질은 지역마다 각기 다른 경제 정책을 추진하게 된다.

정치는 경제를 따른다. 지방분권이라는 기존의 관행이 새로운 관행이 된다. 별일 없어도 이미 좀비에 불과한 중앙정부는 이제 사후경직에 돌입하게 된다. 브라질은 국민국가에서 브라질 역사학자들이 익히 알고 있던 그 무엇으로 퇴행하게 된다. 일련의 빈곤하고 단절된 지역들, 같은 나라에 속한 지방들이라기보다 각기 다른 총독이 관할하는 별개의 지역들 말이다.

이 때문에 브라질의 미래는 엉망진창이 된다. 그리고 브라질의 미래를 구체적으로 예측하기도 어렵다. 이제 무너져가는 세계질서 하에서보다 다가올 무질서의 시대에 훨씬 선전할 지역은 브라질에서 한 군데도 없다. 쇠락하는 속도는 각 지역이 직면한 난관만큼이나 천차만별이다.

- 상파울로는 다른 지역과 비교도 안 될 만큼 가장 선전할 지역이다. 단층애 위에 자리 잡은 상파울로는 저렴한 비용으로 쉽게 물리적으로 확장할 기회

가 있다. 해안 지역 도시들은 누리지 못하는 이점이다. 규모도 크기 때문에 다른 모든 도시들에는 없는 규모의 경제를 누리게 된다. 그리고 내륙에서 해안까지의 물리적 접근성이 가장 뛰어나다. 퇴화하는 브라질 체제에서 상파울로는 단연 지역적인 권력 중개자가 된다.

- 히우그란지두술 주도 (긍정적인 의미에서) 차별화된다. 다른 지역처럼 경제가 훼손되는 고통을 겪지 않는다. 이 지역은 브라질에서 가장 온대기후에 가까운 지역이고 사회간접자본을 구축하는 데 가해지는 제약도 가장 적으며, 보다 넓은 세계에의 물리적 접근성이 가장 뛰어나다. 브라질에서 두 번째로 대두를 많이 생산하는 지역이다. 히우그란지두술은 명목상뿐만 아니라 실제로도 브라질 체제로부터 독립하게 될지 모른다.

- 미나스제라이스는 광산업에 크게 의존하지만 여기서 채굴되는 것은 뭐든 세계 다른 지역에서 훨씬 싼 비용에 생산된다. 상대적인 부의 손실로 보면 가장 피해를 볼지 모른다.

- 히우지자네이루는 단연 브라질에서 가장 유명한 도시이고 이 지역의 쇠락은 브라질의 해안 도시들에게 상징적인 의미를 지닌다. 이 도시는 제조업 공급사슬에 엮이기에는 북반구에서 너무 멀리 떨어져 있고 가공처리의 중심지 역할을 하기는 너무 고립되어 있으며, 인구밀도가 너무 높아서 안전하지 않다.

- 내륙 깊숙이 위치한 마투그로수두술은 가장 최근에 기술과 자본을 전국적인 사회간접자본 망과 연결한 지역이고, 새로운 대두 생산지로 떠올라 브라질 총 생산의 대략 4분의 1을 차지한다. 이 지역은 현재 최악의 상황에 직면해 있다. 이 지역에서 필요한 모든 투입재—씨앗, 연료, 비료, 살충제 등—는 남동부로부터 도로를 통해 반입된다. 이 지역에서 생산되는 산출재는 다시 남동부 지역으로 운반되든가, 비포장도로를 따라 600마일 더 깊숙한 내륙까지 이동해서 포르투벨류 같은 강 항구에서 바지선에 실어 히우마데이라 하류를 따라 내려가 아마존에 도달하면 거기서 바지선에서 원양 화물선

으로 옮겨 실어야 한다. 지역에서 조달 가능한 자본도 없고 개발 과정도 아직 완성되지 않은 브라질에서는 체제상 어느 부분에서든 조금이라도 삐끗하면 마투그로수두술의 미래는 아직 포장하지 않은 도로망과 함께 깨끗이 씻겨 내려간다.

- 브라질 동쪽 끝에 있는 페르남부쿠 지역은 훨씬 성공한 다른 지역들에 편승하기에는 거리가 너무 멀고, 선진국 시장에 훨씬 가까우며, 부유한 나라에서 공급이 부족한 열대 생산품들을 주로 재배한다. 따라서 돈 벌 기회는 귀신같이 알아채는 미국 기업들이 사실상 부분적으로 식민지화할 가능성이 높다.
- 이보다 훨씬 외딴 지역은 북서쪽 끝에 위치한 호라이마나 아마소나스다. 중앙정부 브라질리아로부터 보조금을 받지 못하면 두 지역 모두 새로운 과점 조직이 등장하게 된다. 마약밀매조직 두목들이다. 이 지역들은 앞으로 마약 불법 생산과 운반 조직들의 은신처로 전락할 가능성이 높다.

각 지역은 나름대로의 논리와 지도층을 따르게 되고 나름의 포퓰리스트 반란에 직면하게 된다. 외국인들은 해안지방에서 자기 이익에 맞게 이러저러한 지역의 주지사나 반란 세력과 손을 잡게 될지도 모른다.

국가 정체성과 지역 안보와 국가 해체에 작용하는 이러한 원심력을 상쇄하려면 단일한 구심력이 필요한데, 보는 이의 정치적 성향에 따라서 딱히 더 나은 선택지가 아닐 수 있다. 바로 군부 통치다. 경제와 지리적 여건이 브라질을 사분오열시키는 상황에서 앞으로 다가올 무질서의 시대에 통일된 국가로서 브라질이 살아남으려면 다소 강제적인 통합이 불가피하다. 그러려면 중앙집권화가 어느 정도 필요한데, 브라질의 민주주의 체제로서는 사실상 불가능한 일이다. 전격적인 쿠데타도 가능하지만 브라질은 아마 이 길을 택하지 않을 확률이 높다. 뭔가 다른 기운이 느껴진다.

브라질 시민사회의 부패는 이미 도시의 사법권이 치졸한 범죄나 조직범죄를 감당할 수 없는 수준에 도달했다. 오히려 지역 경찰이 범죄에 가담하고 있다. 급기야 군대가 브라질 도시들을 순찰하게 되었고 2018년 히우지자네이루 시는 지역 경찰을 군의 명령체계 하에 두기까지 했다. 그렇게 되면 브라질 군부가 브라질 전체를 관할하는 사실상의 정부가 되느냐 아니면 무장 군인들을 투입하지 않고는 전기를 공급하지도 못하고 열차도 다니지 못하는 지역만 관할할 것이냐가 유일한 문제다.

이는 밝은 전망이 아니다. 달가운 상황이 아니기 때문이다. 브라질 군부는 1985년 권력에서 물러났고 정치에 복귀하기를 매우 꺼렸다. 군의 정치 복귀는 브라질 정계에서 토론 주제일 뿐만 아니라 브라질 군부는 이미 도시들의 요청으로 공공서비스 부문을 관장하는 전문성을 직접 터득하고 있다는 사실은 상황이 얼마나 절박해졌는지를 보여주는 징후다. 게다가 아직 세계적으로 무질서 시대에 접어들지도 않았다.

최근 몇십 년 동안 계속된 평화와 번영의 시대—정치적 대표성의 개선, 경제활동과 교육의 기회 향상, 공중위생 개선—는 이제 막을 내리고 있고, 브라질은 정치적, 경제적으로뿐만 아니라 사회적으로도 쇠락하게 된다. 많은 이들이 브라질이 1990년대와 2000년대에 달성한 안정, 민주화, 경제성장을 토대로 보다 통합된 새로운 남미 체제를 선도하는 나라, 본보기, 중심축이 되기를 희망했다. 브라질이 무너지면 정반대 현상이 일어날 가능성이 높다.

브라질의 쇠락이 더 넓은 세상에 주는 의미는 전혀 바람직하지 않다.

역사를 통틀어 식량공급은 가장 중요한 제약 요인이었다. 자국민의 배를 채워주지 못하면 정권을 잃었다(아니면 머리가 날아가든가). 국가나 제국의 팽창은 어림도 없었다. 기아는 궁극적으로 국가의 지속성을 무너뜨리는 사태다. 제국들이 귀속시킬 영토를 물색할 때는 무엇보다도 해당 지역의 농업생산 잠재력을 평가했다.

현재의 세계질서는 제국의 중심부와 식민지 간 통치의 연결고리를 끊어놓는 데서 그치지 않았다. 브라질 같은 구 식민지들을 해방시켜서 식민통치를 하던 나라의 국민이 아니라 자국민에게 쓸모 있는 생산품을 생산하게 했다. 세계 에너지 산업과 제조업 덕분에 세계에서 가장 원시적이고 낙후된 지역까지 기술 발전이 도달했고, 기계, 비료, 제초제, 살충제 등이 대량으로 조달 가능해졌다.

현재의 세계질서는 세계 안보와 분배 역량을 개선해 기아를 퇴치했지만, 전 세계가 영양상태가 개선되기 시작한 까닭은 탈냉전 시대에 브라질이 생산량이 급등한 덕분이다. 브라질과 세계질서가 사라지면 50년 동안 개선된 영양 상태가 한꺼번에 무너지고 산업 근대화 초기인 나라들과 소득수준이 낮은 나라들이 가장 피해를 보게 된다. 중부 유럽, 동남아시아, 남미의 북쪽 3분의 1 지역이 피해를 가장 많이 입는 초기 산업화 국가들이고 중앙아메리카와 남아시아가 저소득 국가들 가운데 가장 피해를 입는 나라들이다. 사하라사막 이남 아프리카 지역은 유감스럽게도 양쪽에 다 해당된다. 중국도 큰 피해를 보는데 주로 그 규모 때문이다. 중국의 식탐을 누그러뜨릴 만한 지역들이 많지가 않다.

그렇다고 이득을 보는 나라들이 없다는 뜻은 아니다.

고비용 환경에서 미국은 서반구에서 단연 가장 역량 있는 국가가 된다. 브라질이 침몰하지 않게 해주거나 브라질의 상품이 최종시장까지 도달하게 해줄 역량이 있는 나라도 미국밖에 없다. 그러나 오늘날 브라질이 수출하는 농산물은 미국 농업 부문의 막강한 경쟁자다. 이제 보호주의, 고립주의로 나가는 미국이 경쟁을 촉진할 일을 왜 하겠는가? 마찬가지로, 미국의 우방—오스트레일리아와 캐나다—은 철강 부문에서 브라질의 주요 경쟁자다. 이 두 나라가 브라질을 위해서 미국에 로비할 까닭이 없다.

브라질의 지위가 격하된 세계는 브라질의 다른 경쟁자들에게 흥미진진해 보인다. 아시아에서 인도는 브라질과 비슷한 틈새시장을 메우고 있다. 고비용으로 생산되는 저품질 식량과 고비용에 품질은 저급에서 중급인 철광 상품이다. 게다가 인도는 세계적으로 수요가 있는 지역에 훨씬 가까이 있다. 예컨

브라질의 농업

대 바로 인도 자국이다. 브라질 가까이 있는 아르헨티나는 입이 찢어지게 웃고 있다. 브라질이 열대기후인 반면 아르헨티나는 전형적인 온대기후이고, 브라질은 험준한 지형이나 아르헨티나는 평지이고, 브라질은 고비용 구조이나 아르헨티나는 저비용 구조이고, 브라질은 품질 낮은 상품을 생산하지만 아르헨티나는 고품질 상품을 생산한다. 역내에서 자국의 주요 경쟁국이 폭삭

망하는 일은 흔치 않다.

브라질의 농산품과 공산품 경쟁국에게는 호재가 소비자에게는 악재가 되는 경우가 종종 있다. 브라질의 농산물 수출 역량이 붕괴되면 세계는 심각한 식량난을 겪게 된다. 미국과 유럽에게는 별일 아니다. 세계 최대 식량생산 지대의 중심지에 거주하고 있기 때문이다. 그러나 아프리카, 중동, 동아시아—대량으로 수입한 식량을 진공청소기처럼 빨아들이는 지역—에게는 배고픈 미래가 기다리고 있다.

자, 이제 희소식도 몇 가지

이 모두가 암울하게 들릴지 모르겠지만, 사실이다. 그러나 암울하긴 해도 끝난 건 아니다. 상황이 악화된다고 해서 죽은 목숨은 아니다. 브라질은 중국처럼 대대적인 붕괴에 직면하지도, 러시아처럼 인구 구조 붕괴에 직면하지도 않았고 독일처럼 경제적 재앙과 안보 재앙이 기다리고 있지도 않다. 브라질은 앞으로 면모도 행동도 정서도 달라지고 이러한 변화는 대부분 긍정적인 변화가 아니겠지만, 그렇다고 브라질에게 역사의 종언은 아니다.

브라질의 지리적 여건을 개선하는 데 드는 비용만 따져보아도 브라질은 대규모로 생산을 하든가 전혀 하지 못하든가 둘 중 하나다. 브라질의 수출품은 하나같이 해외에서 수입한 투입재가 필요하다. 노예든 자본이든 비료든 모두. 외부의 지원을 확보하려면 유행하는 품목이거나(설탕이나 커피), 제국에서 수요가 창출되거나(금), 미친 듯이 먹어치우는 소비 시장(대두)이 있어야 한다. 브라질은 거대 자본이 필요한 프로젝트뿐만 아니라 당장 날마다 쓰는 투입재 확보도 늘 외부 세력에 의존하게 된다. 그러한 투입재와 투입재가 가능케 하는 수출이 브라질의 생사를 가르게 된다. 투입재 없이 브라질은 아프리카처럼 변한다—평평한 해안이 없이 우뚝 솟은 고원 지대 말이다. 투입재 때문에 브라질은 불평등한 사회다. 완벽한 사회와는 거리가 멀지만 그래도 그 덕에 브라질은 국내에 거대한 수요 주도 시장이 있다. 중국이 부러워할 만한 처지에 있다.

희망을 품을 이유가 있다.

첫째, 브라질 체제가 개선되었다. 특히 농업 부문에서. 무경간(無耕墾) 농법은 비료를 덜 써도 된다. 윤작은 온대지방에서 곰팡이와 해충이 죽는 겨울 역할을 한다. 브라질은 석회를 섞는 기법에 통달했다. 새 토지를 경작하기까지 걸리는 시간도 줄이고 토지의 생산성을 유지하기 위해서 필요한 석회의 양도 줄였다. 지역 차원에서 융자 절차도 개선되어서—핀테크(fintech)로 가능해진 스마트폰 앱을 생각하면 된다—소규모 농사를 짓는 농부들이 물물교환 방법말고도 비료를 확보할 수 있게 되었다. 이러한 개선된 점에도 불구하고 이 체제는 여전히 자본집약적이고 비효율적이어서, 비용을 줄이고 산출량을 증가시키는 역할밖에 하지 못한다.

운송 여건이 가장 개선되었다고 할 만하다. 해외에서 받은 융자금과 정부의 예산 가운데 상당한 금액을 이러저러한 인간들이 착복했겠지만, 그럼에도 불구하고 브라질은 국경 없는 세계질서 시대에 사회간접자본을 상당 부분 완성했다. 단층애로 올라가는 도로를 확장했고, 협곡과 협곡을 잇는 다리를 놓아 상파울로를 드나드는 운송체계를 개선했으며, 트럭·운하·강을 연결하는 혼합 운송 체계를 만들어 농산물을 브라질 북쪽 내륙에서 아마존 지류로 운송하게 되었다. 이러한 경로들 가운데 일부가 브라질이 수출하는 대두와 옥수수의 거의 3분의 1을 운송하는 대단한 성공을 거두었다.

정말로 많은 진전이 이루어졌다는 게 중요하다. 그리고 브라질의 터무니없이 비싼 내륙 운송비용과 농업 투입재 비용을 경감하는 조치라면 무엇이든 농업 부문의 생존 가능성을 높여준다. 앞으로의 관건은 열대기후가 통상적으로 사회간접자본을 훼손하게 되는데 그런 여건에서도 개선된 상황을 유지할 수 있을지 여부다. 시설들이 제대로 버티고 서있게 하는 일 자체가 자본집약적인 과정이다.

세라도 지역 대부분이 이미 토질 변형되었다는 자체가 일정 정도 경제적 역동성을 기대하게 해준다. 세라도의 토양은 불모지다. 비료를 써야만 사람이 먹을 만한 작물이 자란다. 비료를 쓰지 않는다고 바로 밀림으로 원상복귀 하지는 않는다. 불모지가 된다. 적어도 몇 년 동안 개간하고 방치해둔 세라도는 영화 〈스타워즈〉에 등장하는 두 행성 가운데 밀림 늪지로 이루어진 대고 바보다 사막으로 덮인 타투인과 훨씬 비슷해 보일 것이다. 재정만 뒷받침해주면 다시 생산 가능한 토지로 만드는 데 크게 정지작업이 필요하지 않다. 그렇다면 적어도 브라질의 몇몇 지역은 버틸 시간을 벌게 된다.

둘째, 브라질은 동반구가 아니라 미국의 먼로주의가 아우르는 안전한 지역에 위치하고 있다. 브라질은 외국이 집적거리기는 하지만 침략을 당할 위험은 없다. 역내 바닷길도 신제국들과 해적들로부터 안전하다. 연료와 농업 투입재를 확보하기 위해 미국 중심의 공급사슬에 여전히 접근 가능하다. 운이 따라준다면, 브라질 농부와 광부들은 굶주리고 절망에 빠진 세계에 식량과 광물을 공급하는 역할을 할 가능성은 있다. 브라질과 비슷한 우크라이나나 콩고 같은 나라보다 훨씬 나은 입장에 처해 있다.

셋째, 세계질서 하에서 제한적이나마 브라질이 성공을 거두게 해준 저렴하고 쉽게 확보 가능한 융자는 더 이상 가능하지 않을지 몰라도, 융자를 전혀 확보할 수 없다는 뜻은 아니다. 브라질은 황금알을 낳는 투자처는 아닐지 모르지만, 현재의 세계질서가 사라진 후에 투자 선택지가 제한된 상황에서 투자하면 멍청하다는 소리를 들을 만한 투자처는 아니다.

동반구의 많은 생산 중심지들보다 안보 위험이 낮다는 장점이 있는데다가 브라질의 수출은 대부분 과점 세력들이 관리한다. 가족이 농사를 짓는 소규모 농장이나 숙련공이 채굴하는 광산이 아니라 수백 제곱마일을 아우르는 방대한 사유지다. 그러한 규모 때문에 그들은 대륙 하나만큼 멀리 떨어져 있는 투자자들로부터 가족이 경영하는 미국의 소규모 농장보다 훨씬 쉽게 융자를 모색하고 확보할 수 있다. 무질서 시대에 브라질 화폐 가치가 바닥으로 떨어질 가능성이 높으므로 과점 세력들이 지출해야 하는 임금과 납세 비용은 보다 안정적인 지역에 있는 경쟁자들이 지출해야 하는 비용에 비하면 새 발의 피 정도밖에 되지 않게 된다. 적어도 미국 달러로 결제될 융자 조건으로 비교해보면 말이다.

이러한 요인들로 인해 브라질은 적어도 융자를 일부 확보할 수 있게 된다. 융자금 대부분은 다음 세 가지 부문 가운데 하나로 흘러들어가게 된다.

- 첫째, 외국인들이 흥미를 보일 만한 수출지향적 프로젝트 부문.
- 둘째, 에너지 부문. 브라질의 석유 부문은 대부분 해상에 위치하고 있고 세계에서 가장 돈이 많이 들고 자본집약적이다. 엄청난 액수의 융자금을 쏟아부어야 하겠지만, 그러지 않으면 최고가에 외국 에너지를 수입하는 대안밖에 없다.
- 셋째, 앞의 두 프로젝트보다 융자받을 가능성이 현저히 떨어지는 내수용 식량 생산 부문이다. 대부분의 연료, 살충제, 제초제, 비료는 수입할 가능성이 높으므로 비용은 미국 달러로 고정된다는 점을 주목할 필요가 있다.

융자를 받을 후보의 목록이 이처럼 짧으면 정치적 여파가 있다. 외국 투자자는 믿을 만한 투자처를 원한다. 특히 사회간접자본, 농장, 광산이 다시 가동하도록 하기 위해 거액의 투자금을 선급금으로 내야 한다면 말이다. 포퓰리스트 성향의 민주주의적 지역들은 현금을 끌어들이는 데 어려움을 겪겠지만, 과점 세력과 군이 통치하는 지역들은 돈다발 더미 속에서 뒹굴 정도로 융자를 받게 될지 모른다. 끊임없이 포퓰리스트 역풍이 부는 상황이 새롭게 브라질의 정상적인 상태로 자리를 잡게 된다.

넷째, 정상적인 여건 하에서라면 브라질의 산출은 비용 효율적이지 않을지 모르지만, 무질서 시대에는 현재 "정상"이라는 정의에 걸맞을 상황이 거의 없다. 세계의 주요 농산물 생산국과 수출국은 대부분 생산 역량이 급격히 줄어들고 공해상에서 수출 상품의 운송을 위협받는 상황에 직면하게 된다. 브라질의 농지는 외부의 안보 위협에 직면하지는 않으므로 브라질이 직면할 낙관은 투입재 확보와 사회간접자본이다. 세계 식량 공급이 차질을 빚으면서 브라질은—지리적으로 극복해야 할 무수한 난관에도 불구하고—여전히 고비용 생산지로서 할 역할이 있다. 세계 식량 가격이 인상될수록 사업수완이 있는 투자자들은 브라질을 다시 찾게 될 가능성이 높다.

구원의 손길은 가장 뜻밖의 지역에서 올지도 모른다. 미국의 커피 수요는 19세기에 처음 명백해졌다. 당시에 세계에서 생산되는 커피는 대부분 브라질의 단층애 위에서 재배되었다. 그 결과 자본이 대거 유입되어 상파울로 광역지대의 대부분의 고지대에 처음으로 이렇다 할 사회간접자본이 구축되었다. 이 사회간접자본의 일부는 말 그대로 절벽을 기어오르는 철도였다. 미국은 커피가 마시고 싶었고—아니 절실했고—따라서 경제 원리를 무시하기로 결정했다. 지리적 여건도 무시하기로 했다. 그리고 중력도 무시하기로 했다. 희망은 남아있지만, 브라질 입장에서는 조금 야릇해질지 모른다.

브라질이 경착륙에 직면하고 있는 건 사실이다. 훨씬 더 폭력이 난무하는 미래가 기다리고 있는 것도 사실이다. 그동안 숱한 찬사를 받은 여러 부문에서의 발전은 무자비하게 허사가 되는 것도 사실이다. 브라질이 무늬만 나라인 존재로 전락할지 모르는 것도 사실이다. 그러나 브라질의 서쪽 끝과 아마존 가장자리 지역을 제외하면, 총체적인 문명 붕괴가 일어날 가능성은 크지 않다. 전쟁도 발생하지 않는다. 기아도 발생하지 않는다. 중국과 러시아와 독일과 이란이 맞게 될 미래와 비교하면 브라질이 맞을 미래는 사실상 낙원이다.

브라질의 성적표

국경: 밀림과 산악지대가 브라질을 이웃나라로부터 격리해주고, 이렇다 할 군사적 위협이 되는 이웃나라도 거의 없다. 브라질이 직면한 진짜 장애물은 내륙과 해안 지역의 해발 고도 차이다. 이 때문에 브라질의 생산지와 주요 인구밀집지역과 항구가 분리된다.

자원: 광물, 석탄, 해상 석유와 천연가스, 그리고 충분한 투자가 가능하다면 방대한 농지도 확보 가능하다.

인구: 브라질의 인구 규모는 서반구에서 두 번째지만, 미국, 유럽, 심지어 동아시아보다도 몇 배 빠르게 고령화하고 있다.

군사력: 브라질은 자체적으로 중간급 정도의 전투기를 제작하지만 브라질 육군은 전쟁 경험보다는 마약조직의 은신처를 급습하고 지방경찰을 관리하는 경험을 더 많이 쌓았다.

경제: 서반구에서 두 번째로 경제 규모가 큰 브라질은 주요 농산물 수출국이면서도 비행기, 자동차, 섬유, 강철, 부가가치가 저급에서 중급에 이르는 각종 상품들을 생산하기도 한다.

전망: 오늘날 브라질이 존재하는 이유는 세계화와 세계질서 덕분이다. 브라질의 사회간접자본과 농업 부문에 유입되는 해외자본이 없으면, 브라질의 소고기와 대두를 지구 반대편에 사는 고객에게 안전하게 운송할 방법이 없으면, 브라질은 자체적으로 경제 체제를 유지하느라 고군분투하게 된다.

한마디로: 골때린다.

13

아르헨티나: 자멸의 정치

Argentina:
The Politics of Self-Destruction

아 르헨티나를 규정하는 지리적 특징은 이 나라가 성공하는 토대가 된 반석이기도 하다. 남미를 굽이치는 일련의 강들이 만나 대서양과 접한 아르헨티나의 해안선 아래쪽 3분의 1 지점에서 대서양으로 흘러들어간다. 강들이 만나는 이 지역을 리오데라플라타라고 하는데, 세계에서 가장 규모가 큰 강어귀이자 거대한 상업 중심축으로 손꼽힌다. 이 지역에서 만나는 세 강도 배가 다닐 수 있는 강이다. 우루과이강, 파라과이강, 파라나강은 굽이치면서 아르헨티나에서 가장 인구밀도가 높은 지역을 지나 북쪽에 도달한다.

이 강들의 위치는 거의 흠잡을 데가 없다. 팜파스 지역과 완전히 겹친다. 팜파스는 온대기후에 위치한 경작 가능한 농지로서 세계에서 네 번째로 규모가 큰 땅덩어리이자 세계에서 가장 천혜의 비옥한 토지로 손꼽힌다. 파라나강과 우루과이강은 세계에서 가장 생산성이 높은 방목지로 손꼽히는 땅뙈기를 감싸며 흐른다. 이 두 강의 서쪽에 위치한 영토는 특히 옥수수와 대두 생산에 적합하다. 남미에서 훨씬 북쪽에 위치한 대부분의 나라들과는 달리 팜파스 전체가 적도보다 한참 아래여서 겨울도 찾아온다. 겨울에는 해충이 죽기 때문에 병충해가 충분히 방지되고, 의약품과 살충제와 제초제를 대량으로 투입하지 않아도 공중보건과 농업 생산성이 급격히 향상된다. 팜파스는 남미에 위치한 미국의 중서부 지방이다.

그러나 미국 중서부와 아르헨티나 팜파스의 유사성은 여기서 끝난다. 팜파스 지역은 아르헨티나의 다른 지역들과 접해 있지 않다. 이게 진짜 아르헨티나다.

이 지역 전체의 한가운데에―농지의 한가운데이자 모든 강이 만나 대서양으로 흘러나가는 리오데라플라타의 물목―신대륙에서 가장 거대한 대도시로 손꼽히는, 빛나는 도시 부에노스아이레스가 있다. 부에노스아이레스는 아르헨티나의 농산물을 가공처리하고 수출하는 집결지 역할을 하고, 금융사업과 수입 활동도 여기서 이루어지며, 산업 기반의 대부분이 위치해 있고 인구밀집 핵심 지역이자 문화의 심장이고 정치 중심지이기도 하다. 부에노스아이레스는 뉴올리언스, 시카고, 로스앤젤레스, 휴스턴, 디트로이트, 미니애폴리스, 뉴욕시, 샌프란시스코, 워싱턴 DC를 한데 모아놓은 도시다.

세계에는 많은 주요 도시들이 있다. 한 나라의 경제적, 정치적, 문화적, 군사적 역량의 대부분이 집중되어서 지배적인 문화가 모든 부문에서 탁월한 지위를 누리도록 하는 도시들 말이다. 파리, 모스크바, 도쿄, 베이징, 런던이 전형적인 사례이고, 이러한 도시들을 보면 왜 수도로 선택을 받았는지 그 의도가 분명히 보인다. 프랑스, 러시아, 일본, 중국, 영국은 중심부에서 거리가 멀거나 험준한 지형이어서 반항적인 소수민족들이 자리잡을 만한 외딴 영토가 있다. 천 년에 걸쳐 통합(그리고 인종청소)의 과정을 거친 후인데도 바스크, 카탈루냐, 체첸, 우크라이나, 아이누, 티베트, 위구르, 광둥, 스코틀랜드, 웨일스는 툭하면 프랑스, 러시아, 일본, 중국 한족, 영국을 당혹스럽게 한다. 프랑스, 러시아, 일본, 중국, 영국 입장에서는 제1의 도시로 구축한 수도의 지위를 유지해야 통합이 가능하다. 이질적인 지리적 여건과 민족들을 하나의 국가 정체성으로 묶는 수단이다.

아르헨티나에는 해당되지 않는다. 부에노스아이레스는 단순한 제1의 도시가 아니다. 그냥 내버려둬도 자연스럽게 제1의 도시가 된다. 해안선에서 움푹 들어간 부분—플라타 강어귀—은 아르헨티나 최고의 항구일 뿐만 아니라 팜파스 한복판에 수도를 위치하게 한다. 아르헨티나의 핵심적인 영토는 모두 수도에서 500마일 내에 있다. 핵심 영토 내에서 화물 선적과 하역은 수도에서 이루어질 수밖에 달리 선택의 여지가 없고, 핵심 영토 내에는 지리적 장애물이 전무하다. 모든 게 자연스럽게 부에노스아이레스로 향한다. 인위적인 손길이 전혀 필요하지 않다. 부에노스아이레스에 거주하지 않는 아르헨티나인들은 수도가 경제, 정치, 금융, 사회적 삶을 모두 장악하고 있는 현실이 불만스러울지 모르지만, 이 도시의 구심력은 뿌리치기가 거의 불가능하다.

도처에 펼쳐진 평원과 풍부한 강줄기 덕분에 아르헨티나는 힘을 투사하기 쉽고 반란 세력은 숨을 곳이 없다.

외부에서 오는 난관도 크지 않다. 아르헨티나인들이 아르헨티나에 대한 지배력을 굳히기 쉬웠듯이, 아르헨티나 중심부에서 멀어지면서 기후, 토양의 성질, 지리적 여건이 변하면서 아르헨티나 영토를 보호하기가 애들 장난처럼 쉬워진다.

외세의 이렇다 할 수륙양동 침략이 사실상 불가능하다. 마이애미와 런던에서 거의 7,000마일 거리다. 아프리카도 5,000마일 떨어져 있다. 남회귀선 아래 최남단 지역인 코니 술은 그 어느 지역으로 가는 경로 상에도 위치해 있지 않다. 유럽이 인도나 동방으로 항해할 때 수에즈를 이용하거나 희망봉을 돌아서 항해하면 6,000마일 정도 절약된다. 미국 동부 해안에서 아시아와 교역하려면 파나마를 경유하는 게 낫다. 코니 술은 지구상에서 가장 외진 인구밀집 지역이다.

다시 뭍으로 돌아가서, 아르헨티나 핵심 영토의 서쪽으로는 자오선을 지나는 안데스 산맥 남쪽 봉우리가 우뚝 솟아있다. 적도에서 한참 남쪽에 위치한 경사가 가파른 화강암 봉우리이고, 너무 높아서 대부분이 만년설이 덮여있다. 이 산악지대를 관통하는 길은 거의 없고, 겨울에 내리는 폭설과 눈사태로 통로 네 개를 제외하고 모두 통행이 막혀버린다. 이 장애물은 극복하기가 거의 불가능하기 때문에 남미에서 가장 긴 국경—세계에서 세 번째로 긴 국경—을 접하고 있는 아르헨티나와 칠레는 서로 다른 행성에 있다고 해도 무방하다.

아르헨티나 핵심 영토의 북서쪽으로는 그란차코가 있는데, 열악한 지리적 여건은 몽땅 한데 모아놓은 곳이다—태양이 작열하는 뜨거운 여름, 부족한 강우량, 비옥도가 들쭉날쭉한 토양, 가시 돋은 관목, 군데군데 늪도 있다. 엄밀히 말해서 불모지는 아니지만 이 기후대의 지역은 대부분 개발하는 수고를 들일만한 가치가 없고, 개발도 하다말다 했다. 이 영토는 대부분 쓸모가 없어서 철저한 민족주의 성향을 지닌 초기 아르헨티나인들조차도 이 그란차코 대부분 지역을 정치적으로 사분오열되어 있고 대체로 무력한 한 맺힌 잔당에

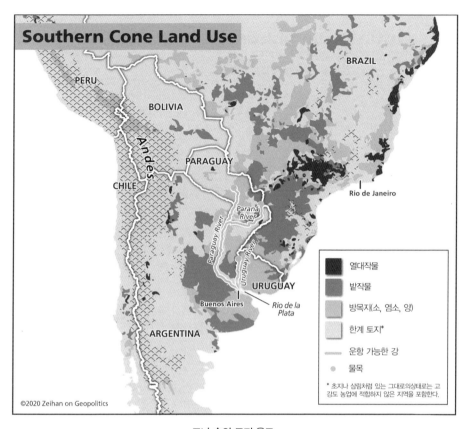

코니 술의 토지 용도

불과한 볼리비아에 이양하는 데 개의치 않았다. (이보다는 조금 덜 쓸모가 없는)
다른 땅덩어리는 파라과이의 서쪽 돌출부다. 그란차코의 상당 부분이 아르헨
티나의 북서쪽 국경을 차지한다.

북쪽으로는 유일하게 전략적으로 신경이 쓰이게 할 만한 육상 국경이 위치
하고 있지만, 이조차도 딱히 침략 경로는 아니다.

부에노스아이레스에서 곧바로 북쪽으로 가다보면 아르헨티나의 핵심 영토
는 갑자기 이베라 습지로 가라앉는다. 아르헨티나 핵심 영토와 파라과이의

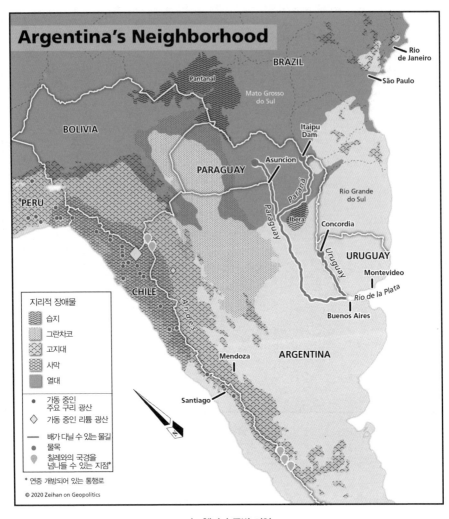

아르헨티나 주변 지역

경작 가능한 동쪽 절반 지역 사이에 가장 직통으로 연결되는 육로를 가로막는 늪지대다. 북동쪽으로는 우루과이강이 북쪽으로 흐르는데 콘코르디아까지만 배가 다닐 수 있다. 그 지점을 지나면 급류가 흘러 건너기도 힘들고 화물 운송 경로도 끊긴다. 파라나강은 훨씬 북쪽 멀리까지 운항이 가능하지만 이조차도 과이라에서 갑자기 끊긴다. 과이라는 낙하하는 물의 양으로는 세계 최대인 폭포로서 나이아가라 수량의 아홉 배에 달한다. 적어도 과거에는 그랬다. 20세기에 과이라는 세계 최대의 수력발전 댐인 이타이푸 댐이 건설되면서 물속에 잠겼다. 아르헨티나의 북쪽 국경은 침투하기가 거의 불가능했는데 이제는 완전히 막혀서 도저히 통과할 수 없는 지역으로 변했다.

그렇다면 가능성이 희박하긴 하지만 아르헨티나의 나머지 두 국경지대—상당히 협소하다—를 가로질러 육상으로 침략하는 방법밖에 없다. 파라과이에서 발원하는 파라나 강과 파라과이 유역을 따라 접근하든가 우루과이에서 발원하는 우루과이 강을 건너는 방법뿐이다.

이 두 접근 지점을 차지하려는 투쟁이 아르헨티나의 근대 역사다.

독립과 다가올 양상

신대륙에서 영국의 식민지였던 지역의 경험은 다른 제국들, 특히 스페인 제국의 지배를 받았던 지역의 경험과는 천양지차다.

북미 동부 연안은 줄지어 있는 열도와 체사피크만이 방어막 역할을 하는데, 바다에 직접 접근하면서도 지역 공동체들을 방어해주는 다양한 특징들을 지니고 있다. 필라델피아 같은 내륙 도시 지역조차도 델라웨어강을 통해 바다에 접근할 수 있고, 찢어지게 가난한 농부조차도 수로망에 접근해 강 하류에서 곡물을 팔 수 있다. 일부러 사회간접자본을 구축할 필요가 거의 없기 때문에 정부의 개입도 거의 필요 없다. 아메리카 식민지들은 올망졸망한 도시들과 조금씩 경계선을 바깥으로 밀어내면서 개발된 광활한 농경지로 이루어진 특징을 보인다.

반면, 멕시코와 남미의 해안 지역은 대부분은 평탄하지 않고 갑자기 융기한 지형으로 해안에 쉽게 접근하기도 어렵고 내부 운송망 구축도 어렵다. 절대적으로 인공적인 사회간접자본을 구축할 필요가 있고, 사회간접자본이 없는 지역은 텅 빈 공간에 불과하다. 경제 활동과 정치권력은 주요 도시들이 위치한 몇몇 지역에 집중된다. 이처럼 집중도가 높으면 장악하기는 쉽다. 미국은 처음부터 정부로부터는 분리된 세계—아니면 기껏해야 정부와 나란히 존재하는 세계—에서 살고 일하고 번성하는 데 익숙해졌지만, 남미에 정착한 스페인 정착민들은 제국의 중심부인 스페인에서 파견한 총독의 지배를 받았다. 왕의 대리인은 스페인에 보낼 수익을 극대화하는 한 신대륙을 관리하고 통치할 전권을 휘둘렀다. 외국과의 교역은 철저히 금지되었다.

지리적, 경제적 특징들이 서로 다르면 이민의 속성도 달라진다. 초기 북아메리카 식민지에서 제약요인은 운송이나 자본이 아니라 노동이었다. 의욕 넘치는 원기 왕성한 이민자들(영국으로 돌아가지 못하게 된 범죄자들도 약간 있고 무시 못 할 정도의 노예 인력도 뒷받침되었다)이 적임자였다. 반면 스페인 제국이 다스린 신대륙은 자본이 절실히 필요했고 따라서 상류층을 끌어들였다. 부유하고, 특히 새로운 사업 기회를 포착하기 위해 기꺼이 이주할 의향이 있는 이들이었다. 그들은 농부들을 거느리고 호화롭게 항해하면서 신대륙에 건너와 총독의 허락을 받아 원주민을 노예로 부리고, 지역에 기업 단지를 설립해 부를 축적하는 일에 착수했다. 그들은 정착지도 매우 까다롭게 골랐다. 북아메리카로 이주한 자작농들은 대부분 가난한 집안 출신으로 자기 땅이라고 부를 만한 땅은 무조건 열심히 개간했다. 반면 스페인에서 이주한 정착민들은 아주 비옥한 토지만 원했다. 광활한 황야 한가운데 섬처럼 떠있는, 광산과 농장으로 둘러싸인 기업 단지에 상응하는 농지였다. 북미식 소규모 자작농은 없었다. 북미 개척시대를 그린 드라마 〈초원의 집〉을 남미에서 스페인 정착민은 재현하지 않았다.

이러한 차이 때문에 스페인이 지배한 아메리카는 거의 텅텅 비었다. 1790년 영국으로부터 막 독립한 북아메리카 식민지들이 미국 정부를 수립할 무렵, 이 신생국은 400만 명에 불과했다. 스페인 제국이 통치한 남미의 인구는

1,700만 명에 달했지만, 스페인이 점유한 식민지의 크기는 미국의 10배에다가 200년 앞서 창설되었다.

리오데라플라타 지역은 훨씬 더 이질적이어서, 거의 고립되었다고 보는 게 타당하다.

스페인이 지배한, 부에노스아이레스 근처의 신대륙 식민지는 남쪽 끝에서부터 북쪽 끝 산타페에 이르기까지 족히 6,000마일은 된다. 마드리드에서 모스크바까지의 거리의 두 배가 넘는다. 기능상으로는 보기보다 훨씬 멀다. 콜럼버스가 신대륙에 처음 발을 디딘 곳은 카리브해 지역이었고, 스페인 왕은 콜럼버스가 말하는 대로 따랐다. 오늘날의 쿠바, 멕시코, 콜롬비아 동부가 본래 스페인 식민지였다. 그러다가 스페인의 침투는 지체되었다. 오늘날 파나마와 베네수엘라 남쪽에는 한몫 챙길 만한 기회가 많지 않았다. 태평양 쪽으로는 해안지역이 밀림 산악지대에서 사막 산악지대로 바뀌었다. 대서양 쪽으로는 포르투갈이 브라질 영토를 낚아챘다. 적대적인 영토들을 때로는 씹어삼키고 때로는 건너뛰면서 점령하기까지 2세기가 걸렸다. 아메리카 대륙의 스페인 식민지들에서 수세대에 걸쳐 개발이 진행되고 나서야 마침내 1776년 리오데라플라타 지역에 최초로 공식적으로 총독이 부임했다.

그 결과는 엇갈린다. 어떤 면에서는, 상명하달 식으로 총독이 스페인의 아메리카 식민지의 정치 체제를 휘두르는 방식이 리오데라플라타에 한층 더 권력을 집중시키는 결과를 낳았다. 알짜배기 땅은 대부분 내륙에 위치했다. 특히 팜파스와 오늘날 파라과이 동부를 통해 북쪽으로 브라질 남부와 볼리비아 남동부 일부까지 이어지는 지역으로서, 미국의 노스다코타, 사우스다코타, 네브래스카, 캔자스, 미네소타, 아이오와 주를 합한 것보다 약간 크다. 부에노스아이레스를 장악하면 총독은 전 지역을 통치하는 셈이었다.

그리고 어찌 보면 끝 모를 지평선과 노동력의 부족이라는 미국 모델이 이 지역에 훨씬 적합했다. 운항 가능한 강들과 연결된 지역의 유일한 접근 지점이 이렇게 늦게 개방되었다는 사실은 전 지역이 동시에 정착민에게 개방되었다는 뜻이다. 아르헨티나에 정착이 시작될 무렵, 스페인 왕은 이미 원주민 노예화를 금지했고 만성적인 노동력 부족이 흔했다. 풍부한 자본과 (비옥한) 임자 없는 토지와 극심한 노동력 부족 때문에 부유한 정착민들은 아무도 농사를 지으려 하지 않았다. 방목이 답이었다. 따라서 부유한 정착민들은 남미 카우보이 격인 가우초들과 나란히 가축을 모는 노동을 했다.

산출품은 모조리 배에 실어 부에노스아이레스로 내려 보낸 다음 거기서 가공해 수출하는 수밖에 없었다. 부에노스아이레스의 상인들은 대륙에서 생산되는 물품의 3분의 1이 달리 갈 곳이 없다는 데 흡족했지만, 모든 산출품은 오로지 스페인으로 보내라는 총독의 명령은 몹시 거슬렸다. 여기서도 노동력의 부족이 결과에 영향을 주었다. 미국 독립 전쟁 당시까지만 해도 부에노스아이레스는 주민이 겨우 25,000명이라 총독이 세관 직원을 구하느라 애를 먹었다. 밀매가 횡행했다.

도시고 농촌이고 할 것 없이 대대로 부자인 자들의 오만과 특권의식과 인맥에 신흥부자의 땀과 자부심과 열정이 뒤섞였다. 1800년대 초에 스페인 왕에 맞서는 반란을 촉발한 게 바로 이러한 도시와 농촌에서의 신구 부유층 간의 계층 분열이었다.

스페인 왕이 서반구 식민지들에 대한 장악력을 유지할 수 있었을지 여부는 답하기 어려운 문제지만, 결국 스페인의 지배 하에 있던 아메리카의 미래는 구스페인에서 전개된 군사 사태가 결정지었다. 1803년 유럽에서는 나폴레옹 전쟁이 발생했다. 이 전쟁에서 수많은 우여곡절 끝에 스페인은 중립에서 프랑스의 동맹으로 입장을 바꿨다가 프랑스에 점령당했다. 전쟁이 끝나기 전에 스페인은 정치적으로 함몰하면서 구제국의 중심부의 정세가 불안해졌고 경제는 붕괴되었으며 외세의 침략을 받았다.

스페인 제국의 중심부에 제 기능을 하는 정부가 없는 상황에서 스페인 지배 하의 아메리카 식민지 전역에서 봉기가 일어나면서 신대륙의 총독 체제는 무너졌다. 시도 때도 없이 지역적인 문제를 둘러싸고 여기저기서 반란이 일어났다. 1810년 5월 부에노스아이레스에서 일어난 폭동으로 스페인 권력의 중심지로서의 이 도시의 역할은 막을 내렸다. 정착민과 특히 신대륙에서 태어난 2세대 상인들은 스페인이 장악하고 있던 것을 자기 지역의 이권으로 돌리기 시작했다. 1816년 스페인의 아메리카 식민지는 섬 몇 개를 제외하고 공식적으로 스페인과 분리되었고, 1825년 무렵 스페인의 아메리카 식민지는 스페인의 손아귀에서 완전히 벗어났다.

엄밀히 말하면 이러한 분리는 독립을 의미하지만, 1816년에 스페인 제국을 버린 건 "아르헨티나"가 아니라 리오데라플라타의 주연합(United Provinces)이었다—국가라기보다는 지역 거물들로 구성된 임시 위원회 성격의 조직이었다. 이 조직은 금방 해체되었다. 내부갈등 탓도 있었다. 내륙 지방의 부유한 정착민들이 반대했던 탓도 있다. 신흥 엘리트 계층이 부상했기 때문이기도 하다. 포퓰리스트 선동으로 지역의 희소한 노동 인력을 부추기고 동원해 손에 총을 쥐어주고 총독이 거느린 무장조직보다 훨씬 강력한 무장조직을 금세 조직해서, 드넓은 토지를 장악하고 스스로 왕 노릇을 할 수 있는 사람들 말이다. 일단 혼란이 조성되자 이런 카우디요(caudillo, 19세기 라틴아메리카에서 사적 군사력을 보유하고 독재정치를 한 대장—옮긴이)는 아르헨티나 독립 직후 수십 년을 잔혹하고 유혈이 낭자한 시대로 만들었다. 아르헨티나 역사에서 이 시대를 내전으로 일컫는 이들도 있지만(그리고 남미 역사에서 이 시대를 내전의 연속으로 규정한다), 그리 규정하면 아르헨티나를 두고 서로 충돌하는 미래상이 있었다는 의미가 된다. 실제로는 그보다 훨씬 더 복잡하고 엉망이었다. 아르헨티나는 존재하지 않았기 때문이다.

카우디요마다, 원래 지주들 가운데 남은 지주마다, 자기 나름의 개성과 경제적 이익을 토대로 자기 나름대로 포퓰리스트로서 부릴 만한 사람들을 거느리고 자기 마을에서 자기 나름의 정부를 운영했고, 자신이 확립한 정치적, 경제적 권위를 다른 이들에게 한 치도 양보할 이유가 없다고 생각했다—더군다나 부에노스아이레스에 있는, 자기가 총독의 역할을 대행할 수 있다고 생각하는 건방진 자식들한테 권위를 이양하다니 어림 반 푼어치도 없었다. 그 결과 이 지역은 산산이 쪼개져서 의리는 사라지고 만인에 대한 만인의 투쟁이 벌어지는 체제를 낳았다.

독립 선언 후 겨우 한 달 만에 싸움이 시작되었다. 포르투갈 제국은 과거에 스페인이 지배했던 영토, 특히 시스플라티나를 차지하려고 애썼다. 브라질의 히우그란지두술 주와 오늘날 우루과이를 아우르는 영토다. 카우디요들이 느슨한 연합을 구성해 이들을 퇴치하려고 했지만 각 카우디요는 오로지 자기가 소유한 땅에만 관심이 있었다. 진정성 있는 투쟁을 기대하기 어려웠다. 배신은 심심찮게 일어났다.

브라질은 1822년에 독립했다. 이제 포르투갈은 스페인인들을 대신하려 할 뿐만 아니라 자기 식민지 주민들과도 싸우고 있었다. 이러한 전환기의 혼돈 속에서 많은 스페인 카우디요들은 모조리 자신들이 차지할 기회를 엿보았다. 1825년, 카우디요들이 폭넓은 연합을 결성해 시스플라티나 전쟁을 일으키고, 우루과이 강을 건너 쑥대밭을 만드는 바람에 브라질은 시스플라티나 남부를 포기해야 했다. 전쟁이 마무리될 무렵인 1828년, 우루과이는 브라질 영토에서 떨어져 나와 독립국가가 되었다.

그리고 나서 완전히 엉망진창이 되었다. 신생독립국인 아르헨티나, 브라질, 우루과이를 엮어 결성한 느슨한 연대는 이래저래 와해되었다.

당시 이 지역의 정치는 적자생존의 난투전이었다는 점을 고려하면, 뒤이은 우루과이 내전이 온갖 카우디요들을 신속히 빨아들였다는 사실은 놀랄 일이 아니다. 이 카우디요들은 처음에는 간접적으로 개입했지만, 시간이 지나면서 군대를 투입했고, 결국 1851년 참혹한 플라티나 전쟁으로 이어졌다. 더 나아가서 이 전쟁은 단순히 "아르헨티나" 대 "브라질"의 전쟁이 아니라 아르헨티나 카우디요들과 이에 상응하는 브라질 카우디요들의 대격돌이었을 뿐만 아니라, 양측의 강자들이 상대국 내 맞수들을 회유하기도 하고 그들과 싸우기도 한 대혈전이었다는 사실은 놀랄 일이 아니다. 국가를 장악한 세력은 이러한 지역들을 다잡을 수 없었을 뿐만 아니라 군대를 배치하지도 못했다. 전쟁은 싸울 때와 마찬가지로 어느 쪽이 이겼는지 불분명하게 끝났다. 이러한 양상은 아르헨티나의(그리고 브라질과 우루과이의) 일반적인 정치, 군사, 전략적 혼란을 극명하게 보여주었고 되풀이되었다. 아르헨티나, 브라질, 아르헨티나-브라질 간의 각종 갈등에서 이렇다 할 휴전 협정을 맺느라 갈등중재 산업이 활황을 띠었다.

모래지옥으로 빨려드는 그러한 아귀다툼은 자기 파괴적인 것 이상이었다. 이러한 갈등은 아르헨티나와 브라질과 우루과이가 나라로 일어서기도 전에 세 나라를 모두 끝장낼 뻔했다. 한 나라가 자신의 "기업 단지"였던 한 카우디요가 있었고, 그가 연못 속의 큰 물고기처럼 모두를 끝장낼 뻔했기 때문이다.

정신이 번쩍 들다

파라과이의 프란시스코 솔라노 로페스는 남미를 오랫동안 떠나 있었다는 점에서 독특한 인물이다. 로페스가 어린 시절에 그의 집안은 그를 유럽에 대사로 파견했고, 그는 당대의 가장 대대적인 군사적 갈등을 맨 앞에서 지켜보았다. 바로 1853-1856년에 일어난 크리미아 전쟁이다. 이 갈등에서 프랑스와 영국은 최초로 1세대 산업화 무기를 이용했다. 후장(後裝) 소총과 철갑함(鐵甲艦)과 함포가 철도와 전신(電信)과 만났다. 당연히 입이 떡 벌어질 정도의 선례를 남겼고, 로페스는 본국에서 했던 경험과는 더할 나위 없이 다른 경험을 했다. 스페인이 몰락할 무렵, 스페인은 유럽의 기술 수준에서 한 세기 정도 낙후되어 있었다. 스페인의 식민지들은 그보다 한 세기 더 뒤떨어져 있었다.

그대로 둘 수는 없었다. 로페스는 1855년 파라과이로 돌아오자마자 즉시 현대화 작업에 착수했다. 겨우 10년 만에 "볼품없고 가난하고 낙후된 내륙 국가" 파라과이는 남미 대륙에서 기술적으로 가장 앞선 나라가 됐을 뿐만 아니라 아르헨티나, 브라질, 우루과이를 합한 군대의 두 배가 넘는 군대를 자랑하게 되었다. 인구는 경쟁국들의 인구 규모의 20분의 1에 불과한데도 말이다. 과거 반세기 동안의 플라타 지역만큼이나 뜨거운 평화는 불안정했다. 갈등은 불가피했다. 파라과이 전쟁은 1864년 10월에 터졌다.

이게 다 운송 때문이었다. 파라과이는 적들에게 강을 통해 운송할 길을 허락하지 말아야 했고, 그러려면 부에노스아이레스를 점령해야 했다. 파라과이에게는 유감스럽게도, 브라질은 리아추엘로 전투에서 파라과이의 단 하나뿐인 함대를 침몰시키면서 파라과이의 첫 공격을 막아내는 한편 아르헨티나, 브라질, 우루과이 3각 동맹이 지역의 강들을 군대를 실어 나르는 체계로 이용할 수 있게 했다. 혹독한 5년을 지낸 끝에 파라과이는 제압당하는 데 그치지 않고 파괴되었다. 전쟁 전 인구의 절반 이상이 사망했다.

역사는 승자가 쓴다. 그리고 대부분의 라틴아메리카 역사학자들은 로페스를 불안정하고 광적이고 자기도취적이며 복수심에 불타는 인물로 기록한다. 이는(그리고 더 많은 주장들이) 사실임에 거의 틀림없지만, 잠깐 이렇게 역사의 샛길로 빠진 이유가 그 때문은 아니다.

첫째, 파라과이와 로페스는 단순히 싸우다 죽지 않았다. 잘 싸우다 죽었다. 3각 동맹은 리아추엘로 전쟁 후 거의 모든 전투가 발생하는 시간과 장소를 자유자재로 선택했지만, 파라과이는 되로 받고 말로 갚았다. 특히 참혹했던 한 전투에서 사상자 비율이 파라과이 한 명에 적은 20명 이상인 적도 있었다. 로페스의 군대는 단합되고 전문화되고 산업화된 군대가 전신 통신망과 철도 운송 체제를 갖추면 사분오열되고 임시로 편성되고 구식 소총으로 무장한 군을 상대로 얼마나 치명타를 가할 수 있는지를 뼈저리게 체험하게 해주었다.

둘째, 이 갈등으로 브라질은 파산했고 민간정부보다 브라질 군대에 힘이 실리게 되었으며 쿠데타, 역 쿠데타, 군의 접수, 빚잔치, 경제 붕괴가 지루하게 이어지면서 브라질을 휘청거리게 했다.

셋째, 아르헨티나에서도 권력이 중앙에 집중되었지만 사뭇 다른 결과를 낳았다. 전쟁이 발발하고 몇 달이 안 되었을 때 아르헨티나의 엘리트 계층은 자신들이 서로를 파멸시키는 상황을 얼마나 가까스로 모면했는지 깨닫게 되었다. 그들은 가진 것을 총동원해서 파라과이를 공격했다. 전쟁으로 나라의 군사, 경제, 정치 생활을 부에노스아이레스로 집중시킬 필요가 있었다. 신참내기 국가 파라과이의 맹공 덕분에 정신이 번쩍 든 아르헨티나는 나라의 면모를 갖추게 되었다. 그리고 지리적 여건이 어떤 영향력을 발휘하는지에 대한 교과서적인 사례를 바로 아르헨티나가 보여주었다.

파라과이를 상대로 승리를 거두고 몇 달 안에 아르헨티나는 새로 구축한 군대를 남쪽으로 돌렸고 "사막의 정복" 작전에서 네그로강과 신비로운 파타고니아산맥 사이에 사는 원주민 부족들을 제거했다. 사막의 정복은 미국의 인디언 전쟁과 똑같은 인종학살적인 특성을 보였다. 일방적인 전투, 비무장 민간인 학살, 급습, 인종청소, 강제 행군, 의도적인 질병 확산 등이 그러한 특징들이다. 그러나 여기서는 초기 산업화 시대의 최고 군사기술이 이용되었고, 10년 만에 완전히 끝났다. 소총 대 곤봉의 대결이 되풀이되면 시간이 압축되는 경향이 있다. 그 결과는 예상대로 확정적이었다. 부에노스아이레스는 새로이 얻은 힘을 오늘날 우리가 아르헨티나로 알고 있는 영토 전역에서 확고하고 항구적으로 다지게 되었다.

단절된 초강대국

전쟁이 끝나자 아르헨티나 정부는 분주하게 정부가 해야 할 일에 착수했다. 지속성을 구축하고, 대중 교육 체계를 확립하고, 영토 전체에 사회간접자본을 건설해 국토를 서로 연결했다. 이러한 사업들이 진행되는 내내 부에노스아이레스는 신생국이 창출하는 상업과 역동성을 모조리 빨아들였지만, 과거와 미래가 뒤섞이면서 결국 궤도를 이탈했다.

첫째, 과거다. 아르헨티나에서 규모의 경제를 달성하기란 누워서 떡 먹기에 땅 짚고 헤엄치기지만, 그래도 여전히 시설을 구축해야 하고 그러려면 돈이 든다. 주로 대영 제국 말기 영국 돈이 쏟아져 들어오면서 아르헨티나의 천혜의 농업 환경이 활짝 꽃피었다. 그러나 외국 자본은 아무한테나 융자를 해주지 않았다. 오로지 믿을 만한 경제적, 정치적 이력이 있는 이들에게만 제공되었다—오로지 본래 (부유했던) 정착민과 상인과 보다 근래에는 카우디요들로부터 유산을 물려받은 지역 과점 세력들에게만. 신문 표제기사에 등장한 수치로만 보면 아르헨티나는 선전하는 듯이 보였을지 모르지만, 돈이 넘쳐흐르는 만큼 부의 불평등도 극심해졌고, 빚은 산더미처럼 쌓여갔다. 영국이 제1차 세계대전에서 쓸 군자금이 필요하게 되자 아르헨티나에 부채 상환을 요구했고 아르헨티나의 첫 번째 재정 붕괴를 촉발했다.

둘째, 미래다. 서반구에서 배가 다니는 물길이 굽이치는 드넓은 경작지를 보유한 나라는 아르헨티나뿐만이 아니다. 미국 역사의 처음 125년 동안, 미국은 대체로 자국에만 골몰했다. 그러나 남북전쟁 후 재건 노력의 일환으로 가장 최신식의 산업화된 사회간접자본을 구축해 나라를 서로 연결했다. 미국이 1890년대에 바깥 세계로 관심을 돌리면서, 역사적으로 전례 없는 규모의 경제가 세계 농산물 시장을 휩쓸었다. 아르헨티나는 광활한 토지와 쓸모 있는 강이 많을지 모르지만, 미국에 비할 바가 아니었다. 그리고 미국이 구축한 세계질서가 지배한 시대와는 달리 두 차례 세계대전이 발발하기 이전의 미국은 철저한 중상주의자였고 그 누구와도 시장을 나눌 생각이 없었다.

미국과의 차이를 벌충하려고 아르헨티나는 국가 차원에서 빌린 돈으로 농산물 시장에 직접 뛰어들어, 과점 세력들이 소유한 기업에 보조금을 지급했다. 사회적 불평등과 처참한 경제적 처지에 놓인 하층민의 불만은 대공황이 닥치기도 전에 끓어올랐다. 무정부 상태를 막기 위해 군이 1930년 쿠데타를 일으켰고 그 이후 수십 년 동안 혁명정부, 쿠데타, 포퓰리스트 폭동이 이어졌다.

오늘날까지도 아르헨티나를 규정하는 혼돈과 정부의 역기능의 패턴을 확고히 한 자가 바로 1946년 대통령이 된 포퓰리스트 후안 도밍고 페론이다.

페론에 대한 개인 숭배는 모순의 극치다. 페론주의는 국가를 노동자의 권리를 보장하는 주체로 보지만, 노조를 해체하고 노동자들이 항의할 권리를 범죄로 만드는 한편 정부의 지시를 받는 공장 관리자들을 상대로 노동자들을 대신해 로비를 했다. 정부가 경제의 1차적인 주체가 되지만 생산수단의 공공소유나 민간 소유에 대해서는 공산주의 겸 파시스트 접근방식을 이용한다.

페론주의 하에서 그리고 페론주의에 저항하는 폭력 시위가 난무하면서, 아르헨티나는 거의 전부를 잃었다. 한때 밀, 옥수수, 돼지고기, 소고기, 석유, 천연가스 시장의 선두주자였던 아르헨티나는 이 모든 제품을 수입하는 지경에 이르렀다. 한때 서반구에서 논쟁의 여지없는 제2의 강대국이었던 아르헨티나는 자국 주변 지역 내에서도 힘을 쓰지 못했다. 전체적으로 아르헨티나를 풍요롭고 격조 있고 막강하게 만들었던 거의 모든 것들이 씻겨나갔다.

아르헨티나는 의도적인 무능함으로 치면 둘째가면 서러울 정치인들을 배출한 역사 때문에 아직도 고통을 겪고 있지만, 다가올 무질서의 시대에 대단히 선전할 여건을 갖추고 있다.

첫째, 아르헨티나는 지리적으로 한참 외진 곳에 따로 떨어져 있다. 원자력발전 항공모함이 바다를 누비는 오늘날, 아르헨티나는 돛단배 시절만큼 고립되어 있지는 않지만 그래도 동반구에서 부에노스아이레스까지 가려면 머나먼 긴 여정이다. 앞으로 미국은 사실상 먼로주의를 강화하면서 그 어떤 포식자도 남미에 접근하지 못하게 한다. 게다가 총체적인 혼돈에 휘청거릴 브라질을 생각해보면, 뉴질랜드를 제외하고 지구상에서 그 어떤 나라도 아르헨티나만큼 물리적 안보가 보장되지 않는다.

둘째, 다소 공교롭게도, 물리적 안보가 튼튼한 아르헨티나는 세계가 필요한 거의 모든 것이 풍부한 나라다.

일견 이는 당연하다. 2000년대와 2010년대에 페론주의 정부가 나라를 황폐화시켰지만, 온대기후에서 자라는 농산물 수출 잠재력은 여전히 대단하다. 아주 전향적인 정부 정책이 아니어도 아르헨티나의 산출량을 늘려서 옥수수, 대두, 밀, 가금류, 소고기 생산이나 수출에서 세계 10위 안에 진입할 수 있다.

얼핏 보면 아르헨티나의 풍요는 명백히 드러나지 않는다. 아르헨티나는 상당한 셰일 석유가 매장되어 있다. 셰일 매장지는 세계적으로 상당히 흔하지만 대부분이 그다지 쓸모가 있지 않다. 대부분의 매장지가 매장 층이 얇고 석유가 빈약하며, 인구밀집 지역에서 멀리 떨어져 있다. 아르헨티나는 그렇지 않다.

아르헨티나의 셰일 매장지는 북미에 버금간다. 석유밀도가 높고 주요 대도시 지역과 이미 연결된 기존의 석유 운송시설과 가깝다.

이러한 유전을 가동하는 데는 몇십 년이 아니라 몇 년이면 된다. 다가올 아르헨티나의 셰일 붐은 (아마도) 미국의 셰일 붐만큼 변화를 일으키지는 않겠지만, 그래도 아르헨티나를 천연가스와 석유를 수출하는 비중 있는 나라로 자리매김할 정도는 된다. 아르헨티나는 이미 세계에서 미국과 캐나다에 이어 세 번째로 셰일 석유와 천연가스를 많이 생산하고 있다. 게다가 덤으로 아르헨티나는 태양광과 풍력 발전 잠재력도 세계 5위 안에 너끈히 들어간다. 자국 내에서 친환경으로 전기를 생산하면 그만큼 수출할 석유물량은 늘어난다.

그게 다가 아니다. 아르헨티나의 인구 구조는 발전 단계에 있는 나라에 최적이라는, 요즘 찾아보기 힘든 아주 드문 이점까지 누리고 있다.

이는 페론주의가 남긴 뜻밖의 유산이다. 페론주의가 끼친 가장 치명적인 영향은 기본적인 재화에 보조금을 지급했다는 점도 있다. 식량과 전기 값이 적게 드니 국민은 소비를 늘린다. 처음에 정부는 차액을 지불하지만, 정부가 돈이 떨어지고 돈을 빌릴 능력도 한계에 도달하면, 비용을 생산자에게 떠넘긴다. 정부가 가격 상한을 생산비용 이하로 책정하면 대부분의 생산자가 보일 반응은 뻔하다. 생산을 중단한다. 그 결과 국가는 빚더미에 안게 되고, 수

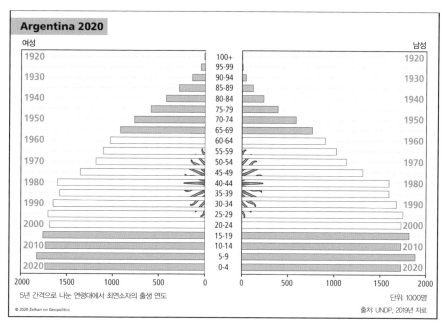

Argentina 2020

여성   남성

5년 간격으로 나눈 연령대에서 최연소자의 출생 연도

© 2020 Zeihan on Geopolitics

단위: 1000명

출처: UNDP, 2019년 자료

아르헨티나 2020

요와 공급이 엄청나게 왜곡되며, 부패가 만연하고, 총체적으로 자원이 부실하게 관리되며, 생산 부문이 붕괴하고 거의 모든 물품이 부족해진다. 아르헨티나는 이미 이러한 악순환을 여러 번 겪었다.

그러나 페론주의 식의 보조금 지급 정책이 지닌 이점이 있다면, 식량, 주거, 전기, 물 값이 싸니까 도시 환경에서 자녀를 양육하는 비용이 줄어든다는 점이다. 아르헨티나는 산업화 사회의 숙련된 노동력에 산업화 이전의 인구 구조까지 지니고 있다. 전체 인구와 비교해볼 때 숙련된 노동력의 비율이 높기 때문에 아르헨티나는 브라질과 정반대 입장에 처하게 된다. 최악의 상황에서도 아르헨티나는 인구가 젊고 고령화가 서서히 진행되므로—유럽 같은 상황은 걱정할 필요도 없고—미국처럼 대거 은퇴자가 발생해 정부 재정이 빠듯해지는 상황에 직면하는 시기는 빨라야 2070년이다. 이와 비교하면 브라질―좁은 도시지역에 밀집해 살기까지 하니―은 늦어도 2045년 무렵이면 그 시점에 도달한다.

에너지가 부족하고, 물리적인 안보가 불안해지고, 인구 구조가 붕괴되는 상황에 빠지는 세상에서 아르헨티나는 풍부한 자원, 비옥한 토지, 배가 다니는 강, 외진 지리적 여건, 그리고 탄탄한 인구 구조까지 누리면서 무질서의 시대를 최대한 활용하게 된다.

아르헨티나가 동아시아 제조업을 남미에서 재현할 가능성도 손에 잡힐 듯이 가까이 다가왔다. 아르헨티나는 1970-1990년 아시아 경제 활황을 뒷받침한 물리적 안보와 에너지 안보를 갖추고 있고 노동시장 구조도 비슷하다. 금상첨화로, 유일하게 미국을 제외하고 그 어떤 나라도 1980년대 세계적으로 출생률이 폭락한 이후로 아르헨티나처럼 국내 소비가 견인하는 성장을 누리지 못했다. 아르헨티나는 일부 원자재 접근을 확보하고(브라질에서 조달할 수 있다), 일부 자본을 수입하고(미국이 제공할 가능성이 높다), 법적 여건과 규제 여건만 정비(전적으로 아르헨티나에 달렸다)하면 만사형통이다.

이 모든 여건을 고려하면 아르헨티나는 터키와 비슷하다. 단지 터키처럼 안보와 관련된 외부의 복잡한 사정이 없을 뿐이다. 페론주의가 부상하면서 아르헨티나는 자기도취적인 포퓰리즘과 페론주의에 대한 반격을 번갈아 오가며 허우적거렸다. 아르헨티나는 1880년대부터 1920년대까지 세계적으로 비중 있는 나라였지만 오늘날에는 역내에서조차 존재감이 없는 나라로 전락했다.

그러나 세계화가 죽음의 나락에 떨어지는 세상에서 아르헨티나가 선택할 길은 두 가지다.

선택지 하나, 아르헨티나는 페론주의의 수많은 폐해를 바로잡을 정부를 선출한다. 그렇게 되면 아르헨티나의 가려진 장점들이 빛을 발하게 되고 10-20년 만에 남미 대륙에서―그리고 세계적으로―성공사례가 된다.

선택지 둘, 페론주의가 지속되고 아르헨티나 경제는 여전히 국가주의를 추구하고 비효율적이고 자기 파괴적이다. 투자는 부진하고 전반적으로 쇠락하게 된다. 그러나 아르헨티나는 인구 구조가 거의 완벽하고, 이러한 인구 구조는 매우 드물다. 자원도 풍부하다. 이 또한 매우 드물다. 지리적 여건도 이상적이다. 이는 더더욱 드물다. 대체로 아르헨티나는 역기능과 포퓰리즘과 갈등으로 점철된 세상을 헤쳐 나가는 실전 경험을 그 어느 나라보다도 많이 축적해놓았다. 아르헨티나는 빛을 발하지 못하게 될지 모르지만, 그래도 여전히 세계 거의 모든 나라보다 훨씬 전망이 밝다.

아르헨티나가 중심으로 이동하든 중심이 아르헨티나로 이동하든 상관없이 아르헨티나의 우월한 지리적 여건과 인구 구조는 미래에 성공을 보장한다. 앞으로 아르헨티나는 반드시 황금시대를 구가하게 된다. 어느 정도나 구가하게 될지가 관건일 뿐이다.

성공을 규정하기

조직적으로, 경제적으로, 정치적으로, 외교적으로 아르헨티나는 바닥에서부터 다시 시작하고 있다. 페론주의와 반페론주의가 번갈아 야기한 처참한 폐해로 바깥세상에 신경을 쓸 역량이 거의 초토화되었다. 아르헨티나가 당장 믿기지 않을 정도로 뛰어난 청사진을 생각해내 이를 충실히 제대로 집행한다고 해도 이 나라에 뚫린 문화적 구멍은 너무 깊어서 아르헨티나가 20년 안에 생산성을 향상시키는 역량을 넘어 세계정세에서 역할을 할 비중 있는 나라가 되기는 어렵다.

그러나 아르헨티나의 의도와는 상관없이 역내에서는 당연히 비중 있는 중심축이 된다. 지리적 여건을 보면 어떻게 전개될지 분명해진다.

1단계: 3각 동맹이 파라과이 전쟁에서 로페즈를 격파할 역량을 강에서 얻었듯이, 이 강들은 여전히 아르헨티나의 이웃나라들을 통제하는 핵심적인 요소다. 2000년 페론주의로 함몰되던 아르헨티나 체제는 너무나도 취약해져서 지방 당국들은 우루과이, 파라과이, 파라나 세 강의 물길 바닥의 준설작업을 중단했다. 같은 기간 동안 때마침 브라질에서 사회간접자본 구축 정책이 대대적으로 집행되면서 파라과이 농업 생산자들은 산출물을 트럭에 실어 브라질을 통해 바깥세상으로 수출했다. 브라질 도로는 아르헨티나 강어귀보다 사용료가 훨씬 많이 들지만, 아르헨티나를 신뢰할 수가 없었기에 수출업자들로서는 선택의 여지가 없었다. 그 결과 브라질은 지금 아르헨티나보다 단연 앞선 지배적인 경제국가다.

아르헨티나가 이 나라들을 다시 아르헨티나 영향권에 진입시키려면 강의 운송경로가 제 기능을 유지하게만 하면 되는데, 이는 아르헨티나 자국의 이익에도 부합하는 일이다. 나머지는 기본적인 경제원리가 알아서 한다.

그러나 무역 관련 소득보다 우루과이가 지닌 전략적 가치가 더 중요하다. 우루과이의 수도 몬테비데오는 리오데라플라타에 위치한 부에노스아이레스의 거의 맞은편에 자리하고 있다. 아르헨티나를 공격할 마음을 먹는다면 몬테비데오가 공격을 개시할 지점으로 제격이다. 누군가 몬테비데오를 장악하면 아르헨티나에서 반출되는 화물 운송이 위협을 받게 되므로 몬테비데오는 아르헨티나의 수도와 핵심지역 전체를 장악하기에 효과적인 전초기지다. 아르헨티나는 전략적 사고가 서툴지만, 세상이 변하고 예전의 기억이 되살아나면, 자국이 스페인, 영국, 포르투갈, 그리고 브라질과 이 작은 땅뙈기를 두고 벌인 전투들을 떠올리게 된다.

2단계: 아르헨티나와 국경을 접하고 있는 다른 두 나라—볼리비아와 칠레—와 관련 있는데 좀 더 생각을 요한다.

칠레는 양극단이 존재하는 곳이다. 영토의 허리춤에 농장, 과수원, 포도농장으로 가득한 단일한 계곡 지대가 일련의 구리와 리튬 광산이 있는 북부 사막과 끊어질 듯이 연결되어 있다. 이러한 엉뚱한 조합이 나라로 지속되어온 데는 세 가지 이유가 있다.

첫째, 안데스산맥이 아르헨티나와의 교류를 가로막는다. 아르헨티나가 강하든 약하든 안데스산맥은 늘 접촉을 제한하고 칠레의 엉뚱한 지리적 특이성이 지속되도록 돕는다.

둘째, 칠레에 도전장을 내밀 정도로 충분히 지리적으로 노출되어 있고 이해관계가 걸린 나라는 볼리비아뿐이고, 볼리비아도 칠레 못지않게 국토가 지리적으로 양분되어 있다. (대부분이 원주민인) 인구의 3분의 2가 고지대에 거주하는데, (농업 위주인) 경제의 3분의 2는 브라질 남쪽과 맞닿아 있는 저지대 농장에서 창출된다.

1879-1884년 태평양 전쟁 때 볼리비아와 칠레는 서로 칼을 휘둘렀다. 전쟁 후 보상의 일환으로 볼리비아는 아타카마 사막 대부분뿐만 아니라 바다와 접한 해안지역을 칠레에 이양해야 했다. 바로 이 아타카마 사막에서 오늘날 칠레의 구리와 리튬의 대부분 생산된다. 볼리비아는 한 세기 전 전쟁에서 패했을 때 못지않게 지금도 여전히 칠레에 화가 나있다.

두 나라 사이의 불화로 아르헨티나는 많은 기회를 얻는다. 아르헨티나는 칠레에 천연가스를 공급했었는데, 2000년대에 경제가 붕괴하면서 수출이 거의 중단되었다. 최근 들어 천연가스 생산과 수출이 다시 증가하는 추세다. 아르헨티나가 다른 부문에서도 회복하면 당연히 칠레의 주요 공급원이 된다. 식량과 에너지 관련 거의 모든 것에서 말이다. 볼리비아는 칠레를 통해서 수출품을 바깥세상으로 내보내기를 꺼리기 때문에, 아르헨티나가 2000년대에 페론주의의 무기력에 빠졌을 때, 고지대에서 생산된 볼리비아 광물은 차코와 브라질 영토를 관통하는 고난의 행군을 거쳐 대서양으로 반출되었다. 아르헨티나가 정책을 약간만 수정해도 운송이 훨씬 수월해진다. 칠레 수도 산티아고는 세계적 수준의 태양광과 풍력 잠재력을 지닌 아르헨티나 지역과 그리 멀지 않다. 아르헨티나는 두 나라에서 경제적인 족적을 확대하는 한편 두 나라가 서로 경제적 교류를 확대하는 데 있어서 핵심적인 역할을 할 수 있다.

그러면 브라질이 남는다.

아르헨티나가 우루과이와 파라과이 두 나라와의 관계에서와 마찬가지로 브라질과의 관계에서 균형이 아르헨티나 쪽으로 기울게 하려면 거창한 기획을 하거니 특별히 강압적인 방법을 쓰지 않아도 된다. 아르헨티나의 경제성장이 브라질 국경지역에 대한 영향력 확대로 전환되도록 하는 데는 아르헨티나의 침투 정책도 필요 없다. 파라나강은 파라과이 중부까지 운항 가능하다. 브라질의 마토그로소두술 농부들은 산출물을 파라과이의 수도 아순시온으로 운송해 부에노스아이레스로 가는 바지선에 싣는 편이 트럭에 실어 브라질의 단층애를 넘어가는 방법보다 훨씬 수월하고 비용도 적게 든다.

간단히 말하면, 아르헨티나는 지리적 특징 덕분에 성공할 운명이라면, 브라질은 지리적 특징의 제약 때문에 아주 특정한 여건 하에서만 성공할 수 있는데 이 여건은 브라질이 통제하기 어려울 뿐만 아니라 더 이상 존재하지 않는다. 브라질이 몰락하면 아르헨티나는 가만히 있어도 존재감이 커진다.

아르헨티나는 코니 술(남회귀선 아래, 남아메리카의 최남단 지역. 아르헨티나, 칠레, 우루과이 전역과 파라과이의 일부, 그리고 브라질의 히우그란지두술주, 산타카타리나주, 파라나주, 상파울루주 등의 남부 일부를 포함하는 지역—옮긴이)에 색다른 특징을 보탠다. 아르헨티나는 단순히 지역 맹주로서 브라질을 제치는 데 그치지 않고 남미 대륙의 알짜배기 영토를 모두 단일한 영향권 내에 두게 된다.

남미 얘기만 하면 따분해 하품이 나는 이들이 있다면 이 점을 한 번 생각해보라. 아르헨티나가 자국을 일신해서 칠레, 파라과이, 우루과이를 압도하는 데 성공한다면 아르헨티나는 세계에서 네 번째로 넓은 온대기후 지역의 경작지를 점유하게 된다. 그것도 역내에서 경쟁자가 전무한, 세계에서 두 번째로 천혜의 운항 가능한 강들이 거미줄처럼 엮여 있는 영토에서 말이다. 아르헨티나가 제정신을 차리면 곧 지역 맹주가 되지만, 역내에서 자국을 위협할 만한 나라는 전무하고, 아르헨티나는 곧 자국의 힘을 밖으로 투사하기가 아주 쉽다는 사실을 깨닫게 된다. 미국이라는 초강대국이 탄생한 까닭은 바로 적절한 시기에 이러한 요인들이 복합적으로 작용했기 때문이다.

아르헨티나의 성적표

국경: 아르헨티나는 지구상에서 가장 안보가 튼튼한 천혜의 지리적 여건을 누린다. 서쪽으로는 안데스 산맥, 동쪽으로는 대서양이다. 아르헨티나를 위협하는 유일한 요인은 아르헨티나 자신이다.

자원: 아르헨티나는 거의 현기증이 날 정도로 광물과 농산물이 풍부하다. 소고기, 곡물, 대두, 은, 구리, 포도주, 석유, 천연가스 부문에서 앞서가는 수출국이다.

인구: 이웃 나라 브라질과는 달리 아르헨티나는 인구가 비교적 젊고 인구 구조가 건강하다(대대적인 보조금 지급으로 아이를 많이 낳았다).

군사력: 별 볼일 없다. 쿠데타와 관리 소홀, 의도적인 탈군사화로 아르헨티나 군사력은 조롱거리다. 그러나 아르헨티나의 국경이 안전하고 역내 경쟁자가 없어서 군사력은 불필요하다.

경제: 아르헨티나의 경제는 말 그대로 정치적 오판 때문에 거의 완벽한 지리적 이점들이 제 실력을 발휘하지 못하게 된 교과서적인 사례다. 민족주의-사회주의-전체주의 정책들이 뒤섞인 자생적인 독특한 정책으로 대대적인 물가상승, 자본유출, 국가채무불이행이 이어졌다. 그런데도 아르헨티나

의 미래는 여전히 밝다.

전망: 보다 정상적인 정치 이념이 뿌리를 내리면, 아르헨티나는 역내 맹주가 되는 데 필요한 만반의 여건을 갖추게 된다.

한마디로: 골프로 치면 멀리건(Mulligan)이다. 최초의 티샷을 잘못 쳤을 때 벌타 없이 주어지는 세컨드 샷 말이다.

14

앞으로 닥칠 혼란상: 미국 외교정책의 미래

The Misshape Of Things To Come: The Future of American Foreign Policy

세 계 관리의 관점에서뿐만 아니라 미국 역사의 관점에서 보아도 현재의 세계질서는 매우 독특하다. 현재의 세계질서가 구축되기 이전의 시대에 미국의 외교정책은 일관적이지 않았다. 여러 가지 방식으로 관여했다가 관여하지 않았다가 오락가락했다. 초창기에 영국에 대한 반감의 색채를 띤 관여 정책으로 미국은 1812년 전쟁을 치렀다. 초창기 고립주의는 역내 제국주의의 색채가 가미되어 먼로주의를 낳았다. 재건과 대공황으로 새로운 고립주의 정책이 나온 반면, 스페인-미국 전쟁과 제1차 세계대전으로 미국은 주목을 받게 되었다.

그러나 이처럼 오락가락하는 정책에도 불구하고 현재의 세계질서 이전의 미국은 국제기구를 신뢰하지도, 다자주의를 내세우지도 않았고, 자국의 운신의 폭을 제약하는 그 어떤 조치도 수긍하지 않았다. 대부분의 나라들의 경우 그러한 정책적 변덕은 흔치 않다. 대부분의 경우 한 나라의 지리적 여건 때문에 특정한 전략적 필요가 유전자에 내장되어 있다. 러시아는 국경을 보다 쉽게 방어하기 위해서 팽창해야 한다. 일본은 공급선을 확보해야 한다. 독일은 먼저 행동을 취하지 않으면 압도당할 위험이 있다. 브라질은 외부에서 융자를 받을 방법을 모색해야 한다. 이와 같이 항구적인 요인들 때문에 선택지가 제한되고 정신을 집중해야 하며, 당장 어떤 정치이념이 지배적인지는 크게 고려대상이 되지 않는다.

미국은 그렇지 않다. 미국의 힘은 거대하고 위협으로부터 안전하다. 소련이 위협으로 부상하면서 미국은 초당적으로 세계질서를 구축했고, 미국의 정책은 당대의 정치적 열정에 따라 바뀌었다. 이제 세계질서의 끝자락에서 미국은 전략적으로 제약을 받지 않는 보다 "정상적인" 나라로 되돌아간다. 이제 미국이 맥락과 결과에 대한 우려로부터 자유로워지면 어떤 행동을 할지 추측하는 일과 비교하면 프랑스나 터키나 아르헨티나가 할 행동을 예측하는 일은 애들 장난이나 다름없다.

미국은 민주공화국으로서 헌법은 소선거구를 토대로 최다득표자를 선출하도록 규정하고 있다. 해석하면, 정치 후보들은 특정한 지역구를 대표하는 특정한 의석에 출마한다. 선거에서 이기기 위해서 과반수 득표를 할 필요는 없다. 차점자보다 한 표라도 많이 얻으면 된다.

이러한 헌법적인 특징이 미국의 정당 구조에 크게 영향을 미친다. 전국적인 이슈보다 지엽적이거나 이념적인 이슈에 협소하게 집중하는 당은 인접지역이나 특정한 이념 바깥에서는 지지를 얻기가 어렵고, 따라서 보다 폭넓고 보다 전국적인 집단에 먹혀버린다. 마찬가지로 단일 이슈 정당은 폭넓은 호소력을 발휘하지 못하므로 경쟁력이 없다. 몇 퍼센티지 포인트 얻는다고 해도—설사 전국적으로 얻는다고 해도—의석을 확보하지 못하기 때문이다.

그러한 특성들 때문에 미국의 정당은 안정적인 동시에 취약하다. 일단 파벌들이 연합해 정당을 구성하면, 그 당은 수십 년 지속된다는 점에서 안정적이다. 당내에서 각 파벌의 권력이 부침을 겪지만 전체적인 정치 체제를 훼손하지는 않는다. 각 파벌이 당의 면모에 대해 나름의 생각을 지니고 있으므로 특정한 목표를 함께 추진하도록 서로 다른 파벌들을 설득하려면 발품을 많이 팔아야 한다.

2020년, 미국의 기존의 두 당은 유동적인 상태에 놓여있다. 단순히 기존의 정당 내에서 파벌들이 세를 얻거나 잃는 게 아니라 당적을 바꾸는 경우까지 생기고 있다. 과거에 일부 유권자들이 지녔던 감춰진 성향이 표면으로 드러나는 한편, 과거에 팽배했던 성향은 가려지고 있다. 지금은 조정의 시기다. 자신이 속한 파벌의 특성들을 가능한 한 많이 아우르는 정당을 구축하려고 각축전을 벌이는 한편 선거에서 이기기에 충분히 폭넓은 지지 기반을 구축하는 시기다. 이는 실제로 어떤 의미가 있을까? 혼돈은 당연하고, 흥미진진한 시대에 살 팔자라는 느낌이 든다.

우선 미국의 중도우익 정당 공화당부터 시작해보자. 공화당은 2000년 이후 전개된 상황들 때문에 여러모로 피해를 보아왔다. 9·11같이 큰 사건과 뒤이은 이라크 전쟁과 아프가니스탄 전쟁, 허리케인 카트리나와 리타의 여파, 베이비붐 세대가 나이들어 은퇴하는 데 따른 부작용은 그 어떤 정치적 동맹도 지속하기 힘들게 한다. 이러한 사건들이 전개되는 동안 공화당이 집권했고 딱히 전문가답게 처신하지 못했다는 점도 도움이 되지 않았다.

그러나 핵심적인 문제는 공화당의 조합이 너무 완벽했다는 점이다. 공화당은 크게 여섯 개 집단이 모인 연합체이다. 기업계, 국가안보를 강조하는 보수주의자, 건전한 재정이 우선인 지지자, 복음주의자, 낙태반대 유권자, 그리고 포퓰리스트다. 각 집단마다 중요시하는 핵심적인 이슈가 있고 그 이슈 외에는 큰 관심이 없다. 각 집단의 관심사를 모두 담은 당 강령을 만들면서 파벌 간에 충돌을 피하기란 식은 죽 먹기다. 그러한 협소한 구조—상대적으로 적은 표를 얻을지 모르지만—는 굵직한 선거는 이기는 경향이 있다. 당내 싸움이 최소화되기 때문이다.

그러나 2000년부터 이 연합은 허물어지기 시작했다. 테러와의 전쟁에 엄청난 비용을 쓰자 재정건전성을 중시하는 파벌과 기업계는 경악했다. 이 두 집단이 행정부를 압박해 (이렇다 할 결론도 내지 못하고) 전쟁을 마무리하게 하는 데 성공하자, 국가안보를 중요시하는 유권자들이 안절부절못했다. 허리케인 재해를 두고 정부가 보인 무능은 아무도 만족시키지 못했지만, 재해가 강타한 지역은 복음주의자들이 바글바글한 지역이라서 우익 쪽에서 가장 오른쪽인 사람들까지도 열 받았다. 공화당 연합체는 정책을 둘러싼 내부 논쟁을 관리하는 경험이 일천하기 때문에 지도부는 이러한 충돌을 제대로 다루지 못했다. 당 전체에 반목과 대립이 확산되고 뿌리를 내렸다.

공화당 연합체 내에서 가장 소외감을 느끼고 가장 큰 균열을 야기한 집단은 포퓰리스트들이었다. 미국에서 우익 성향인 포퓰리스트는 늘 각양각색의 사람들이 모인 집단이었다—특히 동기로 말하자면 그랬다. 지방 권력을 추구하는 사람들, 음모론자, 빈곤한 백인, 인종차별주의자 그리고 폭탄을 투척하는 아랍인이든 치즈라면 환장하는 프랑스인이든 월스트리트에 호화로운 사무실을 차지하고 앉아 있는 이든, 일반적으로 어디선가 누군가가 미국에 해를 끼치고 있다고 생각하는 사람이라면 누구든 여기에 속했다.

포퓰리스트는 공화당 연합체에서 늘 정신 나간 사람 같은 존재였고, 나머지 파벌들이 포퓰리스트 집단을 참고 내버려둔 이유는 오로지 그 집단이 전혀 조직화되어 있지 않았고 공화당이 내세우는 의제 설정에 영향을 미칠 역량은 없지만 집토끼 표밭이기 때문이었다. 누가 집계한 데이터이고 어느 총선을 토대로 한 데이터인지에 따라 그 수치가 다르지만, 그러한 포퓰리스트는 전국 유권자 기반의 5에서 15퍼센트를 차지했다. 최저치인 5퍼센트라고 해도 동성애자 집단보다 크고 최고치인 15퍼센트의 경우 흑인이나 히스패닉 집단보다 크다.

세월은 변한다. 소셜 미디어의 시대에는 조직화하고 기금을 조성하고 개인의 견해를 널리 알리는 행위를 가로막는 장애물은 사라졌다. 하워드 딘, 버락 오바마, 버니 샌더스를 등장시킨 바로 그 진보—그들로 하여금 민주당 체제를 우회해 잠재적인 지지자들에게 직접 호소하게 해준 기술—가 티파티(Tea Party)와 대안우익(alt-Right)도 탄생시켰다.

전국적인 후보는 누구든 어느 정도 이러한 파벌들 사이에서 절충점을 추구하지만, 대부분의 후보는 선호하는 파벌이 있다. 로널드 레이건은 재계를 잘 파악했다. 조지 H. W. 부시는 국가안보를 중시하는 집단과 친밀했다. 그의 아들 W. 부시는 복음주의자들을 으뜸가는 위치로 격상시켰다. 이 모든 사례에서 하나같이 포퓰리스트가 배경에 있었다. 그러나 소셜 미디어 덕분에 포퓰리스트 집단은 2015년 공화당 예비선거에서 돌풍을 일으켰고, 그들이 지지하는 후보—도널드 트럼프—를 공화당 운전석에 앉혔다. 포퓰리스트 집단은 과거에 조직화되지 않았기 때문에, 나머지 공화당 연합체는 정책적으로 포퓰리스트들이 추구하는 바를 제대로 파악하지 못했다. 이제 포퓰리스트 집단이 결정권을 쥔 지금, 나머지 기존의 공화당 연합체는 좀 어리둥절해 있다. 사회 복지정책에 대한 포퓰리스트 집단의 입장은 재정건전성을 중요시하는 보수주의자들을 소외시킨다. 국가안보에 대한 그들의 입장은 군부와 정보조직을 분노케 한다. 이민정책 목표는 복음주의자 집단을 반으로 갈라놓는다. 재정과 규제에 관한 그들의 생각은 재계를 허허벌판으로 내몰았다. 낙태반대 유권자 집단을 제외하고 기존의 공화당 연합체는 완전히 산산조각 났다. 수습이 불가능할 정도로.

2016년 공화당 전당대회와 더불어 도널드 트럼프는 재정건전성, 국가안보, 재계 입장을 대변하는 파벌들로 구성된 "전통적인" 공화당 집행부를 숙청하는 데 성공했다. 이 노력은 2018년 중간선거에서 이러한 파벌들을 의회에서 대거 축출하고 그들을 트럼프를 지지하는 포퓰리스트들로 대체하면서 절정에 달했다. 지역구 전체가 물갈이가 되었다. "공화당"은 더 이상 예전의 공화당이 아니었다.

민주당이라고 해서 나을 게 없다. 미국의 중도좌익 정당이 안고 있는 문제는 특정한 집단을 제대로 관리, 통제하지 못하는 데서 비롯되는 결점이 아니라 허술한 전략 기획과 훨씬 밀접한 관련이 있다. 1980년대 중엽부터 민주당은 인구 구조라는 뜨거운 쟁점에 꽂히게 되었다. 어느 점집에 가서 점을 봤는지, 무슨 귀신이 씌었는지 모르겠지만 민주당 지도부는 이민, 출생률 차이, 여성운동과 동성애자 운동의 부상으로, 당이 흑인, 히스패닉, 동성애자, 미혼모 연합체를 이끌게 되면 "자연스럽게" 미국의 집권 정당이 되는 건 따 놓은 당상이라고 결론을 내리게 되었다.

캘리포니아의 인구 구조를 보면 이는 승산 있는 전략이었다. 1960년대 이래로 캘리포니아에서는 수적으로 유색인종이 백인을 능가했다. 2010년 이후로 히스패닉의 출생률은 백인의 출생률을 2 대 1로 앞섰다.

그러나 민주당은 정권을 잡기가 쉬워지기는커녕 더 어려워졌다. 1969년부터 1993년까지 민주당은 13차례의 의회 선거에서 10차례나 상원과 하원을 모두 장악했다. 1990년대 중엽부터, 즉 민주당의 "무지개 연합" 전략이 풍성한 결실을 맺기 시작해야 할 시기부터, 의회 다수당 자리는 공화당이 차지했다. 민주당은 국민의 지지를 받지 못한 이라크 전쟁이 가장 뜨거운 논쟁이 된

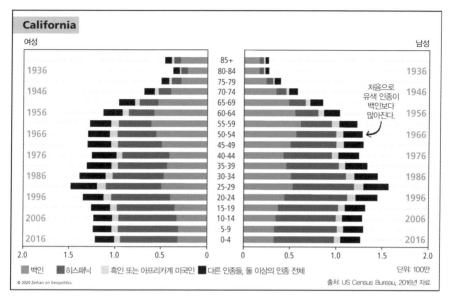

캘리포니아

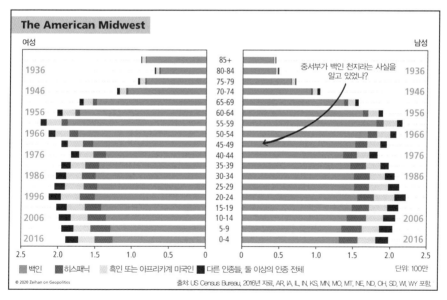

미국 중서부

직후에 겨우 단 한 차례 의회의 양원에서 다수당이 되었다.

이러한 실패를 범한 까닭은 인구 추세를 제대로 읽지 못했기 때문이기도 하다. 캘리포니아 인구 구조의 인종별 비율은 오직 캘리포니아에만 적용된다. 미국 남부, 중서부, 북동부는 인종별 분포가 캘리포니아와 정반대다. 미국은 인종적으로 훨씬 다양해지고 있지만, 캘리포니아를 벗어나면 변하는 속도가 너무나도 느려서 민주당의 전략은 몇십 년 후에나 효력이 있을 법했다. 거듭해 선거에서 패하면 온갖 소수집단을 민주당 안에 묶어 두기가 어려워진다.

보기보다 실제로는 상황이 훨씬 심각하다(민주당에게 말이다).

미국에서 정치적으로 가장 리버럴한 북동부는 백인이 다수이고 21세기 내내 그 상태가 유지된다. 이 지역은 가장 고령화가 빨리 진행되는 지역이기도 하다. 은퇴자는 리버럴이라기보다는 오히려 훨씬 더 사회적으로 보수주의 성향이 강한 경향이 있다. 삶에서 하나의 획을 긋는 이정표인 은퇴 시기에 도달하면 "애들은 가라!" 정서가 발동한다. 북동부 인구는 2020년대와 2030년대에 대거 은퇴 연령에 진입함에 따라 민주당이 의지하고 있는 미국의 "리버럴" 기반의 상당 부분이 자연스럽게 훨씬 포퓰리스트이자 보수주의적인 성향을 띠게 된다.

민주당의 전략에서 또 하나 큰 오류는 미국이 산업화된 방식과 관련 있다. 좀 더 구체적으로 말하자면 미국이 도시화된 속도다. 미국은 싸고 질 좋은 땅이 너무나도 많았기 때문에 쓸모 있는 땅 비율로 보면 세계 현대국가들 가운데 가장 도시화가 덜 된 나라다. 인구 5만 명 미만인 시골과 소도시 유권자들—미국 인구의 약 39퍼센트—은 사회적으로 보수적이지만 정치적으로 조직화되어 있지 않다. 소셜 미디어 시대에 그들은 처음으로 조직화되었고 투표 참여율이 폭등하면서 정치 판도를 바꿨다.

이보다 더 큰 전략상 문제는 민주당의 연합체를 구성하는 집단들과 관련 있다. 매우 협소하고 집중된 연합체인 공화당과는 달리 민주당 연합체는 폭넓고 서로 다툼이 심하다.

404

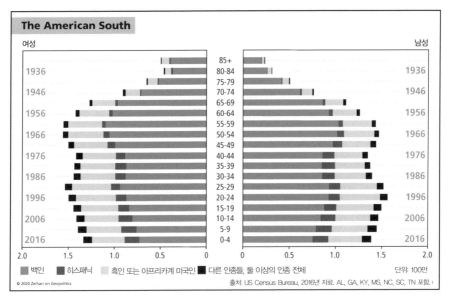

미국 남부

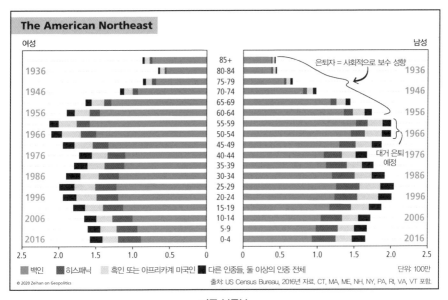

미국 북동부

대부분의 흑인, 히스패닉, 노조원들은 경제 문제에서 좌익으로 기울지만 사회적으로는 강경한 보수 성향을 띤다. 대부분의 동성애자와 미혼모들은 개인의 정치적 권리와 관련해서는 좌익 성향일지 모르지만 경제 정책에 관한 한 중도에서 중도우익이다. (캘리포니아 말고) 민주당의 다양성 연합체 전략이 먹힐만한 지역에서조차도 효과가 없다. 텍사스가 아마 가장 좋은 사례다. 캘리포니아와 인구 구조가 가장 비슷한 주지만, 텍사스를 민주당 지지자가 압도적으로 많은 주라고 얘기할 사람은 눈 씻고 봐도 찾기 힘들다. 텍사스 주의 멕시코 계 미국인이 2세대가 되면 그들은 보통 공화당을 지지한다.[1]

민주당 연합체의 사분오열 특성에 허술한 대전략이 복합적으로 작용해 주 차원과 전국적 차원에서 모두 선거에서 참패를 기록하는 데 기여했다. 국가 전체의 인구 구조가 꾸준히 민주당 전략에 유리한 방향으로 바뀌었는데도 말이다.

2000년부터 2016년 사이의 기간 동안 민주당은 1,000개 이상의 선출직 자리를 잃었고 주지사와 주 입법부도 4분의 3 정도를 잃었다. 버락 오바마는 이러한 추세에서 유일하게 예외지만, 오바마 선거운동은[2] 민주당 기구 내에서가 아니라 바깥에서 이루어졌다는 사실을 주목할 필요가 있다. 미국 좌익 내부에서 이탈이 생기면서 트럼프를 당선시키고―그의 집권으로 민주당은 연방정부의 입법, 사법, 행정 3부에 대한 장악력을 모두 잃었다―버니 샌더스 같이 뼛속까지 진보주의자인 인물을 등장시켰고, 그는 민주당 안으로부터 민주당을 난도질했다.

미국의 2016년 연방 선거는 두 당을 구성하고 있는 연합체를 산산조각 냈다는 점에서 분수령이었다. 현대 민주당 연합체를 창립한 구성원인 노조가 지지하는 당을 바꿨다. 우익의 포퓰리스트 집단은 영향력을 확장했지만 통상적으로 자신을 공화당 지지자라고 여기던 집단의 3분의 2가 등을 돌리게 하는 대가를 치렀다. 좌익의 포퓰리스트는 민주당 내부의 제도권 세력을 약화시켰고, 민주당의 패배가 피부에 와 닿기 시작하면서 그나마 남은 세력을 산산조각 냈다.

이게 끝은 아니다. 경제 상황은 변한다. 국가들 간의 힘의 균형은 변한다. 기술은 진보한다. 사회는 진화한다. 파벌이 형성된다. 파벌이 통합한다. 파벌이 분열된다. 파벌은 소멸한다. 정치는 이 모든 현상과 함께 움직인다. 그러나 이러한 변화의 소용돌이가 미국의 정치체에 색채를 더해 선출 가능하고 지속가능한 당의 구조로 응집되도록 하는 데는 시간이 걸린다. 미국은 과거에도 이러한 내부의 혼란을 겪은 적이 있다. 이번이 일곱 번째 재조정이다. 1930년대와 1940년대에 마지막으로 재조정이 일어나기 전, 공화당 지지 세력에는 흑인이 포함되어 있었던 반면 민주당은 재계와 우익의 포퓰리스트 집단의 안식처였다.

미국의 정치 파벌들은 새로운 연합체로 재정비되긴 하겠지만 시간이 걸린다. 그 이유는 새로운 연합체를 구성한 경험이 기억에 없기 때문이기도 하다. 또한 낡은 공화당과 낡은 민주당의 잔해에서 새로운 정당이 부상할 때까지 미국의 외교정책이 어떤 모습을 띠어야 할지에 대한 내부 논의는 시작조차 할 수 없기 때문이기도 하다. 두 차례 세계대전을 겪고 미국이 주도하는 세계질서 없이는 세계가 얼마나 미쳐 있고 위험하고 살의에 가득한지 본능적으로 이해하는 세대가 거의 다 세상을 떠나게 되기 때문이기도 하다. 그러나 가장 큰 이유는 현재의 세계질서가 미국의 전략적 요구에 부응한다는 초당적 합의가 사라졌기 때문인데, 이는 세계질서가 수명을 다했기 때문만이 아니라 초당적인 합의에 이르려면 애초에 서로 다른 당이 필요하기 때문이다.

클린턴, W. 부시, 오바마 행정부의 무능으로 세계질서를 무엇으로 대체할지에 대한 대화를 시작조차 하지 못한데다가 민주당과 공화당의 붕괴까지 더해졌으니 미국은 적어도 2030년까지는 자국이 세계에서 원하는 게 무엇인지 규정하는 일은 시작조차 하지 못한다는 뜻이다. 그러는 동안 미국에서는 외교라고 할 만한 정책은 변덕스럽고 그때그때 여러 관심사들이 뒤섞여 지침이 만들어지고 수십 년 뒤처진 체제의 타성에 젖어 나날이 신뢰를 잃어가게 된다. 이를 극복하기란 달갑지도 않고 쉽지도 않다. 구조적 재조정이 달갑거나 쉬운 경우는 거의 없다. 구태를 완전히 떨쳐버리는 데는 10년에서 15년이 걸린다고 보면 합리적인 추산인 듯하다.

시간만 주어진다면 미국은 새로운 관례에 안착하게 되고 전략적, 경제적, 도덕적 관심사를 토대로 결과 중심의 외교정책을 채택하게 된다.

그러나 윈스턴 처칠의 명언과 마찬가지로, "미국이 올바른 선택을 하리라고 믿어도 된다. 다른 모든 선택지들을 시도해보고 선택지가 마침내 동난 다음에." 앞으로 다가올 게 바로 그 "선택지들"이다. 미국은 하나의 통일된 전략적 미래상이 없는 상태에서 수많은 이익과 타성이 서로 충돌하는 혼란스러운 상황에서 선택지들을 모조리 집행하게 되는데, 이를 일관성 있는 정책과 혼동하면 안 된다. 이러한 선택지들을 일관된 주제로 간주하면 안 된다. 주제란 조직화가 가능해야 하는데 이런 선택지들은 조직화된 게 아니라 각자 나름의 정치적인 논리에 따라 등장했다가 사라지는 맥락일 뿐이다.

맥락 1: 세계적인 테러와의 전쟁에서 벗어나기

2001년 9월 11일, 테러공격을 받은 미국은 옆구리로 중동을 들이박았고, 단도직입적이고 목표가 분명한 군사작전으로 시작된 전쟁은 곧 훨씬 가늘고 길게 이어진 무엇인가로 퇴화했다.

미국은 테러공격을 저지른 장본인, 알카에다로 알려진 이슬람 무장 조직을 제거한다는 분명한 목표를 세우고 아프가니스탄을 침공했다. 미군은 곧 알카에다는 문제의 일부분일 뿐이라는 사실을 깨달았다. 알카에다는 수많은 무장 조직들 가운데 아주 작은 일부일 뿐이었고 이들은 아프가니스탄 출신이거나 혼돈에 빠진 아프가니스탄을 작전기지로 이용하고 있었다.

파키스탄과 사우디아라비아 두 나라 모두 그러한 이슬람주의자 무장 조직을 다른 나라에서 사건을 획책하는 도구로 여겼다. 이 두 나라는 시리아와 더불어 사회에 불만이 가득한 자국 청년들을 그런 조직에 보내 자국이 아닌 다른 데서 말썽을 부리게 했다. 이 때문에 이 나라들의 정보당국은 알카에다와 이슬람주의자들에게 귀띔을 해주었고 미국은 그들을 효과적으로 추적하기가 불가능했다.

범인 추적은 전쟁과는 다르다. 드넓고 메마른 중동에서의 군사작전은 북유럽처럼 비교적 좁은 지역에서의 군사작전과는 다르다. 미군은 러시아 언어와 역사에 밝은 정보요원들이 수집한 정보를 바탕으로 전술핵무기 공격 가능성에 대비한 지상전·공중전·해전 통합 전략을 세우는 데 수십 년을 보냈다. 이는 테러와의 전쟁에서는 거의 쓸모없었다. 보병 순찰과 아랍어와 파쉬툰어와 다리어에 맞춰 조직을 개편하고 재훈련시키고 재장비하는 일은 비용이 많이 들고 10년 동안 집중적으로 실행해야 하는 일이었다.

눈과 귀가 (그리고 지상군도) 더 많이 필요한 미국은 세계질서 시대의 동맹국들에게 지원을 요청했다. 요청에 응한 몇 나라들 가운데 대부분은 이런 종류의 범인 추적에 전혀 경험이 없거나(폴란드, 조지아), 자국의 군대는 누구에게도 총을 쏘지 못하게 하는 법이 있거나(일본, 이탈리아), 쓸모가 별로 없는 도구를 휘둘렀고(덴마크, 캐나다), 그 결과 냉전 동맹 체제에 균열이 생겼다. 진정으로 미국을 도우려 한 나라들 사이에서도 말이다.

더 많은 나라들에게 압력을 넣어 협력하도록 만들어야 하는 미국은 이라크를 침공했다. 이라크가 알카에다와 연관이 있어서가 아니라(연관 없다), 이라크에 주둔하는 미군이 알카에다를 위협할 위치에 있는 나라들을 협박할 수 있었기 때문이다. 이 수는 먹혔고, 알카에다의 지역조직망은 시리아, 사우디아라비아, 이란의 안보조직들 앞에 무릎을 꿇었다.

그러나, 미국이 이라크에 남긴 족적은 그 나름의 결과를 낳았다. 사우디아라비아는 미국이 안보를 보장하는 나라에서 약자를 겁주고 협박하는 나라로 전락하는 모습을 지켜보면서 알카에다를 평화로운 집단처럼 보이게 할 만한 외교와 안보 정책을 만들기 시작했다. 이라크에 주둔하는 미군을 대상으로 자살폭파를 부추기는 방법도 이 정책의 일환이었다. 미군이 자국 국경에 주둔한다는 데 분노한 이란은 반미 외교를 반미 준군사 행동으로 격상시켰다. 미국은 아프가니스탄 서부와 이라크 남부 전역에서 이란이 부추긴 시민봉기에 휘말리게 되었다. (여러 나라들 가운데) 시리아 정권은 이런 상황과 더불어 이와 무관한 압박 하에서 무너졌고, 이는 내전으로 확대되어 급속히 서부와 중부 이라크에까지 번졌다.

이 세 전역(戰域)—사우디아라비아, 이란, 시리아—은 서로 뒤섞이고 충돌하기 시작했다. 이란은 새 이라크 국가를 장악하려 했고, 사우디아라비아는 수니파 집단을 동원해 적을 공격했으며, 시리아는 자국 국경과 영토에 대한 통제력을 잃기 시작했다. 미국은 중간에서 이러지도 저러지도 못하는 상황에 놓이게 되었다. 미국 국민은 당연히 이 지역에 대한 관심을 잃었고 제정신인 전략가라면 누구든 구제불능의 사태를 수습하기 위해 미국이 할 일은 전혀 없다는 사실을 깨달았을 것이다. 죽어라고 게릴라에 맞서 전쟁을 하든가, 아니면 역내 국가들끼리 서로 치고박아 결판을 내도록 내버려두고 떠나는 수밖에는 없어 보였다.

미국은 결국 9·11 테러공격의 책임자들을 제거하는 목표를 달성했지만, 일을 처리한 방식은 이슬람권의 많은 나라들의 기능과 세계 동맹 체제를 심각하게 훼손했다. 미국은 중앙권력이 취약한 지역에서 알카에다 같은 조직이 번성하기에 적합한 토대를 만들어준 셈이다. 이 지역에 대한 미국의 집착은 시들해져 환멸로 변했고, 미국이 지속적으로 이 지역에서 발을 빼면서 그러한 정서는 더욱 심화되게 된다.

여기서 네 가지 가능성이 도출된다.

첫째, 적어도 처음에는 미국은 이 모두가 바람직하다고 확신한다. 이란과 사우디 두 나라는 최소한 2040년까지는 총체적인 경쟁—지든, 이기든, 교착상태에 빠지든 상관없이—에 골몰하게 될 게 확실하다. 시리아의 쇠락에 이란과 사우디아라비아의 지속적인 갈등이 더해지면서 터키가 다른 데 집중하지 못하게 방해할 게 틀림없다. 미국의 관점에서 보면, 이 지역 전체가 누군가가 예쁜 리본으로 묶어서 갖다 바친 선물처럼 이게 웬 떡이냐. 지금으로부터 한 세대 후 어느 한 나라가 최후의 승자로 부상하면 문제가 될지 모르지만,[3] 그건 그때 가서 걱정할 문제다.

둘째, 그렇게 엉망진창인 지역에서 다자간에 그러한 다각적인 경쟁이 발생하면 테러리즘을 후원하는 나라들은 대부분 서로 공격하느라 여념이 없게 된다. 이렇게 되면 미국은 테러리즘의 위협에 대한 생각을 바꿀 가능성이 높다. 수백여 개 무장 조직들이 등장해 역내 국가들을 공격하겠지만 미국은 눈 하나 깜짝하지 않는다. 이런 상황은 테러리즘은 무조건 나쁘다는 정서, 세계적인 테러와의 전쟁 동안 조성된 미국인의 정서를 깨뜨릴 가능성이 높다.[4]

셋째, 아무의 후원도 받지 않는 자발적인 테러조직들도 이 혼돈에 휘말리게 될 가능성이 높다. 중동 지역에 미군이 없으면, 역내에서 전통적으로 폭력 사태를 야기해온 요인들이 크게 작동하게 된다. 시아파 대 수니파, 수니파 대 알라위파, 그리스도교도 대 무슬림, 유대인 대 무슬림, 쿠르드 대 나머지 모두. 이미 폭력을 일상화한 사람들에게는 더할 나위 없이 좋은 핑곗거리가 되고, 미국은 이제 어떤 상황에도 직접 관여하지 않게 된다. 감정을 격앙시키는 목표물과 명분이 도처에 널려있는 중동 앞마당을 버리고 더 멀리 해외에서 공격대상을 찾는 중동의 무장조직들에게는 비행기를 타고 북미로 날아가기보다 걸어서 도달 가능한 유럽이 훨씬 만만하다.

단도직입적으로 말하자면, 대부분의 미국인은 폭탄이 폭발하고 사상자가 난무해도 남의 집 불구경하듯 하게 된다. 그런 태도로는 세계 어디에서도 의리 있고 제 기능을 하는 동맹을 구축하지 못한다. 중동지역처럼 미국에 대한 불만이 만연한 지역에서는 말할 것도 없고.

마지막으로, 가능성 있는 또 다른 "긍정적인" 결과는 다음과 같다. 중동에 대해 완전히 신경을 끊게 된 미국은 다른 문제에 대해 생각하기 시작할 수 있게 된다. 세계적인 테러와의 전쟁의 가장 큰 수혜자는 미국인들이 아니라 (2001년 9월 10일보다 지금이 덜 안전하다), 패권에 도전한다고 자부하는 두 나라, 러시아와 중국이다. 2001년 중엽, 이 두 나라에 대한 미국의 정책은 전혀 우호적이지 않았지만, 당시에 전개되던 사건들도 관계를 급격히 냉각시켰다. 재선된 러시아 대통령 블라디미르 푸틴은 이미 자국을 국가주의, 독재주의의 방향으로 이끌고 있었다. 중국 정부는 모든 이웃나라들을 압박해 동아시아 안보 관계를 재조직하기 시작했다.

9·11 테러공격이 일어나지 않았다면, 이 두 나라에 대한 미국의 전략적 정책은 상당히 달랐을지 모른다.

러시아에 대한 정책의 목표는 소련 같이 지정학적인 강대국과 비슷하기라도 한 나라로 전락할 가능성을 원천 봉쇄하는 일이었다. 1990년대에 소련이 붕괴된 후 철저히 힘이 빠진 러시아를 보면 쉽게 도달 가능한 목표였다. 1998년부터 2004년 사이에 NATO에 합류한 새로운 회원국들을 지지해주고—여기에는 발트해 연안 3국에 구소련 위성국가들이 모조리 포함되었다—NATO의 동쪽 경계와 러시아의 서쪽 경계 사이에 놓인 일종의 비무장지대만 협상하면 될 일이었다. 러시아는 약하고 미국은 전략적 제약에서 자유로워진 상황에서 카르파티아산맥과 발트해 동쪽에 그러한 완충지대를 설정하면 러시아가 재기할 희망을 완전히 꺾어버리고, 러시아를 인구 구조가 붕괴되어 몰락하는 상황으로 몰아넣게 되었을지 모른다.

그런데 중동에 집착하던 미국은 새로 NATO에 합류한 동맹국들에게 이렇다 할 지지를 표명하지 않았다. 미국은 범인 추적에 착수하기 위해 아프가니스탄에 접근하려면 러시아의 적극적인 지원이 필요했고, 이는 일련의 전략적 타협으로 이어졌다. 설상가상으로, 러시아의 손발을 묶거나 압박을 가하려고 어설픈 시도를 하는 바람에 러시아 지도부는 미국이 러시아의 급소를 노린다고 확신하게 되었다. 미국의 관심이 분산되면서 푸틴 정부는 재건에 필요한 운신의 폭을 확보하는 한편, 공포에 휩싸인 러시아는 동원령을 내리면서 자제하는 어떤 시늉조차 하지 않게 되었다.

20년이 지나 러시아는 소련이 붕괴되기 직전 이후로 가장 막강해졌다. 러시아는 서쪽으로는 독일과 이탈리아까지 유럽 국가들이 자국의 에너지에 크게 의존하게 만들었고, 우크라이나와 조지아 일부를 점령하고 있으며, 보복당할까 두려워하지도 않고 (미국을 포함해) NATO 동맹 전체의 내정에 툭하면 간섭하고 있다.

중국에 대해서는 관계를 재설정하는 작업이 진전을 보이고 있었다. 2000년대 초 중국공산당의 정당성은 거의 노예나 다름없는 노동력을 무한정 공급함으로써 재정적으로 보조를 받은 수출과 갈취 수준의 기술도용이 그 토대를 이루고 있었다. 북미자유무역협정(NAFTA)을 체결하고 첫 10년이 마무리되면서 이미 빠져나가고 있던 미국 제조업 일자리 유출은 더욱 악화되었고, 결국 정치적 역풍을 초래했다. 동시에, 미국은 무역협정에 환경보호와 근로자 보호 규정들을 삽입하는 문제를 만지작거리기 시작했다. 민주당과 공화당 사이에는 중국을 개과천선시킬 필요가 있다는 합의가 대체로 이루어져 있었고, 마찬가지로 중국이 힘의 균형을 반영한 새로운 관계를 받아들이게 할 수 있다는 데도 대체로 합의가 이루어져 있었다. (당시에 중국 경제는 미국 경제 규모의 6분의 1이었고, 중국은 아직 해군을 구축하는 데 착수하지도 않고 있었다는 사실을 유념하기 바란다.)

미국의 안보 족적을 유럽에서 아시아로 전환하려던 포괄적인 계획은 W. 부시 하에서도 오바마 하에서도 실현되지 않았다. 아프가니스탄은 이라크로, 이라크는 시리아와 예멘으로 변했고 미국이 지닌 무력의 날카로운 끝은 여전히 중국 해안에서 대륙 하나만큼 멀리 떨어져 있었다. 세계적인 테러와의 전쟁을 수행하는 동시에 부상하는 중국에 맞서기에는 정치적, 전략적으로 역부족이었던 미국은 중국과의 관계를 그냥 흘러가게 내버려두었다. 중국은 기회는 이때다 하고 점진적으로 그러나 한층 더 강력하게 자국의 경제적 영향력이 미치는 범위를 확대했고, 머지않아 동아시아 구석구석까지 군사적 영향력을 미치게 되었다. 2000년부터 2020년까지의 기간 동안 중국 경제 규모는 거의 네 배가 되었다.

미국이 놓쳐버린 이러한 기회들을 상징하는 인물이 2001년부터 2006년까지 조지 W. 부시의 국방장관을 지낸 도널드 럼스펠드이다. 역사는 럼스펠드를 미국이 이라크를 점령하는 데 실패하게 하고, 미국과 이라크가 필요 이상으로 훨씬 많은 사상자를 내게 한 장본인으로 기억한다.

그러나 역사가 잊고 있는 사실이 있다. 럼스펠드는 군인이 아니라 장기적인 전략가이자 병참물류의 천재라는 점이다. W. 부시가 럼스펠드를 국방장관으로 기용한 이유는 중동에서 전투를 하기 위해서가 아니라 군의 구조와 군수 물자 조달을 두고 국방부와 한판 벌이기 위해서였다.

럼스펠드로 하여금 미군의 수많은 무기체계─실제 투입된 무기와 설계 단계인 무기 모두─를 샅샅이 점검해보고 소련이라는 적에 특화된 무기를 모조리 가려내고 미국의 첨단기술을 향상하는 데 재원을 집중하려는 의도였다. 향후 미국의 패권에 도전하는 적이 등장하면 미국의 역량이 너무나도 압도적이어서 싸울 필요도 없게 한다는 취지였다.

그러나 9·11 테러공격이 발생하면서 럼스펠드의 계획은 대체로 무산되었다. 미국은 미국에게 필요한 군대가 아니라 이미 보유하고 있는 군대를 데리고 전쟁으로 진군해 들어갔다. 미국은 기술적으로 일취월장하기는커녕 첨단 수준에 못 미치는 장비가 필요한 갈등에 발이 묶였다. 러시아와 중국은 이 기회를 놓치지 않고 전략적으로, 기술적으로 박차를 가해 미국과의 격차를 좁히는 데 매진했다.

2000년 이후로 디지털화와 재료과학과 에너지 저장 부문은 장족의 발전을 했다. 2020년대 기술을 군사기술에 적용하면 레이더에 포착되지 않는 스텔스 드론이 한 달 넘게 정찰지역 상공을 돌아다닐 수 있고, 사거리가 수백 마일에 달하는 로켓추진 포탄을 크루즈미사일 가격의 1퍼센트도 안 되는 비용으로 만들 수 있으며, 손가락 크기만 한 드론으로 정찰비행을 하거나 목표물을 타격할 수 있게 된다. 놀라우면서도 섬뜩한 미래가 기다리고 있다.

미국이 현재의 러시아와 중국에 대해 어떻게 생각하든—친구, 적, 혹은 이도저도 아닌 중간쯤 되는 존재든—상관없이 미국이 다시 이러한 무기 체계 개발에 집중해 실력을 제대로 발휘하게 되면, 장기적으로 볼 때 러시아와 중국의 선택지는 제한될 수밖에 없다.

맥락 2: 세계질서의 잔재

소련과 수만 기의 핵탄두의 존재에 의해 보장된 상호 문명파괴의 위험으로 인해 냉전은 통상적인 생존 투쟁 이상의 상황이 되었다. 정신 집중을 요했다. 미국처럼 물리적으로 거대하고 경제적으로 다채롭고 인종적으로 다양한 나라에서 국론을 통일하고 국민을 동기 유발시키는 그런 요인은 정책에 지침을 제시하고 실행하는 데 적지 않은 역할을 했다.

시간적 제약의 문제다. 미국은 모든 각료들이 대통령의 의중을 받들고, 어떤 이유에서든 언제라도 대통령이 각료를 해임할 수 있는 대통령제다. 게다가 의회는 각료 후보들을 검증할 수 있지만, 의회가 이들을 해임할 유일한 방법은 탄핵과 기소 절차를 통하는 방법뿐인데, 이는 지난한 절차라서 의회가 이 특별한 권한을 행사해서 성공해본 적이 없다. 이 때문에 전략적, 외교적 정책에 대한 전권은 사실상 오로지 단 한 사람에게 집중된다. 바로 대통령이다. 그리고 대통령은 늘 할 일이 산더미처럼 쌓여 있다.[5]

냉전이 종식되자 미국 외교정책과 안보와 정보조직의 머리 위에 언제 떨어질지 모를 핵이라는 암석덩어리는 제거되었고 그와 더불어 국론을 통일시키는 집중력도 사라졌다. 냉전 시대에 세계에서 미국의 패권 지위는 소련에 맞서기 위한 필수조건이었다. 소련이 사라지자 세계에서 미국의 패권 유지가 미국의 전략적 정책이 추진하는 사실상의 목표가 되었다.

오로지 권력을 유지하려는 목적으로 권력을 유지하기란 전략적으로도 정치적으로도 지속 가능하지 않다. 창끝을 겨냥해야 할 대상이 분명치 않으므로 이론적으로 문제가 될지 모르는 대상이라면 무작정 아무나 겨냥하는 경향이 있다. 풀다 틈새, 대만 해협, 아프가니스탄의 알카에다, 한국 비무장지대, 남아프리카공화국 아파르트헤이트, 르완다 대학살, 멕시코 마약 카르텔, 예멘 전쟁, 아이티 난민 위기, 코소보 독립, 북아일랜드 분쟁, 중앙아메리카 이주민, 베네수엘라가 런던에 저가로 석유를 공급한 사건 등과 같이 각양각색의 문제들이 일괄적으로 다루어졌다. 미국 국민은 미국의 안보기구들이 눈에 띄는 것마다 족족 망치로 내리치려고 하는 이유를 이해하지도 못했고, 그런 식의 중구난방의 전략적 정책을 재정적으로 지원해야 한다고 국민을 설득하기는 소련이 주도하는 핵무기 공격으로 인한 섬멸을 방지해야 한다고 설득하기만큼 쉽지 않았다.

미국의 군사 전문가와 정보 전문가들이 고집이 세거나 융통성이 없다는 뜻이 아니라 그들에게 지시를 내리는 지도자가 없었다는 뜻이다. 똑같은 행동을 반복하기에 70년은 매우 긴 세월이다. 지금의 행동 방향이 옳고 바람직하다는 인식, 규범이라는 인식이 조성되기에 충분한 시간이다. 세계 환경에 걸맞은 통일된 전략적 비전 없이는 미국의 안보 관료조직 전체가 정점에 위치한 눈코 뜰 새 없이 바쁜 우두머리의 확고한 지침에 의존하게 되고, 그마저 없으면, 정책은 미국이 해야 할 일이 아니라 미국이 할 수 있는 일이 좌우한다. 설상가상으로 새로운 위협에 대응하는 데 필요한 행동은 뜻하지 않게 다른 위협의 주체들의 입장을 유리하게 강화해주게 된다. 분명하게 규정된 목표 없이는 미국 정책이 한 부문에서 성공을 거두어도 다른 부문에서는 실패하게 된다.

겨눌 대상이 불분명한 창끝이 지닌 또 다른 측면은, 대전략이 없으므로 모든 게 불분명해진다는 점이다. 이슈가 분명할 때는 일반 국민뿐만 아니라 양당에게 동기를 부여하기가 쉽다. "소련을 봉쇄하고 반격할 태세를 갖춰야 우리 모두가 핵무기에 학살당하지 않는다."는 더할 나위 없이 분명한 이슈다. 그러나 이 위협이 사라지고 이를 대체할 새로운 비전이 없으니 미국은 점점 특징이 희미해지는 세상에 대해 점점 흥미를 잃게 되었다. 최근 미국의 안보 보수주의자들이 정치적으로 버림받게 되면서 그나마 이런 이슈에 대해 생각이라도 해볼 만한 소수 사람들이 미국 정치 체제에서 제거되어버렸다.[6]

목적이 사라지는 상황은 미국만 겪는 데 그치지 않았다. 미국의 동맹 체제에까지도 스며들었다. 냉전 시대에 미국과 동맹을 맺은 나라는 하나같이 누가 악당이고 어떤 이해가 걸려있으며 누구든 동맹으로서의 자세가 흐트러지는 대상은 미국 대통령, 핵심적인 직책을 맡은 대사, 정보요원과 군 관료들이 주저하지 않고 정신이 번쩍 나게 만들었다.

그러나 냉전이 끝난 후 동맹국들은 헷갈렸다. 미국이 헷갈려 했기 때문이다. 미국의 외교정책은 테러리즘에 반대하는지 이란에 반대하는지 헷갈렸다. 국경을 초월한 이슬람 테러리즘을 부추기는 데 가장 적극적인 나라들이 이란에 가장 반대하는 나라들이기 때문이다.[7] 미국이 추구하는 목적이 인권인지 아니면 무역 확대인지 헷갈렸다. 인간을 비인간적으로 대우하는 데 도가 튼 많은 나라들이 가장 이익을 많이 보는 교역 상대이기 때문이다.[8]

거시적인 목표가 없다 보니 미국이 추구하는 목표의 우선순위는 해마다 바뀌는 게 아니라 시시각각으로 바뀌었고, 외교적 군사적 활동과 정보수집 활동은 추구하는 목적이 서로 엇갈리게 된다. 동맹국들이 무조건 미국을 만족시키려고 애써도, 미국 외교정책의 어떤 측면에 본의 아니게 맞서는 상황에 자동적으로 놓이게 된다. 미국의 외교정책이 일관성이 없기 때문이다.

그러나 동맹국들이 늘 미국이 바라는 대로 하려고 애쓰지는 않는다.

- 중국은 분명히 무역을 확대하기를 바라지만, 세계에서 가장 큰 몫을 차지하려 하고 북한에 대한 영향력을 이용해 노골적으로 미국 정책의 이러저러한 면을 방해한다.

- 터키는 유럽연합의 날개를 꺾고 싶어 하지만 이란과 더 긴밀한 관계를 추구하지 말아야 할 이유가 없다고 생각한다.
- 프랑스와 독일은 미국이 이따금 인권을 강조하는 게 마음에 들지만, 자국이 러시아와 거래를 할 때 그런 미국의 입장이 자국의 선택지를 제한해야 할 이유가 없다고 생각한다. 두 나라는 미국이 중동 지역에서 헤집고 다니면서 에너지 시장을 휘저어 놓는 게 탐탁지 않다.

미국 안팎에서 일어나는 이 같은 좌충우돌 정책적 혼란은 제정신이 아니라는 인상을 주지만, 한편으로는 이해할 만하다.

러시아를 보자.

- 소련이 붕괴된 이후 미국 외교정책의 일부 측면들은 냉전 시대의 봉쇄 정책에 여전히 매몰되어 있었고, 패배한 러시아와 화해할 방법을 모색하지 않고 러시아의 영향력을 지구상에서 완전히 와해시킬 방법을 모색했다. 이러한 전략적 잔재(hangover)의 일환으로, 발칸반도에서 러시아의 동맹국인 유고슬라비아가 뿌리 뽑혔다. 여기서 보스니아, 세르비아, 코소보에 대한 미국 폭격이 비롯되었다.
- 러시아가 점점 공격적으로 변하면서(발트해 연안국에 대한 사이버 공격, 우크라이나와 조지아 침공, 선거 개입 등등) 미국은 세계질서가 소련을 패배시켰던 방식으로 러시아를 무너뜨리겠다는 의도를 가지고 러시아 정부에 맞서 새로운 봉쇄 전략을 실행할 강력한 명분이 생겼다.
- 그러나 전략적인 관심이 중동지역에 분산되면서 미국은 그러한 노력에 집중하지 못하게 되었다. 그 결과 대충 어영부영하면서 냉전 시대의 봉쇄 정책 비슷한 흉내만 내고 말았다. 예컨대, 경제 제재를 가하고 NATO 일부 회원국들의 국경을 거쳐 한 번에 2,000여 명 정도의 미군과 동맹군으로 이루어진 인계철선(引繼鐵線) 부대를 순환시키면서 미국의 안보의지에 대한 신

빙성을 높이는 시늉을 했다.

- 이에 대해 러시아는 비공식적으로 냉전을 종결한 핵심적인 협정들 중 일부를 파기했다. 첫째—유럽의 재래식 전력 제한 협정—는 어느 나라의 국경 어느 지점에 얼마나 집중적으로 얼마나 많은 군을 배치할지를 규정하는 조약이었다. 둘째—중거리 핵전력 협정—는 사정거리가 대략 500킬로미터에서 5,500킬로미터 사이인 미사일 체계의 개발이나 배치를 금지하는 조약이었다.

냉전 시대에 소련이 중거리 무기를 새로 배치했다면 미국이 직접적이고 단호하게 최고 수위의 맞대응을 했을 테고, 이에 대해 러시아는 즉각 영화 〈대부〉의 두목도 울고 갈 만한 직접적이고 단호한 반격을 했을지 모른다. 그러면 미국 대통령은 신속히 미국 관료조직 전체에 명령을 하달해 전 세계 도처의 동맹국들과 접촉해 영향력을 행사하고 미국의 정책에 협조하라고 압력을 가했을 것이다. 그러면 소련은 한 가지 협정 위반이 아이슬란드, 영국, 덴마크, 독일, 터키, 파키스탄, 일본, 곡물 시장, 석유 시장 등등에 파장을 불러온다는 사실을 곧 깨닫게 되었을 것이다.

그러나 최근 들어 미국은—세 명의 대통령을 거치는 동안—아무런 조치도 취하지 않았다. 미국은 독일이 기를 쓰고 러시아 천연가스 매장지와 연결되는 가스관을 새로 구축할 때도 뒷짐만 지고 있었다. 그것도 우크라이나(이 나라의 독립은 러시아의 정세불안 상태를 유지하는 데 핵심적이다)와 폴란드와 슬로바키아(두 나라는 NATO 동맹국이다) 같은 나라들을 의도적으로 배제하도록 설계된 경로를 따라서 가스관을 건설하는데도 말이다. 심지어 프랑스는 발트해 연안에 있는 NATO 동맹국들을 공격하는 용도 외에는 아무 쓸모가 없었을 수륙양용 공격함을 러시아에 판매할 뻔했다. 이런 행동들은 동맹국이 할 만한 행동이 아니다. 동맹국이 그런 행동을 하면 가만히 내버려둬서도 안 되는 행동이다.

러시아를 봉쇄하는 게 목적이라면 미국은 최악의 상황에 놓인 셈이었다. 러시아에 건성으로 반격을 하니 효과도 없을 뿐만 아니라, 어설프게 실행하니 그나마 남아 있는 동맹을 분열시키는 한편 러시아는 더욱더 기가 살아서 서구 진영을 결속시키고 러시아의 행동을 제어했던 기구들을 해체시키는 데 한층 열을 올렸다.

미국이 곧 이 모든 사태를 바로잡는다는 뜻이 아니라 미국이 세계질서에서 손을 떼게 된다는 뜻이다. 그렇게 되면 미국은 가장 먼저 유럽 안보 부담부터 털어버리게 된다. 적극적으로 손을 떼든 수수방관하든, 제 기능을 하는 동맹 체제로서의 NATO는 종말을 고하게 된다. 그러면 세계질서 시대에 구축된 그 어느 지역, 어느 동맹국과 미국이 맺은 어느 관계가 현재의 세계질서가 무너진 후에도 지속될지가 관건이다.

- NATO가 와해되면 미국이 중부 유럽 국가들과 어떻게 건설적인 관계를 유지할지 가늠하기가 어렵다. 유럽 대륙에서 NATO 동맹의 구심점이 되어주는 보다 역량 있는 유럽 국가들 없이는 라트비아와 슬로바키아와 루마니아 방어는 불가능하다. 게다가 독일과는 동맹을 기반으로 한 그 어떤 의미 있는 안보 관계도 더 이상 불가능해 보인다. 일부 국가들에게 이는 귀찮은데 잘됐다 싶을지 모르지만, 과거 두 차례 미국과 독일 간에 안보에 대한 강력한 양해가 존재하지 않았을 때 어떤 일이 일어났는지 잘 생각해보라. 1914년과 1939년 미국은 유럽에서 전개되는 사건들을 시치미 떼고 뒷짐 지고 지켜보았다. 유럽 땅에 미군이 발을 딛기 직전까지 말이다. 그러한 역사를 반복하지 않는 최선의 방법은 에스토니아에서 불가리아까지 여러 나라들과 건설적인 관계를 유지하는 일이지만, 미래의 전쟁을 예방하는 데 그런 나라들이 쓸모가 있다고 해서 그 나라들이 당장 미국에 쓸모가 있다는 뜻은 아니다.
- 대부분의 미국인은 미국이 중동에서 완전히 손을 떼기를 바란다고 해도 무

방하다. 그리고 경제적으로는 셰일 혁명 덕분에 미국은 바로 그런 결정을 내리기가 수월하다. 미국인들은 대부분 사우디와 이란이 서로 치고받다가 유가가 치솟아 대기권을 뚫고 성층권에 진입해 아시아 연안국들의 경제가 박살나게 되어도 팝콘 한 바구니 옆에 끼고 앉아서 신나게 구경이나 할지 모른다. 그러나 그 다음에 어떻게 될지 생각해보자. 사우디와 이란 중 누구도 이겼다고 판가름 나지 않으면 어떻게 될까? 훨씬 역량 있고 결속된 터키 같은 나라가 중동지역 전체를 물려받고 세계에서 가장 쉽게 생산되는 원유를 대부분 완전히 장악하게 된다면 어떻게 될까? 세계적으로 영향력을 미칠 그러한 중동의 패권국가가 부상하지 못하도록 막는 최선의 방법은 페르시아 만의 군소 국가들이 독립을 유지하게 하는 일이다. 그러려면 독립을 유지해야 하는 모든 국가들에 미국이 지상군을 배치해야 한다. 그러나 석유가 풍부한 작은 나라들에 대해 미국이 안보를 한층 더 보장해줘야 한다니 미국인들이 생각조차 하지 않을 일이다.

• 현재 미국의 공포의 대상은 중국이고, 대부분의 미국인들은 중국의 기를 꺾어놓는 조치라면 무엇이든 찬사를 보낸다. 그러나 중국은 지금으로부터 한 세대 안에 동아시아 연안을 지배하는 강대국이 될 가능성이 없다. 아시아에서는 재무장을 하고 거의 확실히 핵전력을 갖추게 될 일본이 아시아 연안 전역의 나라들을 자국의 경제적 영향권 하에 두고 그 나라들로 이루어진 동맹 체제를 지배하게 된다. 과거에 일본이 이 비슷한 시도를 했다가 제2차 세계대전 태평양 전역에서 패했는데, 그때와 달리 이번에는 미국이 일본으로 하여금 그것을 성취하도록 부추길까? 그런 결과를 막는 최선의 방법은 미국이 일본과 한국뿐만 아니라 필리핀, 베트남, 대만에도 주둔해 막강한 존재감을 과시함으로써, 중국 체제를 붕괴시키는 동시에 그 다음에 닥칠 역내 동맹이 무엇이든 그 동맹을 관리하는 방법이다. 그러나 미국은 냉전의 규모에 준하는 봉쇄 정책을 집행할 의지가 없고, 국방부에서 가장 반중 성향이 강한 강경파조차도 베트남에 미군을 주둔시키자는 제안을 들으면 혈

색이 창백해질 게 분명하다.

이 세 전역 모두에서 지금부터 20여 년 후에는 훨씬 막강한 경쟁자들이 훨씬 치열하게 경쟁하게 될 씨앗이 뿌려지고 있다. 이 세 지역 모두에서 지금 미국이 신경을 쓰지 않으면 그러한 경쟁의 싹을 잘라낼 수 있을 만한 동맹국들을 대거 포기하는 결과로 이어지게 된다. 미국이 세계로부터 원하는 게 뭔지 분명히 표명하지 못하면 미국은 앞으로 일련의 갈등들에 휩싸이게 된다. 쉽게 예방할 수 있고 미국 혼자 싸울 필요도 없는 갈등들 말이다.

맥락 3: 전략적 감축

미국은 단순히 세상사에 관여하는 데 지친 게 아니다. 헷갈려하고 있다. 미국은 모든 게 어떻게 맞아떨어지는지 파악하지 못하고 있다. 더 이상 맞아떨어지지 않기 때문이다. 미국의 정책은 위기가 터지면 그때그때 임기응변으로 대처하고 이러한 중구난방 조치 때문에 미국 국내 정치와 바깥 세계 사이에 심각한 단절이 생기고 있다.

혼란을 겪는다고 해서 비현실적인 관점이라는 뜻도 아니고 손을 뗀다는 게 무모한 결정이라는 뜻도 아니다. 미국이 세계로부터 멀찌감치 거리를 두고, 세계 체제에 걸려있는 경제적 이해도 비교적 적으니, 미국은 북미 바깥에서는 완전히 손을 떼고 귀환할 수는 있다. 그리고 세계는 세계를 이해하는 일을 평생의 업으로 삼은 사람조차[9] 점점 파악하기 어려워지고 있으므로, 세계를 수많은 문제들 가운데 하나로 간주하는 사람의 입장에서는 그다지 중요하지 않다고 말하기가 정말 쉽다.

대부분의 미국인들에게는 미국이 세계를 관리하는 데 덜 관여해야 한다는 결론은 걱정스럽기도 하고 그 만큼 타당하기도 하다. 그런 관점이 미국 정치에서 좌우 진영을 막론하고 중도와 포퓰리스트 파벌에 이르기까지 지배적이다.

약간 늦은 감이 있기는 하나, 냉전 종식 이후 미국의 점진적인 변화는 정책에도 확고히 자리잡고 있다. 미국은 이제 대공황 이후 그 어떤 시기보다도 해외주둔 군대가 적고, 현재의 모든 지표는 남은 주둔군도 축소하는 방향을 가리키고 있다. 지난 네 명의 대통령 하에서 미국과 지구상의 모든 나라와의 관계는 하나같이 쇠퇴했다. 앞으로 몇 년 안에 미군은 아프가니스탄과 이라크에 있는 작전 기지뿐만 아니라 터키, 카타르, 독일과 같이 정치적으로 민감한 지역에서도 철수할 게 거의 확실하다. 냉전 시대 잔재로서 미군이 주둔하는 지역—한국, 일본, 이탈리아 등이 떠오른다—에서의 철수도 그리 머지 않았다.

이러한 감축의 명분을 내세우기는 쉽다. 대부분이 오래전의 전쟁과 관련 있거나(독일), 최근에 끝난 전쟁과 관련 있거나(이라크), 미국이 결코 참전하고 싶지 않았던 전쟁(한국)과 관련 있다. 세계질서나 세계적인 테러와의 전쟁의 전략적 잔재가 일반적으로 감축을 선호하는 미국인들의 정서와 정면으로 부딪치면 감축이 이기는 경향이 있다. 그리고 모든 당사자에게 오래도록 부작용을 미치게 된다.

예컨대, 트럼프 행정부와 페르시아만의 소국 카타르가 결부된 동맹 문제가 있다.

미국이 중동에서 어떤 식으로든 실력을 행사하려면, 항공모함이나 그 밖의 이동식 기지보다는 훨씬 신뢰할 만한 지상군을 페르시아만에 배치해야 한다.[10] 그런데 미국은 대규모 지상군을 주둔시킬 육상 기지가 필요하다. 그러려면 안전한 항구와 엄청난 병참물류 지원이 필요하고, 이에 기꺼이 응할 동반자 국가가 필요하다. 선택지는 제한되어 있다. 미국의 정책에 따르면 이란은 골칫덩어리이므로 그 나라에 기지를 둘 수 없다. 아랍에미리트연합은 정치적으로 이란과 너무 가깝다. 오만은 중립을 지키려 한다. 이라크는 나쁜 기억이 넘치고 그렇지 않다고 해도 정세가 너무 불안정하다. 사우디아라비아는 너무 간섭을 많이 한다. 이스라엘은 남 보기에 안 좋다. 그러면 바레인, 쿠웨이트, 카타르가 남는다. 따라서 이 나라들에 미국이 군사시설을 유지해야 한다.

아주 조그만 바레인은 해군기지이고 이렇다 할 규모의 뭔가를 수용할 땅이 없다. 쿠웨이트와 카타르의 정부는 알카에다와 아이시스(ISIS) 같은 극단주의 무장 세력들에게 정치적, 재정적 지원과 정보를 제공해주는 조직망들에게 대단히 중요한 존재다. 중동에 관여해야 하는 일차적인 이유가 이슬람주의 테러와 싸우기 위해서라면, 그런 활동을 앞장서서 뒷받침하는 나라에 기지를 구축하는 멍청한 결정은 하지 말아야 한다.

2017년 트럼프는 공식적으로 대놓고 단도직입적으로 카타르 정부가 사실상 테러리즘 지원국이라고 비판했다. 트럼프의 발언은 더할 나위 없이 정확하다. 그러나 미국 국방당국과 정보당국은 소떼를 둘 목장이 필요하다. 그들은 중동에서 전쟁을 수행하는 국방부 산하 미국 중앙사령부의 육군과 특별작전 부서의 작전본부 역할을 할 기지를 카타르에 두지 않고는 이 지역에서 임무를 수행할 수가 없다. 이 문제와 관련해 그들이 우려를 표명한 것도 전적으로 옳다. 트럼프와 국방정보 당국 둘 다 전적으로 옳고 둘 다 전적으로 그르다.

트럼프는 사실상 중요한 미국 동맹을 쳐낸 셈이다. 그 나라에 기지를 둔 덕분에 미군이 사우디아라비아, 시리아, 이라크, 이란, 아프가니스탄에 있는 종파들을 상대로 전략을 수행할 수 있었는데 말이다. 게다가 대안도 전무한데 말이다. 이런 나라들에서 건설적인 정책을 실행하기란 카타르 없이는 거의 불가능하다. 그래도 트럼프는 전적으로 100퍼센트 옳다. 카타르야말로 테러리즘 지원국이다—그것도 종종 미국의 국익에 반하는 테러리즘이다—(테러리스트들이 활개 치는 지역에 위치한) 테러리즘 지원국을 테러리즘 지원국이라고 사실을 있는 그대로 공개했으니 카타르와 미국의 협력은 곤두박질쳤다.[11]

바로 동맹국들과의 이러한 불화가 전 세계적으로 되풀이되고 있지만, 도널드 트럼프만 그랬던 건 아니다. 오키나와에서 법적인 문제를 둘러싸고 일본과도 불화를 겪었고(클린턴, W. 부시), 한국의 수도 서울 대도시 지역에 기지를 두는 문제를 둘러싸고 한국과(W. 부시), 기지 시설을 이용하는 미군 활동을 독일 정부가 어느 정도나 감독해야 하는지를 두고 독일과(W. 부시, 오바마), 브렉시트와 스코틀랜드 독립 문제와 관련해 미군의 운명을 두고 영국과(오바마, 트럼프), 그리고 미국이 쿠르드족과 협력하는 문제를 두고 터키와(W. 부시, 오바마, 트럼프) 불화를 겪었다. 지구상에는 a) 해당 지역이 미군주둔을 바라고 b) 미국이 애초에 그 지역에 군을 주둔시켜야 할 강력한 전략적 이익이 걸려 있는 곳이 그리 많지 않다. 한 세대가 지나기 전에 미국은 역사상 가장 폭넓고 가장 심층적이며 가장 많은 나라들로 구성된 동맹 체제를 대폭 축소해 손에 꼽을 정도의 나라들로 줄이게 된다.

두 번째 문제는 역량이다. 세계질서를 유지하는 데 필요한 군사 구조, 장비, 훈련 체계, 마음가짐은 상당히 구체적이다. 세 가지 요소로 구성된다.

1. 대부분의 주둔군은 전략적 인계철선(引繼鐵線)과 신빙성 있는 억지력 역할을 하기 위해 갈등 지점에 파견되었다. 냉전 시대에 서독과 한국에 항구 주둔한 미군이 바로 전형적인 사례다. 베트남 전쟁도 여기 해당된다.
2. 중간 규모의 지상군이 문제를 해결하기 위해 신속히 파견될 수 있다. 이 경우에는 해병대가 안성맞춤이다. 제101공수사단과 제10산악사단 같은 일부 특수부대도 마찬가지다. 이러한 부대들은 아껴두었다가 결정적인 순간에 파견한다.
3. 널리 파병 가능하고 파병된 해군은 세계적 차원에서 바다에서의 자유로운 항해를 보장한다. 냉전 시대 대부분의 기간 동안 미국 해군은 550척 이상의 함선을 보유하고 있었고, 특히 장거리 구축함을 중점적으로 보유했다.

미국은 이제 더 이상 이러한 군 구조를 유지하지 않는다. 1990년대에 규모를 축소하면서 미군 등록명부에 수록된 군인 수는 절반 이상 줄었고, 이 가운데 육군이 가장 많이 감축되었다. 보병이 가장 많이 필요했던 아프가니스탄과 이라크 전쟁이 절정에 달했을 때도 전체적인 미군 구조는 크게 바뀌지 않았다. 파병 패턴도 변했다. 미국의 대규모 주둔군은 억지보다는 점령이 목적인데, 냉전이 종식되면서 인력이 전체적으로 줄었으니 신속대응군을 더 이상 예비 인력으로 두지 않고 대신 15년 동안 주둔군으로 파견했다는 뜻이다.

미 해군에서 일어난 변화는 이보다 훨씬 주목할 만하다. 지속적인 현대화와 감축으로 함정은 절반으로 줄었다. 항공모함의 수는 오히려 늘었는데 말이다. 이 때문에 남은 해군 함정을 가장 중요한 항공모함 주위에 집중적으로 배치해야 했다. (전투에 대비하지 않을 때조차 각 항공모함은 보통 10여 척의 함정이 호위한다.) 냉전 시대에 550척 이상의 해군 함선으로 세계 전역을 순찰했다. 2020년에는 그렇지 않다. 미국 해군함정이 총 300척에 못 미친다. 이 가운데 거의 3분의 1은 항공모함 전투단 호위에 집중되어 있다. 이들은 지구상 어디든 쳐들어갈 수 있다.

이러한 변화들을 총체적으로 고려하면 미국이 가질 수 있고 갖기를 원하는 전략적 힘이 무엇인지 그려진다. 현재의 세계질서 유지는 미국이 더 이상 하고 싶지 않은 일이다. 동맹의 우선순위의 변화와 군 구조의 변화는 미국이 현재의 세계질서를 유지하고 싶어도 유지할 수 없다는 사실을 의미한다.

미국의 역량 부족과 관심 결여로 동맹 체제 전체에 변화가 거세게 일어나고 있다. 전통적 동맹국들을 사실상 포기하고 세계질서 지향적인 세계적 파병에서 보다 좁게 정의된 국익에 걸맞은 무엇인가로 군을 재정비하게 되면서 미국의 정책은 예측하기가 좀 더 어려워지고, 보다 역동적이며, 잠재적으로 훨씬 파괴적인 성격을 띠게 된다.

맥락 4: 국경을 초월한 수익

여러모로 미국의 "문제"는 힘이다. 구체적으로 말하면 미국의 부와 생산역량이다.

첫째, 부에 대해 알아보자. 미국은 단연 세계 최대 경제 규모를 자랑하고 적어도 21세기 남은 기간 동안에 그 지위를 유지하게 된다. 불평등이 큰 문제이긴 하지만 최저임금을 받는 정규직 "근로자 1인당" 연 15,000달러 정도는 번다. 그리 많은 액수가 아닌 것 같지만, 전 세계 한 해 "가구당" 소득의 중앙값의 다섯 배다. 세계 기준으로 볼 때 미국인은 더럽게 부자이고, 더럽게 부자인 사람들은 절대로 안 하는 일이 있다. 티셔츠를 산더미처럼 쌓아놓고 꿰매거나 신발을 깁거나 컴퓨터 부품을 끼워 맞추거나 자동차를 조립하지 않는다. 대신 티셔츠에 인쇄할 멋진 그림을 그리거나 신발 디자인을 하거나 딥 메모리칩을 제조하거나 차세대 자동차를 설계한다.

미국은 세계에서 주로 가치가 부가되는 일을 하고, 제조공정은 임금이 싸고 저숙련 기술에 저학력에 창의성이 떨어지는 노동력이 있는 나라로 하청을 준다. 최고 디자인이 지닌 가치와 비교하면 제조업이 지닌 가치는 볼품없다.

둘째, 생산성이다. 성공한 나라는 대부분 두 가지 가운데 한 가지를 갖추고 있다. 상당한 양의 이러저러한 상품 생산을 가능케 하는 지리적 여건이 그 하나다. 남아프리카공화국은 요하네스버그 고원에서 풍부한 농산물이 생산된다. 오스트레일리아는 아웃백(Outback) 오지에 광물이 풍부하다. 러시아는 시베리아에 유전이, 캐나다는 로키산맥에 목재가 있다. 교육의 질이 높아 인적자원이 풍부하거나 지리적 위치 덕분에 생산품에 가치가 더해지는 나라도 있다. 한국의 스마트폰, 태국의 반도체, 멕시코의 자동차 제조, 스위스의 바이오테크 산업이다.

둘 다 갖춘 나라는 드물고, 부가가치 상품 체제에 부가가치 인력이 더해지면 경제적 기회가 풍부하게 창출된다. 이 둘을 모두 갖춘 나라는 손에 꼽을 정도인데 그런 나라들 가운데서도 미국은 단연 최고다. 그리고 미국의 생산 규모가 이 두 요인들에 보태어지면 경제적으로 한층 유리해진다. 첫째, 부유하고 비교적 높은 부가가치를 창출하는 미국인 3억 3,100만 명이 있으므로, 미국 기업은 자사를 돋보이게 하려면 자사의 상품과 서비스를 차별화할 필요가 있고 그럴 역량도 있다. 주말에 켄터키 버번 시음 관광(Kentucky Bourbon Trail)을 하면 무한한 가능성이 무슨 뜻인지 짐작이 간다.[12]

차별화에 오늘날 디지털 기술과 운송 도달범위가 더해지면 이처럼 특화된 상품은 대부분 전 세계에 판매 가능하다. 미국 금융계는 미국 자산뿐만 아니라 세계의 자산도 관리한다. 미국 농업은 미국인뿐만 아니라 세계도 먹여 살린다. 미국의 고급 제조업이 중국의 저급 제조업을 가능케 한다. 미국 수출품의 대부분은 미국이 국내소비를 능가할 만큼 생산한 물건들이다. 미국인들이 특정한 버번을 마실 수 있는 주량은 한정되어 있으니 나머지는 세계 경제 체제로 밀어내 팔아야 한다.

미국은 나머지 세계가 그다지 필요하지 않고 나머지 세계에 대한 인내심도 줄었지만, 그나마 세계에 관심이 있는 미국인 부류는 미국 인구에서 아주 적은 비율을 차지하는 기업가들이다. 특히 해당 상품이 기술적으로 또는 지리적으로 운송하기 쉽거나 국내 수급의 불균형이 심한 농업, 금융, 기술 부문에 종사하는 기업인들이 그러하다.

여기서 흥미로운 상황이 발생한다.

첫째, 이러한 외부 지향성은 대두나 정보처리 칩 같은 특정한 품목에는 적용되나 1차 산업이나 제조업 같은 폭넓은 산업 부문들에는 그다지 적용되지 않으며, 기업계에서도 미국의 국경 너머로 시선을 돌리는 이들은 소수다. 이들은 정치적 영향력이 막강한 집단이 아니고 전면에서 미국 정책에 영향을 미치지 못한다.

둘째, 이 기업가들은 세계를 누비며 기업 활동을 하므로 거액이 걸려있는 일을 한다.[13] 금전은 미국 정치에서 절대로 사소한 문제가 아니지만 미국 기업가들이 활동하는 대부분의 나라들의 정치에서 금전은 아주 중요한 문제다. 미국이 전략적 감축을 지향하는 세계에서, 이렇게 외부 지향적이고 세계정세에 밝고, 현금이 두둑한 미국 기업가들은 세계 대부분의 지역에서 압도적인 존재감을 발휘한다.

셋째, 미국 정부는 더 넓은 세계에서 얻을 전략적 이익이 거의 없으므로, 이러한 외부 지향적인 미국 기업인들이 미국 국기를 휘날리는 역할을 하게 된다. 그들이 추진하는 기업 정책이 세계 도처에서 사실상 미국의 외교정책으로 인식된다. 그들과의 거래가 미국 정부와의 거래로 인식되는 한편, 그들에 대한 공격은 미국 정부에 대한 공격으로 인식된다.

간단히 말해서 미국의 아주 극소수 기업계—그 자체가 미국 유권자 가운데 아주 극소수—인사들이 대체로 미국의 국익을 규정하게 된다.

과거에도 있었던 일이다. 미국의 재건 시대에 미국의 경제적 이익을 창출하는 활동은 대부분 국내에 집중되었다. 남부를 재건하고, 서부에 인구를 정착시키고, 철도를 깔아서 나라 전체를 연결하는 일이었다. 20세기에 접어들 무렵 대부분의 과업은 완성되었고 미국 기업가들은 기회를 찾아 세계를 탐색하기 시작했다.

재건이 마무리됨과 동시에 미국은 또 한바탕 전쟁을 치렀다. 1898년 스페인-미국 전쟁이다. 10년 후 시어도어 루즈벨트 대통령은 새 전함들—그 유명한 대백색 함대(Great White Fleet)—을 파견해 세계를 돌며 이웃나라들과 안면을 텄다.

세상과 유리된 정서가 극명히 드러난다. 일본이 러시아 함대를 초토화시킨 직후, 그리고 유럽이 제1차 세계대전을 치를 준비를 하는 와중에, 미국 해군 상당 부분을 15개월 동안 해외에 보내다니 말이다. 이런 결정은 오늘날 우리가 생각해도 전략적으로는 이해하기 불가능해 보일지 모르지만, 당시에 미국은 최고의 함선들을 지구 반대편에 친선사절로 보낼 정도로 물리적으로 안전하다고 생각했다. 그 어느 시대에도 대백색 함대보다 더 쓸데없이 시간을 낭비한 군 활동 사례는 찾아보기 어렵다.

여기서 기업가들이 등장한다. 20세기 초 라틴아메리카나 동아시아에는 아르헨티나와 일본을 제외하면 성공한 나라가 없었다. 중앙정부는 힘이 없고, 사회간접자본은 단절되어 있으며 국내 제조업은 미미하거나 존재하지도 않았고 임금은 쌌다. 해외 지향적인 미국 기업인들—재건 시대에 남부로 가 두둑하게 한몫 챙긴 이들이 많았다—은 해외로 진출해 광산업, 기초적인 제조업, 수출입 무역업을 했다. 이들이 사업을 한 대부분의 지역들은 물류가 형편없었고, 융자, 기술, 일자리, 서비스, 또는 해외 시장이나 상품에 대한 접근을 제공해줄 수 있으면 누구든 두둑한 돈을 벌 수 있었다.

그건 긍정적인 측면이다. 그보다 긍정적이지 않은 측면은 이러한 지역들이 그래도 국가라는 점이다. 미국 법의 많은 측면들이 외국에서도 적용되지는 않고 그 반대도 마찬가지이며, 미국 기업인들이라고 다 천사 같지는 않다. 착취가 드물지는 않았다. 과도하게 빚을 지게 했고, 이러한 지역들도 나라이므로 국가채무불이행이 발생했다. 미국 기업인이 총격을 당하는 사례도 있었다.

미국은, 전략적으로 거칠 게 없는 상황에서, 전략적 목표를 어설프게 설정하거나 혹은 아무 목표도 세우지 않았고, 군은 할 일이 없어 노닥거리고 있었으므로, 구제에 나서기로 했다. 해군함정은 해당 지역민들에게 미국 상선의 왕래를 보장하는 게 얼마나 중요한지 다짐을 받았다. 군대가 상륙해서 미국 기업이 체결한 계약이 이행되는지 확인하기도 했다. 필요하다면 일시적으로 점령을 하고 해당 지역 당국을 설득해 그들이 미국 투자자들에게 발행한 채권을 전액 받아내기도 했다.

기업의 이익과 할 일 없는 미국의 힘이 융합하면서 달러 외교가 등장했다. 기업의 이익이, 이와 다투는 다른 이익들이 없는 상황에서는, 미국의 국익을 규정한다는 개념 말이다. 그리고 미국의 외교가와 군 조직이 국가가 제공하는 수단을 이용해 기업의 의사결정을 관철시킨다는 개념 말이다. 미국 역사

430

에서 그다지 자랑스럽지 않은 부분이고, 이는—먼로주의와 더불어—미국이 라틴아메리카에서 대체로 원하는 대로 할 수 있다는 인식을 확립했다. 대부분의 라틴아메리카 국가들은 먼로주의, 달러 외교, 그리고 냉전 시대에 미국이 자국 마음에 들지 않는 라틴아메리카 지도자들을 상대로 한 쿠데타를 지원해온 정책 등을 형태는 각양각색이지만 주제가 동일한 정책으로 간주한다.

새롭게 단장한 달러 외교 2.0이 곧 등장한다. 그러나 이번에 미국 기업이 집중하는 대상은 조금 다르다. 1900년대 초는 제국주의가 여전히 대세인 시대였고, 세계 대부분의 지역이 이러저러한 제국에 속해 있었다. 그러나 이번에는 제국이 없을 뿐만 아니라 현재 세계질서가 무너지면서 타격을 받는 지역들이 들불처럼 번지게 되고, 오직 미국만이 대부분의 세계가 너무나도 절실히 필요로 하는 상거래 활동을 보장하는 자원과 식량에 대한 접근권과 재정적 수단과 융자 여력과 해상력을 보유하게 된다.

- 무질서 시대에 중국은 거의 모든 것의 지속적인 공급이 딸리게 된다. 중국의 해안 도시—특히 남부 해안 도시들— 는 대부분 수입 상품, 특히 연료와 식량을 제공할 수 있는 이라면 누구라도 열렬히 환영하게 된다. 특히 중국 중앙정부가 마오쩌둥의 사망 이후로 중국 경제성장을 견인해온, 밑 빠진 독에 물 붓기 식의 융자 정책을 지속할 수 없다는 사실이 판명되고 나면 더욱더 그렇게 된다.
- 영국이 브렉시트에서 회복하려면 10년은 걸린다. 영국의 쇠락은 파운드화의 가치절하로도 나타날 텐데, 이는 미국 기업가들과 미국 금융시장이 영국 경제를 거의 접수할 절호의 기회를 풍부하게 제공한다.
- 구제국의 식민지였다가 오로지 현재의 세계질서 덕분에 독립한 나라들은 대부분 자체적으로 농업, 제조업, 융자 수요에 대처할 수가 없다. 많은 미국 기업가들이 이러한 환경에서 물 만난 고기처럼 활개를 치게 된다.
- 독일과 러시아 둘 중에서, 이란과 사우디아라비아 둘 중에서, 중국과 일본

둘 중에서, 미래의 전쟁에서 지는 쪽이 재건 시대의 미국 남부와 달러 외교 시대의 라틴아메리카에 들끓었던 그런 종류의 이윤 추구 활동의 목표물이 된다.

- 동아시아 제조업 공급사슬이 붕괴되면서 미국은 자국을 중심으로 이러한 공급사슬을 재구축하면서 엄청난 이득을 얻게 된다. 미국 기업가들은 특히 구체제에서 건질 만한 나라들을 통합하는 데 관심을 보이게 된다. 태국, 싱가포르, 말레이시아, 베트남에 미국이 큰 비중을 두게 된다는 뜻이다.

- 미국은 라틴아메리카를 무시하지 않는다. 이 지역의 대부분의 나라들은 현재의 세계질서가 무질서로 대체되면서 선전하게 되지만, 예외도 있다. 그리고 해외 융자나 해외 기술, 또는 두 가지 모두가 없으면 부존자원을 관리할 역량도 되지 않는 나라들도 있다. 브라질, 쿠바, 멕시코는 특히 미국 기업들이 대거 유입될 가능성이 높다.

약간 중상주의자 같은가? 실제로 그렇다. 미국인의 정서에 지나치게 중상주의처럼 들린다면, 1939년 이전에는 중상주의가 규범이었다는 사실을 기억하라. 미국이 1945년 이후로 훨씬 윤리적으로 진화했다고 생각한다면, 미국이 세계 무역 활동의 안전을 보장하기로 했을 때 이는 어쩔 수 없는 선택이었다는 사실을 기억하라.

현재의 세계질서 하에서 바닷길을 통한 교역 활동은 몇 배로 확장되었다. 무질서의 시대에 미국 해군이 세계 운송 활동의 안전을 보장하려면 적어도 현재 규모의 세 배가 되어야 한다. 그 정도의 규모 확장은 세대 단위의 기간이 아니라면 불가능하고, 따라서 미국은 어떤 화물운송을 보호해야 할지 선택할 수밖에 없다. 미국은 우선 자국의 화물부터 우선적으로 보호한다. 누구를 포기할지 선택하는 절차를 통해 미국 정부는 승자와 패자를 구분하는 데 착수한다. 외부 지향적인 미국 기업인들은 이 선별 과정에 기꺼이 참여해 지원을 하게 된다.

맥락 5: 필사적으로 불안정을 모색하다

앞의 네 가지 미국 외교정책의 맥락은 그 맥락이 보여주는 측면보다 보여주지 않는 측면이 더 주목할 가치가 있다. 전략적 잔재를 극복하거나 시대에 뒤떨어진 약속에서 벗어나는 행위는 거쳐야 할 과정이지 정책이 아니다. 달러 외교가 존재하는 이유는 오로지 정상적이라면 정책이 있어야 하는데 없기 때문이다.

이러한 정책적 공백은 미국 외교정책에만 국한되지 않는다. 1946년 이후로 미국 외교정책이 세계의 면모를 만들어왔다. 미국은 자국이 지붕을 떠받치는 역할을 중단해 힘의 공백이 생기면 세계 대부분의 지역에 매우 바람직하지 않다는 사실을 주목하게 된다. 그러나 미국은 또한 대개의 경우 혼돈은 미국에 유리하게 작용한다는 사실도 눈치채게 된다.

지속적인 구조적 진화는 바로 이러한 정서의 변화를 뒷받침하게 된다.

미국이 최근에 치른 전쟁들을 통해 미국인은 무엇을 "정상적인" 군사 활동으로 간주할지 판단하게 되었다. 최근 들어 미국의 전투 활동 가운데 직접 전쟁을 수행하는 활동은 거의 없었다. 미군은 조직화된 다른 군대와의 충돌이 아니라 주로 순찰하고 수색하고 추적하는 활동과 드론전쟁을 번갈아가면서 해왔다. 방대한 영토에서 평화를 유지하고 안정시키는 게 목적이면 대규모 군대가 필요하고, 이러한 군대는 돌발적인 공격에 고도로 노출된다. 소란스럽고 사상자도 나온다. 미국 대중은 이를 인식하고 있고 달가워하지 않는다.

그러나 이라크와 아프가니스탄 전쟁이 계속되면서 W. 부시 행정부와 오바마 행정부는 이 지역들이 절대로 미국이 원하는 대로 "고쳐지지" 않으리라는 결론에 도달했다. 따라서 이라크와 아프가니스탄을 미국의 형상을 본떠 재구축한다는 목표는 전쟁을 계속할 현지 병력을 구축하는 목표로, 이는 다시 그저 최소한의 미국의 지원으로 생존할 수 있는 정부 구조를 구축하는 목표로, 이는 다시 미군이 대부분 이 나라들에서 철수하고 나면 일부 기지를 미국이 보유하거나 필요할 때마다 특수작전 부대와 드론을 투입하는 목표로 점점 줄어들었다.

이는 숫자와 정보의 문제였다. 이라크 전쟁과 아프가니스탄 전쟁이 절정에 달했을 때, 해당 전역에는 (예비군을 포함해) 군 명부에 등록된 총 230만 명 가운데 각각 148,000명과 99,000명의 미군이 파견되어 있었다. 이라크 중부를 순찰하려면 이라크 중부 안에 10여 개의 주요 기지를 설치해야 하고 수만 명의 군인이 필요하다.

반면 드론과 특수작전 부대를 이용하면 해당 국가 내에 주둔할 필요도 없는 아주 단출한 규모의 군대만 있으면 된다. 미국의 특수작전군을 다 합해도—세계적인 테러와의 전쟁 기간 동안 예산이 10배로 증가했는데도—7만 명이 채 되지 않는다. 특수작전군은 그 속성상 재래식 군사작전보다 은밀히 임무를 수행하므로 대중에게 덜 공개되고, 드론은 고국에 남아 드론이 무사히 돌아오기를 기다리는 가족도 없으므로, 대부분의 미국인은 요즘 미국이 어떻게 전쟁을 수행하고 있는지 몰라도 마음이 비교적 편하다(아니면 자포자기했든가).

그러나 미국이 이상적이라고 여기는 상황을 나머지 세계는 골치 아프다고 여긴다. 미국은 (민간인이든 군인이든) 자국민이 위험에 거의 노출되지 않는 전쟁수행 방법에 안심이 될지 모르지만, 미국의 힘이 세계 어디든 충분한 시간을 두고 미리 고지하지 않고도 도달할 수 있게 된다. 이와 같은 새로운 전쟁 기법에다가 세계 안정에 대한 미국의 무관심이 점점 폭넓고 깊어지는 상황이 더해지면, 세계는 혼란스러워지며 분쟁이 터지는 수준에까지 이를 수 있다.

대단한 논리의 비약이 아니어도 그 다음 수순이 뻔히 보인다. 미국은 혼란 자체를 수단으로, 어쩌면 심지어 목표로 간주하기 시작하게 된다. 무책임하다고 생각할지 모르지만(어찌 보면 맞는 말이다), 그렇다고 해서 형편없는 전략이라는 뜻은 아니다. 다음 사항들을 생각해보라.

- 미국은 무역 비중이 높지 않은 나라지만 현재 미국이 경쟁자로 인식하고 있고 앞으로 경쟁자로 인식하게 될 나라들은 모조리 무역에 크게 의존한다. 동북아 지역을 오가는 무역은 100퍼센트 바닷길로 물건을 실어 나르고, 유럽-아시아 교역의 95퍼센트와 세계 석유교역의 70퍼센트도 바닷길로 오간다. 반면 (미국의 총 경제활동의 8퍼센트에 못 미치는) 미국 무역에서 바닷길을 이용하는 비율은 절반이 채 못 미치고, 그나마도 대부분 서반구 내에서 오가므로 서반구 바깥에서 벌어지는 혼돈으로부터 자유롭다. 국지적인 혼란이든 보다 포괄적인 혼란이든 미국에게는 상업적으로 기회가 될 뿐만 아니라 미국의 동맹이 아닌 무역 국가들까지도 전략적으로 미국의 선의에 의존하게 만든다.

- 2020년 초 현재, 미국은 원유와 석유제품의 순수출국이 되었고, 2018년 이후로 이미 다른 모든 최종 석유화학제품의 순수출국이 되었다.[14] 에너지나 화학제품 교역이 차질이 생기면 수출국이든 수입국이든 경쟁국들은 경제적으로 피해를 입지만, 미국이 대통령 차원에서 정책을 수정하면 미국 소비자들은 세계 가격인상으로부터 보호받게 된다. 수십 년 동안 러시아는 중동 지역에서 훼방을 놓아 세계 에너지 유통을 방해하고 미국의 전략적 정책을 복잡하게 만들며 재미를 보았다. 이제는 미국 차례다. 미국의 해상력을 고려할 때 1970년대와 1980년대 석유파동보다 몇 배는 심각한 사태를 미국이 야기하기란 식은 죽 먹기다.

- 오늘날 제조업은 제조 공급사슬 공정의 특정한 단계를 숙달한 지역이라면 어느 지역이든 번성하는 구조다. 세계 안보가 보장되면 통합된 세계 공급사슬이 가능하다. 그러려면 바닷길을 절대적으로 자유롭게 오갈 수 있어야 할 뿐만 아니라 기술 변화에 따라 산업공장을 끊임없이 재정비할 자금을 대기 위해 거의 무제한 공급되는 자본에 접근할 수 있어야 한다. 미국은 안보의 제공자이고 자본 접근에 대한 관장자일 뿐만 아니라, 북미자유무역협정 교역망은 지구상에서 세계 바닷길 접근이 필요하지 않은 유일한 제조업 체계

다. 해상 안전에 조금이라도 차질이 생기면 대부분의 공급사슬이 끊길 뿐만 아니라 그렇게 되면 대부분의 공장들은 투입재와 생산과 소비가 함께 위치해 있는 유일한 지역으로 이전하게 된다. 바로 북미 지역이다. 세계적으로 공급사슬의 안전을 훼손하는 것은 거의 무엇이든 공장을 북미자유무역협정 체제 안으로 이전할 명분을 강화해준다.

- 농산물 공급사슬은 제조업 부문의 공급사슬만큼 고정적이고 취약하지 않지만, 차질이 생길 경우 그 영향은 훨씬 끔찍하고 심각하다. 석유를 가공처리해서 만드는 비료는 식량 생산을 돕고, 식량은 바닷길을 통해서 전 세계에 유통된다. 이러한 공급사슬의 어느 부분에서 차질이 빚어져도 식량은 필요한 이들에게 도달하지 못한다. 식량공급 체계 전체를 내부에 갖춘 나라는 거의 없다. 세계 석유의 족히 75퍼센트는 국경을 넘나들며 거래되고 있고, 미국이 국내에 구축한 각종 투입재 공급사슬 체계는 단연 세계 최대 규모다. 미국 농부들은 대륙 차원에서 기아가 확산되는 처참한 상황이 벌어지면 잠시 움찔하겠지만, 그러고 나면 정신없이 돈을 쓸어 담게 된다.

- 안정적이고 생산적인 융자를 공급하는 단 하나의 가장 거대한 재원은 은퇴가 가까운 연령대 인구다. 30대 근로자는 미래를 위해 보잘것없는 소득의 아주 일부를 저축한다. 50대 근로자는 훨씬 높은 소득 가운데 상당 부분을 저축한다. 은퇴를 코앞에 둔 근로자는 가능한 한 최대한 저축한다. 세계적으로 고령화가 진행되면서 은퇴에 가까운 연령대의 인구가 많아졌고, 따라서 세계적으로 자본은 풍부하고 싸게 빌릴 수 있다. 그러나 인구 공동화에 직면하지 않은 나라는 거의 없고, 평균적으로 세계 베이비붐 세대 인구는 2022년에 대거 은퇴하게 된다. 은퇴와 동시에 소득이 끊기고 더 이상 저축할 여유가 없어진다. 그 결과 앞으로 국내에서 안정적으로 자본이 공급되는 나라는 아주 극소수다. 미국 베이비붐 세대는 자녀들을 두었고, 따라서 미국의 인구 구조 쇠락은 훨씬 천천히 진행되고 겪게 될 고통도 훨씬 덜하다. 이 덕분에 미국은 다른 어느 나라보다도 싼 자본을 보유하게 될 뿐만 아니

436

라 세계적으로 탈출하는 자본이 향하는 주요 목적지가 된다. 혼돈, 전쟁, 경기침체—혼란—는 자본이 미국으로 흐르도록 부추긴다. 2015년부터 2019년까지—세계적으로 경제가 강한 성장세를 보이고 비교적 안정적이었던 시기—자본 탈출은 대략 8조 달러에 달했다. 앞으로 어떻게 될지 상상해보라. 미국이 이 상황을 자국에게 유리하게 유도한다면 어떻게 될지 상상해보라.

- 세계적으로 대부분의 원자재는—에너지와 식량을 제외한 철광이나 구리 등—미국이 경제적 경쟁자로 간주하는 지역에서 가공된다. 독일과 중국은 꾸준히 경쟁자 상위에 오른다. 그러나 대부분의 경우 원자재는 독일이나 중국이 아니라 남반구에서 비롯된다. 독일 내에서나 그 근처, 혹은 중국 내에서나 그 근처, 혹은 그 두 나라 사이의 공해상에서 혼란이 발생하거나 차질이 생기면, 금속 가공처리와 정제 시설이 필요한 원자재들은 다른 지역으로 향하게 된다. 훨씬 저렴하고 안정적으로 전기를 공급할 수 있는 보다 안정적인 지역으로. 바로 미국 같은 지역으로 말이다.

- 오늘날 대부분의 세계 무역은 미국 달러화로 결제되고, 세계질서가 상당히 훼손되면 거의 모든 화폐의 안정성이 하락해 거의 모든 선물거래가 미국 달러화로 결제되는 지경에 이르게 된다. 미국은 세계 금융에 접근할 나라를 마음대로 선별할 수 있게 되므로, 안보불안에 크게 노출되지 않는 나라들조차 미국의 국익을 침해하거나 미국 대통령과 의회의 심기를 건드리면 어떻게 될지 심사숙고해야 한다. 그렇게 하지 못하면 물물 교환하는 처지로 전락하기 십상이다.

- 미국이 금융시장을 조금만 만지작거리려도 재정적으로 과도하게 노출된 체제를 쉽게 무너뜨릴 수 있다. 그 대상이 될 가장 강력한 후보는 중국이다. 중국은 금융시장에 조금만 차질이 생겨도 정치적 혼돈이 발생하게 된다. 이는 미국 제조업자들에게는 대단한 호재다. 브라질도 있다. 농업 부문에 대한 금융지원이 때마침 중단된다면 세계 식량 공급에 차질이 생긴다. 이는 미국 농부들에게 대단한 호재다. 터키도 잊어서는 안 된다. 터키의 현 정부를 뒷

받침하는 정치적 동맹은 수백억 달러의 저렴한 건설 융자금을 토대로 한다. 여기서 차질이 생기면 미국 에너지 부문에게 대단한 호재다. 더군다나 유로 존 전체가 위험에 직면하고 있다. 그리스 같은 구제불능의 사례뿐만 아니라 이탈리아 같이 금융체제가 부패한 나라도 마찬가지다. 독일의 경제 모델은 깊고 지속적인 금융지원을 통해 산업 기반을 최신 기술로 계속 상향조정하는 게 기반이다. 반면 국가의 경제 개입은 프랑스 정책의 특징이다. 훨씬 중상주의적이고 포퓰리스트 성향의 정책이 난무하는 시대에 미국이 금융 세계에 간섭하지 않기를 바란다면 공짜로는 어림도 없다.

• 세계적 무역 체제가 지역적인 무역 체제로 바뀌면서 나타나는 한 가지 부수적인 효과는 이러저러한 지역의 불안정이 다른 지역에 미치는 영향도 적어진다는 점이다. 2007-2009년 세계 경제 불황이 그나마 더 악화되지 않았던 중요한 까닭은 미국 연방준비제도가 개입해 유동성이 필요한 각국 중앙은행에 브리지론(Bridge Loan, 갱신 가능한 단기 차관—옮긴이)을 달러화로 무한정 공급했기 때문이다. 그 덕분에 적어도 오스트레일리아, 캐나다, 브라질, 뉴질랜드, 노르웨이, 덴마크, 영국, 일본, 멕시코, 스웨덴, 한국, 싱가포르, 스위스, 그리고 유로존에서 그렇게 하지 않았더라면 훨씬 심각했을 금융위기를 막았다. 연방준비제도가 더 이상 금융위기의 세계적인 확산을 두려워하지 않아도 되는 여건이 조성되면 앞으로 미국은 이와 비슷한 지원은 하지 않을지 모른다. 아니면 상당이 높은 가격표를 붙여서 지원을 하든가. 그리고 그나마도 미국이 불안정하거나 과도하게 노출된 금융 체제를 의도적으로 건드리지 않는다고 전제할 때의 얘기다. 아르헨티나, 브라질, 베네수엘라, 페루, 사우디아라비아, 이집트, 터키, 러시아, 우크라이나, 카자흐스탄, 일본, 한국, 중국, 대만, 태국, 파키스탄, 남아프리카공화국, 캐나다, 혹은 유로존(그리고 그 가운데 이탈리아, 그리스, 키프로스, 벨기에, 포르투갈, 아일랜드, 스페인, 네덜란드 그리고 독일이 특히 취약하다)은 큰 힘을 들이지 않아도 뒤집어엎을 수 있다. 미국이 이런 나라들 가운데 어느 나라를 특정

해 드러내놓고 목표물로 삼지는 않지만, 세계정세가 변하면 유일하게 진정으로 가치가 안정적인 화폐로서의 미국 달러화 지위 덕분에 미국은 외국의 경제 체제에 막강한 영향력을 행사할 수 있게 된다.

미국이 전략적으로, 기꺼이 세계 안보를 유지해온 역할을 포기하게 되는데다가 미국 국민은 은밀히 진행되어 나중에 드러나도 부인할 수 있는 군사 활동에 점점 익숙해지고, 미군은 전 세계를 도달 범위 내에 두게 되고, 그리고 세계에 대해 훨씬 중상주의적으로 접근하게 되면, 앞으로 미국이 안정보다는 혼란을 외교정책의 도구이자 바람직한 목적으로 추구하는 미래를 상상하기란 〈스타워즈〉에서 애너킨 스카이워커가 타락해 암흑세계로 넘어가기만큼이나 쉽다.

15

미국:
세계와 거리를 두는
초강대국

The United States:
The Distant Superpower

미 국이 무자비하게 자국 이익에 집중하는 전략은 대단히 제국주의적이
고 거의 러시아와 비슷하기까지 할 것이며, 대체로 미국이 어떤 나라
들과 관계를 맺을지 그 대상목록을 정하게 된다. 미국의 관점에서 보면, 모든
관계는 세 부류로 분류된다.

제1부류: 의지의 연합(동맹이라고도 한다)

첫째, 공동으로 추구하는 명분이 어느 정도 있는 지역을 고려하게 된다. 해
체된 세계에서 세계로부터 단절되고, 세계에서 손을 뗀 미국은 전통적인 의
미에서 그 어떤 적도 존재하지 않게 된다. 중국이 없는 세계에서 미국의 일본
과 한국과의 관계는 소원해진다. 미국이 러시아에 대해 개의치 않는 세계에
서 미국의 독일과 폴란드와의 관계는 그리 중요하지 않다. 셰일이 존재하는
세계에서 이란은 미국에게 과거와 똑같은 정도의 속쓰림을 유발하지 않는다.
미국이 일정 정도 감정적으로 거리를 두고 이란과의 관계 그리고 사우디아라
비아와의 관계를 바라보면 두 나라와의 관계가 훨씬 덜 매력적으로 보인다.
적어도 2030년까지는—어쩌면 2045년까지도—미국에게 심각한 전략적 적
은 없다. 일본과 프랑스와 터키와 아르헨티나 같은 나라들이 자신들의 지역
을 미국이 볼 때 위협적이라고 여길 만한 무엇인가로 개조하려면 시간이 걸
린다. 그리고 그나마도 "여길 만한"이라고 했지 여긴다고 단정하지는 않았
다. 터키, 프랑스, 아르헨티나가 택할 가능성이 높은 길은 적어도 한 세대 동
안 미국에게 그 어떤 전략적인 불안도 조장할 가능성이 없는 길이다.

그렇다고 해서 우려할 만한 문제나 지역이 없다는 뜻은 아니다. 미국 국내
정치는 늘 이러저러한 명분으로 미국을 한쪽으로 쏠리게 하는 악순환을 겪
는다. 미국의 환경보호 운동이 조금 더 과격한 쪽으로 기울면 세계적으로 석
탄을 이용하는 나라에 대해 그동안의 금기를 깨고 군사적 수단을 사용할 가

능성이 생긴다. 그러면 독일과 중국과 스페인과 오스트레일리아 같은 다양한 나라들이 공격대상의 가장 앞줄에 서게 된다. 인권 존중 정서가 되살아나면 목표물은 한없이 이어진다. 특히 세계적으로 부(富)의 수준이 급락하면 말이다.

마약과의 전쟁에 대해서는 미국이 이미 군사적인 차원에서 접근하고 있지만, 미국이 관여하기를 바라는 나라뿐만 아니라 그렇지 않은 나라들에까지 확대 적용될 가능성이 다분하다. 멕시코 카르텔, 브라질과 베네수엘라 밀매업자들, 에콰도르와 볼리비아의 재배업자들을 생각해보라. 매춘용 인신매매에 대한 전쟁 선포는 못할 게 뭔가? 노예제도는? 이주는? 1990년대에 미국이 개입했던 몇 가지 사례들도 이와 비슷한 윤리적, 도덕적 명분으로 정당화했다.

다른 이들이 먼저 싸움을 걸면 어떻게 될까? 미국이 세계 도처에 폭넓게 관여하지 않는 한 목표물로 삼을 만한 미국인들도 별로 없다. 지역의 맹주가 되려는 야심을 품은 공격적이지만 제정신인 나라라면 미국이 개입하는 상황만은 절대로 만들고 싶지 않아야 정상이다—멀찌감치 떨어져서 무관심하지만 전략적으로 자유롭고 철저히 무장한 미국 말이다. 가능성은 매우 희박하지만, 숨이 턱턱 막힐 정도로 멍청한 외국 지도자가 기를 쓰고 무리해서 미국을 목표물로 삼을지도 모른다. 그런 나라는 신의 가호가 무지막지하게 필요할 것이다.

미국이 해외에서 군사행동을 하도록 자극할 가능성이 훨씬 높은 경우는 국가가 아닌 행위자가 미국의 추적을 당할 만한 짓을 하는 경우다. 그러나 미국이 세계적인 테러와의 전쟁에서 그다지 보람 있는 경험을 하지 못했기 때문에, 미국이 새롭게 그 어떤 반격을 하게 되더라도 보다 노련한 관점에서 보다 삐딱한 시각으로 보다 외과적인 수단을 쓸 가능성이 높다. 무장한 군대보다는 특수작전군을 더 적극적으로 활용한다.

따라서 미국은 이러한 "공동의 명분" 부류에 속하는 어떤 동맹국과도 그 어떤 대대적인 전투에서 참호 안에서 어깨를 나란히 하고 싸울 일은 없게 된다. 미국이 당장 직면한 사안에 다소 관심이 있으면, 동맹국으로 하여금 궂은 일을 하도록 하고 자국은 기술적, 물질적 지원과 병참지원에 주력하게 된다. 그리고 미국이 제대로 열 받아서 직접 행동하기로 마음먹으면 임시 기지를 설치할 권리만 얻으면 된다.

공동의 명분을 추구하는 동맹국들 가운데 최상위에 오른 나라는 약간 곤경에 처한 나라다. 바로 **영국**이다.

이 글을 쓰는 현재, 브렉시트 절차는 3년째 접어들고 있고 영국 정부는 경제적, 재정적, 정치적 자본을 모두 소모하면서 끝도 없이 브렉시트 절차를 연장하려 하고 있다(2019년 1월 31일 브렉시트는 기정사실화되었다─옮긴이). 이는 유럽연합과의 결별을 필요 이상으로 더 힘들게 만들고 영국이 무질서의 세계에, 다른 말로 유럽연합이 없는 세계에 어떻게 대처할지를 파악하는 노력을 지연시키고 있다. 영국과 유럽연합의 결별은 한발 앞서가기는커녕, 세계체제가 무너지고 있는 때와 동시에 일어나고 있다. 이 때문에 선택지가 제한된다.

유럽연합 탈퇴 후에 영국은 유로존과의 무역을 과거 제국을 중심으로 한 나머지 세계로 전환할 계획이었다. 이 전략은 심각한 문제가 있다. 유럽 대륙 바깥 지역과 무역을 하려면 세계가 안정적이어야 하는데 세계 안정은 곧 사라지게 되고, 냉전 후 영국은 군비를 감축했기 때문에 장거리 화물 운송을 호송할 만한 함선이 부족하다.

운 나쁘게 이러한 제약에 직면하게 되면서 두 가지 상황이 발생한다. 첫째, 영국은 몇 년 동안 경기침체를 겪게 된다. 세계질서와 유럽연합이 종언을 고하면서 낳을 피치 못할 결과다. 시기도 덤으로 문제가 된다. 영국은 무질서와 쇠락을 좀 더 일찍 겪기 시작했으므로 더 빨리 바닥을 치고, 무엇이 됐든 그 다음 과정을 시작하게 된다.

둘째, 영국은 무질서가 얼마나 악화되든 상관없이 안전할 나라들이나 자국의 화물을 안전하게 운송할 역량이 있는(따라서 영국이 운송 걱정을 할 필요가 없는) 나라들과 주로 교역을 하게 된다. 세계에는 무역과 공급사슬 체계가 크게 세 가지밖에 없다. 브렉시트 때문이든 유럽연합 자체의 종말 때문이든, 유럽 시장은 접근 금지 지역이다. 동아시아는 거리가 너무 멀어서 배제된다. 그렇다면 이렇다 할 교역상대는 북미자유무역협정 체제밖에 남지 않는다.

무질서 시대 초기에 영국 해군의 야릇한 구성─초대형 항공모함 두 척에 호위함이 없는 구조─때문에 영국은 호위함을 미국에 의존하게 된다. 이는 영국이 해군을 확장해 부족한 부분을 메울 때까지 계속된다. 이는 아마 2040년까지는 계속될 것이다.

무질서 시대 초기에 영국 경제의 야릇한 구성─유럽에 대한 접근은 최소화되는 반면 북미에 대대적으로 접근하게 되는 상황─때문에 영국은 경제성장을 하려면 미국에 의존하게 된다. 미국의 인구는 영국의 인구보다 훨씬 서서히 고령화하므로 이러한 의존은 장기적으로 지속되고 해를 거듭할수록 훨씬 강력해진다.

많은 영국인들이 유럽연합을 탈퇴하고 싶어 한 이유는 브뤼셀에 있는 관료들이 자국의 정책을 결정하는 게 못마땅했기 때문이다. 무질서 시대 초기에 영국은 브뤼셀 관료들에게 넘겨준 정도보다 더 많은 재량권을 미국 관료들에게 넘겨주게 된다. 간단히 말해서, 영국은 달리 선택의 여지가 없으므로 미국과 영국 간의 관계를 형성하는 조건은 전적으로 미국이 결정하게 된다. 그 관계가 구체적으로 어떤 식으로 전개되든 전체적인 전략적 그림은 미국이 정하게 된다.

이 선택지가 아무리 전략적으로, 경제적으로 타당하다고 해도 이렇게 일방적으로 결정되는 관계에 대해 영국은 정서적으로 그다지 마음이 편치는 않을 것이다. 무질서의 시대에 영국은 사실상 더 이상 독립적인 국가가 아니다.

미국이 정신이 다른 데 팔려있는 상황에서는─특히, 일단 영국의 전략적 정책이 미국의 의지에 따라 결정되는 상황이 되면─미래에 미국과의 관계가 어떤 방향으로 나아갈지는 대체로 영국 하기에 달렸다. 숙덕거리는 소리가 점점 커져서 대화를 하게 되고, 대화가 공적인 토론의 장으로 나오면서 미국과의 관계를 얼마나 가까이 유지하는 게 적당한지를 두고 갑론을박이 벌어진다. 북미자유무역협정에 합류하자? 물론이다. 미국과 연방을 구성하면 어떨까? 가능하다. 미국의 주(州)가 되는 건 어떨까? 마지막의 경우는 물리적 거리와 문화적 차이 때문에 크게 가능성이 높지 않을지 모르지만 장성한 자녀와 살림을 합치는 게 나이 들어가는 대부분의 부모의 운명이다.

북해 연안의 국가들—**노르웨이, 네덜란드, 덴마크**—은 영국과 비슷한 처지에 놓이게 된다. 세 나라 모두 유럽 대륙과 러시아에 대해 미국이 지닌 전략적 우려를 공유하므로 미국이 허락하는 한 미국 국방정책에 가능한 한 밀착하려고 애쓰게 된다. 세 나라 모두 영국과 북미의 경제적 통합에 편승할 방법을 모색하게 된다. (영국처럼 선택의 여지없이 억지로 양자 간 협상에서 미국의 선처만 바라는 상황에 던져지지 않기 위해서 말이다.) 이 세 나라는 분명히 미국보다는 영국과의 관계 설정에서 훨씬 운이 좋을 것이다.

독일은 러시아와 매우 유동적이고 다각적인 경쟁을 하게 되고, 그러기 위해 군비를 증강하고 독자적으로 군을 파병하고 정보를 수집하는 역량을 구축한다. 당연히 주변 국가들은 하나같이 우려하게 된다. 미국은 어떨까? 뭐, 그다지 우려하지 않는다.

미국은 독일을 저지하거나 설득해서 군사화를 자제하도록 하기보다는 가능한 한 독일을 미국 군사 체제에 통합시키는 목표를 추구하게 된다. 명분은 독일이라는 점과 경제적 이득이 있다는 점이다. 독일은 총통 체제를 실행한 과거가 있긴 하지만, 그보다도 경제 규모가 독일 정도인 나라가 덩치가 러시아만한 나라와 벌일 한판 대결에 대비하려면 어마어마하게 많은 장비가 필요하다. 독일이 폭스바겐, 지멘스, 보쉬 공장들을 개조해 탱크와 제트기와 드론을 만들기까지 얼마나 걸릴지는 두고 볼 일이다. 미국이 그 간극을 메울 수 있다. 그리고 그 과정에서 가외로 엄청나게 많은 돈을 벌게 된다.

보다 중요한 문제는 전략적인 문제다. 독일은 그동안 미국 안보 체제에 의존해오면서 전략적 기획 역량이 소멸되었다. 미국이 현재의 세계질서 말기의 몇십 년 동안 전략적으로 방황했듯이 말이다. 그러나 미국은 전략적으로 방황하는 동안 예산을 거의 물 쓰듯이 했고 거의 무슨 계획이든 재정적 지원으로 뒷받침했지만, 독일은 예산이 거의 편성되지 않았으므로 어떤 계획도 재정적 지원이 되지 않는다. 독일은 실제적인 필요와 위협에 직면하기 직전인데 미국에게는 더할 나위 없는 호재다. 앞으로 닥칠 갈등에서 독일이 미국에 의존하면 할수록—특히 정보 체계에 의존하면 할수록—무질서 시대의 독일은 (어쩌면 무질서 이후의 독일도) 미국에게 위협이 될 가능성은 줄어든다. 독자적인 독일을 가능케 하는 게 독일을 억제하는 최선의 방법이다. 미국에게는 그렇다. 미국을 제외한 다른 모든 나라는 이를 대단히 잘못된 생각이라고 할 것이다.

여기서 목표—아주 비공식적인 목표—는 국가로서의 **러시아**를 끝장내는 일이다. 미국 공화국의 역사에서 미국 본토를 위험에 빠뜨린 나라는 세 나라뿐이다. 첫째, 영국은 이미 전략적으로 거세되었고 곧 미국의 의지대로 따라오게 된다. 둘째, 멕시코는 1848년 멕시코-미국 전쟁이 끝난 이후로 더 이상 전략적 위협이 되지 못하고, 이제는 동반자 관계다. 그러면 러시아만 남는다.

무질서 시대에 일어날 수많은 갈등에서 미국은 지상에서 결정적인 역할은커녕 배후조종도 하지 않을 가능성이 높지만, 그렇다고 해서 편을 들지 않는다는 뜻은 아니다. 그리고 러시아와 갈등을 빚는 나라는 어떤 나라든 무기, 연료, 정보 지원이 필요하다. 그 가운데 독일만큼 절박한 나라가 없다.

역풍의 가능성도 있다. 과거에 서방 국가들이 독일과 러시아가 한판 붙기를 바랐을 때 스탈린의 러시아와 히틀러의 독일은 평화조약, 즉 몰로토프-리벤트로프 조약을 체결했다. 그 직후 나치는 대부분의 유럽을 점령했다. 그러나 당시 서방 진영이 전략적 오판을 했을 때도 그랬듯이, 이번에 또 오판을 한다고 해도 이는 유럽의 문제지 미국의 문제가 아니다.[1]

유라시아 대륙의 반대편 쪽에는 **일본**이 있다. 미국과 가장 복잡한 관계인 나라로 손꼽힌다. 관계를 복잡하게 만드는 가장 큰 요인은 일본과 유럽 간의 발전 패턴의 차이로 귀결된다.

현재의 세계질서 초창기에 동맹 체제 내에 있던 유럽 국가들은 기술적으로 동등한 수준이었다. 대부분은 현대 이전 수세기 동안 서로 교류를 했고, 대부분이 산업혁명을 거쳐 부상했으며, 대부분이 미국 패권 하의 세계질서 속에서 삶을 경험했다. 공통된 경험이 있었기에 부분적으로 주권을 양도한 유럽연합 같은 기구가 가능했다. 일부 유럽 내의 갈등은 필연적이지만, 일부러 갈등을 야기하거나 염원하거나 만인에 대한 만인의 투쟁인 전쟁으로 악화될 가능성은 없다.

동북아시아는 서로를 묶어주는 그런 공통점이 없다. 동북아시아에는 유럽 유형의 힘의 균형이 존재했던 적이 없다. 한반도의 험준한 지형, 중국 핵심부의 분열(disunity), 대만과 일본의 섬 속성 때문에 서로의 교류가 극히 제한되었다. 산업화도 공통의 경험이 아니라 일본이 다른 나라들을 포식하는 형태였다. 북한을 제외하고 모두 현재의 세계질서에 합류했지만, (오늘날 우리가 북한으로 알고 있는 영토를 제외하고) 서로 육지에서 국경을 맞대고 있지도 않으니 통합할 기회가 제한된다. 현재의 세계질서가 절정에 달했을 때조차 동북아시아는 서로 툭하면 으르렁거렸다. 중국과 대만도 그렇지만, 남북한도 여전히 군사적으로 대결하고 있고 엄밀히 말하면 여전히 전시 상태다. 일본과 한국—미국의 핵심적인 동맹인 나라들—조차 툭하면 역사, 무역, 기술, 교과서, 손바닥만한 무인도를 두고 서로 감정을 건드린다.

유럽 국가들과는 달리 아시아 국가들은 과거를 잊으려고 애써본 적도 없다. 아시아 국가들은 유럽처럼 제2차 세계대전 후 미국 점령군이 유럽을 하나로 통일했던 경험이 없다. 경제 통합은 나중에 시작되었고 깊이 침투한 적도 없다. 따라서 동북아시아 국가들은 그들을 결속해주는 공통의 경험이 훨씬 적다. 동북아시아 국가들은 새로운 무엇인가로 융합하려는 노력을 한 적이 없다. 이 세 나라들 내에는 기술적, 경제적, 인종적, 역사적 우월감과 원한에 사로잡혀 이웃나라와 싸우려고 안달이 난 막강한 파벌들이 있다. 그리고 이제 미국은 싸움을 말리는 역할을 하지 않게 된다.

미국이 이 지역에서 손을 떼는 방식은 다가올 갈등을 더 광범위하고 더 깊게 만든다. 미국은 비공식적으로 일본을 미국을 대신할 지역 맹주로 낙점했기 때문이다. 미국은 일본에게 군사행동을 제한하는 헌법 조항—미국이 만든 조항—을 재해석하라고 공식적으로 촉구했다. 일본이 직접 중국을 상대할 수 있도록 말이다. 그리고 미국은 정보 공유와 군사기술 이전을 통해 일본을 가능한 한 가공(可恐)할 존재로 만들고 있다.

마지막으로 유럽과 동북아시아의 차이점이 가까운 장래에 미국과 일본의 관계를 규정하게 된다. 유럽에서는 독일과 러시아 중 어느 나라가 승리하든 두 나라 모두 다른 나라들의 견제를 받게 된다. 유럽에서 독일과 러시아의 갈등이 마무리되면 그 다음으로 또 다른 교착상태와 갈등이 유럽 내에서 시작된다. 아시아에서 갈등이 마무리되면 일본이 우위를 점하는 근본적으로 새로운 질서가 동이 트게 된다. 그리고 일본의 경제적, 군사적 영향력의 촉수는 동북아시아와 동남아시아뿐만 아니라 페르시아 만까지 도달하게 된다.

어느 시점에 가서 미국은 일본이 이루어놓은 것을 보고 자국의 결정을 심각하게 재고(再考)하게 된다. 일본이 인구 구조 붕괴에 직면한 상태에서 자국이 확보한 이점을 견고하게 다지는 데 걸리는 시간과 미국이 국내 정치에 심취해 있는 상태에서 깨어나는 데 걸리는 시간을 고려해볼 때, 미국은 2030년대 말에 가서야 일본을 그런 우려의 시선으로 바라보게 된다. 미국-일본의 관계의 다음 단계가 갈등으로 치닫지 않게 할 여러 가지 길이 있지만, 그렇다고 해도 일본이 앞으로 미국이 예의주시할 대상의 상위에 후보로 오를 가능성이 높다는 사실이 변하지는 않는다.

놀랍게도 미국의 "미래의 동맹" 국가 목록에는 **아프리카** 국가들이 많이 오르게 된다. 경제적으로 크게 관심을 둘 만한 나라는 없다. 아프리카 대륙은 대부분 고원이 줄지어 우뚝 솟아있고 경사가 가팔라서 내륙으로 들어가는 기본적인 사회간접자본을 구축하기가 거의 불가능하다. 아주 드문 몇몇 통행로를 제외하고는 말이다. 아프리카 대륙은 상당한 양의 원유가 매장되어 있지만, 미국은 국내에 석유가 풍부하기 때문에 그마저도 미국의 관심거리가 아니다.

미국이 이 지역에 관심을 갖는 이유는 이슬람 군사조직화에 대해 여전히 미국이 느끼는 염증 때문이다. 무슬림이 팽창하던 10세기에 무역상들은 배로 사하라사막을 에둘러 가든가 사하라사막 남쪽으로 돌진했다. 사하라사막 이남 아프리카 지역의 험준한 지형 앞에서 그들은 발길을 멈추었지만 그 전에 이미 북쪽으로는 사하라 불모지와 남쪽으로는 고원과 열대기후 사이에 위치한 지역에 문화적, 종교적 뿌리를 깊이 내렸다.

사헬(Sahel)이라고 불리는 이 지역은 인간이 개발할 만한 게 거의 없다. 무자비하게 뜨거운 여름, 가슴 아플 정도로 순식간에 끝나는 덧없이 짧은 겨울, 처참할 정도로 변덕스러운 강수량. 이곳에서의 삶은 늘 아슬아슬하다. 사하라사막은 수십 년 동안 북쪽에서는 후퇴하고 남쪽으로 전진하고 있고, 장기적으로 인간이 정착하기 어려워지고 있다. 대부분의 기후변화 모델을 고려하지 않고도 이렇다. 기후변화 모델에 따르면, 사하라 사막은 향후 반세기 동안 공격적으로 남진하게 된다.

세계질서가 절정에 달했을 때조차 사헬은 위험한 지역이었고, 이 지역의 정부들은 물, 식량, 안보 같은 기본적인 요소들도 간신히 마련했다. 무질서로 인해 세계적으로 재원과 식량 확보 가능성이 줄어드는데다가 폭넓은 안보 환경이 무너지면 사헬은 최악의 상황에 놓이게 된다. 정부는 취약해지고, 안보는 불안해지며, 절박한 상황에 놓인 사람들은 더욱더 절박해진다. 무장 조직은 바로 이러한 3요소를 갖춘 지역을 물색해 뿌리를 내린다. 사헬은 아프리카판 남아프가니스탄으로 변하기 직전이다.

이 지역에 모여드는 무장 대원들은 다른 지역의 갈등에서 밀려난 이들이

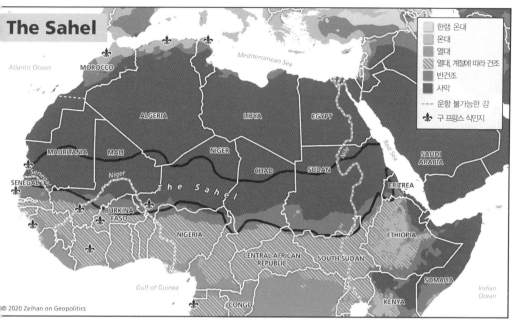

사헬

다. 이슬람 근본주의와 싸운 알제리 내전은 돌아갈 고향이 없는 무장 대원들을 고립된 독재주의로 회귀한 이집트만큼이나 많이 양산했다. 리비아와 시리아에서 내전이 수그러들면—이 나라들이 완전히 붕괴될 가능성도 그 못지않게 높다—영광을 추구하는 무장 대원들은 성전을 수행할 새로운 장소를 물색하게 된다. 사우디아라비아가 과거에 자국의 안전을 보장해준 나라를 잃게 되면 멀고 가까운 여러 지역에 폭력을 확산시키려는 의지는 더욱 강해지게 된다.

역내 정부들은 이미 가뜩이나 부족한 자원이 더 부족해지는 상황에 직면하고 있다. 이처럼 이 지역에서 테러리스트가 유입되어 활개를 치게 되고, 자생적인 무장 세력까지 늘어나게 되면 이 지역 국가들은 격렬하게 휘청거리면서 빠져나오기 불가능한 상황에 처하게 된다.

미국이 등장한다. 대부분의 미국인들은—에라, 대부분의 미군이라고 하자—자국 군대가 니제르라는 사헬 역내 국가에 적극적으로 관여하고 있었다는 사실을 까맣게 모르다가 2017년 군사작전 실패로 네 명의 미군이 목숨을 잃고 나서야 알게 되었다. 이 작전은 1회성이 아니었다. 군사용어로 말하자면, 니제르는 "협조적 안보 지역"이라고 불리는데, 일종의 약식 기지권 협정에 서명한 당사자로서 미국이 필요에 따라 이러저러한 안보 위협에 대응하기 위해 군대를 투입시킬 수 있도록 해주는 나라다. 마찬가지로 세네갈, 모리타니, 부르키나파소, 말리, 나이지리아, 차드, 에티오피아, 에리트레아와도 매우 적극적인 안보협력 협정을 맺고 있다.

미국이 테러와의 전쟁에서 마지막 전투를 치를 지역이 바로 여기 사헬이다. 사헬이 미국의 핵심적인 이익이 걸려있는 지역이거나 그런 지역에 인접해서가 아니라, 몇 가지 서로 무관한 사실과 요인들이 서로 교차하는 지역이기 때문이다.

- 첫째, 미국은 무슬림에 대한 투쟁을 최고의 명분으로 규정하는 습성이 꾸준히 줄어들고 있다.
- 둘째, 사헬 지역의 심한 압박을 받고 있는 정부들이 미국을 불러들인다. 사하라사막 이남 지역에서는 십자군적 제국주의가 크게 첨예한 문제가 아니다.
- 셋째, 아프리카의 정부들은 방관자가 아니다. 미국을 불러들인 나라들도 대테러 전쟁에서 피를 흘린다는 사실은 미국 국민에게 대단히 중요하다.
- 넷째, 미국을 불러들인 나라들은 미국으로부터 열심히 배울 자세가 되어 있다. 미국의 군사적 관여는 미국이 떠난 후에도 그 나라들이 계속 싸움을 이어갈 역량을 갖출 수 있게 한다.
- 다섯째, 군사훈련 과정에서 관계가 구축되면 미국은 무장 세력들 내부에 최

고의 정보요원들을 침투시키는 효과를 얻게 된다. 이런 정보는 멀고 가까운 여러 지역에서 그리고 머나먼 미래까지도 너무나도 요긴하게 쓰이게 된다.

- 여섯째, 사헬 지역에서 드론을 집중적으로 사용하면 이 지역 전체에서 이 기술의 실전 역량을 증명하게 된다. 미국이 전투에 대대적으로 군을 투입하는 방식에서 점점 벗어나면서 사헬에서의 군사행동을 통해 군사기술의 칼날을 더욱 날카롭게 벼리게 된다.
- 일곱째, 드론을 집중적으로 사용하고, 현지 군사력을 훈련시켜 힘을 키워주고, 소수정예 특수군이 비밀작전을 수행하므로, 미국이 사헬에서 하는 군사 활동은 미국 국민들의 시야 밖에서 이루어진다. 미국 국민들이 전쟁에 넌더리를 내는 시대에 미국 국내에서 홍보전까지 치를 필요가 없다는 점에서 사헬에서의 군사 활동은 미국의 입장에서 비교적 내리기 쉬운 결정이다.

그러나 여덟 번째 이유가 가장 흥미진진하다. 미국은 홀로 싸우지 않는다. 사헬 지역 정부들이 적극적으로 참여하기 때문만이 아니다. 사헬 지역은 대부분 프랑스 언어권이고, **프랑스**는 이 지역의 무장 세력들과의 싸움에 적어도 미국만큼은 관여한다.

미국이 역사상 가장 오랜 기간 동안 가장 성공적이고, 적어도 원한이 남지 않은 관계를 맺었던 상대가 프랑스다. 이 때문에 앞으로 어떤 일이 벌어질지 분명해지지만, 그 반대도 성립한다. 미국과 프랑스는 의절한 형제처럼 서로 못 잡아먹어서 안달이지만, 명실상부한 전쟁에서 서로 반대편이었던 적은 한 번도 없다.

미국과 프랑스의 이익이 교차하는 지점은 매우 많다. 정당화의 이유나 이익이 되는 정도를 보면 딱히 똑같지는 않을지 모르지만 말이다. 사헬은 과거 프랑스 제국의 영향권에 속한 지역이고, 프랑스는 오래전부터 이 지역에 대해 강한 책임감과 소유욕을 느끼고 있다. 프랑스와 미국은 독일과 러시아의 미래에 대해 강한 우려를 품고 있고, 프랑스는 특히 전자에 대해, 미국은 후

자에 대해 우려가 더 크다. 터키가 희박한 가능성을 보란 듯이 극복하고 자신의 지역을 개조하는 데 대대적인 성공을 거둔다면 프랑스는—물리적인 위치로 봐서 지중해 지역을 절대로 포기할 수 없다—미국과는 달리 행동에 나설 수밖에 없다.

이러한 공통의 이익을 바탕으로 양국 관계는 새롭게 훈훈해지고, 프랑스가 더욱 적극적으로 따뜻하게 미국에게 다가가게 된다. 미국이 자국의 이익을 협소하게 규정하는 경우는 어떤 경우든 거의 자동적으로 프랑스의 운신의 폭이 넓어지는 결과를 낳는다. 세계질서가 종언을 고하고 유럽연합과 NATO가 붕괴되면서 미국은 더 이상 과도하게 힘을 행사하지 않게 된다. 프랑스는 그런 미국을 늘 위압적이라고 느껴 왔다. 그렇게 되면 프랑스도 순전히 국가적인 목표를 추구하는 순수한 국가로 자유로이 행동할 수 있게 된다. 미국은 프랑스가 그러는 이유를 완전히 파악하지는 못해도 프랑스의 태도 변화를 인지하고 인정하고 받아들이게 된다. 미국은 영국과 프랑스 두 나라의 속내를 완전히 이해하지 못한다 해도 셰일 원유를 적당량 프랑스와 영국에게 제공함으로써 두 나라가 각자의 야심을 미국의 이익과 제로섬 관계가 되지 않는 방식으로 추구하게 만든다.

미국과 프랑스의 관계가 다시 훈훈해질 기회는 거의 무한하다. 유럽, 중동, 아프리카 전역에서 프랑스의 정보력, 군사력, 준군사 역량은 적어도 3위 안에는 든다. 프랑스는 툭하면 미국의 도움을 요청할 나약한 국가가 아니다. 프랑스가 정말로 도움을 요청할 때는 그럴 만한 합당한 이유와 행동 계획과 자산을 갖추고 행동을 개시할 근거가 되는 귀중한 정보 보따리를 준비해놓고서야 비로소 도움을 요청한다. 간단히 말해서 프랑스는 미국의 가장 유용한 동맹으로서 영국을 대체하고 미국이 망치로 내려쳐야 할 대상을 족집게처럼 집어주는 역할을 하게 된다.

제2부류:
미국의 환심을 사기 위해 경쟁하는 국가들

미국이 포괄적으로 생산적인 관계를 유지할 두 번째 부류에 속하는 국가들은 동맹이라기보다는 이웃나라이고 미국의 영향권 내에 위치한 운 좋은(혹은 운 나쁜) 나라들로서 이들 국가들에 개입하는 외세는 미국이 자동적으로 적으로 간주하고 응분의 대응을 하게 된다. 엄밀히 말해서 서반구 전체가 이 부류에 속하지만 크게 분류하는 경우 으레 그렇듯이 같은 부류에 속하는 나라들이라고 해서 한결같이 동등하게 취급되지는 않는다. 미국이 관심을 갖는 동기와 걸려있는 이익이 나라에 따라 각양각색이다.

첫 번째 동기는 총이다. 미국은 아메리카 대륙에 대해 늘 자신의 땅이라고 생각해왔다. 이는 먼로주의에 처음 명시되었다. 동반구 국가들을 서반구에서는 환영하지 않는다. 미국은 그들의 개입에 대항할 뿐만 아니라 애초에 개입하지 못하도록 선제적인 조치를 취한다. 시어도어 루즈벨트 하에서 이 정책은 라틴아메리카 지역에서 쿠데타를 지원하거나 막는 정도까지 발전했다. 유럽 국가들이 발도 들여놓지 못하게 하기 위해서였다.

무질서 시대에 미국은 먼로주의를 훨씬 더 공격적으로 해석하게 된다. 미국은 자국의 해군력으로써 서반구에 해외 군사력이 얼씬도 못하게 한다. 그리고 동반구가 갈등의 온상이 될 가능성이 높다는 점을 고려하면, 미국이 접근금지 하게끔 그어놓는 선이 서반구를 방어하는 테두리라기보다는 오히려 동반구를 봉쇄한다는 느낌이 들게 된다. 미국의 힘을 상쇄하기 위해 외부 세력을 이용할 방법을 모색하는 서반구 국가들은 미국의 공격목표가 된다.

두 번째 동기는 돈이다. 동반구는 골치 아픈 지역이 되기 직전이다. 안보 우려로 대부분의 미국인들은 그 지역에서 사업하기를 꺼리게 된다. 미국이 먼로주의를 수정보완하게 되면 대부분의 동반구 국가들—신제국주의든 아니든 상관없이—이 서반구에서 휘젓고 다니게 내버려두지 않게 된다. 미국 경제에서 수입과 수출이 차지하는 비율은 각각 13퍼센트와 8퍼센트에 불과하지만, 상업 관련해 미국을 들고나는 교역 총액은 여전히 4조 3천억 달러에 달한다. 원자재를 제외하고 라틴아메리카의 총 교역액은 2조 3천억 달러에 달한다. 이 두 교역은 대부분 필연적으로 서반구에 집중되게 된다.

라틴아메리카는 이러한 결과를 두고 나라에 따라 희비가 엇갈리게 된다. 라틴아메리카 국가 가운데 과거 미국의 달러 외교 시대를 곱게 보는 나라가 없다. 미국에게 자국의 안보 결정권을 빼앗기는 나라는 하나같이 속이 부글부글 끓을 테고, 미국을 견제하는 데 쓸 지렛대를 완전히 상실하는 상황을 반길 리가 없다.

그러나 이번에는 상황이 다르다는 점을 모두가 인정해야 한다. 지난번에는 라틴아메리카 국가들이 비교적 신생국가였고 유럽 제국은 포식자였다. 유럽의 끈질기고 집요한 행동들이 미국으로 하여금 서반구 국가들을 관리할 때 훨씬 공격적인 역할을 하도록 부추겼다. 기분이 내키면 직접 점령하는 방식을 포함해서 말이다. 이번에 미국은 이슬람권에서 최근에 전쟁을 치르기도 했기 때문에 군사적인 침략은 자제할 가능성이 높다. 미국의 행동은 서반구 나라들에 대해 나라마다 직접 조종하기보다는 서반구에 대한 동반구의 개입을 공격적으로 배제하는 형태를 띠게 된다.

그러나 무엇보다도 경기에 뛰어들 참가자가 많지 않다는 점이 중요하다. 라틴아메리카는 험준한 지리적 여건 때문에 사회간접자본을 구축하고 개발할 자본이 필요하다. 세계적으로 인구 구조의 추세와 자본도피 패턴을 고래할 때 오로지 미국만이 라틴아메리카 국가들이 번성하는 데 필요한 자금을 보유하게 된다. 대부분의 라틴아메리카 국가들이 미국에 대해 독기를 품은 이유는 제1차 세계대전 이전으로 거슬러 올라가서 당시에 미국이 한 행동 때문인데, 그때와 똑같은 이유로 새롭게 이러한 반감이 되살아나겠지만, 대안이 마땅치 않다는 점을 고려해볼 때 대부분의 라틴아메리카 국가들은 꾹 참고 미국이 하는 대로 묵묵히 따르리라고 본다.

미국에게는 고려의 대상이 아닐지 모르지만 카리브해 연안 국가들은 코니술 지역의 주요 인구밀집 지역들보다 오히려 미국의 휴스턴, 뉴올리언스, 마이애미와 훨씬 가깝다. 세계 대부분 지역은 미국 없는 세계에 적응해야 하지만, 오히려 이 나라들은 오로지 미국뿐인 세계에서 살아나갈 방법을 터득해야 한다.

- 서인도 제도 동쪽의 **소앤틸리스 제도**(Lesser Antilles)는 나머지 세계가 곧 직면하게 될 난관을 극명하게 보여준다. 내부 갈등과 제국주의 유산이 복합적으로 작용해 이 나라는 한데 뭉쳐 미국과 협상하지 못하게 되고 한낱 미국의 관광지로 전락하게 된다. 무질서 시대에는 세계를 누비는 여행 수요가 폭락하게 되면서 나머지 세계에서 유입되는 관광객은 점점 줄어들게 된다. 카리브 제도는 미국에 절대적으로 의존하게 되고, 미국은 불법 마약밀매를 일망타진하기 위해 이 지역에 반드시 침투하게 된다.
- **도미니카공화국**은 북미자유무역협정의 연장선상에 있는 중미자유무역협정에 포함되려고 사력을 다했고 그 결과 최선의 타결안을 얻었다. 북미자유무역협정은 이미 세계질서 시대의 다자간무역협정 가운데 가장 규모가 크고 심도 있는 협정이고 무질서 시대에도 살아남을 유일한 대규모 협정이 될 예정이다.
- 스페인-미국 전쟁부터 카스트로에 대한 미 중앙정보국의 집착에 이르기까지 **쿠바**가 미국 외교정책에서 큰 자리를 차지하는 이유가 있다. 이 섬나라는 마이애미로부터 90마일이 채 안 되는 지점에 위치하고 있으므로 역량 있고 미국에 적대적인 세력이 쿠바를 기지삼아 미국의 국내 상거래를 방해할 수 있다. 쿠바는 미국 코앞에 발판을 마련하려는 반미세력이면 누구에게든 기꺼이 전초기지가 되어주었다. 앞으로 미국이 동반구에 대해 가능한 한 개입을 하지 않고 서반구에 대해서는 보다 적극적으로 개입하는 접근방식을 취하는 세계에서 그러한 맹랑한 짓은 용납되지 않는다. 만약 쿠바가 그

러한 변화에 슬기롭게 대처한다면, 어떤 미래가 기다리고 있을지...

- **콜롬비아**가 처음 내전을 치르고 이를 해결하기 위해서는 미국의 군사적, 경제적 지원이 필요하다는 사실을 깨닫기도 전에 이미 그들은 독도법(讀圖法)을 터득했다. 자국의 항구에서 도달 가능한 위치에 있으면서 동시에 대규모 교역을 할 가치가 있는 유일한 나라는 미국이고, 따라서 콜롬비아는 자유무역협정을 하자고 미국에 접근했었다. 1990년대에. 세계의 다른 무역 관계가 붕괴되는 지금, 콜롬비아는 미래를 예측한 점쟁이 같다. 이 경로는 쿠바에도 열려 있지만, 또 다른 선택지도...

- **베네수엘라**의 경우, 처음에는 우고 차베스 정부가 그리고 뒤이어 니콜라스 마두로 정부가 반미정서에 눈이 멀어 단순한 사실을 보지 못했다. 베네수엘라의 걸쭉하고 불순물이 많이 함유된 원유를 정제할 시설은 대부분 미국이 보유하고 있다는 사실 말이다. 결국 베네수엘라는 원유를 대폭 할인된 가격에 러시아와 중국에게 팔았고, 이들은 뒤돌아서 이 원유를 시장가격에 미국에 팔아넘기고 차액을 챙겼다.[2] 경제운영 실패, 절도, 의도적인 맹목적 이념 추구는 범죄자 수준을 넘어섰고, 베네수엘라는 교육, 사회간접자본, 의료, 식생활 등의 차원에서 개발도상국 가운데 가장 발전한 나라로 손꼽히던 위치에서 기아가 만연한 실패한 나라로 전락했다. 무질서의 시대에 베네수엘라는 미국에 맞서 동반구 국가들을 지렛대로 이용할 역량을 모두 상실하게 된다. 베네수엘라의 미래는 이제 전적으로 미국에 달렸다. 문제는 미국이 상관이나 할지 여부다.

카리브 해 지역을 벗어나면 상황은 훨씬 복잡해지는데, 서반구의 나머지 나라들이 선택지가 더 많아서가 아니라—대부분은 그렇지 않다—우리가 이 나라들에게 더 많은 선택지가 있다는 사고에 익숙해져 있기 때문이다.

캐나다에 대한 미국의 태도는 변하고 있다. 미국이 주도하는 세계질서 하에서 캐나다는 세계정세에서 특별한 지위를 점유했다. 소련에서 미국까지 대륙간탄도미사일이 날아가는 경로에 걸터앉아 있기 때문이다. 이를 이용했다면 캐나다는 냉전 중에는 안보 무임승차를 할 수도 있었다. 그런데 그러지 않았다는 점은 인정해줘야 한다. 캐나다는 공개적으로 북미 안보정책의 모든 측면에 기꺼이 참여했다. 그렇다고 해서 캐나다가 지리적 이점을 지렛대로 전혀 이용하지 않았다는 뜻은 아니다. 다른 영역에서 이를 이용했다. 경제적으로 볼 때 캐나다는 무역관계에서 미국으로부터 양보를 얻어내는 데 능숙했다. 특히 농업, 금융, 제조업, 서비스에서 양보를 얻어냈다. 전략적으로 볼 때 캐나다는 미국과 거의 모든 나라 사이에서 중개 역할을 했다. 미국 외교정책은 대부분 한 사람이 수립했기 때문에, 캐나다 말고는 미국 수뇌부와 소통할 채널을 지닌 나라는 거의 없었다. 캐나다는 미국 최고위급과 접촉할 수 있었기 때문에 서로 얽히고설킨 세계에서 캐나다가 지닌 국력보다 훨씬 막강한 영향력을 행사했다.

이는 더 이상 통하지 않는다. 미국의 냉전시대 정서는 사라졌다. 미국은 더 이상 세계의 많은 나라들을 다자적으로 관여시키는 데 가치를 느끼지 못하고 있고, 그래서 미국에게 귓속말을 전달해줄 나라의 필요성은 더 높아졌을지 모르지만 미국은 누군가가 그런 역할을 하는 것에 대해 약간 거부감을 느끼게 되었다. 단도직입적으로 말해서 미국은 더 이상 소련의 핵공격을 두려워하지 않으므로 미사일이 날아오는 경로상에 위치해 있어도 얻을 수 있는 지렛대가 없다는 뜻이다. 캐나다가 한때 누렸던 특별한 대우나 휘둘렀던 지렛대는 모두 바람에 날리는 먼지가 된다.

무질서의 시대에 힘의 균형은 캐나다에게 극단적으로 불리하게 바뀐다. 순전히 인구 구조와 경제력만 고려하고 군사 역량이나 도달범위 같은 문제들은 완전히 배제하고 보면 미국은 캐나다를 대략 10 대 1 비율로 앞선다. 이처럼 한쪽으로 완전히 치우친 힘의 균형 관계는 전 세계적으로도 많이 있다. 인도 대 방글라데시, 일본 대 대만, 중국 대 베트남, 브라질 대 볼리비아, 독일 대 덴마크 등이다.

이런 비교도 공정한 경쟁을 전제로 할 때 얘기다. 공정한 경쟁이 되지 않는
다. 캐나다 인구는 거의 모두 미국 국경 근처에 위치한 도시들에 거주하는데
이 도시들은 서로 단절되어 멀리 떨어져 있다. 밴쿠버, 캘거리, 레지나, 위니
펙, 토론토, 오타와, 몬트리올, 퀘벡 등이다. 공교롭게도 미국 국경에서 가장
멀리 떨어져 있는 도시—약 200마일 떨어져 있는 캘거리는 미국 국경과의 거
리가 다른 도시들의 두 배다—가 미국과 문화적으로 가장 유사하다. 캐나다
본토의 주는 하나같이 자국의 다른 지역보다 오히려 미국과 교역을 훨씬 많
이 하고 여러 가지 면에서 미국의 힘에 끊임없이 노출된다.

　캐나다의 주들을 서로 이간질하기는 누워서 떡 먹기다. 온타리오와 퀘벡은
캐나다와 미국의 산업에 시장 접근하기 위해 치열하게 경쟁한다. 캐나다 동
부의 뉴브런즈윅주, 노바스코샤주, 프린스에드워드아일랜드주를 아우르는
연해 주들은 빈곤하고 교역 접근을 위해 미국 북동부에 전적으로 의존한다.
초원지대는 문화적으로, 경제적으로 미국 중서부의 연장선상에 있다. 브리티
시컬럼비아주는 나머지 캐나다 지역과 단 하나의 도로와 철도 운송 통로를
통해서 가까스로 연결되어 있다.

　캐나다의 항구들도 보기보다 훨씬 독립적이지 않다. 캐나다는 내부의 물
길—5대호, 세인트로렌스 강, 세인트로렌스 수로—을 모두 미국과 공유한다.
캐나다의 태평양과 대서양의 대규모 항구들—밴쿠버와 세인트존스—은 사실
상 미국이 관리하는 해역을 통해 바깥세상에 접근한다. 몬트리올만이 이렇다
할 자치가 가능하다.

　미국이 앞으로 캐나다에 해코지를 한다는 게 아니라 국제 체제에서 캐나다
를 특별한 존재로 만들었던 여건이 더 이상 적용되지 않는다는 뜻이다. 설상
가상으로 캐나다가 미국의 첫 번째 달러 외교에서 완전히 벗어나 있었던 까
닭은 캐나다가 여전히 대영제국 소속이었기 때문이다. 지금의 영국은 20세기
초보다 훨씬 약해진 데다가 자국조차 미국의 부속물로 전락하고 있는 상황에
서, 한 때 캐나다를 미국의 힘으로부터 지켜주던 보호막이 완전히 사라졌다.

거의 하룻밤 사이에 캐나다는 미국으로부터 원하는 바를 얻어낼 가능성이 가장 높은 나라에서 가장 낮은 나라로 전락했다. 캐나다는 소극적이고 간접적으로 불만을 표출하는, 미국의 위성국가에 지나지 않는 처지로 전락하고 있다. 캐나다가 미국의 귀에 지나치게 거슬리는 소리를 하면 미국은 앨버타와 퀘벡에는 적극적인 분리 독립 움직임이 존재한다는 사실을 캐나다에 상기시켜주게 된다. 캐나다 주들은 동쪽에서 서쪽으로 일렬로 늘어서 있으므로, 단 한 주만 분리 독립해도 나라가 완전히 두 쪽으로 쪼개진다. 그러면 통일된 나라로서의 캐나다는 더 이상 존재하지 않게 되고 쪼개진 조각들 가운데 미국이 마음대로 골라 갖게 된다.

브라질은 중심부가 버티지 못할지도 모르는 또 하나의 서반구 국가다.

1990년 이후로 브라질의 부상을 가능케 한 지정학적 여건들이 사라진 반면, 식민지 시대 이후로 브라질의 발전을 제약한 지리적 특징들은 그대로다. 브라질에게 지난 몇십 년보다 훨씬 큰 성과를 내고 결속할 수 있는 미래는 없다. 그러나 나라로 유지하지 못하고 붕괴될 시나리오는 여러 가지다. 그것도 미국 기업들이 브라질 중앙정부라면 질색하는 과점 세력들과 손을 잡기 시작하기도 전에 말이다.

브라질의 선택지는 명백하고 잔인하다. 미국 기업들—브라질이 절실히 필요한 자본의 유일한 원천—을 끌어들이면 브라질은 지역의 과점 세력들이 힘을 장악해 나라가 산산조각 난다. 미국 기업들을 저지하면 브라질은 빈곤의 나락으로 추락해 폭동이 난무하고 엉망진창이 된다. 중국이 직면한 선택지와 거의 비슷하다.

그 반대 여건에 처하는 나라들도 있다. 무질서의 폭풍을 훨씬 잘 견뎌낼 뿐만 아니라 훨씬 유리한 입장에서 미국을 상대하게 될 두 나라가 있다.

첫째는 **멕시코**다.

멕시코와 미국 간의 기존의 통합만으로도 이미 제조업, 에너지, 금융, 사람이 오가는, 세계에서 가장 분주한 국경이다. 국경을 넘나드는 마약과 불법이

주자들을 빼고도 그렇다. 통합의 어려운 난관은 이미 다 극복했다. 게다가 세계의 주요 관계들 가운데 미국-멕시코 관계가 현재의 세계질서가 사라질 때 가장 훼손이 덜 될 관계다. 무역과 이동과 융자가 어려워지는 세상에서 미국-멕시코 관계를 유지하는 일 자체가 축하할 만한 일이다.

그러나 미국은 이 모두에 대해 그다지 이상적이지 않은 측면을 보게 된다.

- 2019년 멕시코는 미국의 최대 무역상대국이 되었다. 두 번째와 세 번째인—캐나다와 중국—나라들과는 달리 멕시코는 인구 구조적, 경제적, 지정학적 기반이 탄탄하고 넓다.
- 중남미 출신 라틴계 인구는 미국에서 가장 규모가 큰 소수집단이고, 멕시코계 미국인은 라틴계 인구 가운데 대다수를 차지한다.
- 정치적으로 멕시코계 미국인은 가장 최근에 아메리칸 드림을 실현하기 위해 이주한 이들이고, 따라서 정치적으로 매우 적극적이다. 그들은 영향력있는 대표들을 의회에 진출시켰고, 캘리포니아와 텍사스 같은 막강한 주에서뿐만 아니라 콜로라도, 플로리다, 일리노이, 뉴멕시코, 네바다 같이 선거에서 양당이 치열한 경합을 벌이는 주들에서도 큰 비중을 차지한다.
- 전략적으로 멕시코 국경은 이주든 마약이든 보다 전통적인 무역 문제든, 미국으로 하여금 이렇다 할 우려를 하게 하는 유일한 국경이다.

두 나라의 관계에 존재하는 이러한 문제들 가운데 그 어느 하나도 쉬운 해결책이 없다. 있다면 수십 년 전에 이미 시행되었을 것이다. 그러나 달리 보면, 미국과 멕시코의 관계는 미국이 맺고 있는 유일하게 "정상적인" 관계다. 미국이 관계의 결과를 좌지우지하거나 관계를 끊거나 앞으로 무슨 일이 일어날지 개의치 않을 수 없는 유일한 관계라는 뜻이다. 이 때문에 멕시코는 미국이 나라 안팎의 문제들과 관련해 상대해야 하는 지구상의 유일한 나라다. 이 때문에 멕시코는 아무도 갖지 못한 것을 갖는다. 미국이 진정으로 질색해 마지않는 것. 바로 미국에 대한 협상 지렛대.

멕시코에게 지렛대가 있다면 **아르헨티나**에게는 융통성이 있다. 단순히 멀리 떨어져 있기 때문이기도 하다. 아르헨티나는 서반구에서 미국으로부터 더할 나위 없이 멀리 떨어져있고 동반구의 거의 모든 국가들로부터도 더 할 나위 없이 물리적으로 멀리 떨어져 있다. 이론적으로라도 오늘날 아르헨티나를 골치 아프게 만들 역량이 있는 유일한 나라는 브라질이고, 브라질의 호시절은 갔다. 아르헨티나는 그처럼 고립되어 있고 지리적 장점들이 있기 때문에 자국과 역내의 문제들을 어느 정도 자국이 원하는 속도로 다룰 수 있는 국지적인 힘이 있는 나라다.

전략적으로 볼 때 미국은 아르헨티나에 크게 신경을 쓰지 않을 가능성이 높다. 대단한 성공을 하든 처참한 실패를 하든 상관없이, 아르헨티나는 미국의 이익을 위협하기에는 너무 멀리 떨어져 있다. 두 나라의 교류는 대부분 기업들을 통해서 이루어지고 이 관계는 대단히 생산적일 가능성이 있다. 아르헨티나의 경제적 중추는 튼튼하다. 자본과 기술이 유입되고 국익을 최우선으로 하는 정부만 있으면 된다.

미국은 보다 넓은 세계에서 자국이 누리게 되는 이점을 아르헨티나에서는 누리지 못하게 된다. 부에노스아이레스가 아르헨티나의 모든 것의 중심이라는 점과 관련이 있다. 정치적 수도인 부에노스아이레스는 금융 중심지이자, 가장 중요한 항구이자, 제조업의 중심지이자, 곡창지대이기도 하다. 아르헨티나에서 뭐라도 하려는 미국인은 누구든 즉시 아르헨티나라는 나라의 문화적, 경제적, 정치적 힘에 직접 노출된다. 이는 타개하기 힘든 여건이고, 이 덕분에 아르헨티나는 자국으로 유입되는 투자를 입맛에 맞게 결정할 역량을 지니게 된다. 그 반대가 아니라. 여기에 미국의 전략적 무관심까지 더해지면, 아르헨티나와 미국의 교류는 아르헨티나가 이웃나라들과 교류하는 방식과 대체로 비슷한 유형이 된다. 바로 아르헨티나가 정한 시간표에 따라서 진행된다는 뜻이다.

앞으로 다가올 수십 년은 아르헨티나에게 흥미로운 기회의 창이 열리는 시기다. 내적으로는 다시 나라를 결속시키는 한편 북쪽에 위치한 나라들을 대상으로 신제국주의적 장악력을 야금야금 확장해 나가는 동시에 세계적으로 원자재를 수출하는 많은 경쟁국들이 붕괴하면서 이익을 보는 동시에 해외 투자를 대거 흡수하고 장악하게 된다. 무질서 시대 이후 세계가 어떤 식으로든 자리를 잡게 될 무렵, 코니 술 지역에서 누구도 부인하지 못할 지역 맹주로서의 입지를 이미 구축한 아르헨티나는 매우 부유하고, 매우 막강해지고, 자국의 힘을 바깥으로 투사할 역량을 갖춘 대국으로서는 미국 버금가는 나라가된다.

동남아시아, 오스트레일리아, 뉴질랜드는 어느 정도 '공동의 명분(common-cause)' 부류에 속하면서 '미국의 환심을 사기 위해 경쟁하는 국가들(friends-like-these)' 부류에도 속하는 나라들이다. 이 모두와 관계를 맺기는 좀 어색할 것이다.

이 지역에 있는 거의 모든 나라는 중국의 부상을 막는 데 국익이 걸려있지만, 마찬가지로 거의 모든 나라가 일본이 전능한 막강한 나라가 되지 않도록 하는 데도 국익이 걸려있다. 두 가지 모두 미국이 대체로 공유하는 목표지만, 둘 중 어느 목표를 위해서도 미국은 기꺼이 피를 흘릴 의향이 없다. 세 지역 모두 미국과 지리적으로 멀리 떨어져 있기 때문에 아르헨티나가 미국과의 관계에서 지닌 융통성을 어느 정도 지니고 있으면서, 전략적으로 쓸모 있는 지리적 위치를 점하고 있으므로 멕시코가 지닌 바로 그런 지렛대를 어느 정도 지니고 있다.

그러나 관계의 명료함은 여기서 끝난다. 일본, 중국, 인도와 같은 지정학적 공간에 위치하는 처지는 위태로울 수 있다. 이 지역의 나라들은 미국의 안보 보장을 절실히 바라고 있고, 2000년대 초까지 이들 모두에게 미국은 자국의 최상위 2위 안에 드는 교역상대국이었으므로, 미국과의 동반자 관계를 통해 얻을 수 있는 경제적 이득도 누렸다.

세계질서 시대의 말기에 모든 게 개선되었다. 미국은 그들의 안보를 보장하는 동시에 중국의 활황을 가능케 했고, 이 덕분에 이 나라들의 농업, 산업, 제조업 생산품의 수요가 어마어마하게 창출되었으며 동시에 일본이나 중국이 지역 맹주가 되려는 맹랑한 생각을 할 수 없었다. 군수와 민수 모두 늘었다. 그리고 민수가 엄청나게 늘었다. 동남아시아 국가들은 양손에 떡을 쥐었다.

세계질서가 사라져도 이 나라들은 여전히 선전한다. 이 나라들은 하나같이 사람들에게 꼭 필요한 품목을 생산한다. 철광석, 밀, 소고기, 유제품, 쌀, 연료, 천연가스, 엔진블록, 반도체 등등. 이 나라들은 하나같이 자국의 안보를 유지할 수 있고, 그 어느 나라도 서로 이렇다 할 영토 분쟁에 휘말려 있지 않다. 이 나라들은 무질서 시대에서 여전히 모두 선전하게 되지만, 그렇다고 해서 호시절은 갔다는 사실이 바뀌지는 않는다.

앞으로 이 나라들이 처한 여건은 한 마디로 규정하면 균형 재조정이다. 중국이라는 공룡의 수요에 부응하던 경제에서 벗어나 내수와 역내 경제활동으로 전환하는 균형 재조정이 필요하다. 강한 중국이 아니라 약한 중국으로 규정되는 새로운 안보 환경에서 균형 재조정이 필요하다. 그리고 무엇보다도 점점 멀어지는 미국과 점점 존재감을 드러내는 일본과 자국의 관계의 균형을 재조정할 방법을 찾아야 한다. 미국이 이 지역에 대한 신경을 끄기 직전에 일본의 담을 키워주고 있으므로 이 지역은 외교적으로 훨씬 고난도의 기교를 부려야 한다.

제3부류: 고용한 동맹

세 번째 부류의 관계는 훨씬 거래를 기반으로 한다. 이러한 거래는 이전의 거래와는 상당히 다른 양상을 띠게 된다.

세계질서 시대에 미국은 안보협력을 얻어내기 위해 무역에서 비롯되는 이득을 희생했다. 무질서의 시대에 이러한 거래는 뒤바뀔 가능성이 높다. 안보에서 미국의 지원을 원하는 나라는 경제 문제에서 미국에 양보를 해야 한다. 미국의 해외무역 의존도는 아주 낮기 때문에 미국의 관심을 끌려면 눈에 확 띄는 제안을 해야 한다. 이 때문에 세 번째 부류에 속하는 관계를 맺을 가능성이 있는 나라는 극히 제한된다. 무역질서를 어지럽히려는 새로운 버릇을 들인 미국의 행동에 크게 구애받지 않으면서도 미국과의 동맹을 모색하는 것 말고는 선택의 여지가 없을 만큼 절박하지도 않은 나라여야 한다. 그런 조건을 충족시키는 잠재적인 동반자 관계 후보에 오를 국가는 아주 극소수다.

미국과 **이란**은 여러 가지 문제에서 서로 상반된 입장이지만, 전쟁에서 서로 반대편이 된 적은 아직 없다.

이란과 옷깃만 스친 사이인 무장 세력까지도 모조리 이란의 철처한 통제하에 놓여있었다고 가정하고, 그들이 오로지 이란의 명백한 지시를 받고 미국 군대를 공격 목표로 삼았다고 전제해도, 이러한 조직들에게 희생된 미국의 사상자 수를 최대한으로 잡아도, 20년 동안 중동에서 전쟁을 치렀지만, 전투에서 숨진 미국인 가운데 이란에게 책임이 있는 전사자는 800명이 채 되지 않는다. 이에 반해, 한국 전쟁에서 중국과 북한군의 손에 사망한 미국인은 34,000명 정도이고 북베트남이 앗아간 미국인의 목숨은 47,000명에 달한다.

미국과 이란과의 관계는 서로에 대해 감정적으로는 가장 격앙되어 있으나 가장 적은 사상자를 내는 가장 흥미로운 양자 관계다. 대부분의 감정적 앙금은 양쪽 모두 일련의 오판을 한 데서 비롯된다. 냉전 시대 초기에 미국은 쿠데타를 지원해 모하마드 레자 팔레비 왕의 집권을 도왔고, 1979년 이란의 혁명분자들이 미국 외교관들을 공격목표로 삼았다. 이러한 사건들을 두 나라가 지난 일로 치부하고 잊었다고는 절대로 말할 수 없지만, 40년도 더 지난 사건들임에는 틀림없다.

이보다 더 호기심을 자아내는 관계는 미국과 **사우디아라비아**의 관계다. 중동 안팎에서 사우디가 하는 행동 때문에 목숨을 잃은 미국인의 수가 이란

466

때문에 목숨을 잃은 미국인의 수보다 더 적다고 주장하는 척이라도 하는 이는 미국 정보조직 내에서 거의 없다. 알카에다라는 집단의 구축에 사우디가 간접적으로 책임이 있고, 9·11 테러공격에서만도 3,000명의 미국인이 목숨을 잃었다. 이라크에서 알카에다가 저지른 짓도 사우디 정책이 낳은 결과다. 그들의 행동 때문에 이라크 점령기간 동안 적어도 1,500명의 미국인이 더 사망했다. 아이시스(ISIS)는 사우디의 행동이 가장 최근에 탄생시킨 조직이고, 시리아 전쟁에서 희생당한 미국인은 거의 없지만, 아이시스는 17만 명 정도의 목숨을 앗아갔다고 알려져 있다.

미국이 주도하는 세계질서의 시대 동안 그리고 셰일 혁명이 일어나기 전, 미국과 사우디의 동맹 관계는 필요악이었다. 사우디의 석유가 없으면 세계 경제가 돌아가지 않고, 그러면 세계 무역도 활발히 이루어지지 못하게 되고, 그러면 미국은 동맹 체제를 유지하기 어려워지고, 결국 미국의 안보는 불안해진다. 그러나 세계질서 이후의 시대에 그리고 셰일 덕분에 에너지 자급자족이 되면서 미국이 세계에서 손을 떼게 된 지금, 미국은 사우디가 늘상 실행하는 정책들이 얼마나 끔찍한지 그 민낯을 그대로 인식할 기회를 얻었다.

셰일의 시대에 미국은 세계에서 석유를 확보할 걱정을 할 필요가 없다. 무질서의 시대에 미국은 동맹국들이 석유를 확보하든 말든 개의치 않는다. 미국이 중동에서 철수하는 작업이 대체로 마무리되면 미국인은 더 이상 이란의 손에 목숨을 잃지 않게 된다. 그렇게 되면 사우디아라비아와의 관계를 유지하는 핵심적인 명분은 미국이 이란에 대해 지닌 해묵은 반감뿐이다. 미국 외교정책에서 윤리나 도덕이 비집고 들어갈 자리가 있다면, 윤리와 도덕성이 떨어지는 페르시아만과 동맹을 유지하는 게 그다지 설득력이 없다.

앞으로 10년에서 20년 사이 어느 시점에 가서는 셰일 혁명이 야기한 경제적 거리감과 미국이 세계에서 손을 떼면서 야기된 물리적 거리감과 세월이 흐르면서 생기는 감정적 거리감이 복합적으로 작용해 미국은 두 나라와의 관계를 재평가하게 된다. 이란은 우방으로 간주될 가능성은 희박하지만 냉랭한 무관심의 상대가 된다. 사우디아라비아는 적으로 간주될 가능성은 희박하지만 옆 동네에서 횡포를 부리는 역겨운 집안 정도로 여겨지게 된다.

이러한 과정은 수년에 걸쳐 점진적으로 일어날 수도 있지만, 갑자기 일어날 가능성이 훨씬 높다.

미국이 세계에서 손을 뗀 후 어느 시점에 가서는 동아시아나 구소련이나 페르시아만에서 일어나는 사건이 세계 에너지 위기를 촉발하게 된다. 페르시아 만의 에너지 매장지들이 지닌 경제적, 전략적 중요성은 손에 잡힐 듯 매혹적이고, 이러한 매장지들에 대한 역내 국가들의 장악력은 너무나도 허술해서, 시간과 돈과 군대를 이 지역에 투입할 의향이 있는 역외 국가는 누구든 짭짤한 보상을 받을 수 있다. 오로지 미국만이 그러한 부름에 저항할 수 있을 만큼 충분한 에너지와 돈을 지니고 있고 영향을 받지 않는다. 누군가는—영국? 프랑스? 터키? 중국? 일본?—군사력을 페르시아만으로 이동시켜 자국의 이익을 보호하든가 유리한 고지를 점유할 필요성을 느끼게 된다. 그러고 나면 이란과 특히 사우디아라비아는 새로 등장한 주체에게 온화한 자비를 베풀게 된다.

갑자기 모든 게 미국에게 분명해진다. 페르시아만은 미국의 문제가 아니고 삶은 계속된다. 미국의 외교정책에서 거래라는 속성이 발동하게 되고, 미국과 보다 넓은 중동 지역과의 관계는 변모하게 된다.

미국은 이제 역내 안정에 이익이 걸린 이란이 훨씬 실용적인 동반자이자 이러저러한 역내 국가를 추켜세우거나 숨통을 막는 등과 같은 중기적인 목표를 달성하는 데 지렛대로 사용하기에 유용한 나라임을 깨닫게 된다. 이란은 보다 역량 있고 보다 다양한 수단을 보유하고 있으며 지역의 지리적 여건에 의해 보다 제약을 받게 되므로, 미국의 선택을 받은 동반자로 부상하게 될 가능성이 높다.

반대로, 사우디아라비아의 불 싸질러 없애자는 식의 마음가짐은 역겹기는 하지만 때로는 유용하게 쓰이게 된다. 미국-사우디 관계는 정상적인 국가 대국가의 관계가 아니라 거부(巨富)가 이따금 고용하는 조직폭력단 같은 관계와 훨씬 비슷해진다. 뭔가를 구축하거나 관계를 관리하고 싶으면 이란을 호출한다. 누군가의 다리를 부러뜨리거나 건물을 불태우고 싶으면 사우디를 호출하면 된다.

거의 프랑스 느낌이 나는 합종연횡 체제다.

그러면 페르시아만 변두리에 있는 두 나라가 남는다.

첫째, **터키**는 더할 나위 없이 복잡한 동시에 무자비하게 단순하다. 터키는 여기저기 손을 담그고 다니게 되므로 발칸반도, 중부 유럽, 유목민의 땅, 코카서스, 페르시아, 메소포타미아, 레반트, 지중해 동부에서 미국이 추구하는 그 어떤 목표를 달성하는 데도 염두에 둬야 할—아마도 핵심적이기까지 한—나라가 된다는 점에서 복잡하다. 그처럼 다변적인 신제국주의 국가와 지속적으로 관계를 유지하기란 매우 까다로운 일이다. 한 지역에서 미국이 하는 행동이 다른 지역에서 터키와의 협력을 위험에 처하게 만들 수 있기 때문이다.

그러나 두 나라 관계는 상당히 단순하기도 하다. 무질서의 세계에서 미국은 발칸반도, 중부 유럽, 유목민의 땅, 코카서스, 페르시아, 메소포타미아, 레반트, 지중해 동부 어디에서도 지속적인 이해 관계가 없기 때문이다. 이처럼 이익이 전혀 중첩되지 않으므로 미국과 터키의 관계는 서로 국경을 마주하는 영토가 없는 두 제국 간의 관계와 비슷하다. 두 나라의 속성 때문에 서로를 냉철하게 경계하되, 프로답게 정중하게 거리를 유지하고 철저히 대가성 거래를 하는 관계 말이다.

둘째, **이스라엘**은 보다 분명하다. 이스라엘 국가의 속성이 앞으로 미국-이스라엘 관계를 규정하게 된다. 1967년과 1973년 전쟁 후 팔레스타인 영토를 점령한 이후로 이스라엘은 국내외 논쟁과 씨름해왔다. 이스라엘은 민주주의 국가인가, 유대인 국가인가, 혹은 모든 점령지를 직접 통치해야 할까? 지금까지 이스라엘은 이 세 가지를 모두 꾸려왔지만 인구 구조가 논쟁을 좌지우지하게 된다. 점령지 팔레스타인인들과 보수적인 독실한 정통유대교 신자들의 출생률이 매우 높기 때문에 2030년 무렵이면 몸집이 커진 이스라엘에서 정통유대교 신자가 아닌 유대인은 소수로 전락하고, 팔레스타인에게 정치적으로 혹은 영토 관련해 양보는커녕 팔레스타인과 대화조차 하지 않으려는 나라로 바뀌게 된다.

그렇게 되면 아파르트헤이트는 진보적이라고 보일 정도의 사회 및 안보 관리 체제가 탄생할 수밖에 없다. 아파르트헤이트 체제의 남아프리카공화국에서 흑인은 백인이 관리하는 지역에서 일을 할 수는 있었지만 백인과 통합하거나 정치적 권리를 누리지는 못했다. 반면 이스라엘에서 팔레스타인인은 대규모 노천 교도소에 영원히 갇혀있는 셈이다.

역사 감각이나 윤리 의식이나 국가안보 의식이 있는 미국인에게 이는 기껏해야 이스라엘과 팔레스타인 양자 관계에 있어 문제가 될 뿐이다. 게다가 50세 이하인 미국인은 1950년대부터 1970년대까지 목숨을 걸고 투쟁한 이스라엘에 대한 기억이 없고, 따라서 미국 정치체는 이스라엘을 신생국이 아니라 공격의 주체이자 점령국으로 보기가 쉽다.

경제, 거리, 세월이 미국과 이란의 관계에서 독소를 제거하기도 전에, 이스라엘이 이러한 변화를 겪게 되면 앞으로 이스라엘에 유리한 방향으로 이스라엘과 미국의 관계가 강화될 방법은 없다. 미국의 정치 지형이 점점 인종적으로 종교적으로 다양해지면 이러한 인식의 변화는 더욱 빨라지게 될 뿐이다. 미국의 정치적 좌익 진영에서 포퓰리즘이 부상하면서 이스라엘 안보정책에 대해 윤리적인지 의문을 제기하는 정서가 미국 정치 주류에 침투했고 그런 정서는 앞으로도 지속된다.

이스라엘에 대한 미국의 인식에서 그런 변화가 일어난다고 해서 이스라엘에게 당장 위협이 되지는 않는다. 이스라엘의 군사력은 세계에서 가장 뛰어난 역량을 지녔고 이스라엘에 대한 위협은 스스로 감당할 수 있다. 요르단은 이미 이스라엘의 위성국가다. 이집트와 사우디아라비아는 이미 사실상 이스라엘의 동맹국이다. 레바논과 시리아는 이미 실패한 국가가 되기 직전이다.

팔레스타인은 이미 사면초가다. 터키는 이스라엘과 이미 침착하고 사무적인 동반자 관계를 맺고 있고, 세계질서 이후의 세계에서는 지중해 동부를 두 나라 합동으로 관리하게 될 가능성이 높다.

아파르트헤이트보다 나쁜 체제가 될 이스라엘을 상대로 도덕적인 명분을 내세워 군사행동을 할 역량이 있는 유일한 나라는 미국뿐이고, 미국은 이론적으로라도 이스라엘과의 관계를 적대적인 관계로 전환하기에 앞서 현재 이스라엘과의 친밀한 관계를 중립적인 관계로 전환할 필요가 있다. 이러한 정신적 진화가 일어나려면 적어도 10년에서 20년이 걸린다. 이스라엘은 보통 국제사회에서 추방된 국가 하면 연상되는 특징들로 규정될지 모르지만, 미국의 지도력이 존재하지 않는 상황에서 유엔 같은 국제기구들은 지속될 가능성이 낮다. 따라서 따돌림을 받아도 예전만큼 불이익을 당하지는 않는다.

무질서가 지속되는 동안 이스라엘은 아무도 건드리지 않는다. 이에 대해 자유민주주의 지지자들이 불만을 품는다고 해도 말이다.

미국의 성적표

국경: 호수, 산악지대, 삼림, 사막, 망망대해 등과 같은 요새가 지구상에서 가장 비옥하고 가장 긴 물길이 굽이치는 토지를 에워싸고 있다. 지구상에서 위협으로부터 이토록 멀리 떨어져 있으면서도 비옥한 영토로 균형을 이룬 땅은 어디에도 없다. 미국은 영토를 방어하느라 애쓸 필요가 거의 없으므로 자국 군대는 자유롭게 밖으로 힘을 투사할 수 있다.

자원: 거의 2세기 동안 산업화를 하면서 풍부한 부존자원을 많이 소진했지만, 새로운 기술적 돌파구가 계속 열리고 있다. 가장 최근에 깜짝 등장한 셰일 혁명으로 미국은 석유와 천연가스의 순수출국이 되었다.

인구: 미국의 베이비붐 세대—역사상 규모가 가장 큰 세대—가 대거 은퇴할 시기가 가까워지고 있고 따라서 고통스러운 재정적 압박이 야기된다. 그러나 미국의 베이비붐 세대는 자녀를 두었다. 그것도 아주 많이. 미국의 밀레니얼 세대는 버르장머리 없고 성가실지 몰라도 머릿수가 많기 때문에 우리 모두를 구제해줄지 모른다. 천만다행이다. 안도의 한숨 소리.

군사력: 세계 역사상 외부로 투사할 힘을 기반으로 한 가장 막강한 군사력을 보유하고 있다. 세계질서가 종언을 고하면 할 일이 아무것도 없다.

경제: 미국 경제는 세계 최대 규모일 뿐만 아니라 가장 다변화된 경제 체제다. 경제적 건강을 유지하기 위해서 바깥세상에 의존해야 하는 정도가 가장 낮다. 세계는 살아남으려면 미국 경제가 필요하지만 그 반대는 성립하지 않는다.

전망: 미국은 나라 안에서 티격태격하느라 기회를 놓치는 데 도가 텄지만, 2050년 이전에 군사적으로든 경제적으로든 미국의 본토를 위협할 만한 게 전혀 남아있지 않게 된다.

한마디로: 초연하다.

파괴에 직면한 현재: 동트는 제4시대

Present at the Destruction: The Dawning of the Fourth Age

현재 진행되고 있는 역사적인 전환기를 한 단어로 규정한다면 "벅차다"고 하겠다.

이미 문 밖에 와있는 늑대는 우리로 하여금 앞을 내다보고 지정학적, 기술적 변화가 어떤 미래를 불러올지에 대해 이성적으로 생각하지 못하게 방해하고 있다. 환경에 대한 우려든 제조업 공급사슬이든 세계 식량과 에너지 유통이든 상관없이 말이다. 미국이 세계에서 손을 떼면서 전 세계에 영향을 미치고, 인구 구조 붕괴가 만연하고, 기술 진화가 급속도로 진행되는 현실을 고려할 때, 문 밖에 와있는 늑대는 한 마리가 아니라 떼라고 보는 게 타당하다. 그리고 많은 지역에서 늑대를 막고 있는 그 문은 애초에 그다지 견고하지 않다.

몇 가지 떠오르는 생각들을 정리하고 마무리하겠다.

첫째, 현재의 세계질서가 자신의 개인적인 삶은 고사하고 전 세계에 얼마나 이로운 변화를 가져왔는지조차 제대로 인식하는 이가 거의 없다. 세계화된 식량 공급과 제조업 공급사슬은 일상적인 삶의 일부라고 느끼기에는 너무 복잡하고 거리감이 느껴질지도 모르겠다. 보다 가시적이고 상당히 두려움을 안겨주는 사실이 하나 있다. 대부분의 사람들이 이제 독일인과 일본인을 시야에 들어오는 땅을 모두 집어 삼키는 데 혈안이 된, 광기 어린 군대가 아니라 그저 성가시고 무례한 관광객 정도로밖에 생각하지 않는다는 사실은 현재의 세계질서가 대단한 성공을 거두었음을 웅변한다. 팽창 전쟁은 완전히 제거되지는 않았지만, 1946년 이후로는 드물었다.

둘째, 제2차 세계대전 이전에 대부분의 나라들이 누린 발전 수준을 대부분의 나라들은 절대로 도달하지 못한다. 현재의 세계질서가 미친 영향은 깊고 광범위했고 단연 효과적이어서 인간 존재의 모든 측면에 스며들었다. 이 질서의 부재는 단순히 질서가 없는 상태가 아니라 새로운 종류의 혼돈이다. 사람들이 비참한 삶을 이어가던 제국 시대에는 그 이전에 늘 겪었던 삶과 똑같은 종류의 비참한 삶이었다. 그러나 무질서의 시대에는 성취감의 상실을 뼈저리게 느끼게 된다. 사람들은 스스로의 힘으로는 절대로 도달하지 못할 정도의 안보와 부를 누렸음을 기억하게 된다.

경제 규범이 붕괴되면 정치적 규범도 산산조각 난다. 민주주의 국가들 사이에서 이는 최소한 현대 사회를 규정하는 사회계약을 전면적으로 개편해야 한다는 뜻이다. 이를 "차질(disruption)"이라 일컬으면 앞으로 일어날 현상은 고사하고 지금 일어나는 현상의 범위조차 과소평가하는 셈이 된다. 다가올 변화는 진화가 아니라 혁명이다. 지도자들이 자신의 나라를 흠잡을 데 없이 잘 이끈다고 해도 이런 종류의 변화에 적응을 하려면 시간이 걸린다. 유럽의 제국 중심지들은 제2차 세계대전 이전의 절정기에 도달하기까지 정치적, 사회적, 경제적, 군사적 발전을 수 세기 동안 거듭해야 했다. 그들이 한때 누렸던 거의 모든 제도적 이점은 70년이 지난 지금 사라져버렸든가, 전쟁으로 완전히 파괴되었든가, 그 여파로 미국이 강제로 해체시켜버렸다. 그들 대부분이 제 발로 서려면 10년(혹은 그 이상)이 걸리게 된다. 그 와중에 대중 봉기가 일상화된다. 이 예측조차도 갈등이 개별적인 나라 안에서 제어된다는 전제를 하고 있지만, 그럴 가능성은 매우 희박하다. 수 세기 동안 뿌리내린 반목과 증오는 몇십 년 동안의 풍요처럼 단순한 현상으로 말끔히 씻기지 않는다.

셋째, 무질서 시대의 승자들 가운데 곧 신제국이 될 나라들 중에서도 현재의 세계질서 이전에 출현한 제국만큼 막강한 나라는 등장하지 않는다. 이는 단순히 시간의 문제이기도 하다. 미국 개척자들의 서부로의 진군이나 몽골 유목민의 광활한 영토 정복처럼 급속히 일어난 지정학적인 팽창조차도 수년이 아니라 수십 년 단위로 측정된다.

그러나 무엇보다도 2020년대와 2030년대에는 운송과 전쟁에서 기술적으로 큰 격차가 생기지 않게 된다. 산업화된 강대국이 산업화되지 않은 수많은 지역들을 착취하는 현상은 21세기에는 일어나지 않는다. 나라들은 몰락할 수 있고, 몰락하게 되며, 몰락한 국가들의 잔해는 누군가의 먹이가 될 수 있고 또 그리 되겠지만, 시리아와 베네수엘라처럼 문명 자체가 붕괴하는 지역에서조차 무기를 구하기는 어렵지 않다.

신제국주의적 팽창은 훨씬 점진적이고 보다 여유 있고 보다 협력에 의존하게 된다. 제국 체제를 운영해본 경험이 없는 나라(아르헨티나)에서부터 전문성이라고는 역사책의 지식에 국한되는 나라(터키)나 본능적으로 직접 관리하는 유형(프랑스)에 이르기까지, 수많은 실수를 범하든가 지나치게 강압적인 방법을 쓰든가 두 가지 다 저지르게 된다. 미국은 지금까지 해온 역할을 다른 나라에 이양하기보다는 방기하게 된다. 그리고 몇 차례 충돌이 일어난 다음에야 비로소 누군가가 그 역할을 이어가게 된다.

넷째, 4개 지역 맹주들─터키, 이란, 일본, 아르헨티나─은 장기적으로 성공하려면 반드시 미국의 우려를 달래고 미국의 선의를 구해야 한다.

감축, 무관심, 고립주의는 은둔과 동일하지 않다. 1992년 이후로 미국의 군사력은 더 긴 사거리와 더 높은 명중률을 자랑하는 도구를 개발하는 방향으로 진화해왔고, 정치적으로는 군사적 수단이 경제적 혹은 외교적 수단보다 훨씬 믿을 만하다고 보는 방향으로 진화해왔다. 아르헨티나는 푸짐한 스테이크 정식으로, 프랑스는 포도주 몇 상자와 정보 공유로 미국의 마음을 사는 데 성공할 가능성이 높다. 터키는 미국이 터키의 계획을 방해하지 않게 하려면 보다 미래지향적일 필요가 있다. 일본은, 가장 역량 있는 새로운 강자이자 미국의 심기를 건드릴 가능성이 가장 높은 나라로서, 매우 신중하게 행동해야 한다. 결국, 무엇보다도 미국은 해군력이 막강한 나라다. 미국이 아무리 세계에서 손을 뗀다고 해도, 일본과의 관계가 틀어진다면 며칠 만에 일본의 신제국 어디든 밀고 들어갈 수 있고, 미국이 관여하면 으레 그렇듯이 일본이 처한 현실은 위태로워진다.

미국의 동맹 체제에 남을 소수 국가들에게는 전체적인 상황이 상당히 낙관적이다. 새로운 지역 맹주들에 대한 억지력으로써 미국과의 동맹관계를 모색할 가능성이 높은 소수 국가들에게는 앞으로의 삶이 그리 분명하지가 않다. 나머지 나라들의 경우, 잠자는 독수리의 깃털을 건드려 깨우는 짓은 피하는 게 좋다. 설령 미국의 군사력이 지금보다 더 치명적이지도 않고 운신이 자유롭지 않다고 해도, 미국이 세계를 보는 관점이 바뀌었다는 사실은 변하지 않는다.

강경한 우익의 "미국 우선주의(America First)"는 세계에 대해 반사적으로 반감을 보인다. 강경한 좌익의 "미국 우선주의"는 미국이 세계에 개입하는 데 대해 반사적으로 반감을 보인다. 그 중간에 있는 집단의 "미국 우선주의"는 세계를 그저 피곤한 대상으로 여긴다.

그러나 이 셋 가운데 어느 진영에 속하든, 미국인은 모두 세계는 미국의 문제가 아니고 미국의 군사력은 세계가 미국에 해를 끼치지 못하게 미국을 보호해야 한다고 생각한다. 맥락과 역사와 역량과 지정학으로 깊이 파고들면 그러한 단순한 평가를 두고 꼬치꼬치 따지고 갑론을박할 수 있지만, 적어도 향후 20여 년 동안 이는 대체로 사실로 드러나게 된다. 미국이 세계를 보는 관점이 변하면 미국은 더 이상 문명의 천장(天障)을 떠받치는 기둥 역할을 하지 않게 된다. 그리고 누군가 미국을 잘못 건드리면 미국은 그나마 남아있는 기둥들도 쓰러뜨릴지 모른다.

마지막으로 풍부한 에너지와 안정적인 인구 구조 속에서 찬란한 고독을 향유할 미국에게 이는 모두 상당히 탁상공론 같은 내용이다. 최악의 경우에조차 미국이 무역에서 겪을 차질은 아일랜드나 독일이나 한국이나 중국이 겪을 고통에 비하면 조족지혈이고, 무역의 차질은 에너지나 식량 공급에 전혀 영향을 미치지 못한다. 미국은 앞으로 상당한 규모의 내수시장을 갖추고 안보가 보장되고 인구 구조가 안정적이고 재정이 안정적인 몇 안 되는 지역에 손꼽히게 되므로 오히려 미국의 경제적 기반은 넓어지고 깊어지는 반면, 다른 나라들은 몰락하는 나라에서 발생하는 급진주의자들과 난민들로 인해 고군분투하게 된다.

마지막 난민 문제조차 미국에게는 난관이라기보다 기회다. 중앙아메리카에서 비롯되는 대량 이주에 대한 역풍이 불고 총기 폭력이 만연한 시대에 사는 미국인들에게 예수의 산상수훈에서 언급된 희망의 목적지, "언덕 위의 빛나는 도성"이라는 이미지를 되찾는 자신들을 상상하기 어렵겠지만, 바로 그런 일이 일어나게 된다. 예컨대, 과거에 독일을 강타한 난관들을 생각해보라. 1930년대에 독일에서는 증오가 만연해 알베르트 아인슈타인은 미국으로 망명해 귀화해야 했다. 암울한 미래에서 탈출하려는 고학력자 한 세대가 걷거나 헤엄쳐서 도달할 수 없는 어딘가에 새로이 안식처를 마련하기를 갈망하게 된다. 이러저러한 이유로 이 나라 저 나라 걸러내다 보면 결국 대부분이 미국으로 오게 된다. 중국몽이 헛된 망상임이 드러나면 피난처를 찾을 중국의 고숙련 기술 인력이 얼마나 될지 상상해보라.

그들의 여정과 사라진 희망에 대한 사연이 이루 말로 다하지 못할 정도로 부가 창출된 시대, 전례 없는 안보의 시대인 역사의 제3시대—모든 게 가능해 보였던 시대—의 마지막 장을 장식하게 된다. 역사적으로 보면 그 시대는 그저 한 순간에 지나지 않았고, 그 시대의 소멸은 늘 불가피했다. 그러나 한 시대의 종언은 역사의 종언과 동일하지 않다. 그저 새로운 시작을 알릴 뿐이다.

| 감사의 말 |

솔직히 말하면 저자의 입장에서 책의 백미(白眉)는 감사의 말씀이다. 마침내 응당 찬사를 받아야 할 분들에게 합당한 공을 돌리게 되기 때문이다. 여기까지 다 읽은 분은 아마 다음과 같은 점을 알아차렸을지 모르겠다. 이 책에는 직접적인 인용 출처가 거의 없고, 주석을 달았을 경우도 출처를 밝히기보다는 덧붙일 말을 추가했다는 사실을 말이다.

잘못 본 게 어니다. 내가 하는 일의 속성이 그럴 뿐이다. 나는 언론인이 아니다. 언론은 사실과 발언과 사건을 보도하기 때문에, 훌륭한 기자라면 누구든 인용 출처가 대단히 중요하다는 인식이 뼛속까지 새겨져 있다.

반면, 나는 사설 정보 업무를 한 이력이 있다. 과거에 내가 한 일은 사실을 발견하거나 누군가의 사연을 전달하는 일도 아니고, 심지어 특정한 지역이나 부문을 낱낱이 들여다보고 파악하는 일도 아니었다. 나는 세계 곳곳에서 흘러들어온 서로 무관한 정보를 엮어서 여러 체제에 걸쳐 있는 연관성을 보여주는 직조물을 짜내는 일을 한다. 나는 사고의 모델을 구축한다. 해석하는 일을 한다. 표면적으로는 전혀 무관한 주제들을 한데 엮는다. 나는 정보를 종합하고 비교하고 물론 전망도 한다. 내가 얻는 정보는 출처를 밝히기가 쉽지도 않고 심지어 적절하지 않기도 하다.

마이클 페티스(Maichael Pettis) 박사의 사례를 들어보자. 베이징에 있는 베이징대학교 광화경영대학원에서 재무를 가르치는 교수다. 오늘날 생존인물 가운데 가장 지적인 사람으로 손꼽힌다는 데는 의심할 여지가 없는 페티스 교수는 공공 부문과 민간 부문을 막론하고 중국 금융 체제가 어떻게 작동하는지 내막을 밝히고 분석하고 발언을 한다. (그는 펑크록 클럽도 운영하고 있는데, 이는 밀도가 높아서 난해한 그의 문체와 전혀 어울리지 않는다.) 나는 자기 분야의 전문가이자 달인인 페티스 같은 인물을 말 그대로 수백 명을 팔로우한다. 한 명 한 명이 내가 살펴보는 수많은 주제들에 관해 수없이 많은 측면들에 대한 정보를 제공해주는데, 이런 주제들은 서로 완전히 무관할 경우가 흔하다. 페티스의 경우를 예로 들자면, 그는 밑 빠진 독에 물 붓는 식의 중국 금융은 아프리카에서 비료 수요를 증가시킬 뿐만 아니라 중국 군대에 무능이 만연케 하는 데 일조한다고 주장한다. 나는 세계에서 수집한 정보에서 정수(精髓)를 추출하는 일을 한다. 내 생각을 형성하는 데 조금이라도 기여한 정부 출처를 일일이 인용하면 한 쪽당 주석이 책 한 권은 나올지 모른다.

무슨 말인가 하면, 말 그대로 내가 누군가와 나눈 대화, 내가 던졌던 의문 하나하나가 생각과 정보를 수집하는 용광로에 투척되어 펄펄 끓은 다음 버려진 결과가 내가 하는 일이다. 나와 직접 만나든 전화 통화를 하든 회의에서 만나든, 이메일을 교환하는 사람은 누구든 내 사고 과정과 연구 목표와 글에 영향을 미친다. 내가 사뭇 진지한 표정으로 휴대폰에 뭔가를 입력한다면, 당신은 내가 탐색해야 할 단서를 제공했다고 보면 된다―그리고 그런 사람은 내 주말을 완전히 망친 셈이다. 그렇게 해준 모두에게 감사드린다. 멋지다. 계속 그리 해주길 바란다.

하지만 내게 여느 사람들보다 큰 영향을 준 이들이 있다.

특별한 순서는 없이 내게 평균 이상의 영향을 준 정말 훌륭한 분들을 거명하겠다. NMS 캐피털의 낸시 시게디, 페스트그레인의 마일로 해밀턴, 텍사스 A&M의 대니 클리언필더와 마크 웰치, CFA 소사이어티의 줄리 해먼드, 치프 이그제큐티브 네트워크의 밥 그래빌, 구겐하임 파트너스의 앤 매티어스, BUCHER 인더스트리즈의 띠에리 크리어, 인더스트리얼 에셋 매니지먼트 카운슬의 라이어 헤이즐우드, 콘웨이 인코포레이티드의 존즈 켈리, 버 포먼의 빅 헤이슬립, 루바 & 컴퍼니의 빈스 실리, 노스웨스트 팜 크레딧 서비시즈의 칼 손, 오머즈 벤처스의 존 러팔로, 서던 컴퍼니의 톰 페닝, 스트랫포의 레베카 켈러, 사우스 텍사스 머니 매니지먼트의 랜스 라워케이드, 유라시아 그룹의 이언 브레머, 브룸버그의 리엄 데닝, 아이디어 페스티벌의 크리스 키멜, 시스코의 기예르모 디아스, 커머스 스트리트 캐피털의 돈 카이켄딜, 림록 캐피털, 날리지 리더스 캐피털, 그리고 소사이어티 포 인터내셔널 비즈니스 펠로우즈에 소속된 모든 이들, 또한 자기 나름의 세계를 구축한 젠 리치먼드, 마크 랜스먼, 조 리케츠, 미트 롬니에게도 감사드린다.

많은 이들이 내 친구다. 내 고객도 많다. 정곡을 찌르는 질문을 해주는 이도 많다. 혀를 내두를 정도로 똑똑한 이들도 많다. 제정신이 아닌 이도 간혹 있다. 거의 대부분이 이 가운데 한 개 이상의 부류에 속하고, 내가 생각하기에는 여러 부류에 중첩되어 속하기 때문에 더 도움이 된다.

의견이 첨예하게 갈리고 사실이 조작되는 세상에서 지난 네 차례 미국 행정부의 통치기간 동안 불편부당한 정보와 데이터를 제공하는 데 헌신한 미국의 기관들이 여전히 존재한다는 사실에 위안이 된다. 하지만 이들이 제공한 정보와 데이터는 그 기간 동안 거의 사용되지 않았다. 이 책을 쓰는 일뿐만 아니라 내가 하는 일 가운데, 미국 정부의 지리정보 서비스국과 노동부서, 인구통계 부서, 경제 분석 부서에서 불철주야 일하는 이들의 헌신적인 노력이 없이는 시도할 엄두를 낼 수 있는 일이 거의 없다. 국방부에서 하는 일은 늘 기밀로 분류되는 부분이 있지만, 국방부에서 근무하는 훌륭한 이들의 도움 없이 세계 해상력을 파악하는 일은 착수하지도 못했을지 모른다. 그리고 무엇이든 그 뒷이야기를 이해하는 데 있어서 의회도서관에 소장된 자료들을 샅샅이 훑어보는 방법보다 좋은 방법은 없다. 에너지 정보국과 농업부에 소속된 이들께 특히 감사드린다. 한결같이 친절하고 도움을 주지만 미국 연방정부에서 제대로 인정받지 못하는 이들이다.

세계적으로는 유엔소속 기구들이 지속적으로 큰 도움을 제공한다. 개발프로그램, 세계무역통계데이터베이스, 식량농업기구 자료들이 특히 긴요하게 쓰인다. 세계은행의 데이터뱅크와 독립기관인 아워 월드 인 데이터는 모두 놀라울 정도로 사용자 친화적이고 유용할 만한 그 어떤 통계수치도 쉽게 얻을 수 있는 정보 출처다. 국제통화기금은 각 나라의 경제활동 통계 수치에 대해 최고의 정보원 역할을 계속 담당하고 있다. 에너지와 관련된 내 업무는 조인트 오일 데이터 이니셔티브 없이는 불가능하다. 각국의 부채 수위를 파악하기란 국제결제국 없이는 불가능하고, 국제무역센터의 트레이드맵 없이는 무역 패턴을 파악하기도 불가능하다.

랜드(RAND)는 여전히 중국 해군의 전술적 세부사항을 제공하는 최고의 정보원이다. 퓨리서치는 인구 데이터와 배경 정보로는 최고다. 석유수출국기구는 분명히 나름 꿍꿍이속이 있지만, 데이터는 여전히 타의 추종을 불허한다. 그리고 BP 통계분석의 에너지 관련 정보는 내 직원의 일용할 양식이므로 해마다 자료가 배포될 때마다 기념하는 의미에서 노래를 부른다(정말이다).

국가 차원에서 보면, 사람들의 인식과는 달리, 일본, 프랑스, 멕시코, 브라질, 그리고 심지어 중국의 각종 정부부서들조차도 아주 견실하다.

물론 일부 예외도 있다—감사에 역행하는 발언이라고 해도 좋다. 유로스탯(Eurostat)과 캐나다 통계국이다. 데이터는 뛰어난데 인터페이스가 엉망이다. 데이터 추출하기가 너무 짜증나게 만들어놓았다. 그리고 물론 러시아의 로스탯(Rosstat)도 있다. 당신들의 노고에 깊은 감사를 드린다. 하지만 데이터는 별로다. 대부분 완전히 쓰레기다. 조작된 쓰레기 데이터는 크렘린이 새롭게 단장한 선전선동을 뒷받침하는 데 쓰인다. 그래도, 우와, 당신들은 한결 같이 배꼽 빠지게 웃음을 선사한다.

『각자도생의 세계와 지정학』을 저술하면서 내 직원들과 나는 정말 많은 책을 읽었다. 여기 일일이 다 거론하면 눈이 아플지 모르지만, 특히 유용했던 몇 권을 소개한다.

- 윌리엄 번스틴(William Bernstein)의 『찬란한 교역: 무역이 만든 세계A

Splendid Exchange: How Trade Shaped the World』.

- 배리 노튼(Barry Naughton)의 『중국 경제: 적응과 성장The Chinese Economy: Adaptation and Growth』.
- 릴리아 모리츠 슈워츠(Lilia Moritz Schwarcz)의 『브라질: 자서전Brazil: A Biography』.
- 조너선 브라운(Jonathan Brown)의 『아르헨티나의 역사A Brief History of Argentina』.
- 맥스 브룩스(Max Brooks)의 『세계대전 ZWorld War Z』. (이 책 무시하지 마라. 지금까지 내가 읽은 지정학 서적 가운데 최고다. 그리고 브래드 피트가 나온 그 허접한 영화 〈월드 워 Z 〉와는 전혀 무관하다.)

마지막으로, 궂은일을 몽땅 도맡아 한 팀이 있다.

내 책에 시간을 투자하고 자사의 평판을 내건 하퍼비즈니스 출판사의 모든 이에게 감사한다. 그리고 출판사의 모두가 변덕스러운 내 성정을 참아줬다. 감사하다. 그리고 모두가 이 책을 만드는 과정이 즐거웠기를 바란다.

713크리에이티브의 애덤 스미스에게. 앞으로도 계속 내 지식이 돋보이게 그림과 표를 만드는 한 나도 계속해서 당신에게 무한한 감사를 표할 작정이다.

테일러 지오폴리티컬 리처치의 멜리사 테일러에게. 내게 필요한 정보를 찾아낼 뿐만 아니라 내가 중요하다고 깨닫지도 못한 중요한 정보를 찾아내기까지 하고, 게다가 이따금 내가 어디 찾아낼지 보자, 하는 심산으로 그녀를 시험해보려고 황당한 주문을 해도 여지없이 필요한 정보를 찾아낸다. 한결같이. 약간 섬뜩하다.

수전 코플런드에게. 믿음직하고 든든한 당신의 존재 없이 일한다는 건 상상도 할 수 없다. 뻥이다. 할 수 있다. 이 책 쓸 때 당신 없이 했다. 끔찍했다. 감사, 감사, 감사, 감사, 또 감사하다!

마이클 N. 나예비─오스쿠이에게. 내가 분석한 내용이 설득력이 있는지 시험해보는 대상이 되어주고 내 최고참모가 되어주고 뜻밖에도 해결사 역할까지 맡게 되었다. 『각자도생의 세계와 지정학』 전체가 당신에게 바치는 헌사인 셈이지만, 당신의 도움이 아니었다면 중동을 다룬 부분은 특히 엉망진창이 되었을지 모른다.

모두에게. 나를. 절대로. 버리지. 말아 달라.

아직 우리 일은 끝나지 않았다. 네 번째 책에 착수할 준비가 되었기를...

01 지금까지 지나온 길

1. 솔직히 털어봐보라. 누군가가 설계하고 재료를 확보해 재단한 다음 미리 구멍을 뚫고 조립할 준비를 갖춘 상태로 그림으로 점철된 조립 설명서와 함께 당신에게 배달된 가구를 조립하는 데 얼마나 걸렸나?

2. 대략적으로 추정한 시기다. 고대 세계에 대한 구체적인 정보는 파악하기가 까다롭다. 우루크 시민들은 최초의 도시 거주자였을 뿐만 아니라 최초로 재활용도 실천했다. 고고학자들은 이 모두가 언제 발생했는지 그 시기를 정확히 파악하는 데 애를 먹었다. 우루크 시민들은 무엇이든 그냥 내버려두지 않았고 심지어 신전도 허물어서 건축 재료로 사용했기 때문이다.

3. 쿠바에 대한 금수조치 같은 정책들은 이 규칙에 대한 예외적인 사례였다. 미국에 대해 직접적이고 실존적인(그리고 소련에서 비롯된) 위협이라고 판단되는 경우라야 시장 접근을 금지했다.

4. 이때가 러시아인들의 황금시대였다는 사실을 강조하고 싶다. 제2차 세계대전 후 소련 제국 내의 비러시아인들은 전쟁 전과 크게 다르지 않은 비루한 삶을 살았다.

5. 사실이다.

6. 이 또한 사실이다.

02 세계를 통치하는 법 1부: 미국 모델

1. 2020년에도 미국은 이러한 탁월한 지위를 유지할 가능성이 높다. 국방 전문가들 사이에서는 영국과 일본이 곧 투입할 항공모함들이 이러한 균형을 깨뜨릴 역량이 있을지를 두고 건전한 갑론을박이 있긴 하지만 말이다.

2. 중국이 최초로 완성한 일대일로 철도는 전쟁의 참화를 겪고 난민이 들끓는 빈곤한 아프가니스탄과 중국을 연결했다. 이 프로젝트에서 누가 무엇을 얻는지는 불분명하다.

3. 엄밀히 따지면 미국 달러로 결제되지 않는 상품 교역이 몇 가지 있는데, 주로 미국에 신경 쓰지 않는 나라들이 행하는 교역이다. 이러한 교역이 상품 교역에서 차지하는 비율은 1퍼센트에 못 미치고 여전히 중개 역할을 달러화가 한다. 아무도 베네수엘라의 볼리바(bolivar)나 이란의 리알(rial)이나 러시아의 루블(ruble)로 결제하려 하지 않기 때문이다. 베네수엘라와 이란과 러시아인들조차도.

03 세계를 통치하는 법 2부: 영국 모델

1. 이는 그 어떤 나라보다도 프랑스가 뼈저린 교훈을 얻었다. 프랑스의 수도 파리는 그보다 훨씬 북쪽에 있는 오를레앙보다 한참 남쪽에 위치하기 때문에 영국은 해협을 건너 파리를 약탈하기가 어렵다.

2. 여기에는 러시아가 전시에 징집할 권리를 지닌, 거의 90만 명의 전직 군인들이 포함되지 않았다.

3. 공교롭게도, 그러한 시기 가운데 가장 두드러진 시기가 바로 제1세계질서가 끝나가는 지금 현재다. 영국 지도자들은 세계 지도국으로서의 영국의 생명은 예전에 끝났다는 사실을 십분 이해하고 있다. 어떤 형태를 띠는 체제든 미국이 주도하는 체제에 동참하는 게 영국의 부, 안보, 세계 속에서의 입지를 위해 가장 타당한 최선의 선택이라고 영국은 믿고 있다. 그렇다면 영국은 미국이 몸이 근질근질해서 전쟁에 돌입할 때마다 미국과 어깨를 나란히 하고 함께 싸워야 한다는 뜻이다. 그리고 미국은 이미 막강한 해군력을 보유하고 있기에 해군력 지원은 필요하지 않으므로 미국이 영국에 군사적 지원을 요청한다면 영국은 지상군으로써 기여해야 한다는 뜻이다.

04 중국: 성공 신화의 종언

1. 스포일러 경고문: 중국의 미래는 심상치 않다.

2. 포르투갈이 나미비아 리비에라(Namibia Riviera) 지역을 괜히 지옥문(Gates of Hell)이라고 이름 지은 게 아니다. 해저 지형과 산호초와 거칠고 험한 해류가 흐르는 이 지역은 15-18세기에 바다를 누빈 큰 돛단배와 고래 모두에게 묘지나 다름없었다.

3. 재미있는 사실: 중국은 2000년대에 들어서서야 세계 영화시장에 진입했는데, 거의 모든 영화가 교묘하게 감추려는 시도조차 하지 않은 노골적인 선전선동이 내포되어 있다. 이런 영화들은 살인마 같은 폭군의 통치를 받는 통일된 중국에 사는 게 그보다 훨씬 덜 사이코 같은 서로 다른 사람들이 서로 다른 지역을 통치하는 중국보다 바람직하다는 메시지를 담고 있다.

4. 그렇다. 기요틴의 나라가 유럽에서 비교적 안정적인 나라로 손꼽힌다.

5. 반면 각종 동물성 단백질은 나라로서 성공하는 데 반드시 필요하지는 않다. 미국인들이 햄버거와 페페로니를 못 먹게 되면 정치적인 여파가 없으리라는 뜻이 전혀 아니다. 나라를 성공케 하는 요소가 무엇인지를 논할 때, 영양실조와 기아를 모면할 만큼 다양하고 충분한 열량과 단백질을 섭취할 수 있는지에 주로 집중한다는 뜻이다. 고기 1파운드를 생산하려면 채소를 1파운드 생산할 때보다 땅, 물, 곡물이 몇 배 더 필요하다. 게다가 동물성 식품은 그 정의상 목장에서부터 내 접시에 도달할 때까지 먼 거리를 이동해야 하고, 그 유통 과정의 단계 단계마다 청결하고 효율적이어야 부패를 방지할 수 있다. 반면, 옥수수는 말 그대로 지키는 사람 없이 수북이 쌓아두어도 된다. 동물성 단백질 비율이 높은 식단은 국가가 성공하는 데 필요하다기보다 이미 어느 정도 성공을 거둔 나라가 보이는 특징이다.

6. 우리 가족이 바로 그런 확대가족 사례다. 외가 쪽으로 농사를 짓는 외조부모는 자녀를 아홉 명 두었다. 그 다음 세대 중에는 농촌에 남아 농사를 지은 자손이 그렇지 않은 자손보다 자녀를 더 많이 두었지만, 자녀를 다섯 이상 둔 자손은 없었다.

내 부모님은—도시 거주자—자녀가 셋뿐이다. 나는 한 해의 절반은 출장 다니고 슬하에 둘—고양이 두 마리—뿐이다.

7. 도널드 트럼프가 당선된 데는 심술과 불만이 쌓인 미국 베이비붐 세대가 한몫을 했다.

8. 캘리포니아 주 전체 인구보다도 많다.

9. 여러 가지 면에서 실패한 정책이다. 상당히 근거 있는 추측인데, 유입된 난민의 85 퍼센트가 남성이었다. 가족을 구성하는 데 전혀 도움이 되지 않는다.

10. 미국에서는 에너지 전송거리 500마일을 보통 최대치로 간주한다. 그 지점에서 전송비만도 해당 지역에서 석탄으로 생산하는 전기의 총 생산비용에 얼추 맞먹는다.

11. 미국의 셰일 혁명을 그대로 모방할 역량이 없음을 입증한 나라는 중국뿐만이 아니다. 현재로서는 기존의 사회간접자본, 사유재산권, 풍부한 자금, 매장지와 인구 밀집 지역의 근접성, 확보된 고숙련 기술 인력과 같은 환상의 조합은 미국을 제외한 다른 어느 지역에서도 존재하지 않는다.

12. 어느 원유 화물이 어디로 가는지 알 길이 없고, 원유 화물은 종종 바다 위에서 판매되고 같은 화물이 여러 차례 거래되어 임자가 여러 번 바뀌는 경우도 있다. 따라서 이란은 어느 특정한 원유 수입자를 골탕 먹이더라도 모든 수입자들을 대상으로 골탕을 먹이는 셈이 된다.

05 일본: 대기만성

1. 당시에 외교계에서는 일본이 추진한 아시아인을 위한 아시아 정책은 실제로는 일본인을 위한 아시아를 뜻하고, 미국의 문호개방 정책은 실제로는 일본 봉쇄 정책이었다는 우스갯소리가 돌았다.

2. 우연히도 레이건이 일본에 파견해 일본 지도부가 약속을 파기하지 않도록 못을 박게 만든 인물은 로버트 라이트하이저(Robert Lighthizer)였다. 그로부터 30년 후, 라이트하이저는 도널드 트럼프 행정부의 무역협상 수장이 되어 현재의 세계질서

이후의 시대에 미국 무역정책의 청사진을 그리는 임무를 수행하고 있다.

3. 결혼을 하지 않거나 만혼을 하는 추세가 너무나도 강해서 일본에는 "러브호텔"이 하나의 사업으로 번창하고 있다. 남녀가 거주지의 주소를 서로 교환할 필요 없이 시간당 요금을 지불하고 시간을 보내는 호텔이다.

4. 중국에게 비장의 무기가 하나 있기는 하다. DF-26D 탄도미사일이다. 사거리가 3,500마일인 이 미사일은 멀리 공해상에 떠있는 항공모함을 타격하는 용도로 설계되었다. 문제는 목표물 조준이다. DF-26D는 주로 인공위성을 통해 목표물을 주시하고 있어야 한다. 앞으로 중국과의 전쟁은 그 어떤 시나리오 하에서 진행되더라도 상대국은 중국의 인공위성을 신속하게 제거해야 한다. 일본에게는 다행스럽게도 일본이 자체 개발한 우주 프로그램을 보유하고 있다.

06 러시아: 실패한 초강대국

1. 러시아 공군 조종사들은 누가 출격해 강에 폭탄을 투하해 얼음 댐을 쪼갤지를 두고 (불?)건전한 경쟁을 한다.

2. 그러한 메뚜기 떼는 자연이 연출하는 장관이다. 물론 인공위성으로 보아야 한다.

3. 여기서는 러시아에서 사람이 거주하는 지역을 말한다―상트페테르부르크, 옴스크, 크리미아 반도를 연결하는 삼각형의 땅 말이다. 러시아 최북단과 시베리아의 광활한 황무지를 포함하면 러시아는 그 어떤 나라와 비교해도 거의 사람이 살지 않는 텅텅 빈 땅이지만, "인구가 거주하는" 러시아에서조차 사람의 발자취는 유럽의 기준에서 보면 두말 할 필요도 없고 세계적인 기준에 비추어볼 때도 매우 드물다.

4. 내가 "아마도"라고 한 이유는 확실히 알 길이 없기 때문이다. 러시아연방 통계국이 정확도를 신경 쓴 척이라도 한 데이터를 발표한 마지막 해가 2000년이었다. 그 해에 러시아 남성의 평균 기대수명은 58.7세였다. 그 이후로 러시아는 기대수명이 상당히 개선되었다고 주장해왔고 2018년에는 67세라고 밝혔다. 러시아 남성의 건강이 최근 들어 개선되었다는 데는 의심의 여지가 없지만, 20년이라는 짧은 기간

에 기대수명이 10년이나 늘었다니 이게 사실이라면 건강증진 역사에 기록으로 남을 수치다.

5. 기대수명에서 나타나는 문제와 마찬가지로 러시아인의 이주 비율과 질병률에서도 똑같은 문제가 있다. 모든 데이터를 국가통계국에서 발표한다는 점이다. 이 1퍼센트라는 수치는 이주할 때 러시아 국적을 공식적으로 포기한 러시아인들을 말한다. 공식적으로 국적을 포기하지 않고 러시아를 떠난 이들—이들도 비교적 젊고 고숙련 기술을 보유했다—의 비율도 아마 그 정도 되지 싶다.

6. 매우 상당히 일리가 있다.

7. 당신이 러시아인에 대해 어떻게 생각하는지 모르겠지만, 그들은 이때까지 통 크게 생각하는 데는 전혀 문제가 없었다.

07 독일: 초강대국, 역풍을 맞다

1. 버락 오바마 정권 때 미국과 독일의 관계가 냉랭했던 까닭은 2007-2009년 세계 금융위기를 극복하려면 세계 모든 나라들이 경기를 팽창해 십시일반 해야 한다고 미국 정부가 주장했기 때문이기도 하다. 저축에 집착하는 독일은 그런 미국이 무례하다고 여겼다. 미국은 수출에는 혈안이 되어 있으면서 지출을 하지 않고 미국의 지출만 이용하려는 독일이 무례하다고 생각했다.

2. 심지어 몰타 내에서조차도.

3. 농담이 아니다.

4. 이탈리아가 수작업으로 자동차를 제작하면 페라리가 되고, 대량생산하면 피아트가 된다.

08 프랑스: 맹주가 되고자 몸무림치다

1. 게다가 와인 명산지다!

2. 가장 최근에 벌어진 전투가 벌지 전투(Battle of the Bulge)다.

3. 소셜 미디어를 생각해보라.

4. 중국, 네 얘기야.

5. 자유!

6. 프랑스 도시 모델은 미국의 도시 모델과 판이하다. 프랑스에서는 생활의 여유가 있는 중산층이 도시 핵심지에 거주하는 반면, 교외에는 범죄의 온상인 저가의 주거시설들이 즐비하다.

09 이란: 고대의 초강대국

1. 구글 어스를 검색해보라. 이란에서 유일하게 평평하고 녹색으로 보이는 지역이다.

2. 오늘날의 지명으로 표시해보면, 페르시아가 역사적으로 최대한 확장되었을 때 우즈베키스탄, 리비아, 그리스 상당 부분과 더불어, 아제르바이잔, 아르메니아, 조지아, 투르크메니스탄, 타지키스탄, 아프가니스탄, 파키스탄, 이라크, 쿠웨이트, 요르단, 시리아, 이스라엘, 레바논, 이집트, 터키, 불가리아 거의 대부분을 흡수했다.

3. 이 개념이 진화를 거듭해 가장 최근에 "이란인"이라는 용어가 되었다. 페르시아인은 민족이지만, 이란인은 국적이다. 아랍, 쿠르드, 투르코만을 비롯해 다양한 민족들이 민족적 배경이 다른데도 불구하고 자신을 이란인으로 간주한다.

4. 수니파 이슬람은 신학적으로는 통일되어 있다는 점에서 약간 가톨릭교와 비슷하다. 시아파 이슬람은 개신교와 훨씬 비슷하다. 각 종파마다 나름의 전통과 위계질서가 있다. 이란은 시아파 최대 종파인 열두 이맘파(Twelver Denomination)다. 예멘의 후티 세력은 압도적으로 자이드 종파다.

10 사우디아라비아: 이란에 맞서 중동을 파괴하다

1. 오늘날의 사우디아라비아를 만든 토대는 석유와 광적인 신앙이 아니다. 절대로 사

소하다고 할 수 없는, 상당한 운이 뒤따라주었다. (이란이 그랬듯이) 석유가 30년 일찍 발견되었다면 사우디아라비아는 여전히 영국 식민지일 가능성이 높다.

2. 사우디의 잔혹성과 일반적인 시민의식의 결여는 이슬람이 아니라 지리적 여건과 역사의 산물임을 강조, 또 강조하고 싶다. 시민의식은 신앙심이 독실한 베두인 족에게서 나타난다. 낯선 이들에게 안식처를 제공하는 게 최고의 예의다. 그 낯선 이들이 베두인족과 자원을 두고 경쟁하는 관계만 아니면 말이다. 만약 그런 경쟁이 일어나면 정의에 불타오르는 분노와 부족의 생존을 확보하기 위한 절박한 본능이 작동하게 된다. 이에 대한 반응은 상대방의 절멸로 향하는 경향이 있다. 그런 지리적 여건에서 사는 사람이라면 누구든 어떤 종교라도 왜곡해서 그러한 비뚤어진 해석을 하게 될 가능성이 높다. 7세기에 이슬람이 등장하기 전에 그 지역에 널리 퍼졌던 다양한 물활론이 바로 그런 사례다. 사우디 부족이 성지를 장악한 이후로 대부분의 사람들이 사우디 부족이 해석한 이슬람을 정설로 간주한다. 사실 사우디 부족은 전체 무슬림 가운데 몇 퍼센트에 불과한, 손톱에 박힌 가시만큼 작은 종파를 대표한다.

3. 최근 몇 년 사이 사우디는 이 두 가지 척도에서 러시아(러시아 생산량은 소련 붕괴 후 저조했던 상태에서 마침내 원상을 회복했다)와 미국(셰일 혁명이 석유계에서 "표준(normal)"으로 통하는 것을 바꾸어놓았다)에게 자리를 내주었다.

4. 당연히 미국은 전 부문에서 1위지만, 미군은 대부분 유럽 근처에도 있지 않다. 1990년대 초 이후로 쭉 그래왔다.

5. 이 특정한 문제와 관련해 사우디를 지나치게 혹독하게 비판하지 않으려고 무진 애를 쓰고 있다. 미국은 스탈린과 협력해 히틀러에 맞섰고, 얼마 지나지 않아 마오쩌둥과 한 이불을 덮고 스탈린을 봉쇄했다. 지정학은 끊임없이 서로 어울리지 않는 이들을 친구로 만든다. 와하브 종파의 입장에서 유일하게 독특한 점은 입장의 번복과 배신을 알라신이 용인한다고 대놓고 주장한다는 점뿐이다.

6. 치매가 있다는 소문도 있다.

7. 깨알정보: 중동의 인구통계—특히 소수집단에 관한 통계—는 기껏해야 추정치일

뿐이다. 중동의 그 어떤 나라 정부도 그들이 직면하고 있는 통치 문제가 얼마나 심각한지 정확히 알고 싶어 하지 않는다.

8. 이란은 지난 40년 동안 아프가니스탄 전쟁을 피해 넘어온 난민 100만 여 명을 사회에 통합시키지 못하고 있다.

11 터키: 잠에서 깨어나는 초강대국

1. 터키의 친환경 에너지 잠재력은 제한적이다. 아나톨리아 반도 서쪽 끝에 어느 정도 경사진 지역이 있어서 바람이 불기는 하지만, 터키 영토는 대부분 기복이 심해서 대규모 풍력이나 태양광 발전을 하기는 부적합하다.

2. 이와 같은 치고 빠지기 전략은 오늘날의 이라크 서부와 시리아 동부에서 미치광이 집단(아이시스(ISIS)를 떠올리면 된다)이 발호할 때마다 오스만 제국이 써먹던 수법이다. 이제는 그 지역에서 터키에게 가치가 있을 만한 것은 하나도 없으므로(제국 당시에도 없었다), 이 전략은 전략적으로 부작용이 전혀 없다.

3. "비교적"이라는 게 관건이다. 발칸반도 동부의 이 두 나라는 비중 있는 유럽 국가는 아니지만 유럽에 크게 의존한다.

4. 앞서 언급한 송유관, 구소련과 페르시아 만에서 터키로 연결되는 송유관은 터키의 제이한 항구가 종착지이고, 이 항구 또한 지중해 동부 연안에 있다.

5. 이곳 주민들이 외부인을 껍질을 벗기는 관행만 없다면 배낭여행 갈 텐데.

12 브라질: 해가 저물고 있다

1. 엠브라에르의 기술력은 대단히 우수해서 미국 보잉사가 2019년 운영 지분 80퍼센트를 매입했다.

2. 브라질은 유기농 농산물은 쥐뿔도 생산하지 않는다. 그냥 자라는 게 없고, 있어도 동물이 다 먹어치운다.

3. 몬산토(Monsanto)는 이름에 모음이 많이 들어가서 브라질 기업 같지만 브라질 기업이 아니다.

4. 엠브라파가 이룬 최대의 성과는 토양의 산성을 중화시키는 방법과 작물성장을 촉진하는 질소고정 미생물, 전통적인 온대기후 농작물을 열대기후에서 재배 가능한 종으로 개발한 업적 등이다. 이러한 기술은 큰 영향을 미쳤다. 1970년에 브라질은 별 볼일 없는 대두 생산국이었다. 2019년 브라질은 세계 최대의 대두 수출국이다.

5. 두터운 중산층이 개발도상국들의 목표다. 탄탄한 중산층은 중간 정도 숙련 기술을 갖춘 노동력을 제공하고 생산된 상품을 소비함으로써 경제에 역동성을 더해준다. 마찬가지로 정치를 안정화하는 효과도 있다. 재분배 정치를 꺼리면서도 금권정치를 허용하지 않을 정도의 자산을 소유한 계층이 중산층이다. 중산층은 사회적으로 약간 보수적인 성향이 있으므로 정부 전복 같이 폭도가 주도하는 급격한 변화를 억누른다. 다시 말해서 중산층은 사회가 중심을 잡게 만든다.

6. 이 수치에는 경찰관이 비번일 때 폭력행위에 가담했다가 걸린 사례들과 범인을 체포하기 위해 군중이 밀집한 마을을 향해 헬리콥터에서 총격을 가한 사례들까지 포함된다. 그런데 뒤집어 보면, 경찰이 추격하는 대상은 경찰에게 대응 사격을 하는 경향이 있다. 브라질 경찰관은 임무 수행 중 사망하는 비율이 미국 경찰관의 네 배다.

14 앞으로 닥칠 혼란상: 미국 외교정책의 미래

1. 재미있는 사실. 민주당이 들으면 좀 뻘쭘하겠지만. 미국의 히스패닉은 이민에 대해 가장 반감이 강한 집단이다. 그들은 멕시코에 남은 가족을 데려와 재결합하는 데 우호적인 정책을 바라지만, 그 정책이 오로지 자기 가족에게만 적용되기를 바란다.

2. 그리고 오바마의 대통령 직무수행도 민주당과는 별도로 외곽에서 이루어졌다.

3. 인정! 반드시 절대적으로 문제가 된다고 하자.

4. 황당하게 들릴지 모르겠지만, 1980년대에 있었던 일을 생각해보자. 당시 미국은 아프간에 본부를 둔 이슬람주의자 집단—무자헤딘—을 지원했고 이 집단은 중동 전역에서 전투원을 모집했다. 미국은 이들에게 사우디아라비아와 파키스탄의 군사 장비를 제공해주고 소련에 맞서 싸우게 했다. 미국과 무자헤딘 사이에 중개인 역할을 했던 사람들 가운데 오사마 빈 라덴이라는 이도 있었다. 당신이 그들을 비겁한 테러리스트라고 부를지, 용감한 자유투사라고 부를지는 그들이 누구에게 총을 겨누느냐에 따라 달라진다.

5. 엄밀히 말하면 미국에서 외교정책 수립을 책임진 자리는 둘이 더 있다. 국가안보 보좌관과 연방 준비 의장이다. 그러나 국가안보 보좌관도 대통령을 보좌하는 자리이고 연방 준비 의장은 주로 세계가 미국 경제에 미치는 영향을 다룬다. 그 반대인 미국 경제가 세계에 미치는 영향이 아니라.

6. 통일된 비전이 없으니, 관료조직 내에서도 전략적 사고가 업무인 전문가들조차 전략적 사고를 거의 하지 않는다. W. 부시와 오바마 행정부가 세계적인 테러와의 전쟁을 수행한 방식의 결함으로 손꼽히는 게 장기적인 위협을 감지하는 임무에 집중해야 하는 정보부서들을 대부분 작전 지원에 집중하게 만들었다는 점이다—아니, 그마저도 아니고 다음에 전쟁할 상대가 누군지 규명하는 데 급급했다. 게다가 문짝의 좌우 어느 쪽에 경첩이 달렸는지 분간하느라 분주했다. 그런 업무도 중요하긴 하지만 경첩만 뚫어져라 처다보고 있으면 당신에게 다가오는 군을 보지 못하고 놓치게 된다.

7. 사우디아라비아, 당신 얘기요.

8. 중국, 당신 얘기요.

9. 그게 바로 나다.

10. 항공모함도 좋지만, 항공모함에 실을 수 있는 제트기 수에는 한계가 있고 군대를 싣고 다닐 수는 없다. 게다가 특정한 전역에서 항시 힘을 행사하는 게 목표라면 항공모함은 그 목표를 수행할 적당한 수단이 아니다. 항공모함은 이따금 필수물품을 다시 채우고 수리하고 병사들에게 지상 휴가를 주고 병사들이 임무를 교대하려면

때때로 모항으로 귀환해야 하기 때문이다. 항공모함은 이동하면서 힘을 투사하는 수단이지 지속적으로 힘을 투사하는 수단은 아니다.

11. 이 현실을 타개하기 위해 미군이 재배치되고 있다는 징후가 많이 감지된다. 파병된 미군이 최고조에 달했을 때 이후로 카타르에 주둔하는 미군은 15,000명에서 1,000명으로 대폭 줄었고, 쿠웨이트는 58,000명에서 2,000명 이하로, 그리고 바레인은 9,000명에서 4,500명 이하로 줄었다. 다시 말하지만, 미국은 아무것도 해결하지 않은 채 그냥 철수하고 있다.

12. 제발 대리운전 사람을 구하고, 당일치기는 하지 마라.

13. 미국은 GDP 비율로 따지면 규모가 큰 나라로서는 세계경제에 가장 덜 엮여 있는 나라이지만, 미국의 GDP는 규모가 어마어마하기 때문에 세계 경제에 조금만 관여해도 세계 최대의 수입국, 세계 두 번째의 수출국. 상상 가능한 모든 교역 관계에서 적어도 수출이든 수입이든 한쪽에서 5위 내에 들어간다.

14. 꼬치꼬치 따지기 좋아하는 사람들이라면, 미국을 석유 순수출국으로 간주하려면 하루에 400만 배럴 천연가스액체(NGL)를 생산하는 셰일 부문을 포함해야 한다. 천연가스액체는 그 이름이 보여주듯이 천연가스와 액체인 원유 중간인 영역을 점유하는 제품으로 정유제품, 특히 석유화학제품에 주로 사용된다.

15 미국: 세계와 거리를 두는 초강대국

1. 적어도 처음에는 미국의 문제가 아니다.

2. 카리브해 광역 지역 바깥에 위치한 시설이 베네수엘라 원유를 가공처리 가능한 용량은 세계적으로 하루 140만 배럴 정도이고, 이런 시설들은 모조리 지구 반대편에 위치해 있으므로 이용하기가 불편하다. 정상적인 상황 하에서 베네수엘라는 하루 200만 배럴을 수출한다.